판교는 실리콘밸리가 아니다

Pangyo

MZ경제를 주도하는
테크시티 3.0 판교

김근영 지음

판교는
실리콘
밸리가
아니다

Pangyo

17년 전 여름방학 학습캠프에 참가한 97년생들을 위하여

미래를 알고 싶어 하는 인간의 욕구는 매우 끈질겼다. 점을 치기도 하고, 자료를 모아 분석하기도 하면서, 미래에 조금이라도 가까이 다가가려는 시도는 지금도 여전하다. 하지만, 과거를 잘 안다는 것이 미래를 알게 되는 충분조건은 아니다. 매일매일 내일의 날씨를 예측하고, 주식가격이 어떻게 변화할지를 알아내려고 애를 쓰지만, 여전히 미래는 불확실하다. 어쩌면 미래를 모르는 것이 당연하고 또 행복할지도 모른다.

국가나 기업은 그렇지 않다. 불확실한 미래에 대비하고, 미래를 선점하기 위해선 안개 속에서도 조그만 지푸라기라도 잡아 남들보다 앞서려고 한다. 삼성이 반도체사업을 시작할 때 설마 2022년에 이렇게나 많은 PC와 개인용 첨단기기가 보급될 줄 누가 알았을까. 심지어 사업을 시작한 이병철 회장조차도 어떤 근거나 예측에 근거한 결정이 아니라 어쩌면 개인의 통찰에 근거한 것이었을 것이다. 그렇지 않았다면, 수많은 자료와 기술력을 보유하고 있던 선진국의 기업들이 이를 놓칠 리가 없었을 것이다.

세계가 변하고 있다는 사실을 모르는 사람은 없을 것이다. 그러한 변화에 어떻게 대응하느냐에 따라 나라와 기업의 운명도 달라진다. 하지만 섣부른 예측이나 감각적 추측에 근거한 계획이나 실행은 도리어 더 나쁜 결과를 가져오는 경우가 많다.

누군들, 어느 정부이든 국민들이 잘살기를 바라지 않았을까.

최근 하늘 높은 줄 모르고 치솟는 금리를 보면, 불과 몇 개월 전이라도 이것을 예측했더라면, 아니 부동산가격 폭등으로 나라전체가 휘청거렸던 지난 몇 년 동안 금리가 이렇게 높아질 줄 알았다면 부동산에 대한 수요도 그렇게 폭발적이지 않았을 뿐만 아니라 정책도 정상궤도를 벗어나지 않았을 것이다.

과거를 돌이켜본다는 것은 과거 그 자체를 알기보다는 미래를 설계하는 데 더 큰 의미가 있다.

시작은 판교였다. 판교는 우여곡절을 거쳐 개발을 피해갈 수 없는 상황에 놓였고, 이 때 판교밸리라는 신의 한 수가 등장하였다. 물론 누군가가 지금의 모습을 확신하면서 계획한 것은 아니지만, 당시의 상황에서 여러 가지 문제를 한꺼번에 해결할 수 있는 절묘한 한 수임에는 분명하다. 어쩌면 20세기에서 21세기로 넘어가는 분수령에서 우리나라 산업이 가야할 길을 보여준 것일 수도 있다.

글의 시작은 판교라는 작은 신도시였지만, 공간을 씨줄삼고 시간을 날줄삼아 전국을 무대로 잘 짜여진 멋진 그림을 완성했다. 우리나라의 테크노밸리, 첨단산업단지, 더 나아가 3기 신도시의 자족용지까지. 2000년대 이후 우리나라 산업의 발달사를 공간과 적절하게 이어붙인 것은 분명 저자가 그만한 역량을 가지고 있기 때문일 것이다.

12개의 장에 각각 두 글자씩 제목을 붙이는 일 또한 여간한 정성과 지식이 아니면 어림도 없다. 게다가 발아-포석-착수-탄생-축성-위기-도약-진화-확장-복제-경쟁-이식으로 이어지는 글의 순서에 맞는 단어를 찾는 일은 분명 오랜 기간의 준비와 고민이 없었다면 불가능했을 것이다.

300페이지가 넘는 장편의 글과, 외국의 사례를 적절히 보완하고, 우리나라의 관련된 모든 첨단산업단지와 테크노파크를 바닥까지 샅샅이 훑어 시대의 상황과 결과에 어울리게 배열하는 일은 정말로 뼈를 깎는 인내와 고통의 시간이었을 것이라는 느낌이 책을 읽는 내내 순간순간 가슴에 찌릿하게 와 닿았다.

게다가 긴 글을 읽는 동안 혹시라도 긴장을 늦출까봐 중간 중간 끼어 넣은 다른 지역의 이야기는 시원한 냉면을 먹다가 가끔씩 입안에서 씹히는 깨소금 같은 고소함을 더해준다.

이런 일은 아무나 못한다. 그저 많이 알고 있는 것만으로는 충분하지 않다. 저자의 박학다식에 뚝심이 더해져야만 가능한 일이다. 다만 그렇게 많은 이야기들의 출처를 좀 더 분명하게 알려주지 않은 점은 좀 아쉽다. 물론 80페이지에 가까운 방대한 참고문헌이 있긴 하지만, 단락마다 표기해 주는 친절을 베풀어 주었으면 더 좋았지 않았을까.

그럼에도 불구하고, 지식과 열정이 잘 엮어진 작품이라는 것은 변함이 없다. 시간이 없더라도 시간을 내서 읽어볼 만한 책이다.

대한국토 · 도시계획학회 회장
김찬호

감사의 글

판교 신도시가 조성되고 십 년이 넘었다. 많은 사람들이 새로운 보금자리를 찾아와 둥지를 틀었다. 판교테크노밸리는 우리나라 최고의 첨단 일터가 되어 우리 경제의 버팀목이 되고 있다. 신도시와 테크노밸리를 건설하는 것이 얼마나 중요한지 알 수 있다. 판교 조성을 위한 준비 기간까지 포함해 이십여 년 동안 수많은 사람들이 시간과 노력을 쏟아부은 결과다.

'십 년이면 강산도 변한다'라고 한다. 판교 신도시가 본격적으로 건설될 때 사람들의 관심은 온통 청약과 투자에 있었다. 지금은 판교테크노밸리에 입주한 기업들과 그 기업들에서 일하는 사람들의 일상으로 시선이 이동했다. '판교에서 누가, 왜, 어떻게 일하고 있는지'가 궁금해진 듯하다. 이책은 사람들이 시선을 궁극적인 곳으로 향해 '판교를 누가, 왜, 어떻게 건설했는지'로 가져갔으면 하는 마음을 가지고 집필했다.

최근 언론은 세계 경제에 초대형 위기가 닥칠 것이라고 말한다. 다가오는 위기를 보며 오랫동안 생각해왔던 판교에 대한 이야기를 쓸 때가 되었다고 생각했다. 테크시티 1.0에서 3.0까지 도시산업 발전의 역사적 관점에서 판교에 대한 이해가 필요하다.

이 책이 출간되기까지 도움을 준 사람들 중 몇몇은 특별하게 밝히고 싶다. 이 주제에 대한 의견과 자료조사, 정리를 도와준 강남대 스마트도시연구소 식구들에게 먼저 감사드린다. 동료 박근오 교수와 김희재 박사는 집필에 대한 필자의 생각을 정리하는 데 많은 도움을 주었다. 학생 연구원인 신혁과 최지원의 참여와 노력에도 감사드린다. 집필에 도움이 된 소장 자료들을 기꺼이 제공해준 LH 관련 지인들께도 감사의 인사를 드린다.

자칫 햇빛을 보지 못 할 뻔했던 이 책의 출간을 결정해준 한국학술정보 출판사업부 관계자분들께 감사의 인사를 드린다. 또한 이 책의 출간을 누구보다도 기뻐해 주시는 아버지께 감사드린다. 필자의 아버지 세대는 일제와 6.25를 경험했고, 맨땅에서 세계 십대 선진국 경제를 이룩한 산업세대다. 그 혜택을 입은 우리는 우리의 후손들이 신경제 체제에서 마음껏 꿈과 희망을 펼칠 수 있도록 도와줄 책임이 있다.

마지막으로 집필하면서 많이 부족함을 깨달아 실의에 빠지면 용기를 북돋아 주고, 나태해지면 재촉해 필자가 무사히 원고를 마감할 수 있도록 함께한 아내와 아들에게 감사함을 전한다.

2022년 10월 7일 둔서촌에서

강남대 김근영 교수

목차

제1부

테헤란 밸리를 떠난 비트의 도시 공동체

제2부

테크 자이언트와 유니콘이 된 돌연변이들

◆◆◆◆◆◆◆◆◆◆◆◆◆◆◆◆◆◆◆◆◆◆◆
◆◆◆◆◆◆◆◆◆◆◆◆◆◆◆◆◆◆◆◆

"우리는 지금 세계를 결집시켰던 권력 구조 전체가 붕괴하는 시기에 살고 있다. 지금 근본적으로 다른 권력 구조가 형성되고 있다. 그리고 이것은 인간사회의 모든 차원에서 일어나고 있다."

-앨빈 토플러의 「권력 이동」

◆◆◆◆◆◆◆◆◆◆◆◆◆◆◆◆◆◆◆◆◆
◆◆◆◆◆◆◆◆◆◆◆◆◆◆◆◆◆◆◆◆◆◆
◆◆◆◆◆◆◆◆◆◆◆◆◆◆◆◆◆◆◆◆◆◆

들어가며

테크시티 판교와 글로벌 혁신, 그리고 MZ경제

성장이 멈추는 '퍼펙트 스톰' 사회와 파괴적 창조

세계 경제의 초대형 복합위기를 말하는 '퍼펙트 스톰*Perfect Storm*'이 지금 대한민국을 향해 다가오고 있다. 1997년 IMF 사태와 2008년 글로벌 금융위기를 능가하는 역대급 슈퍼태풍이다. 그런데 코로나19로 불의의 일격을 맞은 한국경제는 천문학적 규모의 가계부채, 글로벌 공급망 마비, 전쟁과 분쟁으로 분출되는 지정학적 악재에 제대로 대응하기 어려운 상태다. 경제경영 학계와 단체들은 한국경제의 미래를 우려해 목소리를 높이고 있다. 그러나 그들의 외침은 트로이 멸망을 예언했지만 아무도 믿지 않았던 트로이 공주 카산드라*Cassandra*의 탄원처럼 저주에 걸린 듯하다.

퍼펙트 스톰이 닥치기 직전에는 날씨가 일시적으로 평온해진다. 그런데도 기상학자는 징조를 보고 폭풍전야라는 것을 안다. 2022년 5월 16일, 우리나라에서 가장 발행 부수가 많은 경제신문이 1면 머리기사로 "韓 투자 증가율 '0%대'…성장엔진 꺼졌다"라는 제목을 내걸었다. 저성장으로 기업의 투자 매력이 급격하게 떨어져 한국의 성장동력이 꺼지고 있다는 내용이었다. 경제·금융 지면 상단에는 일주일 동안에 99.99%가 폭락한 가상화폐 '루나'로 인한 스테이블 코인 시장의 지각변동 기사를 배치했다.

주의 깊게 살피면 퍼펙트 스톰의 징조는 여러 곳에 있다. 5월 16일 자다른 경제신문의 1면에는 세계 2위 밀 생산국인 인도의 밀 수출금지로 인한 '밥상물가 퍼펙트 스톰'이 머리기사였다. 중앙의 청와대 개방 사진 바로 아래에는 "환율 1,300원 턱밑…기업들 '錢錢긍긍'" 기사가 위치했다. 같은 날 다른 일간지는 '공기업 개혁'에 대한 기획기사와 연계해 "공공기관 군살 빼기 착수…더 늦으면 재정 파탄 못 면한다"라는 제목의 사설을 첫 번째로 다루었다. 징조들은 모두 슈퍼태풍의 도래를 가리킨다. 여러 개의 머리를 가졌지만 몸통은 하나인 힌두신화의 위험한 존재 뱀 '나가*Naga*'가 퍼펙트 스톰의 모습을 띠고 우리에게 다가오고 있다.

퍼펙트 스톰에 대한 징후기사들로 넘쳐난 5월 16일은 우리에게 특별한 기억으로 각인되어 있다. 1961년 대한민국은 인당 국민소득 82달러에 불과한 세계 최하위권 빈곤 국가였다. 61년 전 5월 16일 새벽에 군부대 일부가 한강 다리를 건넜다. 군정을 거쳐 집권한 새로운 정부는 취약한 정통성을 보완하기 위해 경제발전에 매진했다. 경제개발계획과 국토개발계획을 수립해 경공업에서 중화학공업으로 산업구조를 계속 전환했다. 1977년 국민소득이 천 달러를 넘자 대한민국의 경제발전은 '한강의 기적'으로 불리기 시작했다. 수도권의 경인공업지역을 넘어 마산, 구미, 포항, 울산, 거제, 여수, 군산이 새로운 산업도시로 변신했다.

1961년으로부터 환갑을 맞이한 2022년 5월에 성장이 멈추는 대한민국을 위한 새로운 시도가 있다. '新기업가 정신 협의체'의 추진이다. 재계는 삼성, SK, 현대차, LG, 롯데를 포함한 주요그룹과 쿠팡, 우아한형제들, 마켓컬리와 같은 유니콘 기업들이 공동으로 '新기업가 정신 선언'을 선포한 후 협의체를 발족한다고 발표했다. 미국재계가 1972년에 설립한 비영리 로비단체인 '비즈니스 라운드 테이블(BRT)*Business Roundtable*'을 벤치마킹한 '한국형 BRT'의 추진이다. 미국 BRT는 미국재계의 3대 단체 중 하나다.

미국 BRT는 2019년 8월 기업 주주 이익 중심이라는 단체의 기존 창립 목적을 새로운 시대에 맞게 수정해 발표했다. 기업이 주주뿐만 아니라 고객, 회사직원, 협력업체, 지역사회와 함께한다는 것이다. '한국형 BRT'의 성공도 기업목표를 주주 중심주의에서 "사회적 가치를 지향"하는 이해관계자 중심주의로 전환하는 것이 핵심이다. 미국 BRT의 2019년 선언에 대해 교묘한 속임수라는 비판이 있다. 그러나 미국 기업들과 지자체들은 2019년 BRT 선언을 실행할 구체적인 방안을 하나 찾았다. 그것은 바로 '장소 만들기*Placemaking*'다. 일과 활동은 모두 장소에서 이루어진다. 새로운 기술은 장소를 재창조해 사람들의 삶과 사회를 바꾼다.

현재 지구촌의 극소수 지역에 '도시혁신지구*Innovation District*'라는 아주 특별한 장소가 있다. 스마트, 바이오, 그린 등 다양한 형태의 4차 산업혁명 아이디어들이 테크 자이언트와 유니콘 기업으로 변신하는 곳이다. 전 세계 도시면적의 합계는 지구 육지면적 중에서 1%에 불과하다. 지구촌에는 수십만 개의 도시가 있다. 도시혁신지구를 보유하고 있는 도시는 백 개가 조금 넘는다. 도시혁신지구는 최근에 백칠십 개를 살짝 넘어섰다. 그런데 반도체 메모리 용량이 1년마다 2배씩 증가한다는 '황의 법칙'처럼 도시혁신지구도 2010년 이후 3년마다 2배씩 늘어나고 있다.

힌두교 최고의 신인 시바*Shiva*는 파괴의 신이자 창조의 신이다. 힌두교도들은 파괴가 있어야 변화와 재건, 창조가 있다고 생각한다. 시바는 생명과 재산만을 파괴하는 것이 아니다. 지속되는 업보*Karma*와 번뇌*Kleshas*, 윤회*Samsara*를 포함한다. 힌두사상에서 시바는 낡은 생각과 부조리한 관행,

시대에 뒤떨어진 구질서와 부도덕한 굴레를 해체한다. 그래서 힌두교도들은 퍼펙트 스톰을 반긴다. 그들에게 파괴는 새로운 세상을 창조하기 위한 기회가 된다.

우리가 사는 세상에서 지금 조용한 권력 이동이 진행 중이다. 새로운 혁명의 횃불을 높이 든 것은 도시혁신지구를 품은 도시들이다. 그들은 이 권력 이동이 끝날 때까지 본 모습이 드러나지 않도록 세심하게 위장하고 있다. 그들이 새로운 세상의 경제번영과 사회변화, 정치전환을 위한 새로운 엔진으로 떠오르고 있다.

다른 모든 혁명들처럼 이 새로운 혁명의 주체는 소수다. 그러나 그들은 다수를 이끌어 혁명에 참여시킬 역량을 빠르게 키우고 있다. 혁명을 주도하는 대도시권 도시들의 상황은 서로 다르다. 그러나 그들이 이 새로운 혁명의 깃발을 든 이유는 분명하다. 거대한 충격과 위기, 불안은 그들이 자신의 약점을 보완해 더욱 강해지고, 재빠르게 변신하는데 자양분이 되고 있다. 그들이 축적한 능력은 우호적인 외부 환경을 만나 더욱 확장되고 있다.

지구촌의 도시화는 이러한 권력 이동이 가능하도록 만든 가장 근본적인 환경 변화다. 현재 세계인구의 절반 이상이 도시에 산다. 2050년에는 68%로 높아질 것으로 전망된다. 기후변화와 코로나 19도 그들의 권력 쟁취에 우호적이다. 혁명을 주도하는 대도시권 도시들에서는 지금 무슨 일들이 벌어지고 있는 것인가?

떠오르는 경제혁신 엔진들 : 판교, 뉴욕 그리고 벵갈루루

"나는 이 도시의 미래를 제대로 작동하지도 않는 워싱턴과 스프링필드에 맡겨놓을 생각이 없습니다." 뉴욕, LA와 함께 미국 3대 대도시권인 시카고시의 시장이 미국의 정치적 기능장애를 비판한 말이 2015년 재소환되었다. 발언이 소환된 장소가 놀랍다. 미국의 3대 싱크 탱크에 꼽히는 브루킹스 연구소가 『도시가 주도한다 : 도시 인프라 금융의 혁신Cities Take the Lead: Innovations in Urban Infrastructure Financing』을 주제로 개최한 대도시권 정책 세미나에서다. 워싱턴은 연방정부를 뜻한다. 스프링필드는 시카고가 위치한 일리노이주의 주도다. 이 발언은 지방자치의 핵심을 상기시킨 것이다.

발언자는 더 놀랍다. 람 이매뉴얼Rahm Emanuel이다. 소환되었던 당시 그는 정치신인이 아닌 화려한 경력을 가진 민주당의 대표 정치인이었다. 시점도 하원의원 3선과 오바마 대통령의 백악관 수석을 역임하고, 시카고시장에 재선된 지 20일째라 모든 이목이 쏠렸을 때다. 또한 지지율이 높았던 오바마 대통령의 두 번째 임기 중이었다. 2022년 바이든 대통령은 시카고 시장을 그만둔 그를 일본대사에 임명하기도 했다. 이런 자리에서 우리가 예상하는 답은 오바마 대통령과의 친분을 내세워 연방정부 예산을 엄청나게 끌어오겠다거나 차기 대권을 선언하는 것이다. 그러나 그는 달랐다.

이매뉴얼 시장은 2012년 시카고시장의 첫 임기를 시작하면서 이 말을 처음 했다. 영국의 대표일간지 가디언The Guardian 기자에게 신임시장의 핵심정책에 대해 설명하면서 다음 말을 추가했다.

> "시카고는 미국의 척추와 같은 위치에 있다. 나는 이 도시가 가진 잠재 역량과 세계와의 연결 능력을 최고 수준으로 발휘해야 한다. … 세계에는 창의력,

경제, GDP, 문화를 주도하는 100여 개의 도시가 있다. 시카고는 그중 하나다. 우리가 여기에서 다음 2~3년 동안에 내리는 의사결정들이 시카고가 20~30년 후에도 세계 100위권 안에 남아 있을지, 탈락할지를 좌우한다. 뉴욕, 런던, 파리, 상해도 마찬가지다. 우리가 지금 하는 행동이 우리의 향후 진로를 결정한다."

이매뉴얼 시장의 가디언지 인터뷰에 오늘날 미국이 주도하는 첨단 일자리 창출과 대도시권 혁신의 정수가 담겨있다. 세계 대도시권들은 지금 4차 산업혁명의 핵심기지들을 만들고 키우는 일종의 '그림자 전쟁'을 수행 중이다. 대한민국도 내세울 만한 그런 핵심기지가 있다. 그곳을 향해 동경 127° 북위 37° 로 이동하자.

저녁 퇴근 시간에 판교 삼평동에 있는 한화 에어로스페이스 건물에서 판교역까지 북쪽에서 남쪽으로 판교역로를 천천히 걸어보라. 걸으면 20분쯤 걸리는 판교테크노밸리의 중심도로는 오피스 건물들의 숲을 지나 판교 테크노파크 공원으로 향한다. 걷는 방향에서 좌측도로가 좋다. 차바이오 컴플렉스를 지나면 좌측으로 요즘 핫한 스마일게이트 캠퍼스가 잠깐 보이고, 길 건너편에는 카카오 성채와 웃는 모습의 투썬캠퍼스 상징물이 눈길을 끈다. 교차로에 서 있는 내 뒤에는 정치인 안철수가 2022년 분당갑 보궐선거에 나오면서 판교에서 가장 먼저 입주했다고 주장한 안랩 건물이 쏠리드와 마주 보고 있다. 대각선에는 엔씨소프트 왕국이 군건하다.

교차로 횡단보도를 건너 공원 위로 통과하는 도로를 따라 직진하면 동안교(橋) 아래 붓들공원에서 농구 하는 사람들이 보인다. 전방에 한화시스템 빌딩 앞 하늘색 육교가 있다. 10만 부가 넘게 팔린 장류진의 소설집 『일의 기쁨과 슬픔』에서 화자가 거북이알과 함께 주변 풍경을 둘러보았던

도로를 건너지 않는 육교다. 그들의 시선을 따라 도로 맞은편을 보면 거대한 십자가와 현대판 중세 망루 같은 시설물이 보인다. 동안교 끝단에 이르면 좌측에는 독특한 형태로 건설된 판교 밸리의 유일한 호텔인 코트야드 메리어트호텔이 있다. 길 건너에는 판교 구청사 부지로 계획되었던 땅이 2026년 엔씨소프트의 새로운 성채가 되기 위해 변신 중이다.

거리의 사람들은 대부분 젊다. 사원증을 목에 걸고 있거나 손에 야식을 들고 있기도 하다. 건물에 부딪혀 내려오는 시원한 바람을 즐기며 카카오 내비를 달고 자전거를 타는 사람도 있다. 버스 안 사람들을 보면 스마트폰으로 네이버 뉴스를 보거나 카톡을 하는 듯하다. 도로를 질주하는 배달 오토바이들 속에서 카카오택시가 가끔 보인다. 동안사거리를 지나 좌회전을 하면 판교 임직원의 약 $\frac{3}{4}$인 5만여 명의 2030 세대가 퇴근에 바쁜 신분당선 판교역이 있다. 판교역 광장의 파노라마 물고기 동영상을 보며 우회전해 몸짱 사진들로 전문 P.T 상담문의를 유혹하는 플래카드를 보며 금연구역임에도 모여 있는 흡연자들을 지나면 현대백화점 앞 버스정류장이다. 판교는 IT, BT, CT, NT 업종 1.7천여 기업이 매출액 110조 원을 벌어들이는 대한민국의 역동하는 젊은 심장이다.

판교역에서 동쪽으로 약 1만 1천km를 가면 뉴욕 맨해튼 남쪽에 있는 플랫아이언 지구*Flatiron District*에 도달한다. 한쪽이 깎인 장방형 지구의 중앙에 메디슨 스퀘어 공원이 있어 업무에 지친 뉴요커에게 녹색의 휴식공간을 제공한다. 남쪽에는 다리미처럼 생긴 플랫아이언 빌딩이 랜드마크로 우뚝 서 있다. 5번가나 웨스트 23번가를 걸어보라. 혼잡한 도로는 코로나19 이후의 경제회복을 희망하며 택시와 검은 리무진이 홍수를 이룬다. 사람들은 보도 위를 바쁘게 걷고 있다. 다른 나라의 대도시 도심과 별 차이를 느낄 수 없다. 그러나 여러분은 지금 이 지역의 겉모습만을 본 것이다.

플랫아이언 지구의 숨겨진 본 모습은 1990년대 중반부터 형성되었다. 거리에서 보이는 리모델링된 오래된 건물이나 신축된 초현대식 건물로 들어가 보자. 마치 벌들이 윙윙거리며 바쁘게 돌아다니는 벌집이나 개미들이 질서정연하게 업무를 수행하는 개미굴 안을 들어온 것 같은 느낌이 든다. 이곳이 IT 능력이 뛰어난 70만여 명의 하이테크 종사자들과 9조 원 이상의 벤처캐피털이 4만 개가 넘는 테크기업들과 스타트업들을 통해 역동적으로 미국의 신경제를 이끄는 뉴욕 실리콘앨리*Silicon Alley*의 중심부다.

지역의 곳곳에는 증거가 차고 넘친다. 눈썰미 있는 사람이 맨해튼 남부 지역을 주의 깊게 살펴보면 2002년 뉴욕에서 첫 번째로 입점한 애플 소호 스토어*APPLE SoHo Store*를 찾을 수 있다. 2001년에 시작한 애플 스토어의 31번째 지점이자 매주 십만 명 이상 방문하는 가장 큰 매장이다. 2013년에 구글이 두 번째로 큰 업무사무실을 연 후 2021년에 오픈한 첫 번째 매장인 구글스토어도 보인다.

핵심은 하이테크 기업들이다. 페이스북 지점과 함께 링크드인*Linked in*, 위워크*WeWork*, 길트*GILT*, 요들*Yodle*, 바인*Vine*과 같이 언젠가 한 번쯤 들어본 이름의 빅테크와 유니콘 본사가 이제 눈에 보일 것이다. 이곳은 하이테크 기업들의 밀집도가 세계 최고 수준이다.

경쟁력의 핵심은 첨단인력의 지속적인 공급역량에 있다. 세계 경제의 중심지인 뉴욕에는 컬럼비아대와 뉴욕대가 있다. 주변 지역인 보스턴에서 필라델피아까지는 명문대들이 세계 최고로 밀집해 있다. 그런데도 뉴욕시는 맨해튼과 동쪽 퀸즈를 잇는 퀸즈버러 교량 아래의 루스벨트섬에 코넬테크 캠퍼스를 조성했다. 2011년 뉴욕 블룸버그 시장이 공모한 뉴욕

혁신 창업캠퍼스에 코넬대와 이스라엘의 명문 테크니온 공대*Technion-Israel Institute*컨소시엄이 최종승자가 되었다. 4천억 원이 넘는 기금을 확보해 컬럼비아대, 스탠퍼드대, 카네기멜런대를 포함한 다른 여섯 개의 쟁쟁한 컨소시엄들을 물리친 것이다. 뉴욕은 하이테크의 수도로 재탄생하고 있다.

판교역에서 서쪽으로 약 4천 7백*km*를 가면 인도 IT산업의 메카인 벵갈루루*Bengaluru*가 있다. 저녁에 벵갈루루의 중심부인 HSR 레이아웃 지역*Layout district*의 크로스로드 17번가*17th Cross Road*를 따라 반호이젠*Van Heusen* 아울렛부터 온라인 가전제품 매장인 레이란스 디지털*Reliance Digital*까지 걸어보라. 남인도 특유의 느낌이 있지만 현대적으로 잘 정비된 가로수 길을 따라가는 내내 방금 전 첨단기업들에서 퇴근한 후 한잔하러 맥줏집으로 우르르 몰려가는 스마트해 보이는 인도 청년들을 무수히 보게 된다. 그들 중 일부는 이커머스회사인 우단*Udaan*이나 에듀테크 플랫폼 베단투*Vedantu* 직원이다. 이곳이 스타트업들로 넘쳐나는 인도의 유니콘 거리*Unicorn Street*다.

벵갈루루는 4차 산업혁명을 향한 전 세계 '그림자 전쟁'에서 인도가 최일선 전장에 세운 야심 찬 카드다. 벵갈루루는 인도 남서부에 있는 카르나타카*Karnataka*주의 수도로 1,100년 이상의 역사를 가진 도시다. 인구 대국 인도에서 세 번째로 도시인구가 많으며 대도시권 인구로도 다섯 번째다. 1858년에 설립한 벵갈루루 중앙대학*Central College of Bengaluru*을 포함해 35개의 대학교가 있다. 그중에는 1886년 설립 후 단과대학 500개 이상, 재학생 30만 명 이상의 거대 종합대학교로 성장한 벵갈루루 대학교*Bengaluru University*도 있다.

벵갈루루에는 인도 정부 기술 관련 공공기관 본부가 많이 입지해 있다. 교육연구기관들과 주정부 소유인 항공·방위산업 기관들도 많다. 칸나다

언어로 방영하는 칸나다Kannada 영화산업과 스포츠 이벤트 산업의 중심지다. 그래서 2020년에는 백만 명 이상 인구를 가진 인도 대도시권 중에서 가장 살기 좋은 곳으로 선정되었다.

벵갈루루는 "인도의 실리콘밸리" 또는 "인도의 IT 수도"라고 불린다. 시작은 1985년이었다. 반도체와 전자산업 분야 다국적 기업인 텍사스 인스투르먼트(TI)Texas Instruments가 첫 번째로 진출했다. 곧이어 다른 IT 기업들이 들어왔다. 1991년부터 2001년까지 도시는 인도의 수도인 뉴델리 다음으로 빠르게 성장하는 대도시권이 되었다. 대도시권 경제의 생산성은 인도에서 4~5위권이다.

벵갈루루는 어떻게 "인도의 IT 수도"가 될 수 있었을까? 인도에는 총 780개의 언어가 있지만 영어가 공용어다. 도시에는 대학과 공공기관, 교육연구기관, 첨단·문화산업 기업들이 많다. 인건비도 저렴하다. 그러나 가장 큰 경쟁력은 시차다. 벵갈루루와 뉴욕, 시카고, LA·시애틀과는 9시간 반, 10시간 반, 12시간 반의 시간 차가 있다. 미국 기업과 협력하는 벵갈루루 기업들이 하루 종일 작업한 후 벵갈루루 시간 오후 4시 반에 맞춰 뉴욕 기업들이 오전 7시에 온라인 회의를 한다. 벵갈루루 오후 5시 반에는 시카고 기업들이, 벵갈루루 오후 7시 반에는 LA·시애틀 기업들이 미팅을 한다.

시간이 경쟁력이다. 벵갈루루에서 직원들이 퇴근하면 미국에서 다음 작업이 진행된다. 그렇게 지구촌 MZ경제 핵심기지들의 IT 시계가 24시간 돌아간다. 갈라파고스 생태계에 있는 다른 대도시권들을 제치고 미국-인도 파트너십은 미래를 향해 질주한다.

실리콘밸리가 아직도 글로벌 혁신을 주도하는가?

영국에서 발행되는 글로벌 정치·경제·문화 주간지인 이코노미스트 *The Economist*가 2022년 4월 12일 아주 오랜만에 글로벌 혁신에 대한 매우 도발적인 기사를 하나 게재했다. 기사의 제목은 "실리콘밸리가 아직도 글로벌 혁신을 주도하는가?*Can Silicon Valley still dominate global innovation?*"다. 실리콘밸리는 애플, 알파벳, 이베이, 시스코, HP, 인텔, 넷플릭스, 엔비디아, 트위터 등 테크 자이언트들과 136개 유니콘들의 고향이다. 4차 산업혁명을 말하는 모든 이들이 실리콘밸리를 경외한다. 그런데 왜 이코노미스트와 같은 거물 언론사가 뜬금없이 실리콘밸리의 심기를 거스르는 기사를 게재했을까?

179년의 오랜 역사와 격조 높은 논조와 문체로 세계 여론을 이끄는 보수적인 이코노미스트가 글로벌 경제 권력의 풍향이 바뀌는 것을 감지했다. 그래서 독자들에게 조목조목 상세하게 최근의 상황을 전했다. 기사의 핵심을 여기에 소개한다.

지난 수십 년 동안 첨단기술 기업들의 탄생지로 실리콘밸리의 입지는 난공불락이었다. 1939년 휴렛팩커드, 1968년 인텔, 1976년 애플, 1998년 구글, 2009년 우버와 같이 성공신화가 지속되었다. 2004년에는 마크 저커버그의 페이스북도 보스턴에서 이전했다. 1999년 실리콘밸리는 전 세계 벤처금융의 ⅓이 투자된 곳이었다. 2011년에는 세계 27대 유니콘 중에서 20개의 본부가 입지했다. 미국을 제외하면 4개 국가만이 유니콘 하나씩을 보유했다.

실리콘밸리의 유니콘은 현재 136개로 단일 대도시권으로는 세계에서 가장 많다. 그러나 세계에 분포한 천 개 이상의 유니콘 중에서 미국에 있는 것들은 절반 정도다. 나머지는 45개 국가에 흩어져 있다. 지난 20년 동안 미국에 투자된 벤처금융은 84%에서 절반 이하로 줄었다. 대신에 세계다른 지역들이 성장했다. 베이징, 런던, 텔아비브와 그 외 몇몇 지역들은 이미 성숙해 세계 패권을 곁눈질하고 있다. 벵갈루루와 싱가포르, 상파울루는 아직 중심축이 되기에는 부족하다. 그러나 그들 모두는 첨단기술 인력이 다양하고 풍부하며 세계의 다른 핵심지구들과 깊이 연결되어 있다. 그들이 보다 다양하고, 광범위하며 경쟁적인 글로벌 혁신지도를 새롭게 그리도록 하고 있다. 그들은 서로 다르지만 같다.

세계 각국의 스타트업들은 전략이 서로 다르다. 영국과 이스라엘 같은 성숙한 중심국가 기업들은 첨단 AI 기술과 소비자보다는 기업에 집중하며 글로벌 성장을 추구한다. 베이징은 내수 중심이다. 벵갈루루, 싱가포르, 상파울루는 글로벌보다는 지역에 치중한다. 신천지를 개척하기보다는 기존 기술의 적용을 선호한다. 이커머스기업 플립카트*Flipkart*는 인도의 아마존이다. 핀테크 기업 누뱅크*Nubank*는 브라질의 리볼루트*Revolut*다. 차량 공유 기업 그랩*Grab*은 동남아의 우버다. 동남아 유니콘의 70%와 남미의 80%가 지역을 타깃으로 하는 핀테크 기업이거나 전자상거래 기업이다.

초고속인터넷, 스마트폰과 같은 최근의 기술혁신이 물리적인 거리가 소멸한 테크 도시들의 성장을 이끌었다. 클라우드 컴퓨팅이 창업을 쉽게 만들었다. 코로나 19 펜데믹도 새로운 성장기회를 제공했다. 인도와 동남아시아에서 매출액 1억 달러 이상 기업이 급격하게 증가했다. 벵갈루루는 26개의 유니콘과 130억 달러의 벤처금융을 보유한 인도의 IT 수도로 입지를 굳혔다. 도심의 부동산 가격이 오르자 신생 스타트업들은 벵갈루루 대도시권의 수 킬로 북쪽 코라망갈라*Koramangala*를 새로운 둥지로 선택했다.

기술과 글로벌 벤처금융의 민주화로 세계 어느 곳에서도 동등한 경쟁이 가능한 사회가 되었지만 새로운 권력을 움켜쥔 도시들은 소수다. 40% 정도의 유니콘들이 4차 산업혁명 선도국가들의 선두도시에 입지하고 있다. 영국 선두도시인 런던의 벤처금융 규모는 2011년 50% 이하였으나 2021년에는 거의 70%까지 증가했다. 베를린은 24%에서 60%로, 벵갈루루는 15%에서 34%로 올라갔다. 19세기 알프레드 마샬*Alfred Marshall*의 "집적 경제*Agglomeration Economy*" 이론이 선두도시에서 실현되고 있다. 사람들이 잘 준비된 지역으로 몰리기 때문에 초기에 선택된 지역이 눈덩이 구르듯이 커진다.

최고의 성공 요인은 첨단 기술인력의 공급역량이다. 실리콘밸리는 스탠퍼드대학, 캘리포니아 주립대 버클리캠퍼스와 가깝다. 텔아비브에는 대학들과 이스라엘 정보인력기업이 있다. 재벌 의존형 경제와 낮은 영어 구사력, 편협한 사회 분위기의 일본만 뒤처졌다. 사람과 아이디어에 대한 개방성이 부족하기 때문이다. 세계와의 연결성이 두 번째 핵심요소다. 이민자나 그들의 자녀가 미국 선두 테크 기업들의 60% 가까이 창업했다. 10개 이상의 유니콘을 보유한 베를린, 런던, 파리는 상당한 규모의 이민인구를 가지고 있다. 상해와 선전의 스타트업들은 학위를 마치고 돌아온 유학생들이 시작했다. 위험을 감수하는 자본이 퍼즐의 마지막 조각이다.

이코노미스트 기사를 읽으면 영화 「주라기 월드」에서 공룡시대의 강자 티라노사우루스에 대적하는 젊고 기민한 벨로시랩터들이 떠오른다. 영화를 안 본 사람들은 호시탐탐 공격기회를 노리는 젊은 하이에나 무리를 경계하는 세렝게티 초원의 사자를 상상해도 될 것이다. 실리콘밸리는 언제까지 왕좌를 지킬 수 있을까?

MZ경제를 주도하는 테크시티 3.0

　이제 이 책의 제목에 대해 말해야 할 때다. 눈치 빠른 독자들은 이미 알아챘을 것이다. 판교는 거대공룡 티렉스의 실리콘밸리가 아니라 벨로시랩터다. 판교는 테크시티 3.0이다. 실리콘밸리는 테크시티 2.0에서 변신에 성공한 테크시티 2.5다. 그렇다면 테크시티 1.0은 어떤 도시일까? 산업혁명으로 거슬러 올라간다.

　약 250년 전, 유럽 서쪽의 변방에 위치한 영국에서 '산업혁명'이란 대폭발이 일어났다. 방적기의 발명이 시작이었다. 면직물산업은 1000년부터 1900년까지 세계에서 가장 중요한 제조업이었다. 1776년 제임스 와트가 증기기관을 발명했다. 자연력에서 증기력으로 바뀌는 동력혁명이 산업재편의 거대해일을 만들었다.

　영국에서 조지 스티븐슨이 1825년 세계 최초로 여객 철도를 개통했다. 프랑스인 퀴노가 1770년 발명한 자동차는 카를 벤츠가 1886년 최초의 가솔린 엔진을 장착한 승용차로 재탄생시켰다. 로버트 풀턴의 증기선과 라이트 형제의 비행기까지 합류했다. 건축에서 철근 콘크리트와 철골구조, 강화유리 제작기술이 탄생해 마천루 건설이 가능해졌다. 그 결과 1850년대 이후 도시인구가 폭발적으로 증가했다. 도시의 시대가 활짝 열린 것이다.

　산업혁명 이전에 도시의 공업역량은 가내수공업 수준이었다. 아시아에서는 국가가 관리하는 장인이 모여 사는 도성 내 특정 지역이, 중세유럽에서는 시장경제의 길드가 중심이었다. 모두 도제체제였다. 방적기와 방직기가 발명되자 여성 인력이 참여하는 경공업이 발전했다. 영국의 맨체스터에서 시작해 프랑스 루앙과 스페인 바르셀로나가 경공업 도시로 탈바꿈

했다. 산업 물결의 파도는 독일, 이탈리아, 미국, 러시아, 일본을 거쳐 대한민국 서울의 구로공단과 마산 수출자유지역으로 이어졌다. 테크시티 1.0이다.

19세기 후반 영국, 프랑스, 독일, 미국과 같은 산업혁명 선진국에서 중화학공업이 성장했다. 중화학공업은 대기오염과 유해 폐기물을 생성한다. 그래서 인구가 적고, 물이 풍부한 곳에 단지를 조성해 공장들이 입주했다. 공업단지가 형성되면 직원과 가족을 위한 도시가 발전했다. 영국에서는 셰필드, 리버풀, 버밍엄, 글래스고, 뉴캐슬이 떠올랐다. 미국에서는 시카고, 세인트루이스, 피츠버그, 디트로이트, 클리블랜드, 신시내티, 휴스턴이 주도했다.

두 번째 물결이 프랑스와 독일, 러시아, 일본을 거쳐 1970년을 전후해 한반도에 도착했다. 공업단지가 들어선 포항, 울산, 거제, 여수, 창원, 안산, 군산이 산업도시로 변신했다. 테크시티 1.5다. 2019년 한국출판문화상과 2020년 한국사회학회 학술상을 수상한 양승훈 교수의 저서『중공업 가족의 유토피아 : 산업도시 거제, 빛과 그림자』에 테크시티 1.5의 특성이 아주 잘 묘사되어 있다. 아침 국민체조와 야근, 부서 회식과 노조, 푸른빛이 감도는 회색 작업복과 고어텍스 워커는 다른 말이 필요 없다. 포스코 박태준 회장의 '우향우' 신화와 함께 테크시티 1.5의 고유문화다.

전쟁, 경제공황과 같은 위기는 인간이 생존과 승리를 위해 극한의 지혜를 짜내도록 만든다. 테크시티 2.0의 시조는 실리콘밸리의 산호세/샌프란시스코가 아니다. 미국 독립혁명의 발원지인 보스턴이다. 1920년대 보스턴 대도시권은 주축인 방직산업이 쇠퇴하면서 미래가 암울했다. 미국은 제1차 세계대전이 끝나자 주어진 세계 지도자 자리가 부담스러웠다. 1929

년 경제 대공황도 눈앞에 있었다. 그 절체절명의 시기에 길 잃은 보스턴에 새로운 기회의 문이 두 개나 열렸다. 첨단 군수산업과 컴퓨터산업이다.

모든 일은 인프라의 건설에서 시작한다. 1927년 양키구역 고속도로라고 불리는 루트 128*Route 128* 매사추세츠 주정부 고속도로가 보스턴 외곽에 순환도로로 건설되었다. 보스턴 대도시권에 방사 환상형 도로망이 구축되었다. 보스턴 외곽의 가격이 저렴한 토지들에 대한 접근성이 향상되었다. 보스턴 대도시권에는 MIT, 하버드대를 포함해 65개의 대학교가 있다. 1930년대 MIT는 미국 동부 연안의 다른 대학들과 두 가지 면에서 달랐다. 첫 번째는 1882년 설립된 전기공학 대학이 역사가 오래되어 우수한 졸업생들이 많았다는 것이다. 두 번째는 다른 대학보다 규모가 작아 부족한 재정을 확보하기 위해 정부와 민간기업으로부터 꾸준하게 연구프로젝트를 수주해야 했다는 것이다. 대학은 창업에도 우호적이었다.

MIT 출신을 주축으로 「루트 128」이라고 불린 테크시티 2.0 보스턴의 부활이 시작되었다. 제2차 세계대전으로 영국의 레이더와 같은 첨단 유럽 기술들이 미국으로 유입되었다. MIT는 방사선연구소, 기계연구소, 드라퍼연구소, 링컨연구소를 잇달아 설립했다. 하버드대도 방위연구소를 설치했다. 정밀기계, 항공공학, 미사일, 전기 전자, 신소재 분야의 첨단기업과 일자리가 급증했다. 국방부와의 협력이 한국전쟁, 베트남전쟁으로 이어졌다.

컴퓨터산업은 테크시티 2.0 보스턴의 비상을 도운 왼쪽 날개다. 1951년 하버드대 컴퓨터학과를 졸업한 안 왕*An Wang*이 왕연구소를 설립했다. 루트 128 지역에 컴퓨터 제조업 고용이 급증했다. MIT 출신들도 합류해 소형 컴퓨터, 전기전자부품 생산기업의 창업이 폭발했다. 컴퓨터산업은 공공부문도 있지만 민간도 컸다. 「루트 128」의 토지가격이 상승하자 신생기업들은 부담이 되었다. 1950년대 진공관에서 트랜지스터로 기술혁신이 진행되어도 방위산업 중심의 공공부문에서 혁신은 잘 수용되지 않았다. 탈출구가 필요했다. 서쪽 5천km 거리의 온화한 기후를 가진 스탠퍼드대가 손짓했다. 레밍 무리의 이동으로 실리콘밸리의 신화가 탄생했다.

1950년대 스탠퍼드대와 주변의 팔로알토*Palo Alto*는 연구와 산업의 불모지가 아니었다. 1900년대 초부터 미 해군 관련 연구와 기술의 거점이었다. 1909년 스탠퍼드를 졸업한 시릴 엘웰*Cyril Elwell*이 대학의 지원으로 라디오 전송기술 기반의 연방전신회사(FTC)를 설립했다. FTC는 세계 최초로 글로벌 라디오 통신시스템을 만들어 1912년 미 해군에 납품했다. 1920년대에는 전기공학과 해리스 리안*Harris Ryan* 교수의 지도를 받은 제자들이 전자공학 분야 창업을 주도했다. 1933년 미 해군과 민간을 위한 모펫*Moffett* 항공기지가 건설되자 1930~1940년대에 일감이 쏟아지면서 기술기업들이 속속 입주했다. 군기지 대부분이 샌디에이고시로 이전한 후에도 항공연구의 중심지로 성장해 록히드사*Lockheed*와 같은 방산기업들이 들어왔다. 그래도 미래를 위한 변화가 필요하자 스탠퍼드대가 나섰다.

1950년대 스탠퍼드대는 제2차 세계대전 종전 후 귀국한 졸업생들의 취업과 대학발전을 위한 예산 확보에 대한 고민이 컸다. 그래서 1951년 스탠퍼드 공대 학장인 터만*Frederic Terman* 교수가 대학 소유의 방대한 주변 토지에 스탠퍼드 산업단지*Stanford Industrial Park*를 조성해 기업들에 임대하자고 제안했다. 스탠퍼드 학부에서 화학과 전기공학을 복수 전공하고 MIT에서 전기공학으로 박사학위를 받은 터만 교수는 MIT 교수로 재임하다 결핵에 걸려 기후가 좋은 스탠퍼드 모교로 옮긴 상황이었다. 그는 두 대학의 풍토와 떠오르는 첨단 분야의 생태계를 누구보다 잘 아는 사람이었다. 1,538달러의 창업자금과 온갖 인맥을 동원한 그의 지원으로 제자인 휴렛과 팩커드가 1939년 휴렛팩커드 창업에 성공한 경험도 있었다.

윌리엄 쇼클리*William Shockley*, 고든 무어*Gordon Moore*, 로버트 노이스*Robert Noyce*를 포함한 수많은 이들의 실리콘밸리 스토리는 그동안 많은 책들이 소개했기 때문에 여기에서는 다루지 않겠다. 실리콘밸리를 포함한 캘리포니아 북부의 산호세/샌프란시스코 대도시권은 과학연구단지*Science & Research Park*라는 신산업지구를 기반으로 활동한 수많은 혁신가들의 노력으로 테크시티 2.0의 왕좌에 올랐다. 실리콘밸리는 2000년대 이후 테크시티 2.5로 진화한다.

실리콘밸리의 혁신적인 아이디어에 숭배와 모방이 뒤따랐다. 1959년 노스캐롤라이나 주정부와 지자체가 대학, 지역상공회의소와 손잡고 랠리*Raleigh*, 더럼*Durham*, 채플힐*Chapel Hill*을 중심으로 연구삼각단지(RTP) *Research Triangle Park*를 조성했다. 터만 교수가 제안한 과학연구단지의 개념은 대학연구공원*University Research Park*, 기술단지*Technology Park*, 기술공원*Technopark*, 기술도시*Technopole*, 과학기술공원*Science and Technology Park* 등으로 불리면서 전 세계로 전파되었다. 또다시 파도타기가 시작되었다. 1958년에 계획되고, 1970년대에 입주한 일본의 쓰쿠바*Tsukuba* 학원도시, 1969년 프랑스 동남부의 소피아 앙티폴리스*Sophia Antipolis*를 거쳐 1980년대 대만의 신주(新竹)과학산업단지가 탄생했다. 한국도 박정희 대통령이 1973년 대덕과학도시 기본계획을 승인했다. 1978년 최초의 정부연구기관들이 입주했다.

1980년대는 혼란과 혁신의 시기였다. 중국이 개혁 개방하고, 소련이 무너졌으며 독일이 통일되었다. 레이거노믹스*Reaganomics*와 대처리즘 *Thatcherism*이 서구에 신경제 시대를 열었다. 마이크로소프트 윈도와 애플 매킨토시, 월드와이드웹(WWW) 개발과 게놈 프로젝트는 기술혁신의 여건을 조성했다. 클린턴 행정부가 국가정보기반정책*National Information Superhighway*을 추진해 혁신의 방아쇠를 당겼다.

역사는 반복된다. 1990년대 중반부터 실리콘밸리가 속한 산호세/샌프란시스코 대도시권의 부동산 가격이 심각한 수준에 도달했다. 신생기업이 입주하기도, 직원들이 거주하기도 어려워졌다. 교통체증과 장거리 출퇴근은 근무환경을 악화시켰다. 초고속인터넷으로 닷컴 바람이 불자 협력기업과의 거리와 주거문화 환경이 중요해졌다. 1993년 뉴욕주 연방검사인 줄리아니*Rudolph Giuliani*가 뉴욕시장에 당선되었다. 그는 '깨진 유리창 이론 *Broken Window Theory*'에 따라 범죄 발생 건수를 낮춰 위험한 뉴욕이라는 오명을 불식시켰다. 뉴욕 맨해튼 남부의 낮은 부동산 가격이 브로드웨이 뮤지컬과 함께 첨단 신생기업들에 큰 매력으로 다가왔다.

클린턴 행정부의 국가정보기반정책은 제조업의 구경제와 대비되는 ICT 기술 기반의 신경제*New Economy* 체제를 창조했다. 신경제는 첨단기술과 혁신을 추구하는 서비스 중심의 경제체제다. 디지털 경제*Digital Economy*, 인터넷 경제*Internet Economy*, 웹 경제*Web Economy*라고도 부른다. 1995년 이후 미국경제의 생산성이 2.5배 이상 높아졌다. 고용이 증가했고, 물가가 안정되었다. 경제학자 고든*Robert Gordon* 교수는 이 시기를 다섯 가지의 긍정요인이 복합효과를 내는 이상적인 골디락스 경제*Goldilocks Economy*라고 불렀다. MZ세대의 출현이 새로운 동력으로 작용했다. 산업 유전자가 다른 돌연변이 닷컴기업들이 우후죽순 생겨났다. 뉴욕이 최대 수혜지가 되었다. 적응력이 강한 유전자를 가진 신생기업들이 2000년 닷컴버블 붕괴와 2007년 세계금융위기를 견디고 새로운 강자로 떠올랐다.

최초의 도시혁신지구는 뉴욕의 '실리콘앨리'이지만 도시혁신지구의 정체성을 확고하게 한 도시는 바르셀로나다. 바르셀로나는 2000년 도시의 경제와 사회를 변화시키겠다고 선언했다. '카탈리나 맨체스터*Catalan Manchester*'라고 불렸던 지역을 '22@바르셀로나'라고 부르는 도시혁신지구 *Districte de la innovació*로 지정했다. 도시혁신지구라는 새로운 아이디어는 미국과 유럽을 거쳐 전 세계로 퍼져나갔다. 테크시티 3.0의 파도타기가 시작된 것이다. 과학연구단지의 실리콘밸리와 노스캐롤라이나 연구삼각단지, 프랑스 소피아 앙티폴리스는 신속하게 지역 내에 도시혁신지구를 출범해 테크시티 2.5로 진화했다. 거대공룡 티렉스들과 벨로시랩터 무리 사이에 21세기 경제패권을 향한 힘겨루기가 시작되었다.

자료조사 결과 세계에는 116개 대도시권에 172개의 도시혁신지구가 있다. 북미가 81.4%로 절대다수다. 유럽에는 9.3%가 있다. 아시아는 4.1%다. 남미와 오세아니아, 아프리카를 합하면 5.2%다. 판교처럼 테크시티 3.0 도시들의 90% 이상이 최근 15년 내에 완공되었거나 추진 중이다. 테크시티 3.0 도시들의 4분의 1은 아직 완성되지 않았다. 하지만 변신의 방향과 속도가 무섭다. 과학연구단지를 가진 테크시티 2.0과 2.5 도시들에 위협적이다.

지구촌 북반구에서 판교를 중심으로 뉴욕 실리콘앨리부터 인도 벵갈루루까지 1만 6천*km* 안에 떠오르는 글로벌 신경제 권력인 테크시티 3.0 도시들의 약 85%가 있다. 글로벌 도시혁신지구들의 현황과 유형, 산업 특성과 목표, 성공과 부진에 대한 사항은 판교에 집중하는 이 책의 저술 의도와는 차이가 있다. 별도의 책이 필요하다. 앨빈 토플러가 예언한 권력 이동이 지금 테크시티 3.0에서 실현되고 있다. 그 시대를 연 요인을 다음 절에서 살펴본다.

MZ경제와 위기, 그리고 새로운 권력의 탄생

현재 우리나라의 주요 경제문제로 청년실업 악화와 잠재성장률 하락이 지목되고 있다. 생산성 향상과 노동시장 개혁, 산업 구조조정이 해법으로 제시된다. 기업투자 지원과 이민유입 장려, 연구개발 효율화도 해결책으로 거론된다. 그러나 모든 해법의 바탕에는 MZ경제*Millennial-Z Economy*에 대한 이해가 있어야 한다.

오늘날 지구촌에서 테크시티 3.0 도시들이 경제혁신 주도권을 확보하도록 MZ경제가 돕고 있다. MZ경제는 주로 1981년부터 2010년까지 태어난 MZ세대가 여는 경제체제를 말한다. 그들은 베이비부머와 X세대의 자식들이며 최초의 디지털 원주민이다. 인터넷, 스마트폰, SNS에 능숙한 '세계인 세대*Global Generation*'다. 교육수준이 높다. 참여에 능하며 공정에 민감하다.

MZ세대의 선두인 밀레니얼 세대는 아기 때부터 기어서 꼬마 펭귄 핑구 비디오를 자기 힘으로 플레이어에 넣어 시청한 찐 디지털 인류다. 수컷 펭귄 뽀로로와 EBS 펭수의 인기가 절로 생긴 것이 아니다. 사회운동가 하이먼즈와 팀스는 공저 『뉴파워 : 새로운 권력의 탄생』에서 MZ세대의 행동을 이해하도록 ACE 틀을 소개했다. '행동에 옮길 수 있고*Actionable*', '상호 연결되어 있으며*Connected*', '확장 가능하다*Extensible*'라는 개념이다. SNS

플랫폼과 팬 기반을 통해 서로 연결된, 확장 가능한 열린 구조에서 행동에 옮길 수 있을 정도로 구체적인 메시지가 SNS로 전달되면 세상을 바꿀 수 있다. 메시지는 밈이 되고 권력과 부로 변환된다.

MZ경제에서 2003년 한 경제 고위관료가 말했던 "관(官)은 치(治)하기 위해 존재한다"라는 사고방식은 독약이다. '정(政)은 치(治)하기 위해 존재한다'라는 것처럼 행동했던 전임 정부의 방식은 더 말할 나위도 없다. 우석훈 교수와 박권일 기자가 저서 『88만 원 세대』에서 주장했던 "20대여, 토플책을 덮고 바리케이드를 치고 짱돌을 들어라"도 해결책이 되지 못한다.

테크시티 3.0이 MZ세대의 일자리와 놀이터가 되어야 MZ경제에서 성공한다. 영화배우 앤 해서웨이가 주인공인 두 영화가 구체제와 신경제 체제가 어떻게 다른지 극명하게 보여준다. 2006년 개봉한 『악마는 프라다를 입는다』에서 그녀는 패션 매거진 편집장의 갑질에 시달리는 비서였다. 2015년 개봉한 『인턴』에서는 창업 1년 반 만에 직원 220명의 성공신화를 이룬 이커머스 의류업체 대표였다. 영화는 파산한 전화번호부 회사 건물에 입주한 그녀의 신생기업에 그 전화번호부 회사에서 정년퇴직한 부사장이 인턴으로 입사해 그녀를 도와주는 스토리다.

판교가 진정한 테크시티 3.0인지는 논의가 필요하다. 장류진의 소설집 『일의 기쁨과 슬픔』에서는 '귤이 회수를 건너면 탱자가 되는' 사례들이 있다. 스크럼, 영어 이름 호칭, 월급 포인트에 대한 MZ세대의 공감은 소설책이 10만 부 넘게 팔린 원동력이 되었다. 어쩌면 판교는 겉모습은 테크시티 3.0이지만 속은 아직 테크시티 1.5의 사고를 벗어나지 못했을 지도 모른다.

해가 갈수록 MZ세대의 연령이 올라가고, 영향력이 커진다. 디지털에 친숙하지만 아날로그에 향수를 느끼고, 개인주의적이지만 서로 연결된 이 세대에게 9-11테러, 세계금융위기, 코로나19와 같은 글로벌 변화는 위기이자 기회다. 판교가 글로벌 권력 재편 무대에서 우리의 검투사로 활약하도록 이해가 필요하다.

판교테크노밸리 바로 보기

판교테크노밸리(TV)*Techno Valley*는 MZ경제의 글로벌 경쟁에 참여하고 있는 대한민국 최초의 도시혁신지구다. 판교 TV를 품은 판교 신도시, 조금 더 광범위하게 보자면 판교 신도시가 위치한 성남시는 우리나라 최초의 테크시티 3.0이다. 판교 TV는 판교 신도시의 북쪽에 있다. 총면적은 약 20만 평인 661,925㎡다. 도로와 공원녹지를 제외한 연구용지와 연구지원용지, 주차장의 총면적은 454,964㎡다. 총 44개 필지 중에서 초청연구용지가 4개 필지 48,147㎡로 10.65%다. 일반연구용지는 28개 267,450㎡로 58.8%를 점유한다. 연구지원용지가 6개 117,651㎡로 25.8%를 차지한다. 주차장 6개 필지의 면적은 21,716㎡로 4.8%다.

판교 TV는 글로벌 스탠더드 수준의 IT, BT, CT 중심 융·복합 첨단 R&D 메카를 목표로 하고 있다. 단지를 조성하는데 2005년부터 2015년까지 10여 년이 걸렸다. 총사업비는 부지비 1조 4,046억 원과 건축비 3조 8,659억 원을 합해 5조 2,705억 원이다. 경기도를 대행해 경기도시공사가 사업을 시행했다.

판교 TV는 지난 10년 동안 급속도로 성장했다. 2013년 말 판교 TV의 870개 기업 고용자 58,188명이 창출한 총매출액은 54조 원이었다. 경기도 경제과학진흥원이 2021년 8월 발간한 『2021년 판교테크노밸리 실태 조사 결과』를 보면 판교 TV(제1 판교) 1,300개 기업에 근무하는 67,834 명의 고용자가 108.8조 원의 매출액을 이룩했다. 지난 9년여 동안 입주 기업은 약 1.5배, 고용자는 약 1.2배가 증가했으며 총매출액은 2배 이상 늘어났다. 이 작은 지역에서의 총매출액이 2021년 우리나라 총 GDP의 5.3%에 달했다.

〈표 1〉 판교 제1 테크노밸리의 기업 수, 고용자, 매출액 변화추이[*]

연도	2012	2013	2014	2015	2016	2017	2018	2019	2021.8
기업 수	634	870	1,002	1,121	1,306	1,270	1,309	1,259	1,300
고용자	3.0	5.8	7.1	7.3	–	–	6.3	6.4	6.8
매출액	–	54	69	70	78	79	88	107	109

※ 단위 : 기업 수(개), 고용자(만 명), 매출액(조 원)

오늘날 전 세계에서 MZ경제를 창조해 주도하고 있는 새로운 세력이 판교테크노밸리와 같은 도시혁신지구를 품은 테크시티 3.0에 있다. 지구촌에 혜성과 같이 나타난 테크시티 3.0들은 뉴욕 빅애플*Big Apple*을 선두로 현재 116개에 달한다. 그들은 경제혁신과 사회변혁, 정치전환을 위한 21세기 권력 이동이 완성될 때까지 실리콘밸리의 아류인 것처럼 위장한 채 조용하게 변신하고 있다. 마치 영화 엑스맨 시리즈에서 '유전자 돌연변이들'이 인간의 질시를 두려워해 본 모습을 숨기고 있는 것 같다.

---

[*] 각 년도 판교테크노밸리 실태조사 결과(인포그래픽스), 경기도 경제과학진흥원; 2. 정선양 외, 2016, "혁신 클러스터의 성과 영향요인에 관한 실증연구 : 판교테크노밸리 사례를 중심으로," 「기술혁신학회지」 제19권 제4호. pp. 861 〈표 4〉.

MZ경제를 주도하는 테크시티 3.0들을 제대로 이해하려면, 우리는 먼저 이 혁신의 세계가 애초에 언제, 어디에서 유래했는지 알아야 한다. 오늘날 이 모든 변화는 아이러니하게도 사람들이 가장 혼란스러워했던 1970년대에 시작되었다. 소련의 아프가니스탄 침공, 유엔 총회의 중국 상임이사국 결의, 두 차례 석유파동, 금본위제인 브레턴우즈 체제의 붕괴로 불안과 공포가 세상을 뒤덮었던 시기다. 혼돈과 무질서 속에서 새로운 싹이 돋았다.

◆◆◆◆◆◆◆◆◆◆◆◆◆◆◆◆◆◆◆◆◆◆◆◆◆
◆◆◆◆◆◆◆◆◆◆◆◆◆◆◆◆◆◆◆◆◆◆◆

"변화하는 환경에 적응하라.
거대한 추세에 집중하고, 갈림길을 경계하라.
주위 사람 모두가 현재의 흐름에 편안하게 올라타고 있을 때조차
중요한 변화의 신호들을 감지할 수 있는 시스템을 만들어라."

- 루치르 샤르마의 『애프터 크라이시스』 -

◆◆◆◆◆◆◆◆◆◆◆◆◆◆◆◆◆◆◆◆◆◆◆
◆◆◆◆◆◆◆◆◆◆◆◆◆◆◆◆◆◆◆◆◆◆◆

제1부

테헤란 밸리를 떠난
비트의 도시 공동체

1. 발아(發芽)

변화의 신호를 감지했던 선지자들

록펠러 인터내셔널Rockefeller International 회장이자 경제지 파이낸셜 타임스Financial Times의 칼럼니스트인 루치르 샤르마Ruchir Sharma는 수백억 달러 자산을 운용하는 글로벌 투자자이자 국제 전략가다. 2015년 세계에서 가장 영향력 있는 50인에 선정되었던 그는 세계적인 베스트셀러인 『애프터 크라이시스The Rise and Fall of Nations : Forces of Change in the Post-Crisis World』에서 '정글의 리듬'이라는 아주 흥미로운 이야기를 소개했다. 왕은 왕자가 정글의 온갖 소리와 적막 속에서 위험을, 일출 속에서 희망을 감지할 수 있을 때까지 정글로 보낸다. '적합한 통치자가 되기 위해서 왕자는 소리를 내지 않는 것의 소리조차 들을 수 있어야 한다'라고 왕은 가르친다. 세상이 바뀌는 시기에 '정글의 리듬'을 읽는 자가 바로 선지자다.

"역사는 영원히 되풀이된다"라고 역사가 투키디데스는 말했다. 최근의 기후위기, 코로나 팬데믹, 지정학적 분쟁, 스태그플레이션 귀환을 바라보면서 석학들은 부지불식중에 1970년대를 언급하고 있다. 반세기라는 시간 차에도 불구하고 두 시대 간에 동질감을 느끼는 사람들이 늘어간다. 오늘날 발생하는 사건들에서 사람들은 왜 1970년대와 같다는 데자뷰를 느끼는 것일까?

1970년대를 살아가던 사람들에게 세계는 혼란 그 자체였다. 유엔에 가입한 중국이 상임이사국으로 세계무대에 나섰다. 소련은 아프가니스탄을 침공했다. 이스라엘-아랍 분쟁, 베트남 전쟁종결과 판문점 도끼 사건, 중남미 군부 쿠데타, 이란혁명, 뮌헨올림픽 테러와 같은 지정학적 재편과 사건으로 세상은 불안정해졌다.

세계 경제는 혼란스러웠다. 달러를 기축통화로 해 고정환율로 운영되는 것이 브레턴우즈 체제다. 닉슨 대통령이 달러를 금으로 바꿀 수 없다고 선언하자 체제가 붕괴했다. 석유파동이 두 차례나 발생해 경제 질서가 흔들렸다. 글로벌 스태그플레이션으로 미국과 한국의 은행 금리가 20%대까지 올랐다. 많은 기업들이 파산했다. 사람들의 삶은 궁핍해졌다. 불안과 공포가 세상을 뒤덮었다.

제3차 세계대전이 발생한다는 루머와 초인플레이션으로 금값이 급상승했다. 세상이 종말을 우려할 때 사건들의 소용돌이 저변에 희망이 있다고 말한 사람들이 있다. 그들 선지자들은 종말은커녕 새롭고 강력한 변화의 물결이 세상을 근본적으로 바꿀 것이라고 주장했다. 그 첫 번째 선지자가 앨빈 토플러*Alvin Toffler*다.

미래학자인 앨빈 토플러가 천오백만 부가 팔린 『미래의 충격』을 저술한 지 10년 만인 1980년에 『제3의 물결』을 발간했다. 그는 이 책의 서문에서 아주 새롭고 희망적인 관점을 제시했다.

"세상 사람은 미치지 않았으며, 사실상, 외관상, 무의미한 사건들의 소용돌이 저변에는 놀랍고도 잠재적으로 희망적인 모습이 놓여 있다 … 강력한 조류가, 일하고, 유희하고, 결혼하고, 아이를 키우거나 은퇴하는데 새롭고도, 종종 기괴한 환경을 창조하면서, 오늘날 세계 곳곳에서 소용돌이치고 있다. … 많은 것들이 외관상으로 보기에는 관련이 없는 듯한 사건들이나 경향들은 서로 관련을 맺고 있는 것이다. 사실상 그것들은 산업주의의 몰락과 새로운 문명의 도래라는 좀 더 커다란 현상의 부분들인 것이다. … 낡은 사고방식, 낡은 원리, 신조, 그리고 이념들은 과거에 아무리 소중히 했거나 혹은 아무리 유용했든 간에 더 이상은 부합되지 않는다. 새로운 가치들과 기술, 새로운 지정학적 관계, 사회의 새로운 생활 스타일과 모습으로부터 급히 빠져나오고 있는 세계는 전면적인 새로운 사상과 이념, 새로운 분류와 개념들을 요구하고 있다."

다가오는 ICT와 에너지, 우주와 생명공학 혁명에 대한 앨빈 토플러의 희망적인 메시지에 세계인들이 화답했다. 『제3의 물결』은 전 세계에서 육백만 부가 넘게 팔렸다. 국가자본주의와 관료주의의 모순이 누적된 동아시아에서 반향이 더 컸다. 당시 가택연금 중이던 한국의 정치인 김대중, 중국의 자오즈양 총서기, 싱가포르의 리콴유 총리도 미래에 대한 그의 시각에 깊은 관심을 보였다.

앨빈 토플러의 성공을 보고 다른 선지자들도 자신의 목소리를 내기 시작했다. 미래학자이자 경제평론가인 존 나이스비트*John Naisbitt*가 1982년 『메가트렌드 : 일과 인간의 조화*Megatrends: Ten New Directions Transforming Our Lives*』를 발간했다. 거의 십 년 동안 연구한 결과를 담은 그의 책은 일간지 뉴욕 타임스의 베스트셀러 목록에서 2년 동안 1위를 점유했다. 메가트렌드는 전 세계 57개 국가에서 출간되어 천사백만 부가 팔렸다. 1990년 세

계 최고의 사회예측가인 패트리셔 애버딘*Patricia Aburdene*과 공저로 발간한
『메가트렌드 2000 : 세기말 대변혁 10가지!*Megatrends 2000: Ten New Directions for the 1990s*』도 공전의 히트를 했다. 그는 『메가트렌드 아시아』, 『메가트렌드 차이나』와 같은 메가트렌드 시리즈를 계속 발간했다.

스위스 제네바대학교의 클라우스 슈밥*Klasu Schwab* 교수도 1995년 세계 석학 103명과 공저로 『21세기 예측』을 발간했다. 그 당시 그는 '변화하는 세계에서 경제·사회·정치 발전 사이의 관련성' 프로젝트에 대한 유엔 고위 감독위원회 위원단 공동의장이었다. 1993년 말 유엔 감독위원회 위원단은 이 프로젝트를 위해 여러 전문가들에게 자문을 구했다. 자문결과는 스위스 다보스에서 개최된 1994년 세계경제포럼*World Economic Forum* 연례회의의 지식인 프로그램에서 발표되었다. 1994년 다보스 포럼의 '세계 경제의 변화하는 기본 가정'이라는 주제는 1995년 다보스 포럼의 '무관심의 극복 : 21세기를 위한 기초의 구축' 주제로 연결되었다. 두 차례 다보스 포럼의 결과가 책으로 출간되었다.

1997년에는 영국 이코노미스트의 수석 편집위원이자 세인트 앤 대학교 교수인 프랜시스 케언크로스*Frances Cairncross*가 『거리의 소멸 ⓝ 디지털 혁명*The Death of Distance*』을 저술했다. 그녀는 마이크로프로세서, 디지털 압축, 광섬유 케이블, 기타 기술적 장치를 포함한 '정보통신혁명이 우리와 다음 세대의 삶을 어떻게 변화시킬 것'인지에 대해 자기 생각을 30가지로 소개했다. 그들 모두는 시대 변화를 주장했다. 세기말에 새로운 세상이 열린 것이다.

파괴적 창조자들

선지자는 파괴적 창조를 실행할 메시아를 불러낸다. 앨빈 토플러가 예견했던 파괴적 창조를 주도할 두 인물이 1980년대에 나왔다. 바로 애플의 스티브 잡스*Steve Jobs*와 마이크로소프트의 빌 게이츠*Bill Gates*다. 지구촌은 ICT 기술이 창조하는 지식정보사회로 빠르게 전환되어 갔다. 스티브 잡스와 빌 게이츠는 작고 날랜 기업들이 IBM과 같은 거대공룡을 이기는 세상이 왔다는 사실을 증명했다. 빌 게이츠는 나중에 이런 말을 했다. "가장 두려운 상대는 지금 차고지에서 세상을 바꾸기 위해 밤을 새우고 있는 사람이다." 파괴적 창조가 세상을 바꾸는 시대가 열린 것이다. 새로운 세상은 아주 극적인 장면을 통해 우리 앞에 그 모습을 드러냈다.

미국 기업들에는 일 년에 몇 차례 제품을 소개할 수 있는 빅 이벤트가 있다. 그중에서 최고는 매년 1월에 개최하는 '미국 최대 스포츠 행사'인 미식축구 결승전 슈퍼볼*Super Bowl*이다. 최근에는 일억 명 이상의 미국인이 시청해 30초당 휴식시간 광고비가 650만 달러에 책정되기도 했다. 슈퍼볼 광고는 오랫동안 화제가 되기 때문에 기업들은 최고의 광고를 내기 위해 온갖 지혜를 짜낸다. 현대차와 기아는 최근 10여 년 동안 슈퍼볼 광고에 참여해 2020년 광고 순위 최상위권을 차지하면서 큰 호평을 받았다.

1984년 1월 22일 제18회 슈퍼볼의 세 번째 쿼터 휴식시간에 구천육백만 명의 미국인들을 깊은 상념에 잠기게 한 충격적인 광고가 방영되었다. 청회색의 제복을 입고, 원격영상을 통해 지시하는 독재자의 명령에 따라 긴 터널을 똑같이 행진하는 긴 줄의 사람들이 나온다. 그때 방금 전에 육상트랙을 달리다 온 듯한 흰색 민소매 러닝셔츠에 붉은색 반바지를 입고,

운동화를 신은 여성 육상선수가 두 손에 큰 해머를 들고 나타난다. 러닝셔츠 가슴에 애플 매킨토시*Macintosh* 컴퓨터 그림이 있는 그녀는 시위진압 복장을 한 네 명의 경찰관들에게 쫓긴다. 사상범을 체포하는 경찰이다.

그녀는 '정보정화 지시'를 명령하는 독재자의 영상이 방영되는 대형 스크린 앞에서 해머를 던져 스크린을 부순다. 폭발과 연기로 사람들이 충격을 받는다. 그때 이런 멘트가 나온다. "1월 24일 애플 컴퓨터가 매킨토시를 출시합니다. 1984년은 [조지 오웰이 예상했던 그러한] 1984년이 되지 않을 것입니다."

거장 리들리 스콧*Ridley Scott* 감독이 제작한 매킨토시 광고 '1984'는 그해 최고 화제작이 되었다. 스콧 감독은 광고계의 전설이 되었다. 미술감독 브렌트 토마스*Brent Thomas*는 이렇게 말했다.

> "애플은 [이 광고로] 원하는 메시지를 전달했다. '미국은 현재 진행되고 있는 것들을 멈춰야 한다. 사람들은 컴퓨터에 대해 다시 생각해야 한다. 매킨토시를 새롭게 바라봐야 한다.' 이 광고로 매킨토시가 3.5백만 달러나 팔렸다. 이것은 '완벽한 성공'이다. 우리는 또 '컴퓨터가 우리를 노예로 만들 것이라는 유언비어를 날려버렸다. 우리는 컴퓨터가 우리를 자유롭게 할 것이라고 말하지는 않았다.' 나는 컴퓨터 세상이 어떠할지 알지 못한다. 이것은 오로지 마케팅 관점에서 말한 것이다."

조지 오웰의 소설 '1984'를 오마주*Hommage*해 IBM 컴퓨터의 메인프레임 시스템 세상을 디스토피아로, PC 시스템 기반의 매킨토시를 자유로 그려낸 광고는 컴퓨터 업계의 판도를 재편했다.

애플은 같은 해 마이크로소프트 빌 게이츠가 매킨토시의 운영체계를 혁신이라고 소개하는 비디오들을 방영했다. 한 비디오에서 당시 한창 젊은 나이였던 빌 게이츠는 회사업무, 사용방식, 저장용량, 휴대성에서 매킨토시가 IBM 컴퓨터보다 우수하다고 홍보했다. 다른 홍보 비디오에서는 빌 게이츠가 윈도 3.1을 소개했다. 또 다른 비디오에서는 역시 젊은 나이였던 스티브 잡스가 매킨토시로 가능한 일과 작업을 안내했다. 스티브 잡스와 빌 게이츠의 청년세대 연합군은 거대한 IBM 제국을 무너뜨렸다. 한때 세계 제일의 기업이었던 IBM은 몰락의 소용돌이에 빠져들었다. 루 거스너*Louis Gerstner*가 IBM을 인터넷 세상의 서비스와 솔루션을 파는 기업으로 겨우 되살렸다. 제조사가 서비스 공급자로 변신했다.

1980년대 초 산호세/샌프란시스코의 '실리콘밸리'가 테크시티 2.0 컴퓨터 전쟁에서 보스턴의 '루트 128'을 누르고 승리했다. 제조업 기반의 동부 골리앗 IBM을 인터페이스 아키텍처로 무장한 서부 다윗 애플과 마이크로소프트 연합이 쓰러뜨렸다. 대학을 중퇴한 경력의 1955년생 동갑내기인 스티브 잡스와 빌 게이츠는 그 이후 서로 다른 길을 간다. 성장 배경이 달랐던 반항아와 범생이는 성격도 상극이었다. 반항아는 범생이를 편협하고 얼뜬 상대로 취급했다. 게이츠는 잡스를 프로그램도 할 줄 모르는 인격적 결함자로 생각했다. 성격과 기질이 달랐던 그들 간의 갈등으로 디지털 시대가 분열되었다. 제2차 세계대전 이후 미국과 소련처럼 거대한 적이 사라지자 연합국 간 진정한 경쟁이 시작되었다.

1980년대 컴퓨터 업계의 갑(甲)과 을(乙)이 서로 바뀌었다. 빌 게이츠의 마이크로소프트가 애플과 IBM PC를 위해 운영체제와 어플리케이션 소프트웨어를 만들었다. 애플과 IBM 간 경쟁으로 PC 판매 대수가 급증하자 마이크로소프트가 최대 수혜자가 되었다. 애플의 도움을 받아 마이크로소프트의 MS 워드, 엑셀, MS 엑세스가 소프트웨어 시장을 주도했다. 워드퍼펙트, 로터스 1-2-3, dBase가 시장에서 밀려났다. 세계 최고의 PC 컴퓨터 소프트 회사가 된 마이크로소프트는 경쟁이 될 만한 소프트 회사들을 닥치는 대로 사들였다. 하드웨어 회사들은 마이크로소프트에 서서히 종속되었다. 소프트 파워가 컴퓨터 업계를 지배하게 된 것이다.

애플과 마이크로소프트의 공생 관계가 서로 손잡고 춤추면서 상대에게 치명상을 입히는 '전갈 춤'처럼 되었을 때 상황이 이상하게 흘렀다. 승승장구하는 게이츠와 반대로 잡스는 고난의 질곡에 갇혔다. 1985년 5월 애플 이사회가 스티브 잡스의 회사 주요보직을 박탈했다. 자신이 영입한 존 스컬리*John Sculley*가 판매전략 갈등으로 다른 이사들과 연합해 쿠데타를 일으켰다.

잡스는 그해 12월 애플 주식 모두를 팔고 애플을 떠난다. 넥스트*NeXT* 컴퓨터와 픽사*Pixar* 애니메이션사를 통해 재기에 성공한 잡스는 1996년 애플이 넥스트를 인수하면서 컴백했다. 그리고 2011년 사망할 때까지 애플의 부활을 선두에서 이끌었다.

성공한 기업가 빌 게이츠는 2008년 회사의 직위를 파트타임으로 바꾸고, 아내 멜린다와 함께 2000년에 세운 게이츠 재단*Bill & Melinda Gates Foundation*에 집중한다. 2014년에는 회장직에서 물러났다. 2021년 게이츠는 자신으로 인한 추문을 견디지 못한 멜린다와의 갈등으로 이혼했다. 1980년대 말 또 다른 기술혁신은 애플과 마이크로소프트를 위협할 새로운 세력의 등장을 예고했다.

WWW와 게놈 프로젝트가 만든 뉴 프론티어

인류 역사에서 1989년은 과학기술 혁신에 있어 기념비적인 연도로 기억될 것이다. 그해 스위스 제네바에 있는 유럽입자물리연구소(CERN)의 물리학자 팀 버너스-리*Tim Berners-Lee*가 월드와이드앱(WWW)*World Wide Web*을 개발했다. 미국 정부는 메릴랜드주에 국립 인간유전체 연구소(NHGRI)*National Human Genome Research Institute*를 설립했다. 이 두 과학기술은 테크시티 3.0 기업들이 보유한 핵심기술의 기반이다. 1989년은 테크시티 3.0의 여명이 밝아오는 해였다.

WWW는 다양한 형태의 전 세계 데이터와 정보에 접근할 수 있도록 돕는 하이퍼텍스트 네트워크 시스템이다. CERN의 팀 버너스-리가 1991년 배포한 브라우저 이름이자 고에너지 물리학계의 국제정보와 자료를 교환하기 위한 프로젝트 결과물이다. 보편적인 인터넷 서비스로 발전한 WWW는 1993년 모자이크*Mosaic*라는 웹 브라우저가 개발되면서 전 세계를 연결하는 시스템이 되었다. 오늘날 WWW는 텍스트 정보뿐만 아니라 그래픽, 오디오, 비디오, 프로그램 파일을 하이퍼텍스트 형태로 제공한다.

WWW의 출현은 한 천재에 의해 갑자기 실행된 것이 아니다. 칠십여년의 역사가 있다. 시작은 1920년대 해리 나이퀴스트*Harry Nyquist*와 랄프 하틀리*Ralph Hartly*가 개발한 정보 이론*Information Theory*이었다. 컴퓨터 사이언스 분야는 1950년대 분산 네트워크를 발전시켰다. 미국 국방성은 핵전쟁 발발로 인한 피해를 줄이기 위해 1969년 아르파넷*ARPANET* 프로젝트를 추진했다. 그해 10월 아르파넷 연결을 통해 "login"의 앞 두 글자인 "lo"가 UCLA와 스탠퍼드 연구소(SRI) 사이에 최초의 정보로 전송되었다.

같은 해 11월에는 UCLA와 스탠퍼드연구소가 영구적인 아르파넷 링크를 통해 연결되었다. 한 달 후 캘리포니아대 산타바바라 캠퍼스와 유타대가 아르파넷 네트워크에 합류했다. 인터넷 시대가 열린 것이다.

모든 발전에는 도약을 준비하고, 급격하게 성장하는 시기가 있다. 저명한 경제학자이자 MIT 경제학과 교수인 월트 휘트먼 로스토*Walt Whitman Rostow*는 1960년 『경제성장의 단계 : 반공산당 선언*The Stages of Economic Growth: A Non-Communist Manifesto*』이라는 명저를 저술해 '로스토식 경제성장 도약모형'을 발표했다. 그의 경제도약모형은 경제성장을 전통사회, 도약 준비, 도약, 성숙 도달, 수준 높은 대량소비의 다섯 단계로 구분했다. 1990년대 초 인터넷은 도약준비단계였다. 그리고 중국의 제나라를 부흥시킨 관중과 그를 알아본 포숙아처럼 인터넷 시대를 준비할 관중과 포숙아를 필요로 했다.

1993년 일리노이대 어바나-샴페인(UIUC) 부설 NCSA 연구소가 이미지를 표시할 수 있는 최초의 그래픽 웹 브라우저 모자이크*Mosaic*를 무료로 이용하도록 배포했다. 모자이크는 아이콘이나 이미지를 사용할 수 있었고, 마우스를 클릭하면 다른 페이지로 이동할 수 있었다. 개발자는 당시 일리노이대 재학생이면서 NCSA 직원이었던 마크 앤드리센*Marc Andreessen*과 동료 에릭 비나*Eric Bina*였다.

NCSA 연구소가 모자이크를 발표하던 해 마크 앤드리센은 UIUC를 졸업하고 기업통합기술회사*Enterprise Integration Technologies*에서 일하기 위해 실리콘밸리로 갔다. 그리고 운명의 사나이, 실리콘 그래픽스의 창업자인 짐 클라크*Jim Clark*를 만난다. 인터넷 웹 브라우저의 성공 가능성을 확신했던 클라크는 앤드리센에게 공동으로 회사를 설립할 것을 제안했다. NCSA

연구소가 모자이크라는 회사 명칭에 대해 문제를 제기하자 그들은 새로운 이름으로 변경한다. 바로 넷스케이프 커뮤니케이션즈*Netscape Communications*다. 회사는 1994년 넷스케이프 내비게이터*Netscape Navigator*를 출시했다. 내비게이터는 인터넷 사용자 혁명을 이끌면서 시장을 거의 독점적으로 지배했다.

웹 브라우저 시장에서의 기술 선도자라는 넷스케이프의 위치는 삼 년 천하로 끝났다. 1995년 네비게이터에 밀려 모자이크의 시장 점유율이 급전직하했다. 마이크로소프트가 NCSA로부터 모자이크의 라이선스를 헐값에 샀다. 같은 해 '인터넷 익스플로러*Internet Explorer*'를 개발하고, 윈도즈 운영체계에 포함하여 무료로 배포했다. 넷스케이프는 익스플로러에 대항해 1997년 '넷스케이프 커뮤니케이터'를 출시했으나 접근성, 성능, 비용, 구매 편의성에서 밀려 패배했다. 넷스케이프는 1999년 AOL에 인수된다.

21세기 초 인터넷 사용자들에게 새로운 땅을 향한 항해와 탐험이 시작되었다. 웹 브라우저 세계의 승자는 2002~2003년 동안 95%의 시장 점유율을 자랑한 마이크로소프트였다. 후속 시리즈를 통해서도 시장 점유율을 회복할 수 없었던 AOL은 결국 2008년 모든 개발과 지원을 중단하고 철수한다. 그러나 마이크로소프트의 천하도 오래 지속되지 못했다. 반격의 선두는 넷스케이프의 후손인 모질라*Mozilla*의 파이어폭스*Firefox*였다. 곧 오페라*Opera*와 사파리*Safari*가 참전했다. 그리고 거대공룡 구글이 크롬*Chrome*으로 합류했다. 2012년 전 세계에서 크롬의 시장 점유율이 익스플로러를 앞섰다. 마이크로소프트의 권불십년(權不十年)이었다.

오늘날 우리의 일상생활에서 인터넷 사이트 포털*portal*의 영향력은 막강하다. 2019년 tvN에서 「검색어를 입력하세요. WWW」라는 드라마를 방영했다. 포털사이트 '유니콘'과 '바로'에서 일하는 남녀 인물들의 일과 사랑에 대한 드라마였다. 유니콘과 바로는 현실 세계의 네이버와 다음/카카오를 연상시켰다. 드라마에서는 포털이 정치 권력을 포함한 외압으로부터 공정성을 지키려고 노력했다. 현실에서 발생한 여러 일들을 생각나게 한다.

미국 정부는 1988년 설립한 인간 게놈 연구소를 1989년 국립 인간유전체 연구소(NHGRI)로 확대 개편했다. 미국 내에서 NHGRI가 국제 인간 유전체 프로젝트(HGP)를 주도하도록 한 것이다. 1990년부터 2003년까지 첫 번째 단계의 HGP 사업이 미국, 영국, 일본, 독일, 프랑스, 중국의 국제협력과 셀레라 지노믹스*Celera Genomics*라는 민간법인의 후원으로 진행되었다. 인간 유전체의 85%가 해독되었다. 2021년 5월에 인간 유전체는 99.7%가 파악되었다. 완전한 해독은 2022년 1월에 이루어졌다.

한번 미국 국립보건원 산하의 NHGRI 홈페이지를 방문해 마우스를 스크롤 하기를 권한다. 협력자를 찾는 과학자들과 연구예산을 필요로 하는 공공·민간 연구원 연구자들, 환자 치료를 위한 유전체 지식을 구하려는 보건 전문가들, 과학적 호기심 충족과 다양한 사회와의 접촉을 원하는 교육자들, 유전체를 알고자 하는 일반인들을 위한 풍부한 정보의 보고를 발견할 것이다. NHGRI의 연간예산은 거의 8천억 원에 달한다. 참고로 유사한 기능을 하는 유전체센터가 소속되어 있는 우리나라 국립보건연구원이 2020년 배정한 포스트게놈 다부처 유전체 R&D 사업의 예산은 17억 원이다.

인간 유전체 프로젝트는 생명이라는 미지의 문을 활짝 열었다. HGP를 통해 해독된 인간 유전체 정보가 질병 진단, 난치병 예방, 신약 개발, 개인 맞춤형 치료와 같은 다양한 목적에 활용 가능해졌다. 테크시티 3.0 첨단 바이오기업들의 세상이 가까워졌다.

'정보고속도로'가 연 새로운 세상

대통령제 국가에서는 대통령이 바뀌면 새로운 국가정책을 실행할 기회가 생긴다. 특히 세대가 넘어가는 대통령 선거에서는 더욱 그렇다. 1992년 미국 대통령 선거가 대표적인 사례다.

선거는 구도와 인물, 진영과 정책, 갈등과 이변이 만들어내는 한 편의 드라마다. 1992년의 제52차 미국 대통령 선거에서 그런 한 편의 드라마가 탄생했다. 그 선거에서 야당인 민주당은 대선 후보자를 결정하는 예비선거 운동을 시작하기 전부터 이미 승패가 결정된 것으로 생각했다. 한 해 전인 1991년 '철의 장막'으로 도저히 무너질 것 같지 않았던 소련이 해체되었다. 12년간 집권한 레이건 정부와 부시 정부의 스타워즈*Star Wars* 정책과 레이거노믹스*Reaganomics*는 미국을 세계 유일의 초강대국으로 만들었다.

1990년 이라크가 쿠웨이트 유전을 노리고 침공했다. 걸프전이 발발한 것이다. 공화당 정권 재창출에 성공한 부시 대통령은 유엔 깃발 아래 34개 다국적군을 규합해 이라크를 격퇴했다. 부시 대통령의 지지율은 89%까지 올라갔다. 대통령의 재선이 거의 확실해지자 뉴욕 주지사 마리오 쿠오모*Mario Cuomo*, 대선 예비후보였던 재시 잭슨*Jesse Jackson*과 같은 민주당 거물 정치인들이 대선 출마를 포기했다. 민주당에서는 일곱 명의 정치인들이 대선에 나섰다. 언론은 '부시와 일곱 난쟁이'라고 부를 정도로 선거판이 이미 한쪽으로 기울었다고 생각했다. 민주당 후보 중 단 한 사람만 그렇게 생각하지 않았다. 그리고 자신만의 전략을 뚝심 있게 펼쳤다.

사실 어느 나라 대선이든 경제와 일자리 정책이 핵심이다. 2005년 개봉된 영화 「웰컴 투 동막골」에서도 주인공이 촌장에게 어떻게 사람들을 이끌어 가느냐고 묻자 촌장은 "영도력의 비결? 글쎄…머를 마이 맥에이지, 머"라고 답했다. 당시 클린턴 후보의 나이는 만 46세였다. 68세인 부시 대통령에게는 아들뻘이었다. 민주당 대선후보가 된 클린턴은 자신보다 두 살 어린 테네시주 상원의원 앨 고어*Albert Gore*를 부통령으로 선택했다. 그리고 젊은 두 사람은 변화하는 시대의 흐름을 짚는 공약을 내세운다.

대표적인 선거운동 표어가 그 유명한 "경제라고, 바보야*It's the economy, stupid*"였다. 당시의 불황이슈를 대선 전면에 내세운 것이다. "내 말을 믿어라. 증세는 없다*Read my lips: no new taxes*"도 영향이 컸다. 이 슬로건은 1988년 부시 대통령이 대선후보 때 내세운 것이다. 대통령이 된 후 증세하자 민주당 반격의 칼이 되었다. 그리고 민주당 대선후보 브로맨스의 결정적인 정책 한방이 나왔다. 바로 '정보고속도로*Information Superhighway*' 공약이다. 민주당은 로봇, 스마트도로, 바이오테크, 스마트기계, 자기부상열차, 광섬유통신, 국가 컴퓨터 네트워크 등에서 혁신적인 상품과 서비스가 나와 경제를 활성화하고, 산업 경쟁력을 높일 것이라고 말했다.

'정보고속도로' 공약은 앨 고어가 제안했다. 정보고속도로란 디지털 통신시스템과 인터넷 텔레커뮤니케이션 네트워크를 포함한 초고속 정보통신망을 말한다. 초고속 정보통신망의 건설로 미국이 세계 정보통신산업과 연계산업을 주도해 새로운 경제패권을 확립하겠다는 것이다. 앨 고어는 이러한 '국가정보기반(NII)*National Information Infrastructure*' 정책을 추진하기 위해 상원의원 시절에 '고성능 컴퓨터 및 통신법*High Performance Computing and Communication Act of 1991*'을 제정해 놓았다. 법안명은 "고어법*The Gore Bill*"이라고 불렀다. 이 법의 지원으로 모자이크가 만들어져 WWW 세상이 실현되었다. 아르파넷의 핵심 창시자인 레오나드 클레인록*Leonard Kleinrock*

은 한참 후에 '고어법'이 인터넷 세상을 만들었다고 말했다.

클린턴-고어 팀의 선거 전략은 레이건과 부시에게 투표했던 자신이 속한 베이비부머 "새로운 민주당원New Democrat"들의 표심을 사로잡겠다는 것이었다. 그들은 경제적으로는 중도보수이지만 사회문화적으로는 진보성향인 새로운 세대의 젊은 유권자들이었다. 클린턴-고어 팀은 '새로운 경제성장'으로 빈부격차를 줄이겠다는 "새로운 서약New Covenant"을 선언했다. 부시 대통령, 억만장자 로스 페로Ross Perot와 함께 치렀던 제52대 미국 대선은 클린턴 후보의 승리로 끝났다. 뉴욕 타임스는 민주당이 승리하자 "클린턴이 고어 주도로 첨단기술 혁신을 이룰 것"이라고 보도했다.

클린턴 행정부에서 고어 부통령이 주도한 국가정보기반정책은 오늘날 실리콘밸리를 포함한 테크시티 2.5/3.0 도시들의 성장기반이 되었다. 미국의 도시학자들과 경제학자들은 1990년대 이후 미국경제에서 다국적 대기업과 전통적 중소기업으로는 더 이상 베이비부머 이후 세대들의 일자리를 창출할 수 없었다고 말한다. 미국의 X세대와 MZ세대는 클린턴 정부의 '정보고속도로'건설로 인한 신경제 창조로 테크시티 3.0에서 첨단 직업을 가질 수 있었다. 재임에 실패한 부시 대통령은 퇴임 후 한 슈퍼마켓에서 바코드스캐너로 계산하는 것을 보고 무엇을 하는 것이냐고 물었다. 미국인들은 이미 일상에 깊숙이 들어온 지식정보기술에 대한 전전(戰前) 세대인 부시 대통령의 무지에 놀랐다.

클린턴 정부의 국가정보기반정책 추진은 미래에 대한 미국인들의 호기심을 자극했다. 학계에서는 미래학이라는 학문 분야가 탄생했다. 스타는 재계에서 나왔다. 1991년 『팝콘 리포트The Popcorn Report: Faith Popcorn on the Future of Your Company, Your World, Your Life』라는 책이 미국에서 베스트셀러가 되었다. 저자는 마케팅 컨설팅 회사인 브레인리저브*BrainReserve*의 대표이사이자 미래학자인 페이스 팝콘*Faith Popcorn*이었다. 그녀는 1974년 브레인리저브를 설립해 코카콜라에 생수 사업을 권하고, 코닥에 사진 인화 대신에 디지털 사업을 하라고 제안해 기업들에 미래 트렌드를 제시한 베테랑 컨설턴트였다. 그녀의 회사는 "재능은행*TalentBank*"을 만들어 다양한 분야에서 미래를 예측하는 만여 명의 전문가들로부터 자문을 받았다.

첫 번째 책이 베스트셀러로 성공하자 페이스 팝콘은 1996년 『클릭! 미래 속으로』, 2000년 『클릭 이브 속으로』, 2001년 『미래 생활 사전』을 연이어 출간한다. 모두 세계적인 베스트셀러가 되었다. '트렌드'라는 용어가 세상 사람들의 마음을 사로잡았다. 그녀의 성공은 다른 사람들을 자극했다. 2007년 마크 펜*Mark Penn*과 키니 잴리슨*Kinney Zalesne*의 『세상의 룰을 바꾸는 특별한 1%의 법칙 : 마이크로 트렌드』와 같이 유사한 도서들이 쏟아졌다. 기업과 사회에서 미래학이 새로운 비즈니스가 되었다.

2000년대 한국도 미래학 바람이 불었다. 두 명의 학자가 떠올랐다. 대학에서 미래학을 강의하던 첫 번째 사람은 정치에 참여해 주요정당의 국회의원을 두 번 하고 불미스럽게 물러났다. 아직 학자로 활동하는 두 번째 사람은 2007년 유행에 관한 책을 저술한 후 2009년부터 매년 시리즈로 '트렌드 코리아'를 출간했다. 트렌드는 가벼움이 아니라 무거움으로 받아들일 필요가 있다. '트렌드'는 변덕스럽게 바뀌는 것이 아니라 중장기적으로 저변에서 변화하는 것을 뜻한다. 매년 자주 변하는 것은 유행이다.

비트의 도시

도시계획가는 더 좋은 미래를 목표로 우리 사회 구성원들의 의견을 모아 도시계획이라는 공간 변화수단을 통해 우리 사회를 체제 내에서 개혁하는 사람들이다. 따라서 도시계획가는 태생적으로 현실에 발을 딛고, 눈은 10년, 100년을 향하는 미래학자다. 1990년대 세상이 바뀌는 것을 도시계획가들도 인지했다.

영국 도시학자이자 UCL대 교수인 피터 홀Peter Hall과 스페인 도시학자이자 UC 버클리대 교수인 마누엘 카스텔Manuel Castells이 선두에서 도시계획 학계의 이런 흐름을 이끌었다. 시작은 홀 교수였다. 그는 동료들과 1986년 저서『하이테크 미국 : 떠오르는 산업들의 무엇을, 어떻게, 어디에서』를 발간해 지식정보시대의 하이테크 산업을 소개했다. 그리고 2000년『미래의 도시 : 21세기 도시의 과제 및 대응전략』을 발간할 때까지 첨단산업, 정보기술과 혁신, 미래의 도시와 도시계획에 대한 책을 여덟 권 저술했다. 그중에서 1988년에 발표한『내일의 도시』는 전 세계 도시계획가들에게 보내는 미래지향적 도시계획에 대한 메시지였다. 카스텔 교수와 공저로 1994년 쓴『세계의 테크노폴 : 21세기 산업단지 만들기』에서는 테크시티 3.0을 만들기 위한 방향을 제시했다.

마누엘 카스텔 교수도 1989년『정보도시』를 저술해 미래의 도시계획을 제시하는 데 동참했다. 1996년부터 1998년까지는 3년 동안 매년 한 권씩 정보시대Information Age에 대한 도서를 발표했다. 오늘날 도시계획 학계에서는『네트워크 사회의 도래』,『정체성 권력 : 정보시대 경제, 사회, 문화』,『지난 천 년의 종말 : 정보시대 경제, 사회, 문화』를 카스텔 교수의 정보시대 3대 시리즈라고 부른다. 그는 이후에도 인터넷, 정보사회, 네트워크 사회, 이동통신, 커뮤니케이션에 대한 책을 여덟 권 저술했다.

1995년 도시계획가들의 눈을 번쩍 뜨게 만든 책이 MIT대학교 출판사에서 발간되었다. 바로 『비트의 도시*City of Bits*』다. 저자는 MIT대학교 건축도시계획대학원 학장인 윌리엄 미첼*William Mitchell* 교수였다. 그의 책 제2장은 아래의 만화와 이런 문장으로 시작한다. "나의 이름은 wjm@mit.edu이며 전자 세계의 한량이다. 나는 인터넷에서 죽치고 산다. 키보드는 나의 카페다."

〈그림 1〉 인터넷에서는 네가 강아지인 줄 아무도 몰라*

---

* 1993년 뉴요커 게재 만화를 인용한 『비트의 도시』 p. 14를 재인용함

미첼 교수는 세계 도시계획가들과 건축가들에게 이렇게 말했다. "미래의 도시는 인터넷에 세워질 것이다. 아득한 옛날 우리의 조상들이 멘데레스 강 옆의 한 협소한 반도 위에 밀레토스를 세웠던 것처럼 우리는 21세기의 수도로 자리 잡을 비트의 도시를 설계하고 건설해야 한다. 이 새로운 정착지는 고전적인 범주를 깡그리 뒤집어엎고, 고전 시대부터 지금까지 줄곧 건축가들의 의식을 지배해온 담론을 재편성할 것이다." 그는 광케이블로 연결된 글로벌 컴퓨터 인터넷이 여는 '전자 아고라' 공동체와 여기에 참여하는 사이보그 시민에 대해 말했다. 디지털 시대의 건축과 소프트한 도시, 비트 산업을 소개했다. 도시계획가와 건축가가 현실 세계와 가상공간, 사이버스페이스가 만드는 '비트권Bit Region'과 정치경제학을 이해하고, 문제를 해결해야 한다고 말했다.

미첼 교수는 다가오는 지식정보사회를 위해 앞장서서 준비했다. 그는 21세기 MIT를 위한 백만 평방피트의 강의실과 사무실 등을 포함한 5층 건물을 건설하는 프로젝트를 추진한 MIT 대학 총장의 자문위원으로 활동했다. 아일랜드 더블린 호텔에서 주말 이틀 동안 머물면서 그 프로젝트 경험을 『21세기 캠퍼스를 설계하는 MIT를 상상하기』라는 제목의 책으로 남겼다.

그는 2003년부터 MIT 미디어랩에서 스마트도시 프로그램을 실행했다. 그 프로그램에서 친환경 전기교통수단 그린 휠Green Wheel과 로보슈터 RoboScooter라는 전기 스쿠터, "도시 차CityCar"로 불린 MIT 전기자동차를 개발했다. 주차를 위해 작은 형태로 접는 것이 가능했던 로보슈터와 MIT 차는 컴퓨터로 운행이 통제되는 대중교통수단으로 기획되었다. 미첼 교수는 진정한 도시 미래 학자였다.

2000년을 전후해 다양한 분야에서 지식정보사회를 전망하기 시작했다. 경영학계에서는 클레어먼트대의 피터 드러커*Peter Drucker* 교수가 『미래기업』과 『미래의 조직』을 다루었다. 네트워크 분야의 대가인 돈 탭스콧*Don Tapscott*은 『디지털 경제를 배우자 : 지식 정보화시대의 12가지 핵심 테마』를 저술해 디지털 혁명이 일상생활, 공부, 일, 소통방식 측면에서 세상을 어떻게 변화시키고 있는지 소개했다. IT 분석가인 로빈 블루어*Robin Bloor*는 『일렉트로닉 바자 : 우리는 지금 실크로드를 지나 ⓔ로드로 간다』에서 인터넷 장터, 즉 이커머스 경제의 파괴적 창조를 예언했다.

2000년 위클리 스탠더드*The Weekly Standard* 편집장이자 정치 · 문화 평론가인 데이비드 브룩스*David Brooks*가 『보보스』를 출간했다. 그는 보헤미안과 부르주아의 속성을 모두 가지고 있는 보보라는 디지털 시대의 엘리트들이 어떻게 현재의 기득권 자리를 차지했는지를 설명했다. 같은 해에 실리콘밸리에 있는 팔로알토 리서치센터의 존 실리 브라운*John Seely Brown* 원장과 팔로알토 학습연구소의 폴 두기드*Paul Duguid* 연구원은 공저 『비트에서 인간으로』를 발표했다. 그들은 '뉴 테크놀로지'라는 이름으로 '정보'라는 단일 목적지로 질주하는 정보 만능주의의 문제에 대해 경고했다. 그리고 정보사회에서도 인간관계와 의사소통이 중요하다고 말했다.

시간이 지나자 새로운 시대에 대한 경고의 수준이 점점 더 높아졌다. 사회 비평가 제러미 리프킨*Jeremy Rifkin*은 『소유의 종말』을 통해 소유와 함께 시작되었던 자본주의의 끝이 다가오고 있다고 주장했다. 미국의 경제학자인 마이클 만델*Michael Mandel*은 『인터넷 공황』을 저술해 신경제의 기술순환과 인터넷 공황이라는 새로운 위험에 대해 경고했다. 그 경고는 곧 현실화된다.

테크시티 3.0과 닷컴버블

퍼스트 펭귄과 줄탁동기(啐啄同機)가 커다란 변화의 흐름에서 그 물결의 방향을 바꾸는 변곡점을 만든다. 퍼스트 펭귄은 위험과 불확실성을 감수하고 용감하게 도전하는 '선구자'를 의미한다. 카네기 멜론대 컴퓨터공학과 랜디 포시Randy Pausch 교수가 암으로 사망하기 전 마지막으로 한 강의에서 사용했다. 강의 제목을 그대로 사용해 출간한 『마지막 강의』는 전 세계에서 4.5백만 부 이상 팔렸다. 퍼스트 펭귄은 범고래와 바다표범을 두려워하는 펭귄 무리 중에서 먹이를 구하기 위해 공포를 극복하고 첫 번째로 바다에 뛰어드는 펭귄이다. 위험한 상황에서 용기를 낸 선구자를 따라 다른 펭귄들이 미지의 바다에 잇따라 도전한다.

줄탁동기는 병아리가 알에서 나올 수 있도록 어미 닭과 새끼가 안팎으로 동시에 달걀 껍질을 쫀다는 뜻이다. 불교 선종(禪宗)에서 선을 수행하는 스님들이 평생의 깨달음을 위해 품고 있는 중요한 질문인 화두 중 하나다. '줄'은 다 자란 병아리가 알 속에서 껍질을 깨기 위해 쪼는 것을 말한다. '탁'은 어미 닭이 병아리의 쪼는 소리를 듣고 도와주기 위해 밖에서 알을 쪼는 행위를 가리킨다. 불가에서 병아리는 깨달음을 향해 나아가는 수행자다. 어미 닭은 수행자에게 깨우침을 알려주는 스승이다. 어미 닭이 돕지만 세상 밖으로 나오기 위해 때를 알고, 스스로 노력해야 하는 것은 병아리다. 요즘 우리 사회 고위층들의 유별난 자녀 사랑이 결국 자녀의 앞날을 망치는 것을 경고하는 화두이기도 하다.

테크시티 3.0은 테크시티 1.0~2.5 들과 달리 대도시권의 중심지를 기반으로 한다. 테크시티 3.0은 도시혁신지구가 핵심이다. 도시혁신지구는 현재까지 조사한 자료로는 전 세계 116개 대도시권에 172개가 있다. 테크시티 3.0의 퍼스트 펭귄은 어디일까? 세계 경제수도인 뉴욕이다. 뉴욕시가 어떻게 첫 번째 펭귄이 되었는지 1990년대 초 뉴욕시로 시간여행을 떠나자.

오늘날 뉴욕 대도시권이 세계 테크시티 3.0 대도시권들의 선두에 서도록 한 퍼스트 펭귄이 있다. 그는 미국의 2세대 벤처 투자자인 알렉산드로 피올*Alessandro Piol*이다. 그의 아버지는 40년 경력을 가진 이탈리아 첨단 IT 산업 전문가로 이탈리아 벤처캐피털 업계의 '아버지'라고 불렸다. 1974년 피올의 아버지는 북미로 사업을 확장하려고 뉴욕으로 이주했다. 뉴욕에서 고등학교를 졸업한 피올은 컬럼비아대 공대에 입학해 컴퓨터공학으로 석사학위까지 마친 후 아버지 회사에 입사했다. 1978년 아버지가 동료에게 미국법인 대표를 맡기고 이탈리아로 돌아갔을 때 그는 남았다.

성공신화에는 항상 줄탁동기의 스토리가 있다. 벤처캐피털 올리베티 *Olivetti*에서 혁신전략부서 책임자였던 피올은 법인 벤처캐피털 펀드를 운영했다. 곧 뉴욕 사업계의 거물들과 친분이 생겼다. 그들의 성공 스토리와 사업방식을 이해하게 되었다. 실리콘밸리와 보스턴의 투자처를 방문하던 아버지가 가끔 들러 조언을 해주곤 했다. 피올은 회사를 그만두고 하버드대 MBA 과정을 다닌 후 4년 동안 첨단 컴퓨터기술 분야에서 프로그래머로 일했다. 그다음 발명가들에게 꿈의 직장으로 불리는 대기업 AT&T의 R&D 부서인 벨 랩*Bell Labs*으로 이직했다. 그의 심장에 AT&T 벨 랩 혁신가의 철학이 새겨졌다. 1991년 피올은 AT&T와 몇몇 벤처 투자자들의 벤처캐피털 기금 지원을 받아 AT&T 벤처기업을 창업한다.

실리콘밸리에 투자하는 다른 벤처 투자자들과 달리 피올은 그가 가장 잘 아는 도시인 뉴욕을 선택했다. 그는 비즈니스업계에 있는 풍부한 인맥으로부터 스포츠, 음악에 대한 생방송에 신세대가 열광하고 있다는 사실을 알게 되었다. 그는 1994년에 처음 시작한 생방송 TV*Direct TV* 기업에 투자해 큰 성공을 거둔다. 투자기업들은 오늘날 ESPN, MTV 등으로 성장했다. AT&T 투자펀드는 10배로 커졌다. 피올은 1994년 뉴욕 최초로 50여 명의 첨단기술 전문가들이 자발적으로 결성한 기술공동체인 뉴욕미디어협회(NYNMA)*New York Media Association*를 공동으로 설립한다. 피올은 1995년 말 AT&T를 떠나 챈슬러 캐피털*Chancellor Capital Management*로 이직한다.

오늘날 뉴욕 첨단산업계의 초기 성장 스토리를 잘 아는 모든 사람들은 뉴욕미디어협회가 설립된 다음 해인 1995년이 실리콘앨리*Silicon Alley*가 이륙을 시작한 기점이라고 말한다. 1993년 출범한 클린턴 정부가 '국가정보기반정책'을 추진해 신생 첨단기업들이 우후죽순으로 탄생했다. 1994년 임기를 시작한 뉴욕시 루돌프 줄리아니*Rudolph Giuliani* 시장이 '깨진 유리창 이론'을 적용해 경찰력을 대폭 강화했다. 범죄가 줄어들자 뉴욕 맨해튼 남부가 신생 첨단기업들에 매력적이 되었다. 갑자기 기업들이 몰려들자 뉴욕미디어협회가 핵심허브로 분주해졌다. 대학을 갓 졸업한 청년세대들이 첨단기업 일자리를 찾아 몰려들었다. 벤처캐피털은 뉴욕의 첨단기업들과 협력하기 위해 비즈니스 미팅과 파티를 열었다.

닷컴 거품*dot-com bubble*은 인터넷의 폭발적인 사용과 활용에 따라 1990년대 중반부터 2000년대 초반까지 인터넷 관련 기업들을 대상으로 한 막대한 투기로 형성된 주식시장 거품을 말한다. 1995년부터 2000년 5월까지 나스닥*Nasdaq* 지수가 4배나 올랐다. 그리고 2002년 10월에는 정점에서 78%나 떨어졌다. 수많은 온라인 쇼핑회사들과 정보통신업체들이 사라졌다. 아마존*Amazon*, 시스코*Cisco*와 같이 경쟁력이 있는 기업들도 회사 가치가 크게 추락했다.

닷컴 거품이 꺼지자 뉴욕의 첨단기업들도 생존이 갈렸다. 닷컴 거품 다음에 더 큰 파도인 금융위기가 2008년 닥쳤다. 2000년대에 두 차례나 발생한 죽음의 계곡을 넘어 살아남은 '링크드인'이나 '요들'은 더욱 강해졌다. 금융위기 전후로 창업한 '길트', '위워크', '바인' 등이 합류하면서 뉴욕 실리콘앨리는 다시 활기차게 되었다. 2000년 22@바르셀로나 계획을 발표한 스페인의 바르셀로나도 한동안 고전하다가 2000년대 후반에 비로소 안착했다. 보스턴, 필라델피아, 세인트루이스, 디트로이트, 시애틀 대도시권들이 2010년대 이후 테크시티 3.0의 물결에 참여했다. 유럽에서도 영국, 프랑스, 독일 등 경제 선진국들이 동참했다. 아시아와 호주, 남미와 아프리카 도시들도 글로벌 혁신에 합류했다.

여러분은 이제 테크시티 3.0에 대한 '글로벌 정글의 리듬'을 이해할 수 있을 것이다. 그렇다면 판교의 여정을 함께 탐험하자.

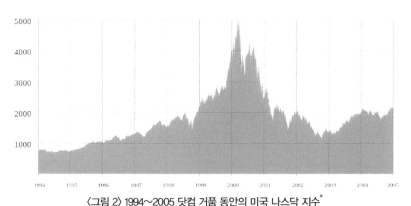

〈그림 2〉 1994~2005 닷컴 거품 동안의 미국 나스닥 지수*

---

*   Dot-com bubble 위키피디아

2. 포석(布石)

성큼 다가온 삼성 포노-사피엔스 시대

우리는 지금 스마트폰 문명 시대에 살고 있다. 사람들은 스마트폰으로 서로 소통하고, 일하고, 즐기고, 주문하고, 학습한다. 스마트폰은 불과 15년 만에 포노-사피엔스*Phono-sapiens*라는 새로운 문명 인류를 탄생시켰다. 이 새로운 인류는 스마트폰을 신체의 일부처럼 자유자재로 사용한다. 영국의 정치 · 경제 · 문화 주간지인 이코노미스트는 2015년 2월 26일 자 표지기사로 '스마트폰 행성*Planet of the phones*'을 게재했다. 기사의 첫 문단은 다음과 같다.

"2007년 1월 애플 최고 경영자인 스티브 잡스가 애플 임직원 군단의 노력에 푹 빠진 일단의 열광적인 청중 앞에서 킷캣 초콜릿과 비슷한 크기의 플라스틱과 금속, 실리콘으로 만든 납작한 평판 조각을 휘둘렀을 때 스마트폰 행성의 동이 텄다. "이것이 모든 것을 바꿀 것이다"라고 그는 약속했다. 이번에는 과장한 것이 하나도 없었다. 8년이 지나자 애플의 아이폰은 21세기를 정의하는 기술의 전형적인 사례가 되었다. … 오늘날 전 세계 성인의 절반 정도가 스마트폰을 가지고 있다. 2020년에는 80%에 달할 것이다. 스마트폰은 사람들의 일상생활 모든 곳에 스며들어 갔다."

포노-사피엔스 시대를 주도하려고 미국, 중국, 한국이 세계의 패권을 두고 다툰다. 기원후 3세기에 중원을 놓고 각축을 벌인 중국 위·촉·오의 삼국지 스토리가 지금 재현되고 있다. 2021년 4분기 글로벌 스마트폰 점유율은 미국의 애플이 22%, 중국의 샤오미*Xiaomi*·오포*Oppo*·비보*Vivo* 삼인방이 29%, 한국의 삼성이 20%였다. 세 나라의 점유율 합계는 71%다. 세계 지도를 체스판으로 놓고, 선두주자와 추격자 간 새로운 형태의 헤게모니 싸움이 치열하다. 연관된 첨단기술의 도약과 지정학적 변화에 따라 전략 수립과 교두보 확보가 치밀하다. 지배와 배제, 확장과 응전의 상대가 수시로 바뀐다. 몇몇 패전국들은 이미 기술 종속의 길로 들어섰다.

지금은 스마트폰의 모든 것이 달라지는 변곡점의 시기다. 승패는 5세대 이동통신 5G와 6세대 6G의 속도, 초(超)고화소 카메라의 화질, 폴더블폰의 확장에 있다. 보안과 가격, 무게도 중요하다. 최근에는 배터리 안전성과 지속성, 얼리 어답터*Early Adopter*의 신뢰와 열정, 폰의 디자인과 색상, 부품조달 안정성이 주도한다. 경쟁에서 밀린 LG전자는 2021년 7월 스마트폰 사업 철수를 선언했다. 국내에서 승자가 된 삼성은 최근 해외 경쟁자들을 겨눈 '차세대 폼팩터'를 예고했다. 삼성은 어떻게 중국 삼국시대의 촉한(蜀漢)처럼 '천하 3분의 계(計)'를 세워 세계를 삼등분했을까? 1980~1990년대 삼성을 이끈 아버지와 아들의 선택을 살펴보자.

공자는 논어(論語)에서 인생의 진로를 선택하고 결정을 하는 지학(志學)의 나이가 15세라고 했다. 1969년 박정희 대통령의 권유로 설립한 삼성전자가 15년째 되던 1983년 삼성 창업주인 이병철 회장이 일본에서 '2.8 동경 선언'을 했다. '마법의 돌' 반도체 사업에 진출하겠다는 것이었다. 국내외에서는 '무모한 도전'이라고 우려했다. 세계 반도체의 중심인 실리콘밸리에 현지법인을 설립하고, 기흥에 반도체 메모리 공장을 건설했다. 그해 12월 세계에서 3번째로 '64kb D램'을 독자적으로 개발했다.

반도체 산업은 가장 먼저 차세대 반도체를 개발하는 선도 기업이 이익을 독식하는 독특한 특성이 있다. 1등 기업이 시장이익의 70~80%를, 2등이 20~30%를 차지하며 3등은 겨우 현상유지 한다. 4등 이하는 장기간 버티기 어렵다. 기술격차 때문에 기업 간 순위를 바꾸기도 어렵다. 그런데 1980년대 중반 삼성에 행운이 찾아왔다. 미국과 일본 간 반도체 전쟁이 격화되면서 양국은 자국 기술을 보호하기 위해 「반도체 칩 보호법」을 서로 제정했다. 1984년 삼성이 256K D램을 개발하자 양국은 부가가치가 높은 1M D램으로 넘어간 후 256K 생산시설을 감축했다. 이런 전략 때문에 항상 후발주자들이 몰락했다. 그런데 이번에는 달랐다.

여러분은 1984년 애플 매킨토시 스토리를 기억할 것이다. 1980년대 중반 IBM-매킨토시 전쟁으로 값비싼 대형 컴퓨터가 몰락하고, 저렴한 PC 시대가 열렸다. 미국과 일본이 주목했던 반도체 1M D램의 첨단기기는 시장 형성이 느렸다. PC 수요가 폭발하자 삼성 256K D램이 불티나게 팔렸다. 지금은 유언비어로 평가되고 있지만 한때 '메모리 640K면 PC 컴퓨터 사용에 충분하다'라고 빌 게이츠가 1981년 컴퓨터 무역 박람회에서 말했다는 말까지 돌았다. 이때 자본을 축적한 삼성은 정부 전략에 따라 1988년 LG, 현대와 함께 4M D램 반도체 개발에 성공한다. 삼성은 이후 선진국과의 격차를 줄여 결국 순위를 역전한다. LG와 현대의 반도체 부문은 강제 빅딜 된 후 어려움을 겪다 SK하이닉스로 재탄생했다.

1987년 삼성 이병철 창업주가 타계했다. 분할을 거쳐 삼성그룹은 셋째 아들인 이건희 회장체제로 바뀌었다. 1993년 6월 이건희 회장은 독일 프랑크푸르트에서 "마누라와 자식 빼고 다 바꾸자"라고 말하며 삼성 신경영을 선언했다. 1995년 3월에는 15만 대, 150여억 원의 불량 무선전화기를 수거해 화형식을 통해 폐기했다.

1993년 삼성에 또 다른 행운이 찾아왔다. 그해 6월 정부는 디지털 이동통신 표준으로 세계 어디에서도 아직 상용화되지 않았던 퀄컴Qualcomm의 코드분할다중접속(CDMA) 방식을 채택했다. 삼성은 1995년 8월 세계 최초로 CDMA 단말기 SCH-100 상용화에 성공한다. 다음 해에는 애니콜 디지털(SCH-100S)을, 1997년에는 플립형(SCH-200F)을 출시해 애니콜 신화가 탄생했다. 애니콜이 갤럭시로 이어지면서 삼성은 스마트폰 제국으로 도약했다.

삼성전자는 2021년 말 매출액 279.6조 원, 영업이익 51.6조 원을 발표했다. 2021년 4분기로는 매출액 측면에서 반도체(DS)가 32.8%를, 디스플레이(DP)가 11.4%를, IT · 모바일(IM)이 36.5%를, 소비자 가전(CE)이 19.3%를 점유했다. 영업이익으로는 반도체가 65.5%를, 디스플레이가 9.7%를, IT · 모바일이 19.6%를, 소비자 가전이 5.2%를 차지한다. 반도체와 IT · 모바일을 합하면 매출액의 69.3%, 영업이익의 85.1%에 달한다. 첨단산업 발전의 기반을 준비한 삼성의 공(功)을 과(過)에 대한 비난과 함께 생각해 볼 필요가 있다.

초고속 국가정보통신망과 사이버 코리아 21

　정치인은 구도와 팬덤을 통해 선거에서 승리하지만 정책을 통해 기억된다. 경제 저변을 바꾸고, 사회 도약을 이끄는 테크시티의 건설은 인류문명 역사에서 아주 드물게 오는 정책실현 기회다. 한 국가가 추진하는 테크시티 정책에서 그 나라가 목표로 하는 경제사회 발전의 수준을 알 수 있다. 대한민국의 테크시티를 보면 한강의 기적이라는 우리의 압축성장이 확인된다. 테크시티의 역사에서 위대한 정치인들의 고뇌와 결단의 흔적이 발견된다. 테크시티는 진정한 지도자가 후세에 남긴 혜안의 기념비다.

　영국에서 산업혁명이 시작된 후 지난 250여 년 동안 각 시대의 첨단 일자리들이 새롭게 조성된 테크시티에서 만들어졌다. 파리경제대 토마 피케티 교수의 저서 『21세기 자본』에 따르면 산업혁명이 시작되기 전인 1700년 오늘날 선진국으로 불리는 서유럽, 북미대륙, 일본의 인당 연 소득은 1,200유로(한화 약 160만 원)에 불과했다. G7 경제 선진국의 2021년 인당 GDP는 한국은행 경제통계시스템 자료에서 최저수치인 이탈리아 3.6만 달러(약 4.4천만 원)부터 최고 미국 7만 달러(약 8.6천만 원)의 범위에 있다. G7 국가 국민의 연 소득이 1700년에 비해 최저 28배에서 최고 54배까지 성장한 것이다. 2021년 한국의 인당 GDP는 G7 국가에 근접한 3.5만 달러(4.3천만 원)다. 그 성장의 중심에 테크시티가 있다.

　한국의 테크시티 1.0에서 3.0까지 발전사를 보면 세 명의 정치 거인들이 남긴 발자국이 뚜렷하다. 박정희와 김영삼, 김대중이다. 테크시티에서 김대중 이후 정치지도자들의 흔적은 희미하다. 정부 자료나 회고록을 봐도 비전과 의지를 가졌다고 생각하기 어렵다. 그래서 현재 2030 청년세대 일자리와 경제잠재력 하락이 사회문제가 되었을 것이다. 경제의 역동성이 약해진 것이다.

우리나라 테크시티 1.0과 1.5, 2.0은 18년간 장기 집권했던 박정희 대통령의 유산이다. 민주화의 샴쌍둥이와 같았던 김영삼 대통령과 김대중 대통령은 테크시티 2.5와 3.0의 발전에 크게 기여했다. 그다음 대통령들은 테크시티의 관점에서 역사를 1970~1980년대로 되돌린 듯하다. 그래도 테크시티 3.0 판교는 나름대로 발전했다. 테크시티 2.0들도 스스로 테크시티 2.5로 진화했다.

1961년 제2군 박정희 부사령관이 5 · 16군사정변을 일으켜 국가재건최고회의를 구성했다. 그는 제2공화국 정부가 기획한 제1차 경제개발 5개년 계획을 실행해 서울 구로구와 금천구에 수출산업단지를, 울산에 공업단지를 건설한다. 1963년 민정 이양 후에는 제5대 대통령에 당선되어 대일청구권자금으로 포항제철을 추진했다. 1967년 구로 수출산업공업단지가 조성되었다. 1973년에는 마산에 우리나라 최초의 외국인 전용공단인 마산 자유무역지역이 완공되었다. 해방 후 우리나라에서 조성한 테크시티 1.0 도시들이다.

1972년 박정희 정권은 10월 유신을 단행해 장기집권을 추구한다. 다음 해 1월에는 중화학공업정책 추진선언문을 발표했다. 온산, 창원, 여수~광양, 군산~비인, 구미 등에 대단위 공업단지 조성계획을 수립했다. 1970년부터 울산 석유화학단지에 공장이 건설되기 시작했고, 1973년 포항제철 제1기 설비가 준공되었다. 1980년대에 여천, 1990년대에 대산 석유화학단지가 가동되었다. 테크시티 1.5 도시들이다. 1973년 대덕연구단지 계획을 수립해 1974년 공사가 시작되었고, 1992년 준공되었다. 대전광역시 유성구는 테크시티 2.0 도시이며 2010년대 테크시티 2.5로 진화했다.

우리나라 테크시티 3.0인 판교테크노밸리는 어떻게 탄생했을까? 노무현/이명박 대통령 임기 동안 추진되었지만 포석을 놓은 사람은 다른 대통령들이다. 김영삼 대통령의 '초고속 국가정보통신망 구축사업'과 김대중 대통령의 '사이버 코리아 21'이 판교테크노밸리를 만든 핵심정책들이다. 그들은 테크시티 1.0~2.0을 조성한 박정희 대통령의 정치적 라이벌이었다.

1993년 제14대 김영삼 대통령의 문민정부가 출범했다. 김영삼 정부는 다양한 사회개혁을 추진하면서 '세계화'를 강조했다. 그리고 미국의 국가정보기반정책을 참고해 KAIST 전길남 교수의 연구를 기반으로 1994년 광케이블 인터넷 방식의 '초고속 정보통신 기반구축 종합추진계획'을 수립한다. 미국이 같은 해 글로벌 정보인프라(GII)*Global Information Infrastructure* 계획을, 유럽연합(EU)이 범유럽 정보통신망(TEN)*Trans European Network* 구축을 추진했다. 한국도 이러한 세계 흐름을 파악해 같은 해 11월에 개최된 APEC 정상회담에서 김영삼 대통령이 아시아 태평양 정보인프라(APII) *Asia Pacific Information Infrastructure* 구축을 제안한다. 1994년 세계 최초로 인터넷 카페 BNC가 서초동에 개장한 후 대학가에 PC 통신 인터넷 카페가 들어섰다. 1996년에는 최초의 PC방이 등장한다.

1997년 11월 김영삼 정부가 IMF에 구제금융을 요청했다. IMF 외환위기가 발생하자 정권이 교체되어 김대중 정부가 들어섰다. 명예퇴직한 사람들이 PC방 창업에 뛰어들었다. 1998년 미국 컴퓨터게임인 스타크래프트가 발매되자 한국의 PC방이 2만여 개로 급증해 대중화되었다. 초고속 인터넷망이 PC방을 넘어 아파트 단지 내 가정으로 확장되었다. 게임산업 육성기반도 튼튼해졌다.

김대중 대통령은 취임사에 '정보 대국'에 대한 의지를 내비쳤다. '지식 정보 강국'을 위해 1998년 앨빈 토플러 박사와 마이크로소프트 빌 게이츠 회장, 소프트뱅크 손정의 사장을 만나 조언을 구했다. 그들은 모두 기꺼이 김대중 대통령의 멘토가 되었다.

김대중 정부는 경제회복을 위해 IT 벤처기업을 육성했다. 자금지원과 함께 '벤처 특별법'을 개정해 교수창업이 가능하도록 했다. 정보통신부는 1999년 정보인프라 기본계획인 '사이버 코리아 21' 정책을 발표했다. 2002년까지 민간자본 17조 3,000억 원을 포함해 총 28조 원을 투입하겠다는 것이다. 2000년에는 벤처기업 육성정책으로 '벤처촉진지구'를 도입했다. 1995년부터 2004년까지 인구 백 명당 이동전화 가입자, 컴퓨터 수, 인터넷 이용자, 초고속인터넷 이용자가 각각 연평균 40%, 18.9%, 62.7%, 110.3%씩 성장했다. 대한민국은 빠르게 정보통신 인프라 강국이 되었다.

우리나라 테크시티들의 발전사를 보면 아주 특이한 현상이 관측된다. 테크시티들이 단계적으로 발전할 때마다 선두 선진국과의 격차를 절반씩 줄이는 것이다. 박정희 대통령은 테크시티 1.0부터 2.0까지 기여했다. 테크시티 1.0단계에서 영국 맨체스터, 프랑스 루앙, 스페인 바르셀로나와 우리나라 구로, 마산과의 격차는 약 160여 년이다. 테크시티 1.5단계인 중화학공업 도시에서는 19세기 후반과 울산, 포항 등 1970년대 간 격차가 80여 년으로 줄었다. 테크시티 2.0단계인 과학연구단지에서도 1930년대와 1980년대로 40여 년으로 좁혔다. 뉴욕 실리콘앨리가 본격화한 것은 1995년이다. 판교 택지개발사업은 2011년 준공되었다. 테크시티 3.0단계에서 우리는 그 격차를 다시 16년 정도로 줄였다. 이러한 격차 줄이기가 한국을 선진국으로 만든 '한강의 기적'의 실체다.

테헤란밸리와 벤처군단

고대 페르시아 땅 이란의 수도 명칭이 서울시 강남구 중심부를 동서로 가로지르는 간선도로에 있다. 바로 테헤란로다. 강남역 사거리부터 삼성교까지 총 길이가 약 4km인 왕복 10차로 간선도로다. 1977년 서울시와 자매결연을 한 테헤란 시장이 한국을 방문해 양국의 수도 이름을 딴 도로를 지정하자고 제안해 생긴 도로명이다. 양국 도로의 표지석에 도로명을 한국어와 페르시아어로 명기했다. IMF 이후에 이 도로 주변이 새로운 기운으로 꿈틀거렸다.

1990년대 서울시는 지방자치제와 수도권 광역화라는 새로운 도시계획 흐름으로 변곡점을 맞이한다. 1989년 노태우 정부가 1기 신도시 건설계획을 발표했다. 1991년 분당에서 2,500세대가 첫 입주 하면서 서울시에서 신도시로의 이주 물결이 시작되었다. 서울시 인구는 1992년 1,094만 명을 정점으로 서서히 감소했다. 이러한 변화를 맞이해 서울시 고건 시장은 1990년 『2000年代를 향한 서울市 都市基本計劃』을 발표한다. 서울시는 도시기본계획에서 강남을 부도심으로 하는 다핵화 구상을 제시했다. 1990년대에 테헤란로 주변이 빠르게 역세권 상업지역으로 발전했다.

테헤란로 교통이 편리해지고, 주변에 상업·업무 건물이 우후죽순으로 들어서자 대기업과 금융기관이 입주했다. 초고속 정보통신망이 연결되면서 업무환경이 좋아졌다. 마포구에 있던 한국 소프트웨어 산업협회가 이곳으로 이사하자 IT업체들도 따라서 이전했다. 1997년 IMF 외환위기가 발생해 대기업과 금융기관이 구조조정으로 빠져나가자 임대료가 하락했다. 빈 사무실에 IT 벤처기업들이 대거 이주하면서 '테헤란밸리'로 불리기 시작했다.

우리나라 IT 벤처기업들은 1990년대 후반에 처음 생기지 않았다. 그보다 10년 전인 1980년대 초에 컴퓨터업체 '삼보엔지니어링'을 설립한 이용태 박사, 큐닉스컴퓨터의 이범천 회장과 같은 벤처기업인들이 1세대다. 1세대의 리더는 메디슨 신화의 주인공 이민화 회장이다. 비트 컴퓨터, 다우기술, 미래산업, YG-1, CAS, 광림특장차도 1세대에 속한다. 1981년 벤처캐피털로 한국종합기술금융(KTB, 당시는 KTDC)이 설립된 후 한국개발투자금융(KDIC), 한국기술금융(KTFC)과 같은 신기술사업금융회사들이 뒤따랐다.

1980년대의 '3저 호황'과 1988년 서울올림픽 개최에 힘입어 1986년부터 1995년까지 2세대 벤처기업인들이 탄생한다. 중소기업창업지원법이 제정되자 창업투자회사들이 벤처기업에 투자를 시작했다. 2세대의 대표 기업인들은 올림픽 전산시스템을 담당했던 핸디소프트의 안영경 사장, 터보테크의 장흥순 사장, 퓨처시스템의 김광태 사장, 휴맥스(당시 건인)의 변대규 사장, 아이디엔(당시 가산전자)의 오봉환 사장, 주성엔지니어링의 황철주 사장이다. 한글과컴퓨터를 창업해 '한국의 빌 게이츠'란 별명을 얻은 이찬진 사장도 2세대다. 1993년 CD-롬 사운드 카드로 창업한 옥소리는 한솔그룹에 인수되면서 벤처기업 최초의 M&A를 기록했다. 1995년에 설립해 2세대에 속하는 안철수바이러스연구소의 안철수 소장은 정당을 창당하고 정치인으로 변신했다.

초고속 정보통신망이 깔리고, 벤처기업협회가 창립된 다음 해인 1996년 이후 창업한 벤처기업가들을 3세대로 부른다. 그들은 IMF 외환위기로 발생한 경제침체를 기회로 활용한 IMF 창업세대다. 우리나라는 미국의 나스닥*NASDAQ* 시장을 벤치마킹해 1996년 중소기업과 벤처기업을 위한 코스닥시장을 개설했다. 1997년에는 벤처기업 특별법을 제정했다. 3세대 벤처기업들에 네이버, 네띠앙, 옥션, 인터파크, 셀빅(당시 제이텔), 인츠닷컴이 포함된다.

'벤처군단'은 한국의 벤처기업협회에 속한 벤처기업인들을 의미한다. 이민화 · 김영수는 2006년 공동으로 저술한 『한국벤처산업발전사 I −2000년 이전 5년의 기록』에서 1995년 12월에 창립한 벤처기업협회 소속 벤처기업인들을 '벤처군단'이라고 불렀다. '벤처군단'은 한국과학기술원(KAIST)을 나와 창업한 엔지니어들이 조직한 '과기회(科技會)'를 모태로 한다. 과기회를 중심으로 메디슨의 이민화 회장이 주도해 1995년 10월 벤처기업협의회 발기인 대회를 개최한 후 협회를 창립했다.

한국의 벤처군단은 코스닥 출범 초에는 시장으로부터 사업자금을 원활하게 조달하지 못했다. 벤처기업에 대한 투자자들의 신뢰가 없었기 때문이다. 1997년 외환위기는 코스닥시장의 침체를 더욱 악화시켰다. 그러나 미국의 나스닥 시장이 닷컴기업들로 급상승하자 한국의 코스닥도 활황세를 보였다. 코스닥시장을 대표했던 새롬기술 주가는 1999년 8월에서 2000년 2월까지 120배 정도 올랐다. 다음 주가도 1999년 11월에서 2000년 1월까지 36배 이상 상승했다. 벤처기업들의 주가조작 사건과 부도가 발생해 시장에 대한 신뢰가 떨어졌을 때 미국에서 닷컴 거품이 꺼졌다. 코스닥 지수가 폭락했고, 많은 기업들이 사라졌다. 그러나 죽음의 바다를 건넌 벤처기업들은 더 커지고, 강해졌다.

1997년 IMF 외환위기가 발생하기 8개월 전 서울시 조순 시장은 '서울시 도시기본계획(1990)'을 수정한 『2011 서울도시기본계획』을 발표했다.

다핵도시 구조로의 개편 방향이 공고화되면서 '시가지 개발의 계획적 관리'와 '지역경제 기반 및 도시경쟁력 제고'가 지속추진과제로 제시되었다. 기본계획에서는 서울의 광역화 현상과 산업구조의 급격한 변화를 명시했다. '경기·인천에는 기술집약적 생산 제조업이, 서울에는 하이소프트(hi-soft) 산업이 집중'하고 있다고 기술했다. 테크시티와 관련된 계획과제로 '산업 연계를 고려한 산업입지 개편,' '서울형 산업(정보통신산업 포함)의 육성,' '준공업지역 재정비'를 제시했다.

정부는 2000년 테헤란밸리를 서울벤처밸리라고 공식 명명했다. 벤처기업들이 닷컴붕괴로부터 벗어났을 때 사무실 임대료가 상승했다. 한국이 2001년 IMF 구제금융을 조기 상환해 경제가 회복세를 보이자 서울벤처밸리의 교통혼잡이 심각해졌다. 상당수의 벤처기업들은 이주를 선택했다. 첫 번째 그룹은 서울 서쪽의 구로구와 금천구에 있는 서울디지털국가산업단지로 향했다. 서울디지털산업단지는 1960년대 수출산업단지로 조성된 구로공단이 산업구조 변화로 기업과 노동자 수가 줄어들자 1980년대에는 재벌 주도의 중공업 산업단지로 변경했다가 2000년대 들어 정부 주도로 IT 첨단산업단지로 개편한 것이다. 서울디지털산업단지는 일종의 오피스인 지식산업센터(당시 아파트형 공장)들의 숲으로 변했다. 구로공단이 테크시티 1.0에서 1.5로, 다시 2.5로 진화한 것이다.

기업 규모가 커진 두 번째 그룹은 서울벤처밸리의 남쪽으로 향했다. 성남 분당 옆에 위치한 판교를 대상으로 김대중 정부가 정권 후반기에 택지개발을 추진하면서 테크노밸리를 기획하고 있었기 때문이다. 정부의 판교 테크노밸리 조성정책은 여러 차례의 우여곡절 끝에 2000년대 중반부터 탄력을 받기 시작한다. 그리고 우리나라 최초의 테크시티 3.0의 형태로 그 모습을 드러냈다.

IMF 외환위기가 만든 '게임의 나라' 혈통

　게임이란 무엇일까? 네이버 어학 사전은 '규칙을 정해 놓고 승부를 겨루는 놀이, 운동경기, 시합'이라고 정의한다. '참가자들이 상대방의 행동이나 반응을 고려해 전략적으로 자신의 의사를 결정하는 상황'이라는 설명도 있다. 위키피디아는 더 고급스럽다. '오락이나 재미, 때로는 교육적 도구로서 수행하는 놀이의 구조화된 형태'가 정의다. 게임은 돈을 받기 위해 행하는 일이나, 미학적이거나 관념적인 요소들을 표현하는 예술과 다르다고 한다. 물론 게임과 일과 예술 간 차이는 명확하지 않다고 했다. 일이나 예술을 하기 위해 게임 하는 사람이 있기 때문이다.

　게임에 대해 사람들의 생각은 제각각이다. 특권층의 고급스러운 취미 생활이라고 생각하는 사람부터 귀중한 시간만 소비하게 만드는 자극적이고 중독적인 행위까지 천차만별이다. 창의력을 키우고 규범을 지키게 하는 좋은 활동과 쾌락에 빠지게 하는 유혹, 큰돈을 벌 수 있는 기회로도 생각한다. 『게임 인류』를 저술한 강원대 김상균 교수는 다음과 같이 게임을 찬양했다. "인류 역사에 게임이 없었다면 규칙을 정하고 행동 규범을 정리하는 일에 인류는 지금보다 서툴렀을 것이다. 물론 상상력도 제한됐을 것이다. 게임을 만드는 과정과 플레이하는 과정에서 상상력을 총동원하기 때문이다." 우리는 '게임을 사랑하는 인류'다.

　우리나라에서 게임의 영향력은 최근 기대 이상으로 확장되고 있다. 2022년 6월 3일 금요일 저녁 7시 30분 롯데콘서트홀에서 한 클래식 콘서트가 150분 동안 개최되었다. 콘서트 타이틀은 '로스트아크 콘서트'Dear, Friends' Music from LOST ARK'다. 스마일게이트 RPG가 자사가 개발하고 서비스하는 다중접속역할수행게임(MMORPG) '로스트아크'의 OST 콘서트를 개최한 것이다. 국내 최고의 오케스트라인 KBS 교향악단과 구리 시립합창단, 천안 시립합창단, 마포 구립 소년소녀 합창단이 함께했다. 풀 오케스트라 연주와 '헤비메탈', '국악', '뮤지컬', '오페라' 등 OST 테마음악을 공연했다. 앙코르 공연을 포함해 총 28개의 무대가 진행되었다. 게임 개발을 총괄한 금강선 디렉터는 전반적인 콘서트 진행을 담당하며 모험가들과 소통을 이어갔다.

로스트아크 OST 콘서트의 반향은 오늘날 게임의 영향력을 그대로 보여준다. 콘서트 티켓 구매 전쟁 후 1천2백 명의 관람객이 공연장에 참석했다. 메인 프로그램 후 공연장을 가득 메운 관람객들은 앙코르를 요청하고 5분 넘게 기립박수를 쳤다. 콘서트 온라인 생방송의 최고 동시 시청자수가 21만 명에 달했다. 콘서트 영상의 누적 조회 수는 약 3일 만에 170만회를 넘어섰다. 스마일게이트 RPG는 콘서트와 OST 관련 수익금 전액을 활용해 사회 곳곳에 모험가들의 이름으로 기부 캠페인을 진행하겠다고 발표했다.

스마일게이트 RPG의 게임 콘서트가 게임산업에서 첫 번째 시도는 아니다. 게임회사들은 현재 OST 콘서트 전쟁 중이다. 코로나 19로 공연 활동이 저조한 교향악단과 합창단에게는 가뭄에 단비와 같은 기회다. 2019년 8월에 열렸던 '스타크래프트 라이브 콘서트'의 앙코르 공연으로 2022년 5월 12일 '스타크래프트 라이브 콘서트: 앙코르'가 세종문화회관에서 개최되었다. 2021년 4월에는 세종문화회관에서 '리그오브레전드 라이브 : 디 오케스트라'가 열렸다. 2022년 5월 말에는 후속 공연으로 '리그오브레전드: 디 오케스트라'가 부산 벡스코에서 개최되었다. 같은 해 3월에는 넥슨이 자사 게임 '메이플스토리'로 롯데콘서트홀에서 오케스트라 공연을 했다. 우리나라의 게임산업은 어떻게 이렇게 성장할 수 있었을까? 모든 것의 시작점인 1990년대로 함께 가보자.

수많은 인물들이 명멸해간 인류 역사에서 한 분야를 처음으로 개척한 몇몇 선각자들의 행적은 논쟁을 불러일으킨다. 장 자크 루소도, 리하르트 바그너도, 표도르 도스토옙스키도 그렇다. 이분들의 행적을 잘 모른다면 스티브 잡스나 일론 머스크를 생각해도 된다. 우리나라 게임업계에도 그런 사람이 있다. 엑스엘게임즈 송재경 대표다. 그에게는 다른 모든 것들을 덮는 공(功)이 있다. 우리나라 게임업계를 오늘날의 산업으로 개척한 공이다.

시작은 1994년이었다. 한글과컴퓨터에 근무하던 송재경이 팀장인 이희상과 한 달 동안 만들다 만 그래픽 머드게임에 IBM 코리아가 투자의사를 밝혔다. 친구인 김정주가 합류해 (주)가승이라는 법인 명의로 투자를 받았다. 테헤란밸리 성지하이츠Ⅱ에 입주해 게임「바람의 나라」를 개발했다. 게임 열풍이 불어 IMF로 실직한 사람들이 PC방을 2만여 개나 창업했다. 넥슨 신화가 탄생했다.

「바람의 나라」가 정식 서비스를 시작하기도 전에 송재경은 김정주와의 불화로 넥슨에서 퇴사한다. 그리고 아이네트에 입사해「리니지」를 개발하던 중 IMF로 아이네트가 인수되면서 엔씨소프트에 합류했다. 엔씨소프트는 1998년「리니지」를 상용화시켜 오늘날의 대기업으로 도약한다. 우리나라의 대표적인 3대 온라인 게임기업인 3N의 두 개가 이렇게 탄생했다.

1996년 게임업계의 다른 한 축이 싹을 틔웠다. 삼성SDS가 2세대 PC 통신인 유니텔을 홍보하기 위해 OX 퀴즈를 열었다. 삼성SDS를 다니던 김범수라는 사람이 한게임이란 인터넷 게임 공간을 창업 아이템으로 해 퇴사한다. 그는 PC방을 차리고 한게임 커뮤니케이션을 설립해 고스톱, 바둑, 포커 등을 개발한다. 1999년 12월 운영을 시작한 한게임은 석 달 만에 회원 수 2백만 명을 돌파한다. 한게임은 2000년 중반 검색엔진 기업 이해진의 네이버, 서치솔루션, 원큐와 합병해 NHN을 설립한다. NHN은 2013년 다시 분할되어 NHN엔터테인먼트로 출범해 현재 게임회사들을 자회사로 두고 사명을 NHN으로 다시 변경했다.

2000년대 들어 새로운 게임회사들이 연이어 창업했다. 2000년 3월 방준혁 의장이 넷마블을 창업했다. 넷마블은 2004년 CJ그룹에 편입되어 여러 차례 변신한 후 오늘날 3N 삼총사 중 세 번째 축으로 성장했다. 1997년 장병규가 7명의 다른 공동 창업자들과 함께 네오위즈를 창업했다. 2006년 회사를 매각한 장병규는 2007년 블루홀 스튜디오를 설립했다. 2018년 블루홀 스튜디오는 크래프톤으로 사명을 변경한 후 2021년 8월 코스피에 상장한다. 1998년부터 컴투스, 웹젠, 위메이드, 더블유게임즈가 차례로 업계에 등장했다. 2002년에는 스마일게이트가, 2010년에는 '검은 사막'의 펄어비스가, 2013년에는 카카오게임즈가 각각 합류했다.

총 34개의 게임업체가 코스피와 코스닥에 상장되어 있다. 넷마블과 엔씨소프트, 더블유게임즈, 크래프톤은 코스피에서 거래된다. 나머지 30개는 코스닥 소속이다. 8개 기업이 판교에 있다. 판교와 강남에 같이 입지한 기업은 2개다. 판교 영향권인 분당과 수내에는 3개가 있다. 강남 서초에 10개, 구로디지털단지에 6개, 안양에 3개가 있다. 서울 중구와 마포구에도 1개씩 있다. 강남, 구로/안양과 삼국시대를 형성할 정도로 판교의 입지가 강하다.

기회의 땅 판교

판교(板橋)는 널빤지로 만든 다리를 말한다. 옛날 일본, 대만과 같은 한자권 국가에서는 널빤지로 만든 다리가 있는 하천 근처 마을을 그렇게 불렀다. 우리나라에서도 '넓다리', '너다리', '보다리'와 같은 다리가 있는 지역에 한자 지명으로 '판교'를 사용했다. 우리가 이 책에서 탐험하는 판교는 경기도 남부 경부고속도로 인근에 위치한 지역이다. 그 지역의 '너더리' 마을 앞 운중천에 넓은 다리를 의미하는 '넓다리'가 있어 그렇게 지명이 되었다. 행정적으로는 경기도 성남시 분당구의 판교동, 운중동, 백현동, 삼평동, 하산운동, 석운동, 대장동을 포함한다. 3만 세대, 8만8천 명이 거주하는 신도시가 2003년 12월부터 2011년 12월까지 8년 동안 면적 약 9백만㎡의 토지 위에 조성되었다.

판교는 지정학적으로 경기도의 배꼽이다. 판교는 서울 남쪽 경기도 중심부에 있다. 지형적으로는 광주산맥 줄기의 높이 542m 검단산과 618m 청계산으로 둘러싸인 분지다. 탄천과 접하고 있으며 운중천이 지역의 한가운데를 서에서 동으로 휘감으면서 지난다. 교통도 사통팔달이다. 경부고속도로가 남북으로 판교의 중앙부를 통과한다. 지역의 경계에는 수도권제1 순환고속도로, 용인서울고속도로, 분당-수서 간 도시고속도로, 분당-내곡 간 도시고속화도로가 판교를 서울과 경기 · 인천 도시들로 연결한다. 지역 중심에는 신분당선 판교역이 있다. 가히 도시가 들어설 천혜의 명당이다. 그 지리적 중요성을 꿰뚫어 본 사람과 후에 그 지역을 사용해야겠다고 판단한 사람이 있다. 그 둘은 평생 동안 정치적 라이벌이었던 박정희 대통령과 김대중 대통령이다.

천혜의 여건을 가진 판교가 2000년대 초까지 도시로 개발되지 않았던 것은 박정희 대통령 때문이다. 박정희 대통령의 군내 병과는 포병이다. 포병은 대포로 지형적 장애나 악천후 기상에도 불구하고 먼 거리에 있는 적을 공격하는 병과다. 필요하면 대포를 이동시켜야 한다. 따라서 훌륭한 포병장교는 수학, 탄도학, 기상학, 기계학, 토목학, 교통학과 같은 과학기술 지식에 능통해야 한다. 적의 움직임을 주시하는 관측과 측지를 통한 위치 파악, 지도를 해독하는 독도법(讀圖法)에도 뛰어나야 한다. 전쟁의 신 나폴레옹의 병과도 포병이다. 박정희 대통령은 뛰어난 공학도였다.

1974년 어느 날 박정희 대통령은 헬리콥터를 타고 경부고속도로를 따라 북상해 서울로 향하고 있었다. 개통된 지 4년 된 경부고속도로는 통행량이 제법 늘어 차량들로 붐볐다. 수원을 지나 성남시 상공에 이르렀을 때 고속도로 IC 근처에 있는 넓고 푸른 들판이 보였다. 그는 헬리콥터를 잠시 선회하도록 지시한 후 그 지역을 눈여겨보다가 동행한 비서관들에게 지시했다. "이 땅은 나중에 귀하게 쓰여야 해. 난개발이 되지 않도록 대책을 세워."

2년 후 판교의 규제가 현실화된다. 1968년 서울시 인구를 분산시킨다고 '광주 대단지'를 만들었던 성남시를 박정희 대통령이 1976년 3월 시찰했다. 그는 "성남 인구가 목표를 넘어 27만 명을 초과했다. 앞으로 자연증가 외에는 인구가 늘지 않도록 도시계획에 따른 미입주 지역에 한해 건축을 허가하는 방식으로 엄격히 통제하라"라고 지시했다. 두 달 후 '5·4조치'로 판교를 포함한 남단 녹지 6,677만㎡는 그린벨트가 아니었으나 건축행위가 전면 금지된다. 이후 분당을 개발한 노태우 대통령도, 용인의 준농림지를 푼 김영삼 대통령도 판교 규제를 손댈 엄두를 내지 못했다.

IMF 외환위기의 영향은 여러분이 생각하는 것보다 훨씬 더 크고 깊다. 우리 사회가 그동안 가졌던 많은 금기를 깨뜨렸다. 판교도 그중 하나다. 1990년대 말까지 판교는 개발과 담을 쌓은 금단의 땅이었다. 그런데 그 땅이 이제 활용되기 위해 꿈틀대기 시작했다. 노태우 대통령과 김영삼 대통령이 비난 여론 때문에 손대지 못했던 판교를 김대중 대통령이 개발을 위해 꺼내 든다.

1997년 말 IMF 외환위기 속에 치러진 제15대 대통령 선거에서 새정치국민회의 김대중 후보가 당선되었다. 2위인 이회창 후보와의 표차는 불과 1.53%인 39만여 표였다. 1987년 개헌 이후 이 최소격차 기록은 2022년 20대 대통령 선거에서 깨진다. 국민의 정부를 강조한 김대중 정부는 경제사회 개혁을 단행했다. 국난 극복에 힘써 1999년 국가 신용등급을 '투자적격' 수준으로 회복했다. 대외 신인도가 개선되자 외국인 투자가 증가했다. 외환위기로 폭락했던 집값이 꿈틀대고, 심각했던 역전세난이 반전되었다. 주택경기 부양책은 초토화되었던 주택시장을 되살리기 시작했다. 주택경기가 회복되자 중산층과 서민의 주거안정이 중요해졌다.

사실 김대중 대통령 이전의 두 대통령도 수도권 주택공급을 위해 판교를 제외한 남단 녹지를 해제해왔다. 1980년대 말 서울 강남지역을 중심으로 주택가격이 폭등해 심각한 사회문제로 대두되자 1989년 4월 노태우 정부는 경기도 성남시에 분당 신도시를, 고양시에 일산 신도시를, 안양시에 평촌 신도시를, 군포시에 산본 신도시를, 부천시에 중동 신도시를 개발한다고 발표했다. 10만여 세대 39만 명이 거주하는 분당 신도시는 한국토지공사가 성남시 남단 녹지 중에서 약 2천만m^2(6백여만 평)에 대해 광역교통망 건설비용 1조 6천억 원을 포함한 총 4조 2천억 원을 투입해 개발했다. 1992년에는 남단 녹지를 해제하고 자연녹지였던 용도지역을 보전·자연녹지로 변경했다. 그래도 판교는 그대로 두었다.

김영삼 정부에서도 판교를 개발하려는 시도가 있었다. 1996년 성남시는 한국토지공사에 성남 서부지역에 대해 성남시와 공동으로 택지개발 사업을 추진하자고 요청했다. 1997년 4월에는 판교개발 사업에 대한 내용을 포함한 『성남시 도시기본계획(안)』을 작성해 주민 공람을 실시했다. 판교지역 주민들은 25여 년 동안의 재산권 행사 제한에 대한 해제를 요구했다. 만일 개발한다면 난개발을 방지하고 쾌적한 주거환경을 조성하며 교통·환경문제가 해결되어야 한다고 주장했다. 판교 주민들은 대규모 시위 등을 통해 신도시 개발을 촉구하기도 했다. 시민단체는 대부분 교통·환경문제를 우려해 개발을 반대했다. 전문가들도 찬반이 갈렸다.

두 달 후 이번에는 한국토지공사가 성남시에 택지개발예정지구 지정을 위한 사전협의를 요청했다. 개발면적 8백만m^2에 3만9천 세대 12만 1천 명을 수용하는 계획안이었다. 성남시는 한국토지공사의 택지개발예정지구 지정 사전협의 요청에 대해 10여 일 만에 회신했다. 회신 내용은 '지형을 최대한 살리는 환경친화적인 개발이 되도록 지구를 지정'하고, '도시기본계획에서 벤처와 소프트웨어 단지를 연계해 개발하도록 지구를 지정'하며 택지개발사업은 성남시와 공동으로 개발하자는 것이었다. 넉 달 후에는 개발면적을 1백만m^2 늘리고, 거주세대와 인구는 줄이는 방향으로 지구계획을 일부 조정했다. 한 달 후에는 판교면적 중 7백여 만m^2에 대해 토지의 형질변경을 제한했다. IMF 외환위기가 발생해 야당으로 정권이 교체되자 판교개발은 관망 상태가 된다.

한국토지공사와 성남시의 군불 때기

김대중 당선인이 대통령에 취임하기 10여 일 전 한국토지공사가 건설교통부에 판교개발에 대한 의사타진을 했다. 판교를 택지개발예정지구로 지정하자고 건의한 것이다. 5일 후 나온 건교부의 반응은 부정적이었다. 토지공사가 건의한 판교의 택지개발예정지구 지정을 재검토할 것을 요구한 것이다. 재검토 사유는 '판교지역 일대에 수도권 남부지역 교통종합대책을 용역 시행 중에 있으므로 그 결과를 반영하여 추진할 수 있도록 일건 서류를 반려'한다는 것이었다. 일단 광역교통이 문제가 되었다.

당시 수도권 남부에 거주하는 사람들은 심각한 교통체증으로 고통 받고 있었다. 1996년 12월 분당 신도시 사업이 완료된 후 일 년이 지나자 경부고속도로와 수도권 남부 간선도로는 서울로 출퇴근하는 차량으로 교통혼잡이 극심했다. 1997년 12월 서울시가 일 년 반을 준비했던 『서울시 교통센서스 및 데이터베이스 구축』 보고서를 공개했다. 용역 수행기관은 서울시정개발연구원(현재의 서울연구원)이었다. 수도권을 대상으로 교통학계와 연구원의 방대한 연구진이 상호 협력해 과학적인 통행조사기법과 분석방법을 적용한 최초의 연구결과물이었다. 통행분석 결과는 학계의 예상대로였다. 수도권 광역교통 문제가 심각한 수준이었다.

서울시의 교통센서스 연구결과가 가시화되던 1997년 9월 건교부와 토지공사는 국토개발연구원(현재의 국토연구원)에 「수도권 남부지역의 교통대책」 용역을 맡긴다. 분당을 포함한 1기 신도시가 사전에 교통대책을 수립하지 않고 개발되어 사업지구와 인근 지역의 주민들이 교통으로 불편한 것을 되풀이하지 않겠다는 것이었다. 용역으로 개발예정지 용인 동백지구를 포함한 경기도 15여 개 시·군의 '미니 신도시' 교통소통대책을 마련하려고 했다.

택지개발 예정지구가 아직 개발되기도 전에 종합적인 교통대책을 마련하는 것은 우리나라 정책역사에서 처음 있는 일이었다. 2000년 5월 건교부는 「수도권 난개발 방지대책」의 일환으로 수립한 「수도권 남부지역 교통개선대책」을 발표한다. 분당선 연장선에 중앙정부와 지자체가 75:25의 비율로 총 1조 4천여억 원의 투자가 제시되었다. 도로부문에는 경기도, 용인시, 대한주택공사, 한국토지공사가 총 2조 4천여억 원을 분담한다고 했다.

1998년도에 판교개발을 위해서는 여건이 아직 성숙되지 않았다. 시간이 더 필요했다. 최초의 정권교체로 출범한 김대중 정부는 수도권 남부 교통대책이 마련되지 않은 상태에서 판교개발을 추진할 이유가 없었다. 이미 수도권 남부에는 용인 동백지구를 포함한 10개 이상의 미니 신도시가 개발대상으로 수면 위에 떠올라 있었다. 판교에 대한 박정희 대통령의 규제를 풀 명분도 부족했다. IMF 외환위기로 인한 경기침체는 택지개발사업 추진에 암운을 드리웠다. 주택가격은 급락했고, 일자리를 잃은 사람들은 서울을 떠나 지방으로 이주했다. 대규모 신도시 사업이 주택분양에 실패하면 경제에 미치는 악영향이 심각할 것으로 예상되었다.

토지공사와 성남시는 우회로를 택했다. 이번에는 성남시가 움직였다. 1998년 초 제출한 『성남시 도시기본계획(1997~2016)』에서 도시의 미래상으로 수도권 동남부지역의 중추 거점도시로 수도권 기능 분담과 지역 특화를 통한 자립 도시를 제시했다. 도시개발 전략으로는 첨단정보 단지와 연구단지를 유치하겠다고 했다. 도시 공간구조 구상으로는 다음의 사항을 발표했다.

- 판교 신시가지 개발에 따른 도시 공간구조의 개편으로 기본골격을 구축하며 성남시는 기존의 2핵 구조에서 3핵 중심구조로 강화한다.
- 판교 중심권은 신규택지 수요에 의한 신 주거지 조성 및 정보화시대에 대비한 첨단 정보산업 기능을 유치토록 한다.

구체적인 사항은 토지이용계획의 개발예정용지에 담았다.

- 남부지역 녹지의 난개발을 방지하고, 수도권 지역의 택지난을 해소키 위해 지리적, 지형적, 사회적 여건에 유리한 판교, 삼평동 일원에 신주거단지를 조성한다.
- 성남시의 취약한 산업기반의 확충과 장래 첨단 정보화시대에 부응하여 벤처 및 소프트웨어 단지와 연구단지의 조성을 위해 분당구 하산운동 일원에 개발예정용지를 계획한다.

〈표 2〉 개발예정용지

위 치	면 적(㎡)	용 도
판교동 일원	6,297,000	신주거단지 조성
하산운동 일원	660,000	산업단지 및 연구단지 조성

판교개발에서 가장 크게 문제가 되는 부문은 교통이었다. 따라서 다음과 같이 교통망 계획과 교통시설계획을 세운다.

- 지역 간 도로계획은 서울방면의 경우, 판교 신시가지 조성에 따라 교통량이 가장 많이 증가할 것으로 예상되는 판교동에서 양재방면으로 도시고속화도로(4~6차로) 1개를 신설한다.
- 현재 확장공사 중인 지방도로 393호선(4차로)을 고등동~양재구간을 우회도로로 계획하고, 수원, 용인방면은 최소 4차로 이상의 신설이 필요하

므로 분당구 동원동~국도 43호선 연결을 4차로 이상의 지역 간 도로로 개설토록 한다.

■ 도시간선도로는 탄천 변 도로인 12호 광장~이매교 간을 개설하고, 내동 간 도로인 국지도 23호선의 판교~양재 간 도로의 우회도로로 진입하며, 낙생~하산운동 간 도로인 낙생공원~국지도 57호선 구간을 판교 신시가 지와 정보통신 산업단지와 연결한다. 석운동과 정신문화원 간을 남북으로 연결한다.

■ 사송동 일원에 자동차 관련 시설단지를 계획한다.

공업개발계획과 주택공급계획에서도 판교개발에 필요한 사항들을 제시 했다. 성남시는 개발의 법적 근거를 마련했다.

1990년대 말 성남시가 판교개발을 추진하려면 중앙정부와 경기도의 지 원이 필요했다. 당시 성남시는 산하기관으로 시설을 관리하는 성남시시 설관리공단만 있었다. 택지, 산업단지, 주택 도시개발 사업을 수행하는 지 방공기업이 없었다. 성남도시개발공사는 이후인 2013년 이재명 시장이 위 례 신도시사업, 성남판교 대장도시개발사업, 백현유원지 도시개발사업을 추진하기 위해 만들었다. 도시와 산업개발을 위한 산하기관이 없었던 성 남시는 판교 신도시와 같은 대규모 사업을 자체적으로 추진하기가 어려 웠다.

건교부는 1998년 5월 성남시가 제출한 도시기본계획을 승인했다. 계획 에는 판교를 개발예정용지로 포함했다. 성남시와 토지공사는 절반의 성공 을 거두었다. 그러나 아직 판교개발을 추진하기에는 충분하지 않았다. 그 래서 성남시는 택지개발 업무의 주무 부처인 건교부와 상위기관인 경기도 를 설득하기 위해 다음 한 수를 준비한다. 그 내용은 다음 장에서 다룬다.

3. 착수(着手)

국토연구원의 등장

우리나라에는 임직원들의 신분이 공무원도 아니고 민간도 아닌 아주 독특한 연구조직들이 있다. 운영재원의 일정 부분을 정부 출연금으로 충당하는 '정부출연연구기관'이다. 줄여서 '정출연'이라고 한다. 소속 임직원들을 준공무원(準公務員)이라고 부르나 법적 명칭은 아니다. 원래는 중앙행정기관이 담당업무 관련 연구·사업·정책 지원과 지식발전을 위해 설립했다. 김대중 정부에서 소관 행정기관에서 분리해 총리실/과기부 산하로 개편했다.

정출연은 크게 세 가지로 구분한다. 첫 번째 그룹은 1999년 제정된「정부출연연구기관 등의 설립·운영 및 육성에 관한 법률」에 의해 국무총리실 경제인문사회연구회에 속하는 기관이다. 총 24개가 있다. 두 번째는 2004년에 제정된「과학기술분야 정부출연연구기관 등의 설립·운영 및 육성에 관한 법률」을 근거로 과학기술정보통신부 국가과학기술연구회의 관리를 받는다. 총 25개가 있다. 세 번째는 연구회 소관으로 이관되지 않고 부처에 남아 있는 기관이다. 총 18개가 있다. 모두 우리나라의 싱크 탱크들이다.

정출연 중에서 정책기능이 강한 연구기관들은 우리나라에서 아주 묘한 위치에 있다. 소속은 총리실/과기부 산하기관이지만 담당 중앙행정기관의 영향력에서 벗어날 수 없다. 경력이 오래된 박사급 인력들은 학계와 관계, 산업계, 정계에 발이 넓어 담당부처 공무원들과는 견제와 협력의 공생 관계가 형성된다. 정권 초기에 임명된 수장들이 주목하는 연구의 책임자들에게는 힘이 실린다.

정권교체 후 전임 정부와 친했던 수장의 기관들은 어려움에 빠진다. 때로 정부나 정권 실세 지자체장이 추진하는 정책에 반대하는 목소리를 내거나 보고서를 발간한 연구책임자들은 시련을 겪는다. 우리나라에서 정출연은 지자체, 학계, 민간기관이 정부와 소통하는 창구 역할을 수행한다. 정부도 어떤 정책에서 미묘한 입장일 때 정출연을 통해 여론을 형성하거나 반응을 살핀다. 성남시는 대표적인 정출연인 국토연구원을 활용하기로 결심했다. 그래서 1999년 2월 연구원에 판교개발 타당성 검토 용역을 발주한다.

국토연구원(KRIHS)은 국토자원의 효율적인 이용, 개발과 보전에 관한 연구를 수행하는 정출연이다. 1978년 국토도시계획 전문가들을 유치하려는 박정희 대통령의 의지로 국토개발연구원 육성법을 제정해 건설부 산하 연구기관으로 출범했다. 1999년 당시 국토연구원 원장은 대통령비서실 경제비서관과 건설교통부 차관보를 역임한 국토도시개발 전문가 홍철 박사였다. 성남시 용역을 받은 국토연구원은 그해 말 후임 이정식 원장 명의로 보고서를 발간한다. 명칭은 『판교지구개발 타당성 검토 및 기본구상』이다. 성남시가 국토연구원을 통해 판교개발의 불꽃을 쏘아 올린 것이다.

개발사업을 추진하기 위해서는 초기에 개발의 타당성을 관계자 모두에게 논리적으로 설득하는 것이 중요하다. 국토연구원은 『제4차 국토종합계획(안)(2000~2020)』, 『제2차 수도권 정비계획(1997~2011)』, 『수도권 남부지역 정비를 위한 공간구조 개편 및 교통종합 대책에 관한 연구(1996~2011)』, 『경기 2020 : 비전과 전략(1998~2020)』, 『제1차 경기발전 5개년계획(1998~ 2002)』과 같은 각종 상위계획을 모두 동원해 판교 개발의 당위성을 설파했다. 심지어 『서울시 도시기본계획(1991~ 2011)』까지 동원했다. 『성남시 도시기본계획(1997~2016)』도 당연히 사용했다.

1999년 건교부는 주택건설제도를 개편하느라 정신이 없었다. 개정된 주택건설촉진법이 3월에 시행되면서 분양권 전매제한제도가 폐지되었다. 21년 동안 지속되었던 주택건설 지정업체 제도도 폐기했다. 재건축 · 재개발을 활성화하기 위해 재개발 아파트의 분양요건과 재건축조합 설립요건을 완화했다. 채권입찰제도 폐지했다. 국민주택기금에서 2천억 원을 인수촉진자금으로 마련해 '주택건설부도사업장 인수촉진안' 대책을 추진했다. 2가구까지 임대사업 자격을 완화했다. 5년 이상 임대하면 양도세를 면제했다. 청약예금 · 부금 가입자격 완화와 시중은행 취급도 추진했다. 중산층과 서민의 주거안정을 위한 주택정책이 홍수처럼 쏟아졌다.

1999년 건교부는 또 다른 일로 곤혹스러운 상태였다. 성남 분당 백궁 · 정자지구의 8만6천 평 토지 때문이었다. 분당 신도시사업은 1996년 12월에 공식적으로 완료되었다. 사업을 계획했던 토지공사는 중심상업지역으로 야탑, 서현, 수내, 정자, 미금역 주변을 선택했다. 다른 지역들은 별문제가 없었지만 분당 광역상권의 중심지로 계획했던 백궁 · 정자지구가 문제가 되었다. 쇼핑과 업무를 위한 국내 최대 규모의 쇼핑레저단지로 계획했던 탄천 건너 이 부지는 1995년 포스코 개발에 매각되었다. 계획에는 중심상업지역의 상업용지 12만여 m^2와 레저용지 38만여 m^2에 대형 백화점 2개와 호텔, 유스호스텔, 돔 경기장, 골프연습장, 인조 스키장 등이 들어서는 것이었다. 그런데 IMF 위기가 모든 것을 바꿨다.

1998년 1월 포스코 개발이 토지공사에 계약해제를 통보했다. 그해 10월 토지공사는 이 땅을 용도 변경해 삼성이 도곡동에서 우리나라 최초로 건설한 초고층 주상복합을 짓자고 성남시에 제안한다. IMF 위기로 토지공사 재무가 악화되자 손실을 줄일 방법을 모색한 것이다. 성남시는 거부했고, 포스코 개발은 12월에 계약을 해제한다. 다음 해 2월 국회에서 건축법을 개정해 건축물 용도변경을 허가제에서 신고제로 전환했다. 기초지자체에는 승인권을 부여했다. 군인공제회가 계약해제 부지에 관심을 보였지만 사업권은 에이치원개발이라는 소규모 건설업체에 넘어갔다. 토지공사가 7월에 다시 용도변경을 요청했다. 성남시는 태도를 바꿔 주민설명회를 열고 2000년 5월 용도변경을 확정한다. 해당업체는 막대한 시세차익을 올렸다. 이 지역은 주상복합단지로 바뀌었다.

이 사건은 백궁·정자 게이트로 확대된다. 언론의 문제 제기로 정권 실세와 사회지도층 인사들의 관련 사실이 밝혀졌다. 김병량 성남시장과 에이치원개발 홍원표 회장, 공무원들이 구속되었다. 당시 검찰에서 수사를 주도한 사람이 곽상도 검사다. 이 특혜의혹을 계속 제기한 성남시민모임 기획위원장 이재명 변호사는 2010년 성남시장에 당선된다. 2022년 우리는 성남시에서 발생한 유사한 사건들에서 낯익은 그들의 이름을 발견한다. 사건은 새로운 프로를 키우고 더 큰 사건으로 발전한다. 아이러니한 반전이다.

최초의 토지공사 내부 출신 건교부 장관

21세기가 시작되는 2000년 1월 14일 김대중 대통령이 국무총리를 포함한 7개 부처 장관에 대한 개각을 단행했다. 박태준 의원이 김종필 국무총리에 뒤이어 총리직에 임명되었다. 사람들은 김윤기 한국토지공사 사장이 신임 건설교통부 장관에 발탁되었다는 보도에 깜짝 놀랐다. 김윤기 사장은 토지공사에서 22년을 근무한 토지공사맨이었다. 3년 전에 내부인사로는 처음으로 사장직에 올랐다. 본인도 임명 10분 전에 통보받아 깜짝 놀랐다고 말했다.

김윤기 신임 장관의 능력에 대해서는 논란이 없었다. 분당, 일산 등 수도권 신도시를 건설할 때 핵심적인 역할을 수행한 도시개발 전문가였다. 국민의 정부가 추진했던 남북화해 햇볕 정책 실행을 위한 나진·선봉 공단 개발의 실무조사단 단장으로 북한도 방문했다. 건교부에서는 산하기관의 장이 장관에 임명되자 분위기가 변했다. 산하기관에 대한 권위적인 태도가 바뀐 것이다. 언론에서는 임명에 박태준 신임총리와의 친분이 작용했다고 추측했다. 장관직이 여당과 연립정부였던 자민련 몫이었다는 뜻이다.

언론은 임명 전까지 토지공사 사장으로 있었던 김윤기 장관의 판교개발에 대한 생각을 알고 싶었다. 성남시 도시기본계획을 승인한 건교부는 수도권 난개발을 방지하기 위해 1999년 청와대 경제비서실에 판교와 화성에 대규모 택지개발이 필요하다고 보고했다. 그러나 청와대에서는 아무런 답이 없었다. 그래서 건교부 출입 기자들이 간담회에서 질문했다. 김 장관은 "판교개발은 교통과 환경문제 그리고 수도권 인구집중 등을 다각적으로 검토해서 최종 결정할 문제이며 개발되더라도 저밀도 개발방식을 채택하는 것이 바람직하다"라고 발언했다. 언론은 즉각 반응했다.

언론은 판교개발에 대한 건교부 입장이 오락가락하는 것은 바람직하지 않다고 했다. 장관의 발언이 개발을 허용하겠다고 읽혀 전임 장관의 입장과는 다른 것 같다고 해석했다. 건교부 정책의 일관성과 신뢰성에 문제를 제기했다. 성남시가 판교개발을 전원도시, 자급자족 도시로 계획했다고 주장하지만 과거 잠실, 분당, 일산 개발 때 '장밋빛' 계획을 제시했어도 결과는 그렇지 않았다고 말했다. 또 다른 베드타운에 녹지 훼손과 교통체증이 예상된다고 비판했다. 판교 일대에 많은 땅을 보유하고 있는 유력인사들과 기업들에 막대한 시세차익을 보장한다는 특혜의혹을 제기했다. 심지어 2000년 4월에 실시하는 총선용이라는 의심까지 했다.

언론 보도로 부정적인 여론이 싹트기 시작했다. 청와대에서는 정책 혼선을 우려해 판교개발에 대한 언급을 자제해 줄 것을 지시했다. 건교부는 판교에 대한 개발계획이 없음을 언론에 발표한다. 당시 청와대 경제비서실에서는 판교개발에 대해 상당히 민감하게 반응하고 있었다. 용인을 포함한 수도권의 난개발 문제가 언론에서 계속 보도되면서 사회문제로 대두된 상황이었다. 그래서 김영삼 정부에서 추진했던 준농림지 등에 대한 민간의 무분별한 개발을 최대한 억제했다. 그리고 수도권 남부 광역교통의 문제 해결을 위해 노심초사하고 있었다. 건교부는 판교를 '선 계획-후 개발'의 신도시 방식으로 개발하는 것이 바람직하다고 판단하고 있었지만 청와대와의 조율이 이루어지지 않은 상황에서 공식적인 언급을 자제할 수밖에 없었다. 제16대 총선도 복병이었다.

2000년 전반기의 수도권 주택시장은 IMF 외환위기 이후 2년간의 침체에서 벗어나 상승을 위한 기지개를 켜고 있었다. 전세 시장에서 먼저 신호가 왔다. 전세가가 폭등하면서 전세 재계약에 비상이 걸렸다. 2년 동안의 주택건설 침체와 소형주택 건설 기피 현상이 이제야 부작용을 발생시킨 것이었다. 주택보증기금의 보증 한도가 바닥나 전세자금 대출이 중단되기도 했다. 정부는 대출 중단을 막기 위해 부랴부랴 보증 한도를 1조 3천억 원이나 높이는 조치를 한다. 난개발 종합방지대책으로 인해 민간아파트 분양은 입지조건, 평형, 시공업체에 따라 경쟁률이 천차만별이었다. 건설 경기가 침체상황에서 좀처럼 벗어나지 못했다. 뭔가 특단의 조치가 필요하다는 생각이 정부와 민간에서 동시에 퍼져나갔다.

사람들은 주택이 부족하고 집값이 상승하면 부동산 문제라고 생각한다. 그래서 부동산 전공자들을 전문가로 모셔 해법을 구한다. 그러나 문재인 정부의 김현미 국토부 장관이 "아파트가 빵이라면 제가 밤을 새워서라도 만들겠다"라는 말에서 알 수 있듯이 아파트는 빵이 아니다. 빵처럼 밤새 금방 만들 수 없다. 공급에 최소 몇 년이 걸린다. 입지할 곳을 찾아야 하고, 국토 도시계획 규제를 풀어야 한다. 계획을 수립하고, 교통 · 환경 · 재해 문제에 대한 대책을 마련해야 하며 교통 · 에너지 · 상하수도 기반시설을 건설해야 한다. 주택을 건설하고, 시장 상황을 고려해 시기적절하게 분양 · 입주시켜야 한다. 부동산은 시장거래를 주로 담당한다. 주택시장이 제대로 작동하지 않은 것은 거시적이고 장기적인 관점에서 주택공급을 바라보는 국토 · 도시계획 전문가들의 책임이다.

2000년 전반기에 국토 · 도시계획 전문가들의 의견은 대부분 하나로 수렴되었다. 수도권에 대규모 신도시를 건설하는 것이 민간부문의 주택공급 감소를 보완해 주택난을 해소하고, 난개발을 방지하며 건설 경기를 부양해 3마리 토끼를 동시에 잡는 타당한 대책이라는 것이었다. 국토·도시계획 학계의 의견에 건교부에서도 서서히 수긍하기 시작했다. 건교부에서는 수도권 신도시의 필요성과 입지, 교통대책에 대해 검토하기 시작했다. 간부급들은 신도시의 필요성을 알릴 방안에 대해 고심했다. 청와대와 여당, 언론을 대상으로 누가 고양이 목에 방울을 달 것인지가 문제였다.

김윤기 장관이 나섰다. 언론과의 인터뷰 자리를 틈나는 대로 만들었다. 판교개발과 관련해서는 이렇게 말했다.

> "앞으로 수도권 택지개발은 해당 지역뿐 아니라 서울 등 수도권 전반의 도시계획과 연계해 허용 여부를 결정할 것입니다." … 〈건교부의 판교개발 불허 방침에도 불구하고 장관취임과 함께 이 문제가 불거져 나와 논란이 되고 있습니다. 이 문제는 어떻게 처리할 생각입니까?〉 … 여러 가지 측면을 신중하게 고려한 「선(先) 계획 후(後) 개발」이 바로 그것입니다. 지자체와 이해관계자들의 개발압력 요구 때문에 개발한다면 당장 민원 등의 문제는 해결되겠지만 장기적으로는 엄청난 후유증을 남깁니다. 도시계획이란 한번 망가지면 영영 회복이 불가능하다는 점을 항상 염두에 두고 이 문제를 검토하겠습니다. 건교부는 앞으로 계획 없는 개발은 절대 허용하지 않을 계획입니다. 전체적인 도시계획과 국토계획의 틀 안에서 이뤄지도록 노력을 해나가겠습니다."

그는 「선(先) 계획 후(後) 개발」이라는 원론적인 도시계획을 강조했다. 그리고 한발 물러서서 여론이 무르익기를 기다렸다.

활짝 열린 판도라 상자

정책에는 집단지성이 작용한다. 시기적절한 정책에는 눈덩이를 굴리면 점점 더 커지는 것처럼 세력이 불어나 추진력이 생긴다. 문제 있는 정책은 아무리 좋은 보양식을 주어도 종기가 여럿 생겨 결국에는 몸을 상하게 하고 폐기된다. 그래서 어떤 조직에서든 지도자에게는 좋은 정책을 고르는 선구안이 필요하다. 타당한 정책을 선택해 실행할 사람과 장소를 정하고, 실행할 때를 판단해야 한다. 마치 한 송이 장미를 피우듯 노력과 정성을 다하면 훌륭한 정책은 결국 그 가치를 발휘한다. 그 정책을 선택한 지도자가 역사의 한 페이지에 이름을 남기는 가장 최고의 방법이다.

정책에도 떼루아*terroir*가 있다. 선진국에서 효과가 있다고 도입했는데 토양과 기후가 맞지 않아 '귤이 탱자'로 변하는 경우가 있다. 우리 정책이 최고라고 자만하고 배척하다가는 시대와 세계의 흐름에 뒤처져 어느 순간 나락에 떨어진다. 좋은 정책인데 추진 시기나 실행하는 지도자를 잘못 만나 역할을 제대로 못 하고 망가지는 경우도 있다. 그런 면에서 판교는 운이 좋았다. 인시처(人時處), 즉 사람과 때와 장소가 맞았다. 더구나 집권여당이 새정치민주연합과 자민련의 연립정부였다. 국회에서는 과반을 점유한 정당도 없었다. 사람들의 비전과 욕망, 정책 의지와 이익추구, 국토도시와 건설 분야 간 으샤으샤로 판도라 상자가 열린다.

사람들이 판교개발에 관심을 보이자 언론에서 기사로 다루기 시작했다. 건교부 장관이 개발을 긍정적으로 검토한다고 말했다가 건교부가 번복하자 사람들은 정말 개발이 보류된 것인지 반신반의했다. 돈 있고 눈치 빠른 소수는 판교 예정지 주변에 투자하기를 원했다. 개발의 실행 가능성과 구체적인 개발정보에 대해 문의했다. 중산층은 판교라는 금싸라기 땅에 내 집 마련이 가능할지 궁금해했다. 건설사는 판교개발이 현실화되면 죽전, 동백, 동천, 구성, 보라 등 이미 택지지구로 지정된 수도권 남부지역의 개발이 어떻게 되는지 촉각을 곤두세웠다. 서울, 수원, 안양, 광주, 용인, 화성, 오산 등 인근 지자체에서는 개발이 미치는 파장을 우려했다. 모두 신문과 방송에서 기사로 보도하기에 좋은 주제다.

언론은 판교개발의 구체적인 정보와 필요성, 실행 가능성에 대한 궁금증을 해소하기 위해 전문가를 찾아 나섰다. 판교개발에 대한 여론을 조성하기 위해 공공기관들이 초반에 나섰다. 국토연에서는 책임급 박사가 '미니 신도시'로는 기반시설을 제대로 갖추기 어렵다며 '200만 평 이상의 대단위 신도시 개발'이 필요하다고 주장했다. 건설업계 목소리를 대변하기 위해 대한건설협회와 건설공제조합이 설립자금을 댄 한국건설산업연구원(CERIC), 즉 건산연 박사들도 언론 인터뷰에 응했다. 주택산업 육성을 위해 한국주택협회와 대한주택건설협회, 대한주택보증주식회사가 공동 출연한, 주산연으로 불리는 주택산업연구원(KHI)도 참여했다.

침체에 빠진 건설 경기 회복을 위해 건설업계도 판교개발에 찬성하는 목소리를 내기 시작했다. 메이저 건설사의 이사급 임원들이 신도시 개발에 대한 당위성을 여러 차례 제기했다. 판교개발에 우호적인 상황으로 분위기가 서서히 변하자 토지공사가 나섰다. 공사의 담당 부서장들이 소규모 택지개발은 주변에 마구잡이 개발을 부추길 수 있다며 수도권에 150만~200만 평 이상 중형 신도시를 2~3개 정도 추가로 건설해야 한다는 의견을 피력했다. 건교부는 신도시 개발이 어느 정도 타당하지만 '수도권 집중억제'라는 대의 명제와 개발 반대여론을 우려해 신중하게 대처했다.

주무 부처의 김윤기 장관은 판교개발을 불허하는 방침이 유지되느냐는 언론의 질문에 '분당 이남 지역이 난개발이 되어 앞으로 선(先) 계획 후(後) 개발이 아닌 것은 철저히 제동을 걸고 준농림지 규제도 더욱 강화할 방침'이라고 답했다. 결국에는 판교개발이 되지 않겠느냐는 언론의 추가 질문에는 "토지공사 사장으로 일할 때는 판교개발의 당위성을 강조"할 수밖에 없었다. "장관으로 취임해 좀 더 넓게 보니까 생각해봐야 할 부분이 많다는 것을 느꼈다. 종합적인 검토가 끝나기 전에는 어떤 압력이 있어도 개발을 허용하지 않을 생각이다"라는 입장을 고수했다.

2000년 4월에 실시한 제16대 국회의원 선거에서 여당인 새천년민주당은 총선 전보다 약진했지만 기뻐할 수 없었다. 연립정부의 다른 축인 자민련이 대패했기 때문이다. 새천년민주당의 의석수가 98석에서 115석으로 증가했지만 자민련이 50석에서 17석으로 쪼그라들었다. 연립정부 전체로는 148석에서 132석으로 줄어들어 과반이 되지도 못했다. 야당인 한나라당도 11석이 늘어난 133석이 되었지만 역시 과반에는 부족했다. 소수정당과 무소속이 8석을 차지해 절묘한 균형이 이루어졌다. 2002년에 시행되는 제3회 지방선거와 제16대 대선까지 정책 성과와 여론 향배가 중요해졌다.

총선 한 달 후인 5월 김대중 대통령이 김윤기 장관에게 "수도권 집중억제에 장관 직위를 걸고 총력을 기울이라"라고 지시했다. 판교지역에 투기 열풍이 불고 환경단체 등의 반대가 거세지자 그렇게 말한 것이다. 수도권 남부지역 개발로 교통난이 심각해지고, 학교, 상하수도 등 생활기반시설이 미비한 상태에서 판교 택지개발을 허용하면 불만이 더 심해질 것을 우려한 것이다.

수면 아래로 가라앉은 판교개발은 우회로를 택했다. 5월 말 건교부가 난개발 종합방지대책을 발표했다. 두 달 후 정부는 수도권정비실무위원회를 열어 경기도가 요청한 수도권 공장총량 배정물량 확대를 받아들였다. 환경단체들의 반대가 극심했다.

여론 수렴을 위해 언론사와 학계, 시민단체가 나설 차례가 되었다. 8월 말 KBS 토론 프로인 〈길종섭의 쟁점 토론〉에서 「수도권 신도시 건설 필요한가」라는 주제로 찬반 토론이 벌어졌다. 9월 중순에는 대한국토도시계획학회가 주관한 신도시 정책토론회가 열렸다. 10월 25일에는 서울시정개발연구원에서 시민단체인 수도권 살리기 시민 네트워크와 환경정의시민연대, 걷고 싶은 도시 만들기 시민연대가 연합해 「수도권 신도시 무엇이 문제인가?」를 주제로 대학교수들과 국토연 박사, 시민단체 활동가들이 문제 해결을 위한 대안을 모색했다. 그런데 정책 추진의 분기점이 된 계기는 시민단체 토론회보다 보름 전에 개최되었던 한 공청회였다.

2000년 10월 9일 연합뉴스가 판교에 대한 건축 제한을 정부가 1년간 연장하기로 결정했다고 보도했다. 결국 판교 신도시를 추진할 것이라는 뉘앙스였다. 주요 일간지들이 연합뉴스 기사를 인용해 보도했다. 다음날인 10일 국토연구원은 신도시정책 공청회를 개최한다. 국토연구원은 공청회에서 신도시 대상지로 7개 지역을 제시했다. 그중에서 판교, 화성, 천안이 우선 개발대상지라고 말했다. 다음날 언론 보도들은 비교적 긍정적이었다. 판교개발 추진과정을 보면서 미당(未堂) 서정주 시인의 「국화 옆에서」라는 시가 생각난다. '한 송이 국화꽃을 피우기 위해 봄부터 소쩍새는 그렇게 울었나 보다.' 판교개발의 열차가 출발 기적을 울렸다.

신도시 '판교 쇼크'

판교 정도로 비중이 큰 개발사업이 별 난관 없이 순조롭게 진행되는 경우는 없다. 이런 사업은 진행 과정에서 전진과 후퇴의 롤러코스터를 탄다. 2000년 10월 10일 국토연이 개최한 공청회의 주제는 「수도권 도시 성장 관리와 신도시 개발」이었다. 발표 자료는 두 개의 보고서를 참고해 작성했다. 첫 번째 참고자료는 판교개발을 제안하려고 성남시가 의뢰해 국토연이 1999년 12월 용역 결과물로 제출한 『판교지구개발 타당성 검토 및 기본구상』 보고서였다. 두 번째는 2000년 7월 국토연이 토지공사의 의뢰를 받아 작성한 『수도권 신도시 종합평가 분석』 연구 보고서였다.

국토연이 신도시 건설 후보지로 3개 지역을 선정해 발표한 것이 논란이 되었다. 판교 일대 250만 평, 화성군 태안읍·동탄면 280만 평, 천안역 주변 890만 평이었다. 파주, 고양, 의정부, 김포 남부, 화성 남서부 등도 중장기적으로 신도시 건설이 불가피하다고 했다. 며칠 동안 언론은 신도시 건설의 필요성을 인정하는 분위기였다. 다만 개발로 인해 발생하는 국토 균형발전과 자족도시, 수도권 비대화와 기반시설 공급, 80% 이상의 외지인 땅 소유와 원주민 소외와 같은 다양한 문제에 대한 해결책을 주문했다. 당·정·청이 아직 대규모 신도시 개발에 합의하지도 않은 상태에서 건교부가 국토연을 통해 우회적으로 발표한 것이 문제가 되었다.

국토연이 공청회를 개최한 지 사흘 후인 금요일 김대중 대통령이 우리나라 최초로 노벨 평화상을 수상하게 되었다고 노르웨이 노벨위원회로부터 통보받았다. 주말을 보낸 김대중 대통령은 10월 16일 국무회의를 주재하면서 "신도시 개발문제로 여러 소리가 나오고 일부에서는 반대를 하는 만큼 국민들이 혼란을 느끼지 않도록 해달라"라고 지시했다. 그리고 "신도시 개발은 당·정 간에 긴밀히 협의하고 국민의 의견을 수렴해 경제장관회의에서 충분한 검토를 해주기 바란다"라고 추가 지시사항을 덧붙였다.

대통령은 건교부를 향해서도 경고의 발언을 했다. "국토개발연구원의 건의안이라고는 하지만 일방적으로 발표해 국민들이 혼란스럽게 생각하게 된 것은 바람직하지 않다"라면서 "연구기관의 건의안이 달라지면 정부 정책이 왔다 갔다 한다는 비판을 받을 우려가 있다"라고 뼈있는 말을 했다. "앞으로 정책을 수립할 때는 국민들이 혼란을 느끼지 않도록 해달라"라고 당부했다. 해석하기에 따라서 신도시 개발은 동의하지만 건교부의 일 처리 방식에 문제가 있다고 지적하는 것으로 보였다. 반대로 해석하면 여당과의 협의가 부족하고, 시민단체가 반대하는데도 불구하고 건교부가 일방적으로 정책을 추진하는 것에 대한 비판과 함께 신도시 개발의 전면 재검토를 요구한 것으로 들리기도 했다.

여당인 새천년민주당은 김대중 대통령의 '신도시 개발 재검토' 지시에 환영했다. 그러나 완전 백지화를 하기에는 무리가 있다고 판단해 수도권 과밀억제대책 마련에 역점을 두었다. 그러나 민주당 내부에서는 반대의견도 만만치 않았다. 사람들이 판교 분양 때까지 청약 자격을 유지하려고 했다. 수도권 남부에서는 아파트 분양 신청률이 낮아질 것 같아 분양을 연기하려는 움직임마저 있었다. 대통령 지시가 있고 이틀 후 당정이 협의 회의를 개최했다. 협의 결과가 "수도권 신도시 건설문제는 수도권 과밀 해소 대책을 고려하여 종합적으로 검토 후, 다시 당정 협의를 갖는 것"으로 나왔다. 언론은 '신도시 건설 유보'로 제목을 달아 보도했다.

한 달이 지나 1999년 3월부터 2000년 12월까지 판교지역을 대상으로 시행한 건축허가 제한 마감일이 다가왔다. 판교개발 여부에 대한 논란을 틈 타 건축행위가 제한된 개발예정지를 제외한 인근 자연·보존 녹지에 전원주택단지가 난립했다. 언론은 이미 40여 개 전원주택단지에서 1,500여 가구가 입주했거나 입주할 예정이라고 보도했다. 전원주택지 분양 붐도 일었다. 더 심각한 것은 대형건설사들까지 대단위 전원주택단지를 조성할 계획을 수립하고 부지를 매입했거나 부지정리를 끝냈다는 것이었다. 건축 제한을 받는 개발예정지 주민들의 불만이 폭발 직전이었다.

대통령의 '신도시 개발 재검토 지시'와 원활하게 진행되지 않는 여당과의 협의로 건교부에서는 비상이 걸렸다. 이 상태에서 신도시 개발을 백지화하고, 개발예정지의 건축 제한을 푼다면 더 큰 혼란이 발생할 것이 불보듯이 뻔했다. 그렇다고 환경단체와 학계 일부에서 제기하는 수도권 인구집중, 녹지 훼손, 교통악화로 인한 반대를 무시하고, 여당과 합의도 하지 않은 채 정책을 그대로 밀어붙이기도 어려웠다. 건교부는 여당과 협의했을 때 서울에서 멀리 떨어진 천안에 대해서는 큰 반대가 없었던 것을 다행이라고 생각했다. 그런데 천안에서는 수요가 충분할지가 걱정스러웠다. 수요에 자신 있는 판교개발이 함께 진행되어야 했다. 최대 관건은 환경단체와 여당인 새천년민주당 설득이었다.

11월 3일 채권단이 2단계 기업 구조조정의 일환으로 52개 부실기업을 퇴출대상으로 판정했다. 건설업체가 12개나 포함되었다. 이들 업체가 건설 중이던 오피스텔, 주상복합 건물에 해약 요청이 쇄도했다. 미분양 주택 수가 감소했으나 신규주택 허가 건수도 줄어들면서 2001년도에 집값이 다시 들썩거릴 가능성이 커졌다. 미국의 닷컴버블 붕괴로 우리나라의 주식시장도 주가가 반 토막 났다. 코스닥은 급락했다. 돈이 주택으로 몰려가격상승을 촉발할 수 있었다. 집값 안정을 위해 공급확대 주택정책이 시급했다.

연말이 되자 해결의 실마리가 보이기 시작했다. 12월 초 건교부 장관이 지역경제 활성화와 난개발 방지를 위해 판교를 체계적으로 개발해야 한다는 공감대가 형성되고 있다고 말했다. 판교개발의 불가피성을 강조한 것이다. 10월 중순 이후 두 달 동안 건교부 실무진은 여당 정책위 실무진에게 판교개발 처리방안에 대해 지속적으로 설득했다. 수도권 인구집중 영향과 교통·환경대책 방향도 제시했다. 실무진 간 협의로 일단 가닥이 잡혔다.

2000년에서의 마지막 당정회의가 11월을 건너뛰고 당정 양측이 벼랑 끝에선 12월 28일 개최되었다. 안건은 '2001년도 경제 운용계획 및 신도시'였다. 신도시 정책 방향에 대해 '화성'은 신도시 개발을 추진하고, '판교'는 건축 제한을 1년간 연장하는 것으로 여당 정책위의장이 결론을 내렸다. 판교는 개발 여부, 방안, 주체 등에 대해 더 검토할 필요가 있다는 것이었다. 판교개발예정지에 대한 건축허가 제한의 해제일이 3일 남은 상황에서 극적으로 파국을 면했다. 국토연이 공청회에서 발표한 3개 지역 중에서 화성과 천안이 받아들여졌고, 판교만 남았다. 건교부에는 훌륭한 성과였다. 이제 모든 역량을 판교에 집중하면 됐다.

우리의 피에는 벼랑 끝 협상을 선호하는 유전인자가 있는 것 같다. 사회의 많은 일들이 마지막 순간 극적 타결을 통해 파국을 면한다. 판교개발도 그랬다. 파국의 시한폭탄 뇌관은 제거되었지만 다른 차원의 장벽들이 판교의 길 앞에서 기다리고 있었다.

대통령의 결정

2001년은 김대중 정부가 선거에 영향 받을 일없이 일할 수 있는 마지막 해였다. 새해 벽두부터 정부는 건설·부동산 시장 활성화 방안을 쏟아낸다. 1월 4일 정부는 지방에 신시가지를 6곳 조성하고, 미분양 산업단지는 할인해 분양하며 주택개량 사업에 대한 지원을 확대하고, 국민임대주택 5만 가구를 추가로 건설하겠다고 발표했다. 1월 20일 건교부가 대통령에게 업무보고를 했다. 대통령은 "판교개발은 찬반 의견이 첨예하니, 당정 및 각계의 의견을 수렴하되 조속히 검토할 것"이라고 지시했다. 다음날 정부는 화성에 이어 수도권 1~2곳에 자족형 신도시를 건설하겠다고 발표했다.

김대중 대통령은 착수 수순이 치밀하고, 실행력이 뛰어난 정치인이다. 대도무문(大道無門)이라는 한마디로 캐릭터가 정리되는, 과감하고 국면 전환 타이밍이 뛰어난 김영삼 대통령과는 또 다른 스타일이다. 건교부는 판교개발의 불씨를 더 키워보려 했으나 상황은 아직도 만만치 않았다. 건교부는 1월 하반기에 「대도시권 광역교통 관리에 관한 특별법」을 두 차례나 개정했다. 첫 번째 개정에서는 광역전철 공사비 분담문제를 정리했다. 두 번째에서는 대규모 개발사업에 따른 광역교통난을 완화하기 위해 개발 사업에 따른 광역교통개선대책 수립을 의무화했다. 광역교통시설 건설재원을 확충하기 위해서 광역전철 부담금제를 광역교통시설 부담금제로 개편했다. 광역교통도 해결의 실마리를 잡았다.

그래도 여당인 새천년민주당은 요지부동이었다. 언론은 연일 판교개발에 대해 부정적인 기사를 내보냈다. 판교개발이 가시화되면서 입지여건이 훨씬 나쁜 용인 아파트값이 폭락하고 있다고 보도했다. 다른 보도에서는 지금 분당이 만원(滿員) 도시라고 지적했다. 성남시민모임의 이재명 집행위원장이 도시기반시설 부족에 대해 인터뷰했다. 그는 "백궁·정자지구는 도시 자족화를 위해 최소한의 업무시설용으로 계획했던 것인데 아파트가 들어서면서 기반시설 부족, 주거환경 악화 따위의 문제를 일으킬 우려가 있다"라고 말했다. 분당 옆 신도시 건설에 대한 부정적인 의견이었다.

2월 초 건교부가 판교개발에 대해 당 정책조정위원장에게 설명했다. 당은 계속 부정적이었다. 여당 정책위 전문위원도 2002년 판교 건축 제한이 종료되면 다시 녹지상태로 관리해야 한다고 말했다. 건교부는 녹지로 되돌려도 건축이 가능하며 무분별한 난개발로 기반시설 부족이 더 심화할 것이라고 설득했다. 판교 주변에 전원주택단지가 계속 들어서는 것을 사례로 들었다.

'정부와 여당이 6월까지 판교처리방안을 확정하기로 했다'라는 내용이 언론에 보도되자 건교부의 전선이 확대되었다. 시민단체와 학회의 수도권 신도시 토론회가 연속적으로 개최되었다. 2월 14일 수도권 살리기 시민 네트워크가 수도권 신도시 토론회를 개최하면서 스타트를 끊었다. 수도권 살리기 시민 네트워크는 2000년 8월 경실련 도시개혁센터와 경기도협의회를 포함한 14개 시민단체가 "죽어가는 수도권을 살리고 국토의 균형적인 발전을 위해 시민단체들이 공동으로 문제점을 조사하고 대안을 제시하겠다"라는 창립선언문을 발표하고, 수도권 난개발을 막기 위해 뭉친 조직이다. 2월 20일에는 한국경제학회 주관 수도권 신도시 관련 토론회가, 3월 8일에는 환경정의시민연대 주관으로 토론회가 열렸다.

정부는 판교 신도시 개발에 적극적으로 행동했다. 여당은 찬성과 반대로 의견이 갈려 아직도 의견 조율이 필요했다. 성남시는 당정 협의가 원활하게 이루어지지 않자 3월 15일 독자적으로 개발하겠다는 의견을 피력했다. 최종 결정의 순간이 눈앞으로 다가왔다. 이때 여당의 입장이 서서히 바뀐다. 3월 4일 개최된 건교부 현안 사항에 대한 당정 협의에서 여당 제2정책조정위원장이 건교부에서 초저밀도로 개발하는 방안을 2개 정도 제출하면 검토해보겠다고 발언했다. 4월 18일 건교부가 단독주택(안)과 주거+벤처 복합단지(안)를 제출하면서 복합단지(안)가 바람직하다고 말했다. 여러 차례의 관련 기관 회의를 거쳐 5월 23일 「저밀도 전원 단지 개발방안」에 대한 전문가 회의에서 방향이 결정되었다.

　6월 한 달 동안 마무리 작업이 진행되었다. 4일 실무 당정 협의에서 여당이 저밀 개발방안에 공감했다. 15일에는 건교부 기자단의 의견을 청취했다. 22일 중앙도시계획위원회에 보고한 다음날 여당, 건교부, 환경단체가 의견을 조율했다. 환경단체는 수도권 집중, 교통 · 환경문제를 들어 사업 포기를 주장했다. 25일 여당은 서울시, 경기도, 성남시와 관계부처 차관급이 참석하는 당정회의를 개최해 최종의견을 수렴했다. 시민단체는 28일 '판교신도시 건설반대 국토 도시 · 환경전문가 100인 선언'으로 최후통첩을 한다.

　6월 29일 여당 고위직과 관계부처 장관, 국회 건교위 의원, 판교 관련 지역구 의원들이 모여 당정 협의를 했다. 벤처 단지 규모는 추후 논의하기로 하고, 다른 사항들은 건교부 개발방안대로 추진하기로 결정했다. 다음날 언론사들은 '판교 저밀도 개발 최종확정'을 타이틀로 해 일제히 보도했다. 장장 6년에 걸친 판교개발 1단계 고비를 넘은 것이다. 대장정에 이제 첫발을 디뎠다.

　김대중 대통령은 판교개발이 테크시티 3.0으로 향하는 '신의 한 수'라는 사실을 몰랐던 것 같다. 도시계획/도시경제 분야의 해외 학자들이 테크시티 3.0에 대한 정보를 정리해 발표한 시기가 2010년대 이후이기 때문에 충분히 이해가 된다. 2011년에 발간한 자신의 자서전에도 판교에 대해서는 단 한 줄도 기술하지 않았다. 초고속 정보통신망, '1000만 정보화 교육', '전자정부'를 포함해 '지식정보 강국'에 대한 사항을 한 장으로 별도로 구분해 열 페이지나 할당해 설명한 것에 비하면 무심할 정도다.

사실 정치지도자는 씨를 뿌리는 농부와 같다. 위대한 지도자는 기후와 토양을 보고 최선을 다해 종자를 골라 씨를 뿌리지만 어떤 종자가 얼마만큼 크게 성장해 풍성한 수확을 거두어들일지는 신과 역사의 섭리에 맡겨야 한다. 김대중 대통령이 GE 잭 웰치 회장, 마이크로소프트 빌 게이츠 회장, 소프트뱅크 손정의 사장, 앨빈 토플러 박사와 같은 당대 최고의 전문가들에게 자문을 받았더라도 시대의 흐름을 완벽하게 꿰뚫을 수는 없다.

테크시티에 대한 세계 최고 전문가들이 그 흐름을 이해하게 된 것도 2010년대 중반부터다. 김대중 대통령이 거기까지 내다보지 못했더라도 '지식정보 강국'의 의지를 판교에 남긴 것만으로도 위대한 정치인임에는 틀림없다. 그가 그런 결정을 내릴 수 있도록 판교 땅을 남긴 박정희 대통령과 초고속 국가정보통신망 구축을 시작한 김영삼 대통령의 노고도 잊지 말아야 한다.

판교개발에 대한 결정이 내려졌더라도 중대한 판단들이 아직 몇 개 더 남아 있었다. 그중 하나는 이 책의 집필 의도와 밀접하게 연결된다. 건교부의 전투는 계속 이어졌다. 이번에는 경기도의 시각에서 판교개발의 새로운 쟁점에 대해 다루려고 한다. 테크시티 3.0의 미래를 바라보는 시각 차이가 야기한 공방전이다.

100 대 10 : 경기도와 건교부의 한판 승부

2022년 5월 29일 마지막 회가 방영된 모 방송국 드라마는 허투루 쓰이는 대사가 하나도 없다고 할 정도로 작가의 대사 하나하나가 의미심장한 메시지를 담았다는 평을 받았다. 16부작 드라마 중에서 첫 회는 작가가 가장 임팩트 있는 장면이나 대사를 배치한다. 이 드라마 첫 회에 작가 특유의 공감되고 위로되는 가장 최고의 명대사로 선정된 것이 다음과 같은 주인공의 넋두리다.

> "걔가 경기도를 보고 뭐랬는 줄 아냐? 경기도는 계란 흰자 같대. 서울을 감싸고 있는 계란 흰자. 내가 산포시 산다고 그렇게 얘기를 해도 산포시가 어디 붙었는지를 몰라. 내가 1호선을 타는지, 4호선을 타는지. 어차피 자기는 경기도 안 살 건데 뭐 하러 관심 갖냐고 해. 하고 많은 동네 중에 왜 계란 흰자에 태어나 갖고…"

경기도는 가끔 계란 흰자에 비유된다. 전체면적이 10,195.3㎢인 경기도는 자신의 면적에 비해 약 6%에 불과한 서울특별시와 약 10%인 인천광역시를 감싸 안고 있는 광역자치단체다. 경기도 면적은 우리나라 전체의 약 10%다. 우리는 서울시와 인천시, 경기도를 합해 전 국토의 11.8%인 지역을 수도권이라고 부른다.

경기도는 현재 우리나라에서 가장 많은 인구를 가진 광역자치단체다. 2001년 판교개발이 결정되었을 때 경기도 인구는 954.4만 명이었다. 서울시는 1,026.3만 명, 인천시는 256.5만 명이었다. 2022년 5월 기준으로 경기도는 1,358.1만 명, 서울시는 949.7만 명, 인천시는 295.5만 명이다.

2001년도에 서울시의 93%였던 경기도 인구는 지금은 143%가 되었다. 2003년 서울시와 경기도의 인구 순위가 역전된 후 점점 더 격차가 벌어지고 있다. 서울시 인구는 2016년 천만 명 아래로 떨어졌고, 2022년 5월에는 950만 명 선도 깨졌다.

경기도에 건설된 신도시가 서울시를 위한 베드타운이라는 정서는 경기도민들에게 격렬한 감정을 일으키고 지속적으로 영향을 미치는 트라우마 *Trauma*다. 경기도민들의 이런 정서에는 근거가 있다. 수도권에서는 1996년부터 2020년까지 여섯 차례에 걸쳐 대규모 교통통행조사를 했다. 조사 결과 경기도에서 서울로 이동하는 일일 통행량은 1996년에 비해 2002년 112%, 2006년 131%, 2010년 137%, 2016년 152%로 증가했다. 2020년만 코로나 19로 인해 통행량이 135%로 나타나 2016년보다는 감소했다. 경기도민이 서울로 이동하는 통행량이 전반적으로 계속 증가하는 것이다.

경기도민이 서울로 통근할 때 통행의 질은 어떨까? 경기도의 싱크 탱크인 경기연구원 박경철 박사가 2021년 발표한 『경기도민 통근 · 통학 삶의 질 특성』 정책 브리프에 경기도민의 스트레스가 잘 나타나 있다. 서울로 주로 이동하는 경기도 외부 통근자의 8%가 1시간 이상 장거리 통근을 했다. 지역 외부 통근자는 지역 내 통근자에 비해 약 1.4배의 스트레스를 받고 있었다. 지역 외부 통근시간은 30분 이상 비율이 56.3%로 절반을 넘었다. 외부로 통근하는 직장인들의 통근비용도 두 배 정도 높았다. 경기도민은 서울로 더 멀리 더 많은 비용을 들여 고단하게 일하러 가는 것이다.

우리 사회가 잘 보살펴야 하는 경기도 거주 20대와 저소득층, 계약직 등 사회 약자의 교통 불만이 가장 높았다. 전체 연령 중 청년층의 스트레스 점수는 60.1점으로 노년층 50.1점과 비교해 훨씬 높았다. 중년층과 노년층은 승용차 이용률이 상대적으로 높다. 사회기반이 부족한 청년층은 버스 이용률이 가장 높았고, 다음은 지하철로 합계가 78.3%나 되었다. 대중교통으로 이동하는 청년이 네 명 중 세 명 이상인 것이다. 통근시간도 가장 길었다. 소득수준이 낮을수록, 계약 형태가 비정규직일수록 교통 만족도가 더 떨어졌다. 저소득층은 버스 이용률이 높았다. 저소득층과 계약직 등 사회 약자들은 승용차 사용률이 낮아 거주하는 곳 근처로 직장 선택권이 제한되기 때문에 소득을 높일 기회도 부족했다.

경기도의 이런 정서가 판교개발이 가시화되었을 때 건교부와 심하게 부딪치는 요인이 된다. 2000년 10월 경기도가 먼저 포문을 열었다. 판교개발에 대해 경기도는 정부의 주거 위주 신도시 건설 방침에 반대하면서 지식집약산업을 위한 친환경적인 첨단 연구단지 조성을 강력하게 주장했다. 며칠 후 경기도와 벤처기업협회는 판교를 '한국판 실리콘밸리'로 개발하자고 기자회견을 했다. 성남시의회도 만장일치로 결의안을 채택했다. 한 달쯤 후 건교부는 반대의견을 회신했다. 경기도 임창열 지사는 2000년 12월 1일 김대중 대통령이 경기도를 방문했을 때 판교를 지식기반산업 집적지로 개발할 것과 건교부, 산자부, 정통부와 경기도가 협의체를 구성하자는 안을 건의했다. 갈등은 잠시 소강상태가 되었다.

2001년 5월 판교 벤처 단지 규모를 둘러싼 경기도와 건교부의 전투가 다시 재개되었다. 5월 10일 경기도가 청와대, 건교부, 행자부, 산자부와 도 출신 국회의원들에게 벤처 단지 규모를 100만 평으로 해야 한다고 건의했다. 6월 29일 판교개발이 결정되자 임창열 지사는 도청 출입 기자들과의 간담회에서 "서울에서 진정으로 걱정하는 것은 테헤란밸리 등에 있는 벤처기업들이 땅값이 싼 판교로 몰려들까 봐서 그러는 모양"이라고, 서울에 강한 불만을 토로했다. 그리고 "IMF 관리체제가 국가 경쟁력 상실에서 나온 것인 만큼 벤처기업육성으로 경쟁력을 강화해야 한다"라고 주장했다. 10여 일 후 경기도와 성남시, 벤처기업협회는 '한국판 실리콘밸리'를 위해서는 60만~100만 평이 필요하다고 주장했다. 건교부는 10만 평이면 충분하다고 생각했다.

이해당사자들의 주장이 평행선을 달린 이유는 벤처산업 성장률 예측에 기인했다. 벤처기업협회와 경기도는 벤처기업 수가 2000년에 비해 2003년 각각 57%와 100%가 증가하며 5천여 개의 벤처기업이 판교에 입주할 것으로 전망했다. 산학연의 시너지효과를 위해서는 해외처럼 60~100만 평이 되어야 한다고 했다. 건교부는 1995~2000년 연평균 벤처기업 성장률이 22%이며 벤처창업 열기가 수그러지고 있어 입주업체가 천 개 내외일 것으로 예상했다.

정답이 없는 이런 싸움에서는 결국 정치적 파워가 결정한다. 2001년 4월 새천년민주당 정책위의장직이 남궁석 의원에서 이해찬 의원으로 교체되었다. 남궁석 의장은 판교를 벤처 중심으로 개발해야 한다는 입장이었으나 이해찬 의장은 부정적이었다. 결국 7월 말 관계부처 실무회의와 경제 장관 간담회를 통해 판교 벤처 단지 규모는 20만 평으로 결정한다. 9월 말 당 정책조정위원장 주재로 관련 기관이 모두 참여한 당정회의에서 20만 평으로 하되 추가수요는 수요조사 후 경기도, 성남시와 협의하는 것으로 확정했다.

경기도와 건교부 중 누가 옳았는지는 역사의 장으로 넘어갔다. 여러분은 이 책 9장에서 그 판단 결과를 확인할 수 있다. 미래를 예견한 진정한 지도자가 누구였는지 역사는 언젠가 평가한다.

4. 탄생(誕生)

판교개발 확정되다

판교개발에 대한 정책이 2001년 9월 28일 결정되었다. 여당인 새천년 민주당 정책조정위원회가 주재한 당정회의에서였다. 참가자는 건교위 의원, 지역구 의원, 건교부 차관, 경기도 부지사, 성남시장 등이었다. 가장 뜨거운 감자였던 벤처 단지 규모는 잠정적으로 20만 평으로 하되 좀 더 검토하는 것으로 결정했다. 다음날 언론은 일제히 '판교 신도시 개발계획 확정'을 보도했다.

판교 벤처 단지 규모에 대한 잔불이 완전하게 꺼진 것은 아니었다. 그러나 뒤집기는 어려웠다. 지난 3개월 동안 경기도와 건교부가 여러 차례 충돌하면서 감정의 골이 깊어졌었다. 둘은 여론전에서도 치열하게 격돌했었다. 2001년 7월 4일 YTN에 출연한 임창열 경기지사와 조우현 건교부 차관은 이렇게까지 부딪쳤었다.

조 차관 : 판교를 인구 6만 명의 저밀도 전원형 신도시로 조성할 예정이다.

임 지사 : 그렇게 되면 인구 6만 명이 서울로 출퇴근하게 되어 교통난을 심화시킬 것이다.

조 차관 : 벤처 단지를 60만 평으로 하면 교통 수요가 6배 늘어난다. 도로 · 철도 건설에 재정을 투입해야 하는데 예산이 없다.

임 지사 : 인구밀도를 높여놓고 일자리를 창출하지 않으면 베드타운화 된다. 경기도 땅을 개발하는데 경기도 의견을 무시하고 건교부가 일방적으로 하면 안 된다.

임창열 지사는 역사의 평가에서 논란이 많은 인물이다. 그러나 판교 벤처 단지에 대해서는 자신의 전문성과 행정 경험을 발휘해 경기도를 위해 치열하게 투쟁했다. "임창열 경기도지사 때문에 못해 먹겠다"라는 건교부 비난과 "무슨 소리, 자신들 잘못은 모르고 왜 자꾸 생사람을 잡느냐"라는 경기도 고성이 부딪쳤다. 고건 서울시장이 판교개발에 반대하고, 경기도 의원들이 원색 설전하는 등 전선이 확대되었다. 단지 규모에 대한 정리가 필요했다.

이해찬 정책위의장이 기자들과 만났다. "경부고속도로 병목에 해당하는 판교에 공장 5000개가 들어설 수 있는 60만 평을 요구하는 것은 아예 성립이 안 되는 얘기"라며 "경부고속도로가 마비될 게 뻔한데 그런 철딱서니 없는 얘기를 하는지 모르겠다"라고 비판했다. 그는 "세계 어느 나라에서도 고속도로 병목 지역에 그렇게 대규모 공장단지를 세운 나라는 없다"라며 "벤처 단지를 60만 평으로 확대할 경우 국토의 동맥이 막힐 수밖에 없어 도저히 받아들일 수 없다"라고 말했다. 승부가 거기서 판가름 났다.

한국토지공사가 2001년 10월 4일 건교부에 택지개발예정지구 지정을 제안했다. 제안 보름 전쯤에는 한국도로공사가 애초보다 1년 앞당겨 서울외곽순환고속도로 판교~성남 구간(4.9km)을 8차로로 확장해 개방했다. 광역교통 문제가 하나 해결되었다.

280만 평의 판교 신도시 개발 방향은 주거 기능 위주의 전원형 저밀도 신도시였다. 토지이용은 도로 등 공공시설 99만 평, 공원녹지 66만 평, 상업시설 5만 평을 계획했다. 경부고속도로 서쪽 150만 평에는 단독, 연립, 저층 아파트를 배치했다. 동쪽 130만 평에는 벤처 단지와 중층아파트, 상업·업무시설이 위치했다. 주택은 총 1만 9천7백 가구를 계획했다. 전원형 신도시를 위해 아파트 최고층은 10층 이하로 제한하고 녹지율은 24%로 구상했다. 5만 9천 명의 인구를 수용하는 신도시는 인구밀도를 1ha당 64명으로 제한해 분당 198명, 과천 274명, 평촌 329명보다 친환경적이었다. 경제적 효과로 택지조성비 1조 7천억 원, 건축비 3조 5천억 원을 투입하면 생산유발효과 10조 원, 고용효과 13만 명이 발생할 것으로 예상했다.

정부는 주택공급을 위해 판교개발을 추진했다. 따라서 주거지역 개발은 90만 평 규모로 구상했다. 자연환경이 잘 보존된 경부고속도로 서쪽의 58만 평은 단독주택 40만 평 3.4천 가구가 들어서고 나머지 18만 평은 연립주택 1.8천 가구와 5층 이하의 저층형 아파트 7천 가구가 계획되었다. '구릉지 등 자연경관을 최대한 살리는 한국판 베벌리힐스'를 조성하겠다는 생각이었다. 분당과 연접한 동쪽은 서민용 중소형 아파트와 임대아파트 7.5천 가구가 입지했다. 아파트는 용적률을 애초보다 높인 110%를 적용했다. 전체 가구의 60%는 전용면적 25.7평 이하의 중소형 아파트로 건설하기로 했다. 택지 분양가는 평당 평균 4백만 원선으로 책정해 아파트 분양가가 평당 8백만 원을 넘어설 것으로 전망되었다.

판교는 환경 훼손과 교통문제로 신도시 개발 반대가 극심했다. 따라서 공원녹지는 22%인 일산보다 높은, 국내 최고 수준인 24% 이상을 확보한다고 했다. 중앙공원을 10만 평 조성하고 녹지에는 자전거 전용도로를, 고속도로변에는 완충 녹지대와 소공원을 배치했다. 표고 70m 이하, 경사도 15° 이하인 지역만 개발하는 방침을 세웠다. 교통부문은 '선 교통대책 수립 후 입주'라는 원칙으로 2009년 초 아파트 입주보다 앞선 2008년 말까지 신분당선 등 2개 전철과 12개 도로를 건설하기로 했다.

용적률을 150~200%로 높인 벤처 단지 20만 평은 상업·업무지구에 배치했다. 사무형 벤처기업 중심으로 입주를 허용하되 수도권정비계획법상 공장 총량제 적용대상이 아닌 200㎡ 이하의 설비·제조형 벤처기업은 허용했다. 벤처 단지 16만 평은 최대 2천 개 기업의 입주를 목표로 했다. 2만 평은 벤처 관련 연구소에 배정했다. 나머지 2만 평은 벤처캐피털 등 창업지원센터를 위해 계획했다. 벤처 단지는 분양가 평당 350만 원을 적정선으로 생각했다.

국토·도시계획 분야에서 개발계획이 일단 정리되면 택지개발예정지구 지정 고시는 큰 문제가 없을 경우 틀에 정해져 있는 절차대로 일사천리로 진행된다. 토지공사의 지정 제안으로부터 10여 일이 지난 후 10월 26일부터 11월 6일까지 진행되는 주민공람이 공고되었다. 환경부 등 10개 관계기관과의 협의를 완료하자 12월 26일 건교부 고시 제2001-344호로 택지개발예정지구 지정이 고시되었다. 드디어 정부 절차를 마치고 20만 평의 벤처 단지로 판교개발이 확정된 것이다. 상황은 이제 새로운 국면으로 전환된다.

4개 기관 공동참여의 구도

2002년 선거의 해가 밝았다. 제3회 지방선거가 6월 13일에, 제16대 대통령 선거가 12월 19일 치러질 예정이었다. 모두 지방선거에서 이긴 정당이 6개월 후에 개최되는 대선에 결정적으로 우세할 것으로 예상했다. 20년 후도 똑같은 상황이 벌어져야 했지만 2017년 대통령 탄핵으로 일정이 변경되었다. 2022년에는 대선 후 3개월 정도가 지나 제8회 지방선거가 실시된다.

지선, 대선과 같은 중요한 선거가 두 번 치러지면 판교개발이 확정되었더라도 세부사항은 변경될 여지가 있었다. 정부는 선거 영향을 최소한으로 받기 위해 일정계획을 세웠다. 택지분양을 위해 2003년 말까지 개발계획을, 2005년 6월까지 실시계획을 수립하려고 했다. 2005년 말 주택을 분양하고, 2008년 말까지 철도·도로 교통대책을 완료한다면 2009년 1월 주택 입주 목표가 가능했다. 그러나 항상 계획은 계획일 뿐이다. 무수한 변수가 초기 계획을 변경시킨다. 판교개발은 시작부터 계획에 차질이 생겼다.

모든 갈등의 근원을 파헤쳐보면 거기에 '파이 나누기'가 있다. 해당 주체들이 내세우는 명분의 껍질을 벗겨보면 그 속에 돈 문제가 있다. 테이블 위에 놓인 파이를 누구와 어떻게 나누고, 해당 주체들은 각자 언제, 어떤 방식으로, 얼마나 파이를 가져갈 수 있는지의 문제다. 파이를 만든 주체들 간에도 어제의 동지가 오늘은 적이 될 수 있다. 판교개발에서도 이 문제가 발생했다.

2001년 12월 26일 건교부가 택지개발예정지구를 고시하면서 시행자 지정을 보류했다. 토지공사는 판교개발을 위해 여건을 조성하고, 연구를 위해 주도적으로 지원했다. 공사는 판교개발을 확정하는 지구지정 제안과 관계기관 협의를 성공적으로 완료했음에도 단독 시행자 지정을 받지 못했다. 대한주택공사와 경기도, 성남시가 강력하게 참여를 요청했다. 사업 착수가 장기간 지연될 경우 주민들의 민원이 확대되어 사업 진행에 차질이 발생할 수 있었다. 2002년 1월부터 그런 일들이 발생하기 시작했다.

언론이 판교개발을 놓고 경기도와 성남시, 토지공사, 주택공사가 '밥그릇 싸움'을 시작했다고 보도했다. 판교 사업의 재원 규모가 약 4조 원에 달해 사업시행 권한을 움켜쥐면 엄청난 개발이익을 챙길 수 있기 때문이었다. 경기도는 판교개발이 도내 최대 현안으로 용인 난개발과 같은 잘못된 도시개발이 되지 않도록 주도적인 사업시행 권한을 가져야 한다고 했다.

성남시는 판교가 자체 도시계획 입안지역으로 효율적인 개발을 위해 최적의 행정기관이라고 말했다. 특히 지역 내 핵심개발 사업으로 구시가지, 분당 신도시와의 연계를 고려해 사업시행에 참여해야 한다고 주장했다. 토지공사는 택지개발 전문 공기업으로 지난 20여 년간 전국 254개 택지지구 사업시행을 통해 총 1억3천만 평 토지를 공급했다는 성과를 내세웠다. 주택공사도 판교 신도시에 대규모 주거단지와 도시기반시설 조성을 위한 전문성 있는 개발 노하우가 필요해 사업시행 주체가 되어야 한다고 설명했다.

판교개발을 둘러싼 4개 기관 간 싸움이 치열해지자 다른 주체들의 목소리도 높아졌다. 성남 판교 주민들로 구성된 판교개발추진위는 "강남권 투지 과열 방지와 주택공급 안정을 위해서 판교 신도시 아파트를 애초 계획보다 3년 앞당겨 올해 착공해야 한다"라고 건교부에 건의했다. 건교부는 아파트 단지와 상업지구를 구분해 아파트 지역을 먼저 개발하는 방안을 고려했다. 상업지구에는 학원 지구(가칭)를 조성해 학원에 저가로 부지를 공급하고 세제 혜택을 주며 특수목적 고교를 설립하는 방안도 고려했다. 강남에 밀집한 학원의 분산을 유도하려는 목적이었다. 다음날 재경부에서 판교개발의 조기추진을 반대하는 목소리가 나왔다.

사업시행자 결정이 미뤄지자 부작용이 하나둘씩 발생했다. 판교신도시 아파트의 우선 분양 자격이 '택지개발예정지구 지정 고시일인 26일 현재 성남지역 거주자'로 제한되면서 21일부터 24일까지 분당 6개 동의 하루 평균 전입자가 평소보다 3배인 230명으로 우선 분양을 노린 전입자가 급증했다. 성남시에서 실시한 판교 전입가구 일제 조사에서 판교 우선 청약권을 노린 위장전입자 242가구 368명이 적발되었다. 분양 우선권을 노린 위장전입뿐만 아니라 지가 보상에 불만을 가진 주민의 반발도 심해졌다.

토지공사는 각 기관의 고유기능을 고려한 역할분담 방식을 제안했다. 면적분할 방식은 시행자 간 사업성 확보를 위한 혐오시설 기피와 수익시설 유치가 예상되었다. 이익금 처리문제와 상이한 보상대책과 조성원가, 감정평가 차이가 민원의 소지가 되었다. 이주자 택지 위치와 조성 시기, 상이한 회계처리와 제세공과금 부담 기준도 문제였다. 지구경계지역의 단지설계 불일치, 신기술 적용 등 기술 측면의 의사결정 혼선, 건교부 업무 조정과 협의 장기화도 사업의 안정적인 추진에 걸림돌이 되었다.

3월 2일 건교부가 토지공사에 사업추진과정의 기록·정리와 추가조치를 요청했다. 공사는 기본구상 및 개발수요분석 연구를 포함한 6건의 조사연구용역을 발주한다. 결국 건교부는 2002년 7월 18일 한국토지공사와 대한주택공사가 공사 통합에 대비해 역할분담 방식의 공동사업 시행자로 참여할 것을 결정한다. 두 공사가 토지보상, 조성공사, 기반시설 설치, 택지공급 등 사업시행 전반을 주도적으로 담당하도록 정리했다. 그래도 경기도와 성남시가 남았다. 그런데 건교부에 새로운 고민이 생겼다.

2002년 6월 제3회 지방선거에서 야당인 한나라당이 대승했다. 이전 선거에서 6석이었던 광역단체장은 11석으로 두 배 가까이 증가했다. 기초단체장도 74석에서 140석으로 두 배에 근접했다. 광역의원 수도 253석에서 467석으로 역시 두 배 정도 되었다. 여당인 새천년민주당은 호남과 제주에서, 자민련은 충남에서 광역단체장을 확보해 영역이 대폭 축소되었다. 1987년 개헌 이후 처음으로 진행된 진보정당으로의 정권교체는 5년 만에 막을 내리는 것처럼 보였다. 보수와 진보 간 정권교체가 곧 실현되는 듯했다.

지방선거로 인한 권력 교체는 경기도에도 영향을 미쳤다. 경기도와 성남시에서도 수장이 한나라당으로 바뀌었다. 경기도에서는 손학규 당선자가 58.4%의 득표율로, 성남시에서는 이대엽 당선자가 54.0%로 승리했다. 두 사람 다 15% 이상 격차가 나는 압승이었다. 이런 선거결과는 판교개발에 영향을 미쳤다.

건교부는 7월 24일 건교부 고시 제2002-161호로 사업시행자 지정을 고시한다. 경기도가 벤처 단지의 조성, 공급, 관리 업무를 담당한다고 했다. 성남시는 도로, 상하수도 등 기반시설 설치, 토지보상 지원, 구시가지 재개발과 연계되는 일부 택지조성공사를 담당하는 것으로 합의했다. 경기도와 성남시, 한국토지공사와 대한주택공사의 4개 기관을 공동 시행자로 발표한 것이다. 언론은 7월 20일부터 이런 내용의 기사를 이미 보도했었다. 그리고 확정되자 4개 기관 공동시행을 대대적으로 보도했다.

부동산 투기와의 전쟁을 선포한 참여정부

2002년 제16대 대선은 우리나라 정치역사에서 커다란 전환점이 된 선거다. '1노 3김'으로 대표되는 87 체제 전반기의 정치지도자들이 아무도 대선에 참여하지 않았다. 87 체제 이후 최초로 3자, 4자가 아닌 여야 정당의 실질적인 양자 구도로 치러졌다. 민주노동당 권영길 후보가 있었지만 대세에 영향을 미치지 않았다.

한나라당 이회창 후보와 새천년민주당 노무현 후보의 건곤일척 승부였다. 야당의 이회창 후보는 15대 대선에서 보수 분열 때문에 간발의 차로 낙선했었다. 여당의 노무현 후보는 사상 최초로 국민 참여 경선을 통해 선출되었다. 이회창 후보 아들의 병풍 폭로, 노무현 후보의 재신임과 노사모 바람, 노무현 · 정몽준 간 단일화와 지지철회 등 대선 하루 전까지 승부를 예단할 수 없었다. 선거기간 내내 후보들의 지지율이 롤러코스터였다. 선거 결과는 새천년민주당 노무현 후보의 2.3% 차 57만여 표 신승이었다. 여당의 정권 재창출이 실현되었다. 김대중 대통령의 혜안이 빛을 발한 것이다.

참여정부라 불린 노무현 정부가 2003년 2월 25일 출범했다. 지방분권과 국가균형발전을 기치로 내걸고 혁신도시를 추진했다. 취임 초부터 부동산 대책에 정권의 명운을 걸겠다고 선언했다. 정권 출범 전부터 집값 불안이 심상치 않았던 것이다. 2002년 주택 허가는 67만여 가구로 1년 전에 비해 $\frac{1}{4}$ 넘게 증가했었다. 주택보급률도 100.6%로 100%를 넘어섰다. 그래도 집값 상승률이 1990년 이후 가장 높았으며 2년째 내려간 달이 없는 진기록을 세웠다. 미분양 주택 수는 1992년 6월 이후 가장 낮았다. 특히 서울 집값 상승 폭이 22.5%로 전국 평균 16.3%보다 더 높았다. 신정부는 집값 안정을 위해 특단의 대책이 필요했다.

새천년민주당의 정권 연장이 확정된 후 판교개발은 기존에 계획한 일정대로 진행되고 있었다. 신정부가 출범하기 나흘 전인 2003년 3월 21일 경기도, 성남시, 한국토지공사, 대한주택공사가 주관하고 국토연구원이 주최한 「성남 판교지구 개발구상 공청회」가 국토연구원 지하 1층 강당에서 개최되었다. 4개 기관이 추진하는 판교개발 구상에 대한 각계분야 전문가와 판교 주민들의 의견을 사전에 수렴해 미래 세대에 대한 바람직한 판교지구 개발 방향을 설정해 발전적인 도시 모습을 제시하겠다는 취지였다. 국토연구원 박사들과 교통 분야 교수가 발표하고, 학계, 경기개발연구원. 건설업체, 언론, 시민단체, 국토부에서 토론에 참여했다.

국토연 공청회의 발표내용은 개발의 기본방향과 주요 쟁점 사항이었다. 기본구상에서는 현황 및 개발의 기본방향, 환경보전방안, 벤처 · 업무단지 개발방안, 도시 기본구조 구상이 발표되었다. 광역교통개선대책으로는 광역교통 현황분석과 수요분석, 종합 개선방안이 발표되었다. 몇몇 변경사항에 대한 제안이 있었다. 단독주택 용지를 줄이고 공동주택용지 면적을 늘려 주택공급호수를 공동주택 약 2만 6.4천 호, 단독주택 약 3.3천 호로 총 2만 9.7천 호가 되도록 제안했다. 애초 계획보다 1만 호가 더 증가하는 방안이었다. 중소형 아파트의 비율이 74.3%로 증가했다.

판교 벤처 단지에서도 변경사항이 있었다. 기업 수요조사 결과 당정 협의에서 결정된 제조업의 입주 규모 200 m^2를 660 m^2(200평) 수준으로 상향을 제안했다. 입주 희망기업들의 평균 요청 규모가 137평(약 452 m^2)이었기 때문이다. 신도시 쾌적성 확보, 수도권 공장 총량제 등을 고려해 업체별로 개별 부지를 공급하지 않고 벤처빌딩이나 아파트형 공장을 건설해 수요를 흡수하자고 했다. 판교 벤처 단지가 독자적인 생존력을 가진 산업 클러스터로 성장하기 위해 거점 시설Anchor 유치가 필요하다고 했다. 대단위 공공지원시설, 관련 분야 주요 연구시설, 대기업 등을 거점시설로 제안했다. 벤처 단지에 약 2천여 개의 기업이 입주할 것으로 예상해 실수요 건물 연면적과 공용면적을 포함한 총 필요 연면적은 약 35만 평으로 추정했다. 용적률 400%를 적용한 부지면적은 약 11만 평이었다.

국토연구원은 공청회 개최 한 달 후 경기도, 성남시, 한국토지공사, 대한주택공사의 4개 기관에 용역 결과물인『성남 판교지구 택지개발사업 기본구상 및 개발수요 분석 연구』보고서를 제출한다. 국토연구원과 서울대 공학연구소, 서울대 환경계획연구소, (주)삼우종합건축사사무소, (주) TG그래픽스가 공동으로 작업한 결과물이었다. 국토연구원이 총괄 연구를 주도하고 서울대 공학연구소가 개발수요를, 환경계획연구소는 환경보전방안을, 삼우와 TG그래픽스는 조감도를 담당했다.

'판교 기본구상 및 개발수요 분석' 보고서는 시행자 간 협의를 통해 판교지구에 대한 개발구상(안)을 조정한 후 구체적으로 발전시킨 것이었다. 주택공급은 아파트 약 2만 6천 호, 연립주택 약 1천 호, 단독주택 약 3천 호 등 총 3만 호로 증가했다. 총 계획인구는 8만 9천 명으로 산정했다. 인구밀도도 분당의 50% 수준인 96인/ha로 상향되었다. 판교 벤처 단지는 공청회 발표와 크게 다르지 않았다. 판교 신도시 사업비용은 용지비 2.4조 원, 조성비 2.3조 원, 간접비 9.4천억 원을 포함한 총 5조 6.4천억 원으로 산정되었다. 판교개발로 인한 경제효과는 생산유발 효과 4조 1.6천억 원, 고용유발 효과에 의한 고용창출은 8만 6천 명으로 추계되었다.

노무현 대통령의 대선 선거공약이었던 '행정수도 이전' 정책으로 충청권을 중심으로 부동산 가격이 상승했다. 참여정부는 2003년 5월 「5.23 주택가격 안정대책」을 발표했다. 투기과열지구를 확대하고, 300가구 이상 주상복합 · 조합아파트는 분양권 전매를 금지했다. 투기과열지구의 재건축 아파트 분양은 80% 공시 후에 가능했다. 투기 조장 혐의가 있는 중개업소 600개는 입회 조사를 했다. '부동산 투기와의 전쟁'이 시작된 것이다. 삼일 후에는 투기지역을 수도권과 천안시에서 확대하고, 김포 · 파주 신도시 예정지와 서울 서초구는 주택 준(準) 투기지역으로 지정했다.

강남 재건축단지에서 불어오는 투기 바람에 판교 신도시가 흔들리기 시작했다. 국토연은 5월 27일 주택종합계획안 공청회를 개최한다. 시장안정을 위해 서울 강남지역 수요를 흡수할 대체 신도시 건설이 필요하다고 했다. 주택 수요는 2008년을 고비로 감소할 것이라고 예상했다. 석 달 후 국토연과 4대 개발기관의 판교 신도시 주택 1만 가구 추가 제안이 정부에서 받아들여졌다. 주택건설 추가로 아파트 분양가는 평당 1천만 원 이상에서 8.6백만 원으로 떨어질 것으로 예상했다. 9월 6일 주택가격 안정대책을 발표할 때에는 판교에 우수 교육시설, 학원을 통합 유치해 다각적으로 지원하는 '교육 인프라 스트럭처 집적지역'을 설치한다고 발표했다.

노무현 정부의 부동산 규제정책은 '10.29 주택시장 안정 종합대책,' '10.31 다주택자 종합부동산세 부과' 등으로 이어진다. 판교 신도시의 주택공급 규모는 증가했다. 벤처 단지도 입주기업당 제한면적 규모를 높이고, 거점시설 유치를 추진했다. 그런데도 판교개발을 흔드는 투기 바람은 더욱 거세진다.

영향평가라는 허들 넘기

우리나라에서 대규모 개발사업을 추진하려면 계획단계에서 사업시행자가 실행해야 하는 중요한 업무가 있다. 바로 각종 영향평가와 그에 따른 대책 수립이다. 판교는 2001년 12월 21일 건설교통부 고시 2001-344호에 따라 택지개발사업지구로 지정되었다. 한국의 국토 도시계획 법체계에서 택지개발사업지구로 지정된 판교개발사업은 해당되는 영향평가와 관련 기관과의 협의를 수행해야 한다. 그래서 판교도 2002년부터 그런 일들을 시작한다.

판교 택지개발사업에서 수행한 영향평가들을 알아보려면 먼저 택지개발사업 추진절차를 확인하고, 추진절차에 해당하는 영향평가들의 법 제도를 조사해야 한다. 한국토지공사는 우리나라에서 택지개발사업을 효율적으로 수행하기 위해 『택지개발 업무편람』을 2001년부터 2010년까지 여러 차례 발간했다. 편람들의 내용은 대부분 비슷하다. 영향평가는 계획단계에 포함되어 있다.

우리나라에서 영향평가 법 제도는 여러 차례 변경되었다. 2001년 당시에 판교에 적용되는 영향평가의 대상은 인구, 교통, 환경, 재해였다. 집단에너지 공급과 에너지 사용계획, 지하매설물은 관계기관의 협의 대상이었다. 인구, 교통, 환경, 재해의 4대 영향평가는 현재 대규모 택지개발사업에 인구를 제외한 교통, 환경, 재해만 적용된다. 영향평가제도에 대한 이해를 돕기 위해 영향 평가별로 제도의 변화를 간단하게 설명하겠다.

법 제도의 시작은 인구에 대한 영향평가였다. 1982년 건설부가 「수도권정비계획법」을 제정했다. 1960년대 이후 공업화 정책으로 전 국토면적의 11.8%인 수도권에 인구와 산업의 35% 이상이 과도하게 밀집되어 국가안보에 취약해졌고, 지역 간 격차가 발생했으며 교통난·주택난·공해·범죄 등 도시문제가 심화되었다. 그래서 인구와 산업을 적절하게 배치하고 국토 균형발전을 추구하기 위해 도입했다. 법 제22조는 '인구 영향평가'를 '이전촉진권역·제한정비권역과 특정 지역에서 도시개발, 산업기지개발구역 지정, 공업용지 조성, 인구집중유발시설 설치 등 공공사업이 시행될 때 해당 사업이 수도권 인구집중 현상에 미칠 영향을 평가'한다고 규정했다. 평가대상, 절차 등은 대통령령에서 다루었다.

건교부와 통합되기 이전인 1986년 교통부가 「도시교통정비촉진법」을 제정해 '교통 영향평가'를 제도화했다. 법은 도시교통 인구와 자가용 승용차가 급증해 계속 심각해지는 도시 교통난을 해소하고, 교통수단과 교통편의의 효율성을 높이도록 도시교통관리체계를 정비하기 위한 것이었다. 법 제2조에서 '교통 영향평가'를 "대량의 교통 수요를 유발하거나 유발할 우려가 있는 사업을 시행하거나 시설을 설치할 경우 미리 그 교통 영향을 평가하여 이에 따른 대책을 제시하는 것"으로 정의했다. 제11조에서는 심의대상과 영향평가서, 심의 주체를 다루었다.

1993년 환경처가 「환경영향평가법」을 제정했다. 1969년 제정된 국가환경정책법(NEPA)을 근거로 미국이 운영하는 환경영향평가 제도를 1970년대 후반 「환경보전법」을 통해 우리나라에 도입한 후 해당 법을 제정한 것이다. 목적은 대규모 개발사업이나 특정 대상사업으로 유발되는 모든 환경영향을 사전에 조사·예측·평가해 자연훼손과 환경오염을 최소화하겠다는 것이었다. 환경처의 환경부 승격과 권한 확대에 이 법이 중요한 도구가 되었다. 한국 환경정책·평가연구원을 설립하는데도 크게 기여했다.

오늘날 행정안전부로 불리는 내무부가 '재해 영향평가' 제도를 가장 늦게 도입했다. 「풍수해대책법」을 1995년 「자연재해대책법」으로 개정하면서 법 조항을 삽입했다. 도입 이유는 도시화와 산업화에 따라 재해 취약 요인이 증가하고, 세계적인 기상이변 현상으로 자연재해 발생이 빈발하고 대형화되어 각종 자연재해에 대한 적극적인 대처와 재해 예방이 필요하다는 것이었다. 재해 영향평가는 국가와 지자체가 개발계획을 수립하거나 개발사업을 승인·인가·허가·면허·결정할 때 홍수 등 재해 가능성과 재해의 정도·규모에 미치는 영향을 예측·분석하고 그 영향을 줄이자는 것이었다. 재해에 영향을 미칠 대규모 개발사업 시행자는 재해 영향평가서를 작성한 후 관계기관에 제출해 협의·심의를 받도록 했다.

1999년 김대중 정부가 인구, 교통, 환경, 재해 영향평가에 대한 기존 제도의 폐지를 결정했다. 「환경·교통·재해 등에 관한 영향평가법」으로 통합해 2년 후 시행했다. 판교는 이 법에 따라 인구, 교통, 환경, 재해 영향평가를 수행한다. 2008년 2월 출범한 이명박 정부는 규제 완화를 위해 「환경·교통·재해 등에 관한 영향평가법」을 폐지하고, 환경부문은 2008년 「환경영향평가법」으로 환원했다. 교통은 2009년 「도시교통정비촉진법」에서 '교통 영향분석·개선대책'으로, 재해도 '사전재해 영향성 검토'로 축소되었다가 최근에 원상회복되었다. 인구 영향평가는 폐지되었다가 2020년 이후 서울시와 부산시에서 제도의 재시행을 추진하고 있다.

2001년 말 판교 사업의 시행자가 되기 위해 경기도, 성남시, 토지공사, 주택공사가 치열하게 투쟁하면서 사업추진 일정의 연기가 우려되었다. 토지공사는 건교부에 사업추진에 필요한 사항을 진행할 수 있도록 요청했다. 건교부는 허락했다. 개발계획 인허가 과정에서 가장 문제가 많이 제기되는 환경영향평가 조사·측정 용역을 2002년 3월 발주했다. (주)한서기술단이 1년 동안 용역을 수행했다. 인구, 교통, 환경, 재해의 4대 영향평가에 대한 조사·설계용역은 토질조사, 에너지사용계획, 기본계획, 기본설계/조경 기본설계/실시설계와 통합해 5개월 후 (주)금호, (주)수성, (주)동일의 3개 엔지니어링 업체가 공동으로 수주했다.

판교와 같은 택지개발사업은 영향평가를 실시하기 전에 다양한 사전검토 업무를 수행한다. 판교에서도 환경성 검토가 2001년 10월에 종료되었다. 환경성 검토서 정보들이 환경영향평가에 우선 반영되었다. 대규모 사업은 필요하다면 4대 영향평가와 별도로 특정 부문에 대한 별도용역을 발주한다. 판교에서도 광역교통이 대상이 되었다. 토지공사는 2002년 3월 대한국토도시계획학회에 1년간의 과업 기간을 주고 〈광역교통망 구상 및 교통시범 도시 구축연구〉 용역을 발주한다. 이런 일에서 항상 그렇듯이 과업 기간에서 1년이 연장된 2004년 3월에야 학회는 『성남 판교지구 택지개발사업 교통시범 도시 구축방안에 관한 연구』 보고서를 제출했다.

재해 영향평가가 가장 빠르게 협의되었다. 2004년 11월 3일 소방방재청에서 조건부로 가결된 것이다. 2004년 7월 제출된 인구 영향평가 보고서가 뒤따랐다. 11월 19일 건교부 수도권정비심의위원회에서 원안 가결되었다. 12월 4일에는 교통 영향평가가 건교부 중앙교통심의위원회에서 조건부로 가결되었다. 12월 15일 환경영향평가가 마지막으로 협의를 완료한다. 12월 30일 건교부는 고시 제2004-436호로 판교 예정지구 지정과 개발계획을 변경하고, 실시계획을 승인했다. 판교 사업이 영향평가의 허들을 넘은 것이다.

판교, 균형발전과 부동산 규제의 태풍 속으로

노무현 대통령의 자서전『운명이다』에서 부동산 정책부문을 보면 임기 중 실행했던 부동산 정책들의 실패에 대한 솔직한 심정과 회한, 그리고 작은 변명이 읽힌다. 노무현 대통령의 고뇌하는 사진이 포함된 7페이지에 불과한 짧은 내용이지만 가식 없는 솔직담백한 고백과 상황에 대한 대통령의 판단 근거는 판교를 포함한 그 당시 부동산 정책을 이해하는 데 크게 도움이 된다. 후대에서 대통령 임기 중에 우리나라의 정책들이 어떻게 결정되고, 실행되는지를 살펴보는 데 중요한 사료들이다.

노무현 대통령의 임기 중에서 부동산 문제가 가장 정점이었던 해는 2006년이다. 대통령 스스로도 자서전에 이렇게 쓸 정도였다.

> "전체적으로 볼 때 참여정부 시절에 부동산 가격이 오르기는 했다. 2003년과 2006년도에 주택과 아파트 가격이 특히 많이 올랐다. 여기에다 부동산 과표를 단계적으로 현실화하고 종부세를 도입하면서 보유세액이 부동산 가격보다 훨씬 큰 폭으로 상승했다. 비싼 집과 땅을 많이 가진 국민들은 불만을 가졌을 것이다.…어쨌든 부동산 정책에서 실수를 한 것은 사실이다. 그러나 마무리는 제대로 했다고 생각한다."

2006년에 부동산이 문제가 된 것은 2004년과 2005년에 실행되었던 정책들 때문이다. 판교가 그 모든 일의 시작점이다.

2004년 1월 대한국토·도시계획학회에서 대한주택공사로부터 의뢰받은 용역의 결과 보고서를 제출했다. 제목은『수도권 주민 조사 및 전문가 조사 : 판교 신도시 개발 방향에 관한 설문조사 결과 보고서』다. 건교부는 용역이 마무리되던 전년도 12월 말에 중요한 설문조사 결과들을 보도자료 형식으로 발표했다. 언론은 서울 강남권 거주자 10명 중 5명가량이 주거환경 때문에 판교 신도시로 이주를 원한다고 했다. 현 거주지에 이사한 이유로는 "직장과의 거리", "쇼핑·문화 등 주변 환경", "자녀교육환경"을 제시했다. 강남 집값이 상승한 이유는 "우수 교육여건"과 "투기성향/투자 가치"라고 말했다. 응답자의 91%는 "교육환경이 집값 상승에 영향을 미친다"라고 답변했다. 판교에 가장 필요한 사항이 "교통"과 "교육여건"이라는 것이다.

학회의 보고서는 판교 신도시에 대한 건교부의 개발 논리에 정당성을 부여했다. 판교에 우수한 교육환경과 주거환경을 제공하면 강남의 대체 주거지가 된다는 논리였다. 강남의 주택 수요를 분산해 수도권의 주택가격 안정을 선도할 수 있다고 했다. 중·고소득층이 선호하는 단독, 연립, 대형평형 주택 위주의 중밀 테마형 전원도시를 만들고, 자립형 사립고, 특목고가 입지하는 공교육 특화단지를 조성해야 한다고 했다. 도시 자족성을 위한 산업용지 면적을 확대하고, 서울과 인근 도시로의 접근성을 향상해야 한다고도 했다. 나중에 판교 학원 단지는 논란 끝에 백지화된다.

2004년 주택 투기와 집값 안정을 목표로 한 강력한 정책수단인 세금 중과 시스템이 완성되었다. 그 첫수는 부드러웠다. 1월 28일 개정한 주택법이 관련 법령 개정안들과 함께 공포되었다. '주상복합건축물에 대한 분양 및 공급제도 적용'과 '주택거래신고지역 지정'이 핵심이었다. 주택법령 개정을 공포한 그 날, 서울시와 경기도가 동시에 주민등록 인구통계에서 서울과 경기의 인구가 2003년 말 기준으로 역전되었다고 발표했다.

노무현 정부는 부동산 규제의 다음 수들을 두었다. 2월 초 80% 공정 후 분양하는 후분양제 도입을 선언했다. 서울시는 상암 아파트의 원가와 수익을 공개했다. 주택법 개정으로 10개년 주택종합계획이 최초로 수립되었다. 토지투기지역과 주택투기지역이 지정되었다. 한국주택금융공사 출범과 같은 지원정책도 뒤따랐다.

노무현 정부의 세금 중과 시스템이 곧 본 모습을 드러냈다. 새로운 부동산 세제의 핵심은 종합부동산세의 신설과 다주택자 양도세 중과였다. 다주택자가 정책 타깃이 되었다. 3월 10일 정부가 「3·10 부동산시장 안정대책」을 발표한다. 무려 아홉 개나 되는 규제를 포함하고 있었다. 그중에서 핵심은 '종합부동산세 입법안 5월 확정'과 '양도세 탄력세율 적용 및 세율인상'이었다. 이틀 후 노 대통령 탄핵안이 국회에서 가결되었다. 한 달여가 지난 후 실시된 제17대 총선에서 노무현 대통령의 열린우리당은 의석수가 이전보다 세 배 이상 되었다. 과반 이상을 확보한 대승이었다. 한 달 후 헌법재판소는 대통령 탄핵 심판사건을 기각한다.

과반 이상의 의석수를 확보한 여당과 함께 탄핵의 늪에서 빠져나온 노무현 정부는 거칠 것이 없었다. 바로 규제개혁위가 주거용 오피스텔을 금지한다. 총 직원 수 3만 5천여 명이 해당하는 180~200개의 공공기관 이전을 포함한 국가균형발전 5개년 계획이 발표되었다. 재건축 개발이익 환수방안과 분양 원가 공개방안, 부동산 보유세제 개편방안도 테이블에 올랐다.

그런데 정부 정책에 일관성이 없었다. 노벨 경제학상을 수상한 밀턴 프리드만*Milton Friedman* 교수가 경고했던 '샤워실의 바보'처럼 조바심을 내며 행동했다. 찬물과 뜨거운 물을 번갈아 끝까지 틀어 불확실성을 증폭시켰다. 막대한 보상비가 풀려 새로운 투기수요를 부추길 수 있는 신행정수도

건설 후보지로 8월 11일 연기·공주가 확정되었다. 종합부동산세는 아직 시행 전이었다. 그런데도 부과 대상을 축소했다. 투기지역을 해제하거나 지정하는 등 새롭게 조정했고, 분양권 전매금지 기한을 완화했다. 2005년에는 7개의 기업도시를 선정했고, 혁신도시 정책이 추진되었다.

다른 한편으로는 찬물을 세게 틀었다. 2004년 11월 11일 정부가 부동산 보유세제 개편안을 확정했다. 다음 해 3월 29일 한국은행이 우리나라의 가계부채가 500조 원이 넘는다고 발표했다. 정부는 5월 4일 개발이익을 환수하는 '기반시설 부담금제'를 대폭 강화한다. 보유세 실효세율을 2008년까지 높이고, 2006년부터는 2주택자와 외지인에게 양도세를 실거래가로 적용한다고 했다. 이틀 후에는 토지거래 허가구역과 토지 투기지역을 대상으로 토지시장 안정대책을 발표했다. 한 달 후에는 주택담보대출을 강화했다. 가격 급등지역의 아파트 기준시가를 높였으며 투기혐의자를 대상으로 자금출처를 조사했다. 그래도 투기 열풍이 거세지자 부동산 규제의 핵폭탄 「8·31 부동산종합대책」이 투하되었다.

8·31 핵폭탄의 뇌관은 세금이었다. 2주택자 양도세를 2007년부터 50%로 중과했다. 종합부동산세는 가구별 합산으로 변경되었고, 대상주택은 6억 원 초과로 확대되었다. 비사업용 토지와 거주하지 않는 곳의 농지·임야 매각에는 실거래가 기준 과세가 예고되었다. 토지이용의무 위반을 적발하면 신고·포상하는 제도가 도입되었다. 판교도 이런 부동산 규제 변화에 예외가 되지 못했다. 오히려 태풍의 눈처럼 한가운데 위치하면서 태풍의 진로를 이끌었다.

로또 판교, 뜨거운 아파트 분양의 열기

2006년 판교 분양의 해가 떠올랐다. 건교부가 2001년 12월 26일 판교 지역 931.5만㎡를 대상으로 택지개발예정지구를 지정한 지 5년이 흘렀다. 이 5년이라는 기간 동안 판교 신도시 개발계획은 변화무쌍했던 주택시장의 수요와 정부의 부동산 규제정책으로 여러 차례 변경되었다. 그래도 주택분양이라는 첫 번째 정차역에 도달할 시기가 되었다. 판교개발의 파급효과가 가시화되었다.

판교개발계획은 예정지구 지정 후 5년 동안 여러 번 널뛰기를 했다. 주택건설계획이 특히 심했다. 2001년 12월 지구지정 때는 1만 9천7백 가구를 공급해 총 5만 9천 명을 수용한다고 했다.

이 계획은 2003년 8월 바뀐다. 정부가 판교 신도시에 주택 1만 가구를 추가해 총 2만 9천7백 가구를 건설한다고 발표했다. 분양 시기도 2005년 상반기로 앞당겼다. 그해 말에는 평형별 주택 공급계획을 조정해 135㎡ 초과 대형주택을 1,000가구에서 2,274가구로 늘렸다. 건교부는 예정지구 지정 변경과 개발계획 승인을 고시(제2003-327호)했다. 2004년 말 모든 영향평가 협의가 완료되자 건교부는 변경된 사항들을 반영해 예정지구 지정과 개발계획을 변경하는 것을 승인한다. 실시계획 승인도 포함해 고시(제2004-436호)했다. 임대주택은 5,940가구에서 1만 661가구로 증가했다.

판교 규모의 신도시를 건설하는 것은 쉬운 일이 아니다. 경제여건과 주택 수요 변화, 정치적 판단에 따라 계획 변경이 계속 이루어지기 때문이다. 판교의 처음 목표는 난개발 방지였으나 곧이어 과밀억제로 변경되었다. 노무현 정부가 출범한 후에는 목표가 집값 안정으로 바뀌었다가 무주택자 주거안정이 중시되었다. 그러다가 환경보호로 다시 전환되었다. 당·정·청 기류가 바뀔 때마다 판교개발 목표가 흔들리면서 정책의 일관성은 내팽개쳐졌다.

정책목표가 불분명해지자 판교개발은 '꼬리가 몸통을 흔든다'라는 웩더독Wag the Dog 현상으로까지 변질되었다. 2005년 1월 초 언론이 판교에서 중대형 1,770가구가 6월 첫 분양 되며 청약예금 1순위 예상 경쟁률이 430대 1이 될 것이라고 보도했다. 집값 안정을 위해 추진된 판교개발이 거꾸로 강남권 부동산 가격을 올리는 원인이 되었다. 중대형 아파트 분양가가 평당 2천만 원이 될 것이라는 전망이 나오자 '판교발 집값 폭등'이 현실화되었다. 분당 대형아파트 가격이 1~2주일 동안 5천만 원~1억 원씩 올라 주변 지역 아파트값 상승을 견인했다. 정부는 중대형 아파트 분양가가 평당 1,500만 원을 넘지 않도록 특별 관리한다고 말했다.

2월에 「2·17 수도권 주택시장 안정대책」이 발표되었다. 판교 아파트 2만 1천 가구가 4차례 개별분양에서 11월 일괄 분양으로 일정이 바뀌었다. 인터넷으로 청약을 접수하고, 85㎡ 초과 주택용 택지에는 채권액·분양가 병행 입찰제가 실시된다고 했다. 3월에는 85㎡ 이하의 국민주택이 평당 900만 원선에서 공급된다고 예고했다. 5월에는 환경부가 공급 가구 수 확대에 반대했다. 녹지율을 높이고 용적률은 낮춰 주택 수가 10% 줄어든 2만 6천8백 가구로 다시 조정되었다. 85㎡ 이하의 분양가는 평당 999만 원으로 높아졌다. 건교부는 개발계획과 실시계획 변경을 승인 고시(제2005-127호)한다. 교통 영향평가가 두 차례나 재협의 되었다.

여당인 열린우리당 정세균 원내대표가 6월 고위정책회의에서 "정부가 부동산 정책에 대해 국민의 신뢰를 얻고자 노력했지만 성공하지 못했다"

라고 비판했다. 그는 "정부의 부동산 대책이 규제 일변도, 임기응변식이라는 비판이 있는 만큼 그동안 방향 제시가 잘못되었다면 원점에서부터 당의 모든 역량을 마련해 근본적이고 항구적인 대책을 마련하겠다"라고 했다. 정부의 6·17 부동산정책회의에서는 판교개발에 대한 구체적인 방안이 결정될 때까지 85㎡ 초과용 택지공급을 보류했다. 새로운 변화가 곧 닥쳤다.

8월 3일 열린 당정 협의에서 판교 신도시 개발방식이 크게 변경되었다. 85㎡ 초과 주택도 공영개발로 추진했다. 용적률을 높여 중대형 아파트를 10%인 2,700가구까지 늘리면서 분양 시기는 2006년 하반기로 늦췄다. 중대형 임대주택을 공급하고, 공공택지 아파트에는 원가연동제를 도입한다고 했다. 국민주택 채권 입찰제를 부활시키고, 주택 전매제한을 강화했다.

한 달도 안 되어 정부는 판교개발계획을 다시 변경했다. 「8·31 부동산 종합대책」에서 85㎡ 이하 주택은 2006년 3월에, 초과는 8월에 분양한다고 했다. 중대형 주택은 애초 6,640가구보다 3,000여 가구를 늘렸다. 9월이 되자 건교부는 3번째 개발계획 변경과 2번째 실시계획 변경을 승인하고 고시했다. 두 달 후에는 4번째 개발계획 변경과 3번째 실시계획 변경을 승인하고 고시했다. 판교 신도시로 집값 안정이 어려워지자 송파·거여지구 200만 평에 5만 가구를 건설하는 신도시 계획도 발표했다. 수도권에 향후 5년간 41만 5천 가구의 중대형 아파트를 공급한다고 추가했다.

2006년 3월의 85㎡ 이하 공동주택 분양을 앞두고 월초에 세 번째 교통영향평가 재협의가 완료되었다. 건교부는 다시 예정지구 지정을 변경했다. 5번째 개발계획 변경과 4번째 실시계획 변경이 승인 고시(제2006-84호)되었다. 그달 29일 판교에서 85㎡ 이하 공동주택을 대상으로 평당 평균가격 1,099만 2천 원에 주공아파트 청약 접수가 시작되었다. 5일 후에는 민간아파트가 평당 1,176만 2천 원에 분양되었다. 32평형 아파트 분양가는 4억 원 내외였다.

출판계가 판교 투자전략 도서로 바람을 잡았다. 분석 블로그들도 넘쳐났다. 민간아파트 모델하우스는 아수라장이었다. 넓은 주차공간이 차량으로 넘쳐나 불법주차가 판을 쳤다. 차량과 사람들이 뒤엉켰다. 중소형 아파트의 경쟁률이 50대1에 달했다. 최고는 풍성신미주 아파트 84m^2로 전무후무한 2073대1을 기록했다.

건교부는 두 달 후 5번째 실시계획 변경을 승인 고시한다. 다시 두 달 후에는 6번째 개발계획 변경과 실시계획 변경을 승인 고시했다. 그달 말 85m^2 초과 공동주택 6,780가구에 대한 2차 분양이 시작되었다. 43~61평형은 채권손실액을 포함해 평당가가 1,814~1,838만 원이었다. 중대형 아파트의 최고 청약 경쟁률은 869대1이었다. 가히 로또 판교로 불릴 만했다.

그해 12월 중순 시민단체 경실련의 아파트값 거품 빼기 운동본부는 「판교신도시 1, 2차 분양에서 공공기관의 판매 이윤 분석 기자회견」을 경실련 강당에서 개최한다. '1000만 원대 강남 집값 잡겠다던 판교 땅장사, 집장사로 공기업만 배 불려'라는 타이틀을 걸고, 경실련은 공기업인 주택공사가 건축비에서만 4천7백억 원을 챙겼다고 맹비난했다. 택지비에서는 1조 7백억 원을 남겼다고 했다. 공공기관이 택지와 건물 분양으로 총 1조 8천억 원을 챙겼고, 건교부의 채권판매액은 1조 7천5백억 원에 달했다고 말했다. 공공기관에 대한 원가검증 장치가 있었다면 평당 530만 원을 낮출 수 있었다고 주장했다. 경실련은 판교 신도시 개발이 우리나라 주택정책과 신도시 개발에서 대표적인 실패사례라고 낙인찍었다.

판교는
실리콘
밸리가
아니다

◆◆◆◆◆◆◆◆◆◆◆◆◆◆◆◆◆◆◆◆◆◆◆◆◆
◆◆◆◆◆◆◆◆◆◆◆◆◆◆◆◆◆◆◆◆◆◆◆

"경제조직의 기초단위는 그동안 기업가 또는 기업가 가족과 같은 개인이거나 자본가 계급, 기업, 국가와 같은 집단이었다. 인류 역사에서 처음으로 경제조직의 기초단위가 논의의 대상이 아니다. … 현재 그 기초단위는 네트워크다. 다양한 주체들과 기관들로 구성된 네트워크들이 유리하게 변화하는 환경과 시장구조에 적응하기 위해 끊임없이 실시간으로 변화하고 있다.

- 마누엘 카스텔의 『네트워크 사회의 도래』

◆◆◆◆◆◆◆◆◆◆◆◆◆◆◆◆◆◆◆◆◆◆◆
◆◆◆◆◆◆◆◆◆◆◆◆◆◆◆◆◆◆◆◆◆◆◆

제2부

테크 자이언트와
유니콘이 된 돌연변이들

5. 축성(築城)

황금알을 낳는 거위의 탄생

판교 신도시 북쪽에 있는 판교테크노밸리(TV)*Techno Valley*는 우리나라를 대표하는 '도시혁신지구'다. 성남시는 판교 TV를 보유해 글로벌 테크 시티 3.0 세계의 일원으로 참여할 수 있게 되었다. 판교 신도시의 기본계획 수립용역을 수주한 (주)동호, (주)동일기술공사, (주)수성엔지니어링 컨소시엄이 2006년 8월 경기도, 성남시, 한국토지공사, 대한주택공사의 공동 사업시행자에게 『판교신도시 기본계획 보고서』를 제출했다. 보고서를 보면 판교 TV는 특화상권구역과 함께 두 개의 특별계획구역 중 하나로 지정되어있다. 판교 TV의 총면적은 약 20만 평인 663,575㎡로 계획되었다.

정부가 판교 TV를 특별계획구역으로 지정한 목적은 판교 신도시의 자족성을 확보하고 경기도 내 첨단산업 거점을 육성하는 R&D 특화지구를 개발하기 위해서였다. 도입기능 및 개발의 유연성을 확보하고, 민간부문의 참여를 통해 계획의 창의성을 도모하겠다는 목적도 있었다. 개발 방향으로 첨단산업과 관련한 연구·개발 신기술과 정보의 교류지로 개발해 21세기 아시아 첨단산업 R&D, 트레이드 허브*Trade Hub* 및 세계적인 글로벌 클러스터를 육성하겠다고 했다. 첨단산업 관련 연구개발 기능, 전문대학원·직업훈련소·교육연구시설을 포함한 에듀파크, 업무기능, 문화기능, 혁신지원기능이 복합된 R&D 특화지구로 개발하겠다고 했다.

판교 TV 특별계획구역은 도시지원시설용지와 주차장, 위험물 저장 및 처리시설용지, 기타 공공용지로 구분했다. 도시지원시설용지는 다시 5개 구역으로 나누었다. 주차장 부지도 6개로 조각내 배치했다. 위험물 저장 및 처리시설용지는 대로변에 830㎡의 동일한 면적으로 2개를 계획했다. 기타 공공용지에는 15,449㎡의 근린공원 1개, 3,911㎡의 공공공지 1개, 총면적 30,636㎡의 어린이 공원 5개, 총면적 15,144㎡의 경관녹지 3개, 총면적 20,913㎡의 일반광장 3개와 같은 다양한 시설이 입지했다. 완충녹지, 공공공지, 근린생활시설도 판교 TV 부지에 건설되었다.

판교 TV 사업은 경기지방공사가 경기도를 대행해 수행했다. 사업 기간은 2005년부터 2015년까지다. 판교 TV의 총면적은 2006년 기본계획의 계획 면적에서 도로, 공공용지를 제외한 44개 필지 454,964㎡다. R&D를 위한 관련 집적시설과 공동연구센터를 위한 일반연구용지가 28개 필지 267,450㎡로 전체면적의 58.8%를 점유한다. 연구지원과 단지 활성화를 위한 지원기능을 수행하는 연구지원용지가 6개 필지 117,651㎡로 약 4분의 1이다. 글로벌 R&D 기업과 국책연구기관을 초청·유치하기 위한 초청연구용지는 4개 필지 48,147㎡로 10.65%를 차지한다. 주차장 용지가 6개 필지 21,716㎡로 4.8%를 점유하고 있다. 총사업비는 부지비 1조 4,046억 원, 건축비 3조 8,659억 원을 합한 5조 2,705억 원에 달한다.

판교 신도시의 아파트 분양에 일반 사람들의 이목이 쏠렸을 때 2004년 12월 30일 판교 신도시 실시계획이 승인되면서 첨단산업과 벤처 기업인들은 판교 TV 사업에 관심을 기울이기 시작했다. 2005년 8월 경기도와 경기지방공사 간 위·수탁 협약이 체결되었다. 2006년 3월에는 건교부가 판교 TV 지구단위계획 수립을 반영한 실시계획 변경을 승인했다. 건교부는 경기도에 부지공급을 승인했다. 부지조성공사 착공을 위한 기공식이 4월 말에 개최되었다. 경기도지사와 경기지방공사 사장은 5월 4일 공동명의로「판교 택지개발지구 내 도시지원시설 판교테크노밸리 공급공고」를「판교테크노밸리 공급지침서」와 함께 공개했다.

판교 TV의 모습은 2006년 수립한 판교 신도시 기본계획 내용과 크게 다르지 않다. 판교 TV는 경기도 경제과학진흥원의 관리를 받는다. 기반조성 공사가 마무리되고 기업 입주가 본격화되자 경기도가 2011년 7월 21일 경기도 경제과학진흥원 소속으로 판교테크노밸리 지원본부를 신설해 관리 업무를 맡겼다.

경기도 경제과학진흥원은 판교 TV의 공유재산을 관리하면서 기능을 활성화하기 위해 입주기업 간 네트워킹, R&D 사업화 등 지원 프로그램을 통한 첨단산업 혁신을 주도업무로 담당하고 있다. 경기도 경제과학진흥원 과학기술 부문의 클러스터혁신본부에 소속된 판교 클러스터 팀이 판교 TV의 운영·지원 업무를 담당하고, 클러스터육성팀은 클러스터 국제협력 업무를 수행한다. 판교 클러스터 팀에는 팀장을 포함해 총 13명이 근무하고 있다. 클러스터육성팀에는 팀장을 포함해 총 9명이 일하고 있다.

경기도 경제과학진흥원이 관리하는 판교 TV의 홈페이지를 방문하면 사업목적을 "R(Research), P(People), I(Information), T(Trade)가 집적된 글로벌 IT·BT·CT·NT 중심의 글로벌 융·복합 R&D 허브로서 기술혁신, 인력양성, 고용창출, 국제비즈니스 경쟁력 강화 등 국가의 신성장동력을 확보하고자 조성된 경기도의 대표적인 혁신 클러스터"라고 소개하고 있다. 비전은 "글로벌 스탠더드 수준의 IT, BT, CT 중심의 융복합 첨단 R&D 메카"다.

사이버 홍보관에서 제공하는 홍보 동영상은 퓰리처상을 두 번 수상한 미국 작가 폴 호건*Paul Horgan*의 "존재하지 않는 것을 상상할 수 없다면 새로운 것을 만들어 낼 수 없다"라는 글귀로 홍보를 시작한다. 그리고 다음과 같이 판교 TV를 소개한다.

> "앞선 이들의 창조적 생각이 오늘의 우리를 만들었습니다. 이제는 우리만의 창조적 상상력으로 내일의 세계를 만들고 있습니다. 오늘에서 내일로 세상의 길을 엽니다.
> 판교테크노밸리! 꿈꾸는 이들이 한 곳에 모이면 어떤 세상이 만들어질까? 이 작지만 흥미로운 질문이 판교테크노밸리의 시작이었습니다. 지방정부인 경기도가…"

홍보 동영상에서 판교 TV는 글로벌 ICT 허브이자 소통, 개방, 만남이 활발한 개방형 혁신 클러스터로 소개된다. 교육, 연구, 생산, 창작을 위한 혁신적인 창조 생태계임을 강조한다. 광교, 과천, 안산과 상암, 대덕, 구로에 있는 유사지구들의 핵심 허브로 묘사되었다. 그러나 영어, 중국어로도 제공되는 홍보 동영상 자료의 내용은 아쉽다. 자료 수치가 2017년으로 2018년에 제작된 듯하다. 4년이면 강산이 변하는 첨단기술 세상에서 안이함이 엿보인다.

레밍 딜레마

2000년대 테헤란밸리에 있던 첨단산업과 벤처 기업들은 '레밍 딜레마'에 빠졌다. 나그네쥐로 불리는 레밍Lemming은 스칸디나비아반도에 거주하는 비단털쥐과에 속하는 설치류다. 몸길이가 7~15cm이며 몸무게는 30~110g으로 포유류 중에서는 작다. 야행성이나 낮에 활동할 때도 있다. 주로 산악지대나 툰드라, 황야에서 눈이나 땅속에 굴을 파고 서식한다. 임신 기간이 약 20일로 한 배에 2~8마리를 낳고 집단으로 생활해 몇 년마다 크게 증식한다.

레밍은 특정 시기가 되면 한 방향으로 이동해 호수나 바다에 빠져 죽는 집단 자살로 유명하다. 리더만 보고 무리 지어 따라가기 때문이다. 월트디즈니가 제작한 다큐멘터리 〈하얀 광야True life adventures : white wilderness〉에 수십 마리의 레밍이 바다에 뛰어드는 장면이 있다. 개체 수가 폭발적으로 증가해 자원이 고갈되면 리더를 따라 새로운 서식지를 찾아 이동하다 생기는 현상이다. 시력이 나빠서라는, 자기장 이상 때문이라는 학설도 있다. 프랑스 작가 베르나르 베르베르Bernard Werber는 "레밍은 개체 수가 증가하면 이동하는 습성이 있는데 지각변동으로 하나의 대륙이 갈라져 절벽이 생겼지만 '레밍의 유전자 지도'가 초기 상태에서 변하지 않아 절벽이 있어도 조상의 길을 따라가는 것"이라고 주장했다.

아무 생각 없이 무리를 따라 맹목적인 집단행동을 한다는 레밍 신드롬Lemming syndrome은 이런 현상에서 나왔다. 레밍 신드롬은 부정적인 의미로 사용된다. 1980년대 초 주한미군 사령관이 한국인은 레밍을 의미한 들쥐 같다고 말해 큰 문제가 된 적도 있다. '레밍 발언'으로 물의를 일으킨 우리나라 정치인들도 있다.

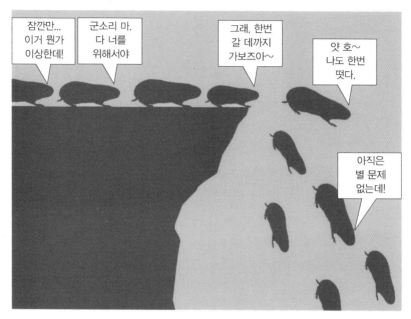

〈그림 3〉 이동하는 레밍들 간의 대화*

'레밍 딜레마'는 조직변화 이론 전문가인 데이비드 허친스*David Hutchens*가 2000년에 쓴 책 『레밍 딜레마*The Lemming Dilemma*』에서 처음 사용한 말이다. 그는 저서에서 본능적 태도와 반응적 태도, 창조적 태도의 세 가지 생활방식을 소개했다. 본능적 태도란 절벽에서 뛰어내리는 것과 같은 자기 파괴적인 행동이더라도 남들이 하는 대로 따라 사는 태도를 말한다. 반응적 태도는 문제가 되는 것을 회피하거나 아예 없애버리려고 계속 '원하지 않는 것'만을 말하는 태도다. 그래서 리더십을 발휘하거나 새로운 아이디어를 내는 건설적인 행동은 어렵다. 창조적 태도는 새로운 가능성을 발견하고, 끊임없이 변화해 계속 잘 적응하는 태도다.

---

* 브리태니커 백과사전의 레밍 그림을 수정함

허친스는 『레밍 딜레마』에서 우리에게 다음의 네 가지 질문을 던졌다. 그리고 비전과 목표의 조화를 통한 결정을 강조했다.

- 나는 누구인가?
- 나는 왜 존재하는가?
- 이 세상에서 나의 목표는 무엇인가?
- 내가 창조하고 싶은 것은 무엇인가?

2000년대 테헤란밸리 기업들은 허친스가 『레밍 딜레마』에서 던졌던 질문들과 마주쳤다. 테헤란밸리의 교통 혼잡이 심각해지고, 임대료가 상승했다. 그러나 그 지역이 주는 명성과 이점 때문에 이전을 결심하기도 쉽지 않았다. 이전을 해도 언제, 어디로 할 것인가가 문제였다. 고심 끝에 세 가지 선택지가 떠올랐다. 첫 번째는 테헤란밸리에 남는 것이다. 첫 번째 기업들은 그대로 또는 인접한 지역에 머물렀다. 두 번째 그룹은 새롭게 변한 서울디지털산업단지로 이주했다. 마지막 그룹은 판교를 선택했다.

판교 TV로 이전하려는 기업들은 손익을 계산했다. 판교 TV 용지를 분양할 당시에는 거래가 없었기 때문에 시세를 파악할 수 없었다. 용지를 분양받기 때문에 건축비와 인허가 경비, 세금 등 추가비용이 필요했다. 다양한 규제도 적용되었다. 대표적으로 토지 프리미엄을 목적으로 공급받는 사업자를 방지하기 위해 건축물 보존등기 이후부터 10년간 전매를 제한했다. 법인을 구성한 컨소시엄은 계약을 체결할 때 법인 내 출자자와 지분을 변동하려면 경기도의 승인을 받아야 했다. 법인을 구성하지 않은 컨소시엄도 참여기업을 제외하거나 변경하려면 경기도의 승인이 필요했다. 용지매매에서 분양받은 사업자들이 연대 의무를 이행하지 않거나 자의적으로 연대할 경우 매매계약을 해제할 수도 있었다.

한 시민단체의 끈질기고 집요한 노력으로 판교 TV의 용지 분양으로부터 16년이 지난 현재 누가 이익을 보았는지 계산이 가능해졌다. 경실련은 2019년 5월과 2020년 7월 두 차례에 걸쳐 판교개발에 대한 공공의 부당이득과 환수를 위한 국정감사를 촉구하는 기자회견을 개최했다. 기자회견 자료에는 판교 TV의 개발이익이 어떻게 배분되었는지를 추정할 수 있는 귀중한 정보가 있었다.

기관별 수익은 다음과 같다. 경실련이 추정한 조성원가는 평당 530만 원이다. LH공사로부터 경기도시공사가 매입한 금액은 평당 672만 원이다. 경기도시공사는 기업들에 평균적으로 평당 1,010만 원에 용지를 분양했다. 총 분양면적은 454,964㎡다. LH공사의 수익은 총투자금액의 26.8%인 약 1,958억 원이다. 경기도시공사는 총투자금액의 50.3%인 약 9,265억 원의 이익을 얻었다. 경기도시공사가 단기간에 전매 차익으로 막대한 수익을 올린 것이다.

판교 TV의 승자는 따로 있었다. 판교 입주기업들이 더 큰 이익을 보았다. 최근 기업경영 악화로 코스닥 거래가 정지된 크루셜텍은 2020년 판교 사옥을 매각했다. 크루셜텍이 포함된 SK C&C 컨소시엄의 총분양가와 컨소시엄 지분 정보로 산정하면 평당 분양가는 약 1,018.3만 원이다. 등기부 등본의 크루셜텍 매각금액은 매입가의 약 5.6배다. 경기도시공사의 총 분양면적 기준으로 판교에 입주한 지 10여 년 된 기업들의 총수익은 6.4조 원으로 추정된다. 앞으로 도시혁신지구를 개발할 때 판교 TV의 정보가 도움이 되었으면 한다. 개발이익의 공정한 분배에 대한 논의가 필요하다.

합종연횡

우리나라에서 중국 드라마를 주로 방송하는 채널이 중국 전국시대의 진나라를 다루는 51부작『대진제국 Ⅱ』를 2012년 방영했다. 스토리는 진나라 혜문왕과 재상 장의가 진나라를 7개국이 각축하는 전국시대의 최강국으로 만드는 이야기다. 이 드라마에서 합종연횡에 대해 자세하게 상황을 설명하는 장면들이 나온다.

합종연횡(合縱連橫)은 BC 4세기 말 중국 최강국인 진나라와 다른 6개국 사이에 있었던 외교 전술을 말한다. 합종(合縱)은 전국시대의 사상가였던 귀곡자의 제자 소진이 6개국을 종적으로 연합시켜 강국 진나라와 대결하는 공수동맹을 맺도록 한 외교 전술이다. 연횡(連橫)은 귀곡자의 다른 제자인 장의가 진나라를 위해 6국을 돌며 진나라와 6국이 개별적으로 횡적 동맹을 맺도록 한 것을 말한다. 진나라는 장의의 외교 전술로 분열된 6개국을 차례차례 멸망시켜 중국을 통일할 수 있었다. 그 이후 여러 세력이 서로 이합 집산해 각자가 자신의 안전을 도모하고, 상대진영을 약화시키려는 행동을 표현하기 위해 합종연횡이라는 말이 사용되었다.

경기도지사와 경기지방공사 사장이 2006년 5월 4일「판교 택지개발지구 내 도시지원시설 판교테크노밸리 공급공고」를 언론에 게재했다. 공급대상 용지는 총면적 454,951 m^2(137,622평)이었다. 글로벌 R&D 시설을 위한 초청연구 면적은 7.3%인 6개 필지 48,147 m^2였다. 공공 연구지원 면적은 2.6%인 1개 필지 16,863 m^2였다. 초청연구와 공공 연구지원부지는 협의에 의해 공급되었다.

다른 부지들은 부지에 해당하는 유치업종 사업자들과 계약에 의해 공급

되었다. 연구 업무시설을 위한 일반연구 면적이 가장 많은 40.4%인 26개 필지 4,267,436㎡로 정해졌다. 15.2%를 점유하는 민간 연구지원 면적은 두 개로 다시 세분되었다. 에듀파크와 교육시설을 위한 민간 연구지원 면적은 1개 필지 18,557㎡로 배정되었다. 기숙사와 영빈관, 연구업무와 근린생활시설을 위한 민간 연구지원 면적은 4개 필지 82,229㎡가 제공되었다. 주차장 부지로는 3.3%인 6개 필지 21,719㎡가 배정되었다.

판교 TV에 대한 1차 공고에서는 16개 일반연구용지와 5개 민간 연구지원용지, 그리고 6개 주차장 용지가 신청대상이었다. 1차 공고 용지의 신청접수를 위해 한 달 반의 기간이 주어졌다. 접수일 다음 날 입찰을 하고 필지별 입찰금액의 5% 이상을 입찰보증금으로 납부하면 6월 중으로 계약하는 일정이었다. 2인 이상이 공동신청하거나 입찰보증금을 각각 납부하는 경우 1인이 2건 이상을 복수로 신청할 수 있었다. 필지별 예정가격 이상의 최고가격 입찰자를 공급대상자로 결정했다. 사업자는 토지사용 시기 후 24개월 이내에 공사를 착공해야 하며 착공일로부터 36개월 이내에 완공해야 했다. 건축물 완공일로부터 최소 20년간을 지정 용도로 사용해야 했다. 10년간 전매제한 규제도 부과되었다.

6월 23일 판교 TV의 1차 사업자가 선정되었다. 1차 공고에서 일반연구용지 9개 필지와 주차장 용지 4개 필지가 매각되지 못했다. 일반연구용지 1개는 부분적으로 매각되었다. 경기도와 경기지방공사는 7월에 2차 매각공고를 낸다. 2차 용지공급 공고에서는 1차에서 매각되지 못한 일반연구용지 4개 필지와 주차장 용지 4개 필지, 그리고 초청연구용지 2개 필지와 공공 연구지원부지 1개 필지가 신청대상이었다. 2차 공고에 대한 사업자 선정이 8월 31일에 실시되었다. 다행히 모든 부지가 매각되었다.

1차 공고에서 매각되지 못했던 일반연구용지 5개 필지와 부분적으로 매각되었던 1개 필지가 2차 공고 후 5년이 지난 2011년 1월에야 3차로 매각 공고되었다. 부분적으로 매각되었던 1개 필지는 매각된 필지를 포함해 총 3개로 다시 분할되었다. 매각되지 못한 나머지 2개 필지가 3차 공고에 포함되었다. 3월에 사업계획서가 접수되었고, 5월의 마지막 날에 3차 사업자와 계약이 체결되어 판교 TV에 대한 용지 분양이 완료되었다.

판교 TV 분양공고가 제재되자 판교 TV에 입주하려는 기업 간 합종연횡이 시작되었다. 총 6개 필지의 초청연구부지에는 글로벌 R&D 센터와 한국파스퇴르 연구소가 각각 2개 필지를 합필해 입주했다. 나머지 2개 필지는 LIG넥스원과 4개 기관이 연합한 차그룹 컨소시엄이 각각 한 개씩 신청했다. 공공 연구지원부지에는 엔에이치엔(주)과 (주)네오위즈게임즈 컨소시엄이 들어왔다.

에듀파크와 교육시설을 위한 민간 연구지원부지는 우림건설과 우석학원, 만도가 공동으로 2006년 설립한 (주)판교에듀파크가 계약대상자로 선정되었다. 기숙사와 영빈관을 위한 민간 연구지원부지는 신영대농개발과 신영에셋, 한국산업은행, 미래에셋증권이 소유주가 되었다. 연구업무시설과 근린생활시설을 위한 3개의 민간 연구지원 필지는 (주)유스페이스와 판교SD2(주), 삼환 컨소시엄의 3개 컨소시엄이 선정되었다. (주)유스페이스는 IBK기업은행과 9개 코스닥 기업을 포함한 총 32개 업체로 구성되었다. 판교SD2(주)는 대한지방행정공제회, 하나금융지주, 한화손해보험, 한화생명, 우리금융지주를 포함한 8개 기업이 컨소시엄을 구성했다. 삼환 컨소시엄은 삼환기업을 포함한 6개 업체가 참여했다.

총 6개 필지의 주차장 부지중에서 서북쪽에 위치한 부지에는 (주)정광이 주차장을 가진 8개 층 183세대의 브릿지타워 오피스텔을 건설했다. 봇들공원과 연접한 동북쪽 2개 부지 중 하나에는 게임 체험공간을 제공하는 NHN 엔터테인먼트의 NHN 플레이허브가 입주했다. 다른 하나는 건축설계와 부동산 개발을 하는 (주)투비에이엔디가 주차장과 함께 71세대 5~6층의 디테라스 오피스텔을 지어 분양했다. 서남쪽 주차장 부지에는 하림 계열사로 외식 프랜차이즈인 엔바이콘이 입주했다. 판교역과 가까운 동남쪽의 2개 주차장 부지 중 하나에는 102세대 6~8층의 M 타워 오피스텔이 들어섰다. 나머지에는 웨딩홀인 W 스퀘어 컨벤션이 건설되었다.

1차 공고에서 26개 필지로 나뉘었던 일반연구 용지는 1개 필지가 3개로 분할되어 총 28개가 되었다. 단독 신청 필지는 총 10개로 삼성중공업, 한화, 삼성테크윈, 주성엔지니어링, SK케미칼, SK텔레시스, 멜파스, 시공테크, 한국무역정보통신, 엔씨소프트가 접수했다. 2개가 공동으로 접수한 필지는 총 6개로 에이텍과 네오웨이브, 삼양사 컨소시엄, 아름 방송 네트워크 컨소시엄, 동화전자산업 컨소시엄, SK케미칼 컨소시엄, 안철수연구소 & 솔리테크 컨소시엄이 신청했다. 3개, 4개, 6개, 8개, 9개 기업 연합은 각각 1개였다. 5개 기업이 지분을 가진 연합은 2개였다.

10개 이상 기업이 참여한 컨소시엄이 5개였다. SK C&C 컨소시엄은 18개 기업이 연합했다. 한국바이오협회 그룹은 22개 기업이 참여했다. 판교 디지털콘텐츠파크 조성사업 조합은 25개 기업이 연합했다. 판교 벤처밸리 컨소시엄은 34개 기업이 참여했고, 이노밸리는 가장 많은 47개 기업이 지분을 가졌다. 코스피 상장사가 13개, 코스닥이 45개, 코넥스가 1개, 일본 상장사가 1개였다.

성채 쌓기

　판교 TV 부지에 대한 1·2차 계약 후 12.7%의 미 매각용지에 대한 3차 공고만 남은 상태에서 2007년 12월 대한민국 대통령 선거가 실시되었다. 역대 최저 대선 투표율에 역대 최고의 1·2위 간 득표율 격차가 나면서 한나라당 이명박 후보가 대통합민주신당 정동영 후보를 누르고 제17대 대통령으로 당선되었다.

　십 년 만에 보수진영이 정권을 잡은 이명박 정부에서 판교 신도시는 이미 관심 밖이었다. 이명박 대통령의 자서전이나 임기 중 주요정책을 소개하는 인터넷 정보의 어디에도 판교 신도시에 대한 사항이 없다. 아마도 판교개발이 마무리 단계에 접어들었기 때문일 것이다. 어쩌면 2008년부터 주택시장이 침체되었기 때문이거나 지난 정부들이 추진했던 사업이었기 때문일 수도 있다. 2008년 말 판교 신도시 아파트에서 입주가 시작되었다. 세간의 관심은 이명박 정부가 내세운 보금자리주택에 쏠려있었다.

　2009년 판교테크노밸리 조성사업은 마무리 단계에 접어든다. 1월 5일 개정된 「경기도 행정기구 및 정원조례 시행규칙(규칙 제3355호)」에서 경기도 판교테크노밸리 조성사업 공기업 관리자로 경기도청 경제투자실장을 지정했다. 9월에는 경기도와 성남시, 한국토지주택공사가 「성남 판교지구 택지개발사업 도시지원시설 지구단위계획 결정(변경)도서」를 통해 그동안 수차례에 걸쳐 변경했던 판교 TV에 대한 면적을 663,585.6㎡로 확정했다. 2006년 4월 27일에 착공되었던 판교 TV에 대한 부지조성공사가 2009년 12월 14일 드디어 준공되었다. 2006년 1·2차 공고를 통해 부지를 계약한 사업자들은 경기도, 성남시, 한국토지주택공사가 작성한 「성남 판교지구 택지개발사업 도시지원시설 지구단위계획 시행지침」에 따라 건축공사를 발주했다. 성채 쌓기가 시작되었다.

판교 신도시의 북쪽에 위치한 판교 TV는 부지 형태가 찌그러진 직사각형이다. 전체부지는 동쪽으로 분당-내곡 간 도시고속화도로, 서쪽으로 경부고속도로, 북쪽으로 수도권 제1 순환고속도로, 남쪽으로 연달아 붙어있는 붓들저류지공원과 판교테크노공원, 화랑공원으로 둘러싸여 있다. 판교 TV의 내부는 부지 가운데를 남북으로 지나는 대왕판교로와 동서로 통과하는 판교로에 의해 4개의 부지로 나뉜다. 「판교테크노밸리 조성사업 용지공급 지침서」에서는 판교 TV의 서북쪽 용지들에 필지 번호 A를, 동북쪽에 B를, 서남쪽에 C를, 동남쪽에 D와 E를 부여했다.

판교 TV의 A 구역에는 총 22개의 건물이 있다. A 구역의 중심부를 둘러싼 판교로 225번길 안에 4개의 건물이 있다. 그 도로 바깥으로는 동측에 8개 건물이, 서측에 3개가, 남측에 4개가, 북측에 3개가 있다. 중심부에 위치한 4개의 건물 중에서 두 개는 삼성중공업과 만도가 건물 전체를 사용하고 있다. 남은 두 개는 32개 기업이 입주해있는 판교 실리콘파크 조성사업조합 건물과 66개 기업이 있는 민간 연구지원용지인 판교에듀파크 건물이다.

A 구역의 동남쪽 코너와 북동쪽에 있는 건물들은 포스코ICT, 솔브레인, SK인포섹, SK가 건물 전체를 사용한다. 서쪽에 있는 건물도 탑엔지니어링과 파마리서치프로젝트가 각각 사용한다. 두 기업은 2020년 크루셜텍 사옥을 공동으로 인수했다. 서남쪽 건물은 (주)장광이 주차장 부지에 건설한 판교테크노밸리 브릿지타워 오피스텔이다. 나머지 11개 건물에는 다수의 회사들이 입주해있다.

〈그림 4〉 판교테크노밸리 컨소시엄 위치도*

　판교 TV B 구역에는 총 17개의 건물이 있다. 입주기업은 주로 BT 기업 또는 IT 관련 방위산업 기업들이다. 서북쪽에 있는 2개 동은 한국파스퇴르 연구소와 글로벌 R&D 센터다. 아래에 있는 주차장 부지에 NHN 플레이허브가 입주해있다. 한국 파스퇴르와 글로벌 R&D 센터 건물에는 다수의 기업과 연구원들이 들어와 있다.

　붓들공원 동남측은 한화와 LIG, 차바이오그룹의 핵심기지다. 한화솔루션중앙연구소, 한화에어로스페이스, LIG넥스원 판교하우스 R&D 센터, 차바이오컴플렉스가 성채를 이룬다. 삼양디스커버리센터는 또 다른 성채다. 기숙사와 영빈관을 목표로 했던 부지에는 스타트업 캠퍼스가 들어섰다. 주차장 부지는 투비에이엔디가 디테라스 오피스텔을 분양했다. 그 앞에는 GS 판교 서일주유소가 입지했다. 나머지 6개 건물은 다수의 기업들

*　판교테크노밸리 자료실

이 공동으로 사용한다.

판교 TV C 구역에는 총 20개의 건물이 있다. 게임과 엔터테인먼트 기업들의 성지다. 판교로 256번길에 의해 동서로 나뉜다. 동쪽부지는 SK와 넥슨, 네오위즈, NHN이 황금분할을 하고 있다. SK플래닛, 넥슨, 넥슨네트웍스, 넥슨지티, (주)황금가지와 플레이위드 건물이 있다. 동남쪽 공공 연구지원용지는 NHN과 네오위즈, 경기창조혁신센터가 세 개로 분할했다.

C 구역 북서쪽에 있는 판교 디지털콘텐츠파크의 3개 동 중에서 가운데 동은 게임회사 웹젠의 성채다. 나머지 두 동에는 수십 개의 회사가 입주해 있다. 아래에는 NS홈쇼핑과 코스닥 상장사인 정보보호 기업 윈스, 시뮬레이션 소프트웨어 기업 마이다스아이티의 성채가 있다. 동남쪽 하단의 주차장 부지는 하림 계열사인 엔바이콘의 외식 프랜차이즈 업체들이 들어와 영업한다. 나머지 4개 건물에는 다수의 IT 정보기술과 제조업 기업들이 입주해있다.

판교 TV D와 E 구역에는 가장 많은 총 33개의 건물이 있다. 입주기업의 유형은 IT, 게임, 소프트웨어, 바이오, 제조업, 서비스, 컨설팅, 건설, 부동산 등으로 다양하다. 유라코퍼레이션, SK케미칼, SK텔레시스, 멜파스, 시공테크, 한국전자무역센터, 아이디스타워, 위메이드타워, 한컴타워, 안랩, 쏠리드, 엔씨소프트 R&D 센터는 단독으로 또는 일부 임대를 포함한 주력기업 중심으로 사용된다. ECOHub 빌딩은 SK 기업들이 입주자들이다. 스마일게이트가 입주해있는 스마일게이트 캠퍼스는 일부 지분에 대한 소유권 분쟁이 한창이다. 주성엔지니어링 소유 건물에는 한국타이어앤테크놀로지가 입주해있다. 주차장 부지 하나는 SK 엔크린 주유소와 연접해 W 스퀘어 컨벤션이, 다른 곳에는 판교 M 타워 오피스텔이 들어섰다. 나머지 15개 건물은 다수의 기업들이 공동으로 사용한다.

안철수의 동물원 구조 비판

2010년 2월 19일 한 언론사가 안철수 KAIST 교수와의 인터뷰 기사를 다음과 같이 시작했다. 그 기사가 정치인 안철수의 '우리나라 기업들의 동물원 체제'에 대한 첫 번째 발언이다.

> "한국 컨버전스(융합) 산업이 꽃을 피우기 위해서는 '동물원 구조'를 벗어나야 합니다. 대기업과 하도급 업체의 구도가 만드는 동물원 체제로는 융합이 일어날 수 없습니다. 개별 기업에 국한된 사고의 벽을 깨뜨리고 다양한 주체의 참여로 협업(collaboration)이 일어날 수 있도록 해야 합니다."

며칠 후 여러 언론사에서 '동물원 구조'에 대한 기사들이 실렸다. 그중에서는 '대기업 중심의 수직적 계열구조인 동물원 구조를 깨야 벤처가 산다'라는 강한 메시지의 기사도 있었다. 동물원에 비유한 우리나라 기업구조에 대한 비판은 곧 잠잠해졌다. 아이뉴스24가 'IT 격동의 2010년'을 마감하며 올해의 인물로 안철수 카이스트 석좌교수를 선정했지만 큰 반향은 없었다.

수면 아래에 있던 '우리나라 기업들의 동물원 체제'비판은 1년 후 새로운 국면에 접어들어 걷잡을 수 없이 불타오른다. 총리를 역임한 정운찬 동반성장위원장이 "대기업 이익을 협력 중소기업과 나누는 이익공유제(PS) *Profit Sharing*를 도입하겠다"로 밝히면서. 동반성장 지수에 대해 시장경제원리를 해친다는 대기업들의 반발이 거셌다. 이익공유제에 대한 동반위와 정부, 정치권, 대기업 간 갈등이 몇 달간 이어졌다.

논란이 확산되었을 때 안철수 교수가 논쟁에 참전했다. 그는 언론과의 인터뷰에서 "이익공유제보다 대기업 동물원 구조의 불법 관행을 근절해야 한다"라고 말했다. 이익공유제 추진동력은 차츰 약화되었다. 안철수 교수의 "신생 IT업체가 '삼성 동물원, LG 동물원'에 한번 갇히면 죽어야 빠져나간다"라는 발언이 더 큰 사회적 반향을 일으켰다. 안 교수는 한 발 더 나갔다. "활동적인 학생들을 사회가 억누르고 있다", "한국경제는 고목 숲이다. 불나면 타버린다", "안철수가 말하는 '88만 원 세대, 불행해진 이유'"와 같이 휘발성이 높은 발언들을 언론과의 인터뷰에서 계속 내보냈다. 정치계로 한 걸음씩 내딛기 시작한 것이다.

이제는 정치인으로 활동하는 안철수 교수의 발언들을 이해하기 위해서는 그 당시 정치 환경에 대한 이해가 필요하다. 2009년 5월 노무현 前 대통령이 서거했다. 스스로 폐족을 선언할 정도로 몰락했던 친노세력이 중심이 된 진보진영은 2010년 6월 제5회 지방선거에서 부활했다. 16개 광역단체장 중에서 여당인 한나라당은 절반인 6석으로 쪼그라들었다. 민주당이 7석, 자유선진당이 1석, 무소속이 2석을 차지했다. 한나라당은 기초단체장의 36%, 광역의원의 38%, 기초의원의 43%에서만 승리했다. 중간평가에서 사실상 여당이 패배한 것이다. 이명박 정부는 충격에 빠졌다.

2009년 9월에 임명된 정운찬 총리가 2010년 8월 개각에서 물러났다. 국무총리에 지명된 김태호 경남도지사가 인사청문회에서 낙마해 김황식 총리가 임명되었다. 여당에서는 유력주자인 박근혜 의원의 대항마에 대한 소문이 무성했다. 야당에서는 노무현 前 대통령의 장례식을 주도한 후 노무현재단 이사장을 맡은 문재인 前 대통령 비서실장이 정치에 참여했다. 2009년 6월 모 방송국 예능프로그램에 출연한 안철수 교수가 정치권 제3세력의 유력주자로 떠올랐다. 그는 2011년 8월 오세훈 서울시장의 사퇴로 인한 재보궐 선거에서 압도적인 여론조사 지지율에도 희망제작소 박원순 상임이사에게 후보직을 양보하면서 유력 대선후보가 되었다.

안철수 교수가 발언한 '기업 동물원 체제'가 적용되는 지역이 있다. 바로 판교다. 판교 TV에 있는 총 92개 건물 중에서 6개는 주차장 부지에 들어선 오피스텔과 웨딩홀, 외식 프랜차이즈 건물이다. 남은 2개는 주유소다. 나머지 건물 84개는 오피스빌딩으로 전체의 91.3%다. 전체 건물 중에서 42.4%인 39개는 단일회사 또는 같은 대기업 집단에 소속된 회사들이 전부를 사용하고 있거나 대부분을 사용하면서 일부만 임대한다. 우리가 특정 기업 또는 대기업 집단의 성채라고 부를 수 있는 곳이다.

판교 TV에서 중소기업에 적절한 기회를 제공하였는지는 평가가 필요하다. 판교 TV 전체 건물 중 48.9%인 45개가 다수의 회사들이 공동으로 입주해 사용하고 있다. 45개 중에서 6개 건물은 소수의 회사가 비슷한 지분으로 균점하고 있다. 84동의 오피스빌딩만 보면 단일 기업 또는 대기업 집단 성채가 46.4%, 소수기업 균점 형식이 7.2%, 중소기업들이 공동입주한 건물이 46.4%이다.

판교 TV의 구역별로도 차이가 크다. 게임과 엔터테인먼트 기업들이 주로 입지한 C 구역에서 단독 또는 주력기업이 주로 사용하는 성채 형식의 비율이 60.0%로 가장 높다. 입주기업의 유형이 다양하고, 건물 수가 가장 많으며 판교역에 가장 가까운 D/E 구역이 그다음으로 성채 형식의 비율이 42.4%를 점유한다. 삼성중공업, 만도, 포스코ICT, SK C&C가 입지한 A 구역이 36.4%로 세 번째다. 한화솔루션중앙연구소, 한화에어로스페이스, LIG넥스원 판교하우스 R&D 센터, 차바이오컴플렉스와 같이 주로 BT 기업과 IT 관련 방위산업이 입지한 B 구역이 29.4%로 가장 낮다.

판교 TV에 입주한 기업들이 동물원 체제인지를 판단하기 위해서는 건물 소유권/사용권 이외에 다른 요소도 살펴보아야 한다. 판교 TV 입주기업을 대상으로 설문조사를 실시한 학계의 연구가 몇 개 있다. 경기도 첨단단지팀 이상욱 팀장 연구진은 2014년에 발표한 논문에서 판교 TV 창조 생태계를 활성화하기 위한 산학연 네트워크가 부족하다고 지적했다. 건국대 정선양 교수팀의 2016년 연구도 판교 TV 기업들의 경영 컨설팅 및 애로기술 해소에 대한 지원과 기술개발 및 최신 기술획득 지원 만족도가 낮은 것으로 나타났다. 특히 기술협력 네트워킹에 대한 만족도가 낮았다. 판교 TV에 입주한 기업 간 상호협력에 대해 부정적인 편이다.

판교 TV 기업들의 기술협력 체계가 원활하지 않다는 것을 특허라는 보다 객관적인 지표로 평가한 연구들이 있다. 숙명여대 정동일 교수의 2018년 연구에서 특허 신청 현황으로 본 판교 TV 입주기업의 기술협력 네트워크는 실망스럽다. 정교수 스스로도 "판교 TV에서 대기업, 중견기업, 중소기업 간의 지식 교류에 있어서 상당히 큰 분절이 존재하는 것으로 보인다"라고 평가했다.

강남대 김희재 · 김근영 연구진의 결과도 유사하다. 기업 간 특허자료로 분석한 결과 판교 TV 내 기업 간 지식 교류가 전체 기업의 약 6%에 불과했다. 유사한 규모의 기업 간 특허가 많았고, 대기업에서 중견기업, 중견기업에서 중소기업으로의 지식 흐름은 미흡했다. 결론적으로 판교 TV에 입주한 기업들은 자신들만의 성채 안에서 동물원 구조를 강고하게 하고 있다는 비판을 피할 수 없다.

공공지원의 '삼각 축'

　도시혁신지구가 잘 기능하기 위해서는 앵커시설이 필요하다. 앵커시설은 신도시나 특정 목적을 위한 지역이 그 목표를 달성하기 위해 필요로 하는 시설을 말한다. 앵커시설의 개념과 범위는 다양하다. 광범위한 지역에서는 국제기구, 정부청사와 같은 공공기관, 대학을 포함한 교육기관, 공공·민간 연구기관, 병원으로 대표되는 의료기관, 기업 본사 또는 연구소가 해당된다. 백화점, 쇼핑센터, 미술관, 박물관, 공원, 관광·유희시설도 가능하다. 작은 지구를 대상으로 한다면 마을회관이나 도서관, 약국, 편의점, 파출소, 소방파출소, 놀이터, 공동텃밭도 앵커시설이다.

　판교 TV의 성공을 위해서 경기도는 앵커시설에 대해 고민했다. 2011년 5월 말 판교 TV의 마지막 미분양 필지들이 사업자와 계약했다. 두 달 후 경기도는 산하기관인 경기도경제과학진흥원에 판교테크노밸리 지원본부를 신설한다. 일 년이 지나자 판교 TV의 B 구역 서북쪽에 위치한 초청연구용지 12,578㎡에 글로벌 R&D 센터가 들어섰다. 2016년 3월에는 붓들공원 아래 민간 연구지원용지 22,652㎡에 스타트업 캠퍼스가 건설되어 개소식이 열렸다.

　경기도경제과학진흥원 소속의 판교테크노밸리 지원본부는 기업과 긴밀하게 업무를 수행할 수 있도록 3년 후 판교 TV 단지로 옮겼다. 화랑공원에 연접한 공공 연구지원용지로 이전한 것이다. 다시 일 년 후에는 박근혜정부의 정책에 따라 경기창조경제혁신센터로 명칭을 변경해 개소식을 개최했다. 이로써 판교 TV의 공공지원 기능을 수행하는 경기창조경제혁신센터와 글로벌 R&D 센터, 스타트업 캠퍼스의 삼각편대가 판교 TV에서

제자리를 잡았다.

경기창조경제혁신센터는 경기도가 중소벤처기업부, KT와 협력해 설립한 기관이다. 설립목적은 '사람과 정보, 아이디어와 투자가 모이는 창업 허브'를 조성해 ICT 혁신기업을 발굴하고, 스타트업 기술과 솔루션을 대기업과 연결해 '상생과 공존을 기반으로 중소벤처, 스타트업 중심의 디지털 강국'을 선도하는 것이다. 센터 건물은 판교 TV의 C 구역 우측 하단의 금토천, 화랑공원과 가까운 위치에 있다. 부지면적 $3,608\,m^2$에 연면적 $28,499\,m^2$의 지상 10층, 지하 6층이다. 건축공사는 2011년 1월부터 2013년 5월까지 약 2년 5개월간 진행되었다. 건축비 403억 원, 부지조성비 81억 원을 합해 484억 원이 들었다. 판교 TV에 입주한 기업들의 편의를 위해 교육실, 회의실, 국제회의장, 컨설팅 등을 제공한다.

센터 건물은 경기창조경제혁신센터와 유관기관들의 허브다. 경기창조경제혁신센터는 건물의 1층과 5층을 사용하고 있다. 관련 기관들도 건물에 들어와 있다. 경기도 경제과학진흥원에서는 학교 유무선사업부서, 융합보안지원센터, 클러스터혁신본부, 4차산업 본부가 3~4층에 입주했다. 중소기업기술정보진흥원이 3층에, 경기테크노파크가 4층에 있다. 6층부터 9층까지는 경기콘텐츠진흥원의 경기문화창조허브, 콘텐츠코리아랩, 경기글로벌게임센터가 사용한다. 2층에도 경기콘텐츠진흥원 경기글로벌게임센터가 있다. 지하 1~2층에는 540석 규모의 국제회의장과 14석의 VIP 룸이 있다. 3층에는 강의실과 직원 휴게실이 있다. 10층에는 구내식당과 회의실을 조성했다. 사단법인 코익스와 법무법인 한결, (주)씨엔코컴퍼니가 입주해 있다. 지하 1~6층에는 주차장을 건설했다.

센터는 AI · 빅데이터, ICT, 5G, 지능형 로봇 등 혁신 ICT 벤처기업을 발굴해 기업진단, 인뎁스 전문가 매칭, UX/UI 디자인 코칭, PMF 모델 도출 등 스타트업에 필요한 '맞춤형 집중 육성프로그램'을 운영했다. 스타트업의 성공을 위해 체계적인 홍보(IR)를 통한 투자유치, 오픈 이노베이션, 글로벌 진출을 지원했다. 모바일 랩, IoT 랩, 화상회의실과 같은 인프라를 제공했다. 대기업, 연구기관, 대학, 지자체가 보유한 인프라도 활용하도록 했다. 2021년 말 기준으로 보육기업 699개사, 투자액 4,873억 원, 매출액 6,272억 원, 고용창출 2,901명을 기록하고 있다. 기업공개(IPO) 4건, 인수합병(M&A) 8건 등 총 12건의 '엑시트(EXIT)' 성과가 있다.

글로벌 R&D 센터는 판교 TV 기업과 R&D 협력이 가능한 글로벌 기업과 국책연구기관을 유치할 목적으로 설립했다. 판교 TV에서 BT 기업과 방위산업 IT 기업들이 많이 입지해 있는 B 구역의 서북쪽 끝, 금토천 및 수도권 제1 순환고속도로와 연접한 지역에 입지해 있다. 센터 건물은 부지면적 12,578㎡에 연면적 46,488㎡의 지상 6층, 지하 2층이다. 경기창조경제혁신센터 건물과 비교하면 부지면적은 약 3.5배, 연면적은 약 1.6배가 크다. 공사 기간은 2010년 3월부터 2012년 4월까지 1년 조금 넘게 걸렸다. 건축비 850억 원, 부지조성비 278억 원을 합해 1,128억 원의 사업비가 들었다.

글로벌 R&D 센터에는 다수의 글로벌 기업들이 있다. 대표적인 기업이 글로벌 백신 원부자재를 생산하는 독일의 바이오시밀러/바이오 공정 전문 글로벌기업인 사토리우스다. 사토리우스코리아 바이오텍이 2~3층과 5층에 입주해 있다. 지하 1층에는 사토리우스코리아 바이오텍의 동물실험실이 있다. 전기용 기계·장비와 기자재 도매업을 하는 글로벌 에너지 기술 기업인 (주)베이커휴즈 코리아도 1층과 5층에 둥지를 틀었다. 이수그룹 계열사인 이수앱지스도 4~5층을 같이 사용한다. 4층에는 SW 정책연구소와 글로벌 기업인 제너럴일렉트릭(GE) 인터내셔널 인코포레이티드도 있다.

국내 기관들도 입주해 6층에는 한국전자기술연구원(KETI)이 있다. 한국전자통신연구원(ETRI)이 2~3층을 사용한다. (주)원택, 경기도평화협력과, 정보통신기획평가원, (주)제테마, 아미코젠파마, KAIST 글로벌연구협력센터도 입주했다.

스타트업 캠퍼스는 ICT 관련 기관과 협회, 전문기업이 협업해 스타트업을 육성하는 곳이다. 글로벌 벤처캐피털, 엑셀러레이터 등 스타트업을 위한 오픈 플랫폼을 통해 창업 전문 캠퍼스를 운영할 목적으로 조성했다. 판교 TV B 구역의 중앙 붓들공원 아래에 입지해 있다. 센터는 부지면적 17,364m^2에 연면적 54,160m^2의 지상 8층, 지하 2층 건물이다. 경기창조경제혁신센터와 글로벌 R&D 센터 건물과 비교하면 가장 크다. 공사 기간은 2013년 10월부터 2015년 12월까지 2년이 넘는다. 사업비도 건축비 1,231억 원, 부지조성비 378억 원을 합해 1,609억 원으로 세 건물 중 가장 많다.

캠퍼스 건물의 2~6층과 8층을 경기도 경제과학진흥원이, 1층과 7~8층을 (주)코리아경기도가 사용한다. 경기창조경제혁신센터도 1층과 5층에 사무실이 있다. 본투글로벌(한국정보통신진흥협회)은 3~4층을 사용한다. 정보통신산업진흥원은 2~5층에 입주해있다. 다른 입주기관들로는 육군교육사령부, 정보통신기획평가원, (주)케이브레인컴퍼니, 한국지능정보사회진흥원, 특허법인 엠에이피에스, 서울대학교코리아경기도, 한국건강기능식품협회, SAP LABS 코리아, 한국청년기업가정신재단, (주)제제듀, (주)소사코리아, (주)담소마루가 있다. 경기창조경제혁신센터와 글로벌 R&D 센터, 스타트업 캠퍼스에 대한 평가에는 시간이 더 필요하다.

6. 위기(危機)

금융위기의 거대한 파고

뉴욕 타임스 수석 경제신문기자 닐 어윈*Neil Irwin*은 미국과 세계 경제정책을 다룬 여러 권의 베스트셀러 저자로 유명하다. 2013년 저술한 『연금술사들』은 2008년 세계 금융위기에 대처하는 미국 연방준비은행 벤 버냉키*Ben Bernanke* 의장, 영란은행 머빈 킹*Mervyn King* 총재, 유럽중앙은행 장 클로드 트리셰*Jean-Claude Trichet* 총재의 사투를 다룬다. 〈월스트리트저널〉과 〈워싱턴포스트〉가 2013년 최고의 책으로 선정한 『연금술사들』은 미국 최고의 서평지 커커스 리뷰*Kirkus Reviews*가 "현재까지 세계 금융위기의 진실을 다룬 서적 중에서 가장 충실하고 권위 있는 보고서"라고까지 격찬했다. 『연금술사들』에서 닐 어윈은 이렇게 이야기를 풀어나간다.

> "2007년 8월 9일, 장 클로드 트리셰는 어릴 적 살던 브르타뉴 해안의 생 말로*Saint-Malo* 집에서 눈을 떴다. 그날 하루 모터보트에서 여유를 즐기며 손주와 즐거운 시간을 보낼 생각이었다.···오전 7시 반 무렵, 트리셰의 전화기가 울렸다. 유럽중앙은행의 공개시장정책 책임자 프란체스코 파파디아*Francesco Papadia*가 프랑크푸르트에 있는 중앙은행 본사에서 걸어온 전화였다. "문제가 생겼습니다." 그의 전화는 이렇게 시작되었다."

2007년 세계 금융위기가 발생했다. 1929년 경제 대공황에 비견되는 경제위기가 글로벌 금융 연계시스템으로 인해 전 세계로 순식간에 퍼져나갔다. 2007년 8월 9일 BNP파리바가 파국의 방아쇠를 당겼다. 운영 중인 3개 펀드의 모기지 관련 자산 가치를 평가할 수 없어 환매를 일시적으로 중단한다고 발표했기 때문이다. 미국 10위권인 아메리칸 홈 모기지 인베스트먼트(AHMI)사가 법원에 파산보호를 신청했다. 국제금융시장에 신용경색이 발생해 모든 거래가 얼어붙었다. 대출회사, 은행, 보험사들이 줄줄이 큰 손실을 보고 휘청거렸다. 세계 경제가 주택시장 침체와 모기지 손실로 유동성 위기에 직면하자 정부와 중앙은행이 개입했다.

2007년에 시작한 경제위기가 2008년에도 계속되었다. 경기침체로 유동성 위기가 현실화되자 기업들은 자금난에 시달렸다. 판교 TV 용지를 분양받은 기업들도 예외가 아니었다. 특히 일반연구 용지를 계약한 기업들이 문제였다. 판교 TV 전체면적의 40.4%에 달하는 $267,436\,m^2$의 일반연구용지는 민간 사업자들이 분양받았다. 일반연구용지 중 11개는 한 기업이 단독으로 계약했다. 17개는 총 214개 회원사가 컨소시엄들을 구성해 참여했다. 단독계약 기업은 대규모 사업비 조달이 고민이 되었다. 컨소시엄에서는 참여 회원사가 포기하거나 교체될 경우 지분 변경이 문제였다.

2006년 판교 TV 용지를 1차로 공급 공고할 때에는 봄날이었다. 컨소시엄 참여기업을 포함해 총 500여 개 기업이 참가해 경쟁률이 평균 5.9 대 1이 되었다. 공급공고 당시 분당 미금역이나 정자역 주변의 상가 시세가 평당 3~4천만 원에 달해 기업들은 판교 TV 용지의 우선협상 대상자가 되면 자산 증식을 확신했었다. 그런데 2년 만에 기업의 생존을 우려해야 하는 처지가 되었다.

판교 TV 용지의 매매계약을 체결한 기업들이 자금 운용에 어려움을 겪거나 프로젝트 파이낸싱(PF)이 어려워지자 계약 해제를 고민하기 시작했다. 경기도·경기지방공사와 체결한 계약조건이 문제였다. 계약을 체결할 때 문제가 없었던 기업은 경기도의 승인 없이 사업용지를 처분하거나 권리를 양도할 수 없었다. 경기도는 사업자가 강제집행, 가압류, 가처분을 받거나 경매 신청, 화의개시 신청, 부도, 회사정리절차 개시신청, 파산신청, 화의신청 상태가 되면 계약을 해제(또는 해지)할 수 있었다. 컨소시엄에서 출자지분 10% 미만(전체지분 20% 이내)의 사업자는 강제집행, 가압류, 가처분을 받거나 경매 신청, 화의개시 신청, 부도, 회사정리절차 개시신청, 파산신청, 화의신청 상태가 되어야만 경기도의 승인을 얻어 양도가 가능했다. 사실상 손해 없이 포기할 길이 없었다.

눈앞에 닥친 경제위기 쓰나미를 극복할 자금의 유동성 확보를 위해 눈물을 머금고 판교 TV 필지를 계약 해지하는 기업들이 나오기 시작했다. 일반연구용지 7개 57,758m^2와 주차장 용지 5개 18,583m^2가 계약을 해제했거나 미분양 되었다. 차세대 디스플레이 소재를 개발하기 위한 연구시설을 확보하려고 B 구역에 위치한 5,731m^2를 계약했던 IT 소재 전문기업인 에스에스피씨가 첫 번째 해지 기업이 되었다. 삼양사 컨소시엄이 계약했다. 화인텍 컨소시엄이 해지한 B 구역의 4,723.2m^2는 (주)한화가 이어받았다.

D 구역의 1,349.3m^2를 계약했던 (주)시트론도 결국 포기했다. (주)멜파스가 새로 계약했다. 6,146.6m^2를 계약했던 (주)티맥스 소프트 부지는 (주)SK케미칼과 (주)SK가스가 공동으로 참여한 SK케미칼 컨소시엄으로 넘어갔다. 26개의 판교 TV 일반연구용지 중에서 면적이 가장 컸던 A 구

역의 47,220 ㎡ 필지는 판교 실리콘파크 조성사업조합에서 분양받았다. 그러나 전체 34개 조합사 중에서 (주)아이앤씨테크놀로지, (주)티엘아이, (주)소디프신소재, (주)에프씨아이, 한국반도체산업협회 등 40%에 해당하는 13개 업체가 조합 탈퇴를 신청했다. 3개 필지로 다시 나누어 2개 필지를 재공고 해야 했다. D 구역의 5,459.5 ㎡인 태준제약 필지는 (주)주성엔지니어링이 다시 계약했으나 건물 신축이 늦어졌다. 75억 원 이상의 위약금을 물고, 완공해 한국타이어앤테크놀로지에 통째로 임대했다.

계약해지 피해는 기회비용을 넘었다. 해지를 결정한 기업들은 경기도와 경기지방공사 담당자들을 만나 피해액을 줄일 방안을 모색했다. 그들의 입장은 요지부동이었다. 용지대금의 10%인 계약금을 포기하고, 업무 진행 비용도 손실로 감수해야 했다.

일부 기업들은 건축공사와 인허가를 늦췄다. 건축자문위원회 협의부터 질질 끌었다. 공사착공도 지연시켰다. 2010년 말 29개 사업자 중 한국파스퇴르연구소, 삼성테크윈(현 한화테크윈), 판교벤처밸리, 유라코퍼레이션 컨소시엄, SK케미컬, 판교에스디2주식회사만 공사를 완료한 상태였다. 그러나 개발기한 의무 때문에 사업자가 계속 건설을 늦출 수도 없었다. 해지와 재공고, 지분 조정의 다양한 방식으로 시간이 지나면서 문제가 해결되었다.

판교 신도시를 이유로 모라토리엄을 선언한 성남시

　민주주의 체제는 대의제가 사람들에게 불러일으키는 환상과 선거 후 일상으로 돌아가 부딪히는 현실 사이의 간격을 투표라는 자발적인 참여를 통해 좁혀 나간다. 2010년 6월에 실시된 제5회 지방선거에서 민주당의 이재명 후보가 과반을 넘은 득표율로 성남시장에 당선되었다. 그는 2006년 제4회 지방선거에 열린우리당 성남시장 후보로 나가 2위로 낙선했었다. 2년 후인 2008년 제18대 총선에서는 성남 분당갑에서 통합민주당 후보로 도전해 다시 낙선했다. 세 번째 도전에서 그가 비로소 당선된 것이다.

　2010년 7월 1일 이재명 신임 성남시장의 임기가 시작되었다. 취임 후 보름도 지나지 않은 7월 12일 이재명 시장은 기자회견을 개최해 성남시의 모라토리엄을 선언했다. "판교신도시 조성사업비 정산이 이달 중 완료되면 LH와 국토해양부 등에 5천 2백억 원을 내야 하지만, 현재 성남시 재정으로는 이를 단기간 또는 한꺼번에 갚을 능력이 안 돼 지급유예를 선언"한 것이다. 그는 재정위기를 해결하기 위해 비상대책팀을 구성하고 재정 운영계획을 수립하겠다고 말했다. 대책으로는 먼저 지방채를 발행해 연간 500억 원씩 갚고, 대체청사 마련, 위례신도시 사업권 확보, 불필요한 사업 중단, 선진회계 도입 등으로 부채를 줄이겠다고 했다.

　성남시는 재정자립도가 전국의 기초지자체 중에서 최상위권이다. 2001년부터 2022년까지 최고 74.0%에서 최저 61.6%의 범위에 있다. 전국 226개 기초지자체 중에서 3~9위 자리를 차지한다. 판교 TV를 조성한 후에는 5위권 밖으로 나간 적이 없다. 2008년 금융위기 이후 재정자립도가 감소하는 추세지만 지자체의 경제역량이 악화되고 있어 경기도나 전국도 유사하다. 성남시가 속한 경기도는 17개 광역지자체 중 재정자립도가 서울에 이어 2위였다가 2017년부터는 세종시와 2위권을 다투는 수준이다. 그런 성남시의 시장이 취임한 지 보름도 지나지 않아 판교 신도시를 거론하면서 모라토리엄을 선언하자 사람들은 큰 충격을 받았다.

언론은 곧 우리나라 지자체 사상 초유의 모라토리엄을 선언한 성남시의 득과 실을 보도했다. 성남시가 스스로 '신용불량자'를 자처해 지방채 발행 규모를 확대할 수 있게 된 것이 첫 번째 이득이라고 지적했다. 성남시는 새로운 한도액을 두 배가 넘는 1천억 원까지 생각했다. 성남시가 깜짝 발표를 한 다음 날 행정안전부는 성남시의 모라토리엄 선언이 법적 근거가 없다고 하면서도 재정난을 완화하기 위해 지방채 발행 한도를 높일 수 있다고 했다.

한나라당 소속으로 8년간 역임했던 이대엽 전임 성남시장을 누르고 당선되었던 이재명 시장의 인지도가 급상승했다. 언론은 구세주라는 이미지가 이재명 시장의 또 다른 이득이라고 말했다. 제5회 지방선거 후 재정적으로 어려운 지자체의 부채 문제와 예산 전용, 전시용 사업에 대한 경각심이 높아졌다. 지자체 재정에 대한 감시와 제도 개선의 움직임이 세 번째 이득이 되었다.

언론은 모라토리엄 선언의 손해에 대해서도 언급했다. 첫 번째 손해로 성남시민의 자긍심 상실과 자괴감 증가, 시청 공무원들의 사기 저하가 꼽혔다. 〈그림 5〉에서 보듯이 성남시는 전국 기초지자체 중에서 재정자립도가 최상위권이다. '부자 도시'라는 이미지가 강했다. 모라토리엄을 선언했을 때 6위였고, 그 이후에도 순위는 상승했다. 그런 성남시가 지급유예 선언을 했으니 시민들의 비난이 쇄도했다. 시청 인터넷 게시판에는 "성남이

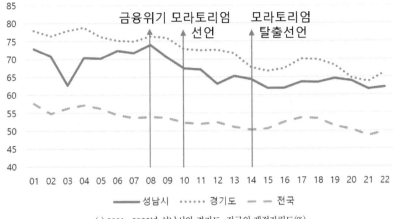

(a) 2001~2022년 성남시와 경기도, 전국의 재정자립도(%)

(b) 2001~2022년 전국 226개 기초지자체 중 성남시 재정자립도 순위

〈그림 5〉 2001~2022년 성남시 재정자립도와 전국 지자체 내 순위*

이제 전국적으로 '거지 도시'로 알려졌다"라거나 "성남시민으로서의 자긍심이 사라지고 자괴감에 빠졌다. 부도난 성남에 사는 사람이라니, 한마디로 X 팔린다"라는 글이 쇄도했다.

---

* 통계청 국가통계 포털(KOSIS)

상환금액을 늘리는 '돌려막기'라는 비판은 보다 실질적이었다. 지방채는 부채라서 갚아야 한다. 부채 규모가 커지고, 상환 기간이 길어지면 이자가 증가한다. 성남시가 금융권으로부터 '신용불량자'로 낙인찍히는 것도 실질적인 피해가 되었다. 2008년 금융위기로 금융조달이 어려운 시기인데 자금 융통이 어려워졌고, 이자율도 높아졌다. 성남시에 투자하거나 이전하려 했던 기업들도 결정을 망설이기 시작했다. 전입 인구도 줄어들 수 있었다. 유형의 손실은 노력하면 금방 복구가 가능하지만, 자긍심, 사기, 이미지와 같은 무형의 손실은 회복하는데 더 많은 노력이 필요하다.

정치인 이재명은 정치 상황에 관한 판단이 빠르고, 관례에 얽매이지 않아 과감하며 수세를 공세로 전환하는 임기응변에 강한 인물이다. 2014년 제6회 지방선거가 실시되기 5개월 전인 1월 27일, 이재명 시장은 3년 6개월 만에 모라토리엄 종료를 선언했다. 시장 재선 선거에서 이재명 시장은 2위인 새누리당 신영수 후보와의 격차를 더 늘려 10%가 넘는 차이로 낙승한다.

언론이 '정치쇼'인지, '성공한 구조조정'인지 검증을 시작했다. 정치쇼를 주장한 측은 "국토부나 한국토지주택공사 등 어느 기관 공문에도 성남시에 돈을 갚으라고 한 적이 없다"라고 했다. '성남시가 일시 상환을 요구받았어도 2천억 원 이상의 재정초과 이익이 있었기 때문에 시간이 지나면 갚을 수 있었다'라고 주장했다. '지급 유예기간 동안 어떤 예산 절감 노력도 없었다'라고도 말했다. '성공한 구조조정'에 우호적인 측은 '감사원 백서에 재정 상황과 원인을 지적한 내용이 있었다'라고 옹호했다. '현명한 판단'이었다고 칭송도 했다. 판교 TV를 포함한 판교 신도시로 제기된 정치권과 언론의 공방은 역사의 저울로 넘어갔다.

쏟아지는 비판의 화살

판교 TV와 같은 개발사업에서는 다양한 문제가 발생한다. 참여기관과 기업에 따라 생각하는 이익과 손해도 다르다. 사업이 추진되는 단계별로 상황이 변화하면 새로운 판도가 펼쳐진다. 어제의 이익이 오늘의 손해가 되기도 한다. 모두 비판과 비난의 대상이 된다. 대다수 사람은 어제의 손실이 오늘의 이익이 되는 경우에는 침묵한다. 손해가 될 때만 목소리를 높인다. 판교 TV에서도 사업이 가시권에 접어들자 다양한 비판과 비난이 나왔다.

판교 TV에 대한 비판은 용지공급 신청이 마감되면서부터 나왔다. 비판은 다섯 가지로 압축된다. 첫 번째는 산업 생태계 조성에 대한 논의와 노력이 부족했다는 것이다. 판교 TV 산업 생태계에 대한 구상은 국토연구원이 2003년 발표한 '성남 판교지구 개발구상'과 (주)동호/(주)동일기술공사/(주)수성엔지니어링 용역업체가 2006년 제출한 『판교신도시 기본계획 보고서』의 '특별계획구역 기본구상' 수준에서 멈췄다. 판교 TV 용지공급에 참여하는 기관과 기업들의 의견과 요구사항을 반영하지 못했다. 첨단산업을 체계적으로 집적해 상호 연결하는 생태계를 구축하려는 노력이 부족했다. 낮은 가격에 토지를 제공하면 된다고 생각했다.

두 번째 비판은 대기업에 유리하게 용지공급이 진행되었다는 것이다. 대기업들이 많이 신청한 일반연구 용지는 26개 필지의 평당 단가가 평균 81만 8천 원이었다. 평당 단가의 범위는 최소 53만 3천 원에서 최대 107만 1천 원이었다. 일반연구 용지에 입주하기 어려운 기업들에 임대사무실을 제공하고 판교 TV 전체를 지원하는 기능을 수행하는 연구지원 용지의 평당 단가는 평균 117만 2천 원이었다. 6개 필지의 평당 단가는 기숙사·영빈관으로 지정된 필지만 62만 8천 원이었고, 에듀파크 용지는 101만 5천 원이었으며 나머지는 130만 원이 넘었다. 최고는 141만 7천 원에 달했다. 대규모 자금 동원이 가능한 대기업을 위해서는 저렴하게 분양하고, 비수익시설과 중소기업 임대사무실을 위한 부지는 상대적으로 높은 가격에 분양하는 방식에 비판이 쏟아졌다.

세 번째 비판은 용지공급 신청공고 기간과 절차였다. 사업공고 후 신청서 접수까지 47일의 기간이 주어졌다. 그 기간 동안 일반연구 용지에 신청하는 기업은 유치업종 적합성, 기업 규모와 기업공개 여부, 기업 비전과 사업계획과의 연계, 기술능력과 사업실적, 기업 규모, 재무건전성 정보를 준비해야 했다. 사업계획에 대한 평가를 위해 사업 타당성, 재원조달계획, 관리운영계획, 건축·공간계획 자료도 마련해 제출해야 했다. 연구지원 용지를 신청하는 기업도 사업계획에 대한 평가정보와 함께 기업 현황, 재무건전성, 최근 5년간 유사시설 개발실적 정보를 준비해야 했다.

사업홍보가 부족했던 것이 네 번째 비판으로 떠올랐다. 상당수 기업은 이런 공고가 진행되고 있는지조차 몰랐다. 정보력이 뛰어나고 투기성이 강한 기업들만 제출할 수 있었다. 무엇을 준비해야 하는지 잘 몰라 계약을 체결하지 못한 필지들이 속출했다. 기업 수요에 부응하지 못해 필지를 분할한 후 3차에 재공고하는 부지도 나왔다. 부지 용도가 변경되는 필지도 나왔다.

마지막 비판은 컨소시엄 구성에 대한 것이었다. 언론은 벤처 관련 협회들이 판교 TV 용지를 공급받기 위해 조합을 구성하면서 참여기업들로부터 업무대행 목적으로 2천~7천만 원의 참여비용을 받았다고 보도했다.

부지확보도 되지 않은 상태에서 마치 결정된 것처럼 과장 광고를 했다는 의혹도 제기했다. 경기도에서 서면으로 경고하자 부지 선정에서 떨어지면 소요된 고정비용을 제외한 금액을 돌려주겠다고 했다. 단체 간 과열경쟁도 문제였다.

결과적으로 일반연구 용지 10개 필지와 주차장 용지 4개 필지가 계약체결에 실패했다. 준비 기간이 연장되자 미분양 필지들의 공급금액이 상승했다. 계약 포기 또는 미분양된 필지들은 상당수가 대기업이나 자금 동원 역량이 강한 중견기업 소유로 넘어갔다.

용지계약 체결이 마무리되자 열린우리당이 '판교테크노밸리 유령회사 분양 의혹'을 제기했다. 경기도는 해명자료를 내고 (사)판교인터넷파크조성사업조합 사업계획서를 공개했다. 해당 기업은 사업조합을 효과적으로 운영하기 위해 설립된 회사로 분양받은 SD-1 필지는 연구지원용지라 일반연구용지와 달리 '유치업종을 운영하는 법인'이라는 자격 제한이 없다고 말했다. 언론은 판교 TV와 관련해 이중분양이라는 새로운 의혹도 제기했다. 경기도는 법적인 문제가 없고, 선정과정에 하자도 없다고 반박했다.

판교 TV에 건물이 속속 들어서자 '불법 임대 장사'가 문제가 되었다. 언론은 임대하지 않는다는 조건으로 필지를 할인받은 기업과 조합이 불법 임대를 자행하고 있다고 보도했다. 건물을 완공한 후 불법으로 임대해 수익을 챙기고 있다는 것이다. 불법인지 모르고 입주한 기업들은 이주비용을 포함한 여러 가지 제약으로 문제를 고치기보다는 현상유지에 급급했다. 경기도에 제출한 입주업체 수보다 두 배 이상 많은 건물도 있었다. 판교 TV에서 불법임대 행위가 수년째 지속되었지만 불황과 경영 악화를 탓하며 개선되지 않았다. 경기도가 잠정 집계한 결과 초과 임대율이 60%대에 달했다. 2015년 국회 국정감사에서 새누리당 이노근 의원은 "판교 TV 일반연구용지 입주업체 21개 중 13개 업체가 불법임대로 총 437억 원의 부당이득을 거뒀다"라고 주장했다.

경기도를 포함한 관리 주체들은 이 문제를 방치했다. 정확한 실태자료가 확보되면 소송 등 개선방안을 추진하겠다고 했다. 그러나 불법을 바로잡겠다고 엄포한 후 원상복구 공문을 몇 차례 보내는 것이 전부였다. 판교 TV 지원 업무를 담당하는 경기과학기술진흥원 판교 TV 지원본부 관계자는 "경기도의 입장도 맞지만, 기업 입장에서는 공실을 방치할 바에는 임대를 줘서 수익을 창출해야 판교에서 오래 버틸 수 있지 않겠느냐"라고 옹호했다. "임대비율 제한 등 기업을 규제하는 것은 기업들이 판교를 떠나게 할 뿐이다. 판교 TV가 앞으로 더욱 발전할 수 있도록 합리적인 방안이 나와야 할 것"이라고 말하기까지 했다. 그러자 비정상이 정상인 것처럼 받아들여지면서 불법 임대 장사가 확산하였다.

지구 내 편의시설과 교통혼잡도 비난의 대상이 되었다. 경기도 첨단단지팀 이상욱 팀장 연구진의 2014년 설문조사에 의하면 판교 TV에 장기 입주 의사가 없는 가장 큰 이유가 '교통 및 입지가 좋지 않아서(42.9%)'였다. 그다음으로는 '입주환경에 불만족(28.6%)'과 '다양한 정책적 지원과 혜택이 많지 않음(28.6%)'이 공동 순위였다. 건국대 정선양 교수 연구진도 혁신 클러스터 배후지역의 환경 및 정주 여건, 교육여건이 중요한 요소라고 평가했다. 판교 TV의 출퇴근 시간에 발생하는 교통혼잡은 악명이 높다. 이재명 시장이 선거 때 판교 트램 설치, 지하철 8호선 판교역 연장과 같은 도심 철도 개선 공약을 약속했지만 이행되지 않았다. 남경필 지사의 판교 TV '따복하우스'도 공염불이 되었다.

어느 금요일 저녁에 발생한 테크시티의 비극

　사람들의 생각은 어디에 살더라도 비슷하다. '불행은 결코 홀로 오지 않는다'라는 미국 속담이 있다. 중국에는 '복무쌍지 화불단행(福無雙至 禍不單行)'이라는 격언이 있다. 해석하면 "복은 둘이 같이 오지 않고, 화는 혼자 행동하지 않는다"라는 뜻이다. 영국에도 '비는 내렸다 하면 쏟아붓는다'라는 말이 있다. 모두 나쁜 일은 연이어 발생하기 때문에 경계해야 한다는 의미다.

　전라남도 진도군 해상에서 2014년 4월 16일 아침에 한 여객선이 전복되었다. 476명이 탑승한 세월호가 침몰한 것이다. 온 국민의 염원에도 불구하고 시신을 수습하지 못한 다섯 명을 포함해 304명이 사망했다. 생중계된 재난 상황에서 무능하게 대처하는 정부의 역량에 국민의 분노가 들끓었다. 재난의 대응수습과 원인 규명, 책임추궁이 뒤따랐다. 수백 명의 사망자와 생존율 36%라는 참사에 대한민국은 수개월 동안 통탄에 빠졌다. 국제사회에서 대한민국의 안전에 대한 위상이 땅에 떨어졌다. 해양경찰청이 해체되었고, 국민안전처가 출범했다. 세월호 참사 후 6개월이 지나 사람들이 서서히 자조(自嘲)와 비탄(悲歎)에서 벗어나려고 했을 때 판교테크노밸리에서 또 다른 재난이 발생했다.

　선선한 가을 날씨의 금요일 저녁이었다. 판교 TV 중심부에 위치한 유스페이스 1과 유스페이스 2 건물 사이의 광장은 오랫동안 침울했던 사회 분위기를 바꾸려는 듯 수많은 인파가 발산한 열기로 가득했다. 오후 5시에 시작한 「2014년 제1회 판교테크노밸리 축제」가 한 시간 정도 진행되면서 분위기가 한창 달아올랐다. 이 행사는 판교 TV 입주기업 임직원에게 휴식과 음악으로 피로를 풀어주기 위해 월 1~2회 개최했던 「사랑방 정오 콘서트」가 호응을 얻자 이데일리와 이데일리 TV가 주관해 콘서트를 축제로 격상한 것이었다. 밤 11시까지 지속되는 행사에 아이돌 그룹 여섯 팀의 공연이 예정되어 있었다. 퇴근 시간이어서 광장은 판교 TV 임직원들로 빽빽했다. 낮부터 진행된 문화공연과 먹거리 이벤트 부스를 찾아왔던 지역주민들과 학생들도 광장으로 모여들었다.

유스페이스 앞 원형광장은 몰려든 사람들을 수용하기에는 공간이 부족했다. 화랑육교 연결공간에 설치한 무대 공연을 보기가 어려운 사람들은 관람하기 좋은 곳을 찾아 나섰다. 몇몇이 무대 좌측에서 조금 떨어져 있고, 로열박스처럼 올라가 있는 명당을 찾았다. 수십 명이 그곳에서 첫 번째 걸 그룹의 공연을 보았다. 화려한 무대조명을 받은 공연이 거의 끝나갈 때쯤 우르릉 쾅 하는 소리와 함께 비명소리가 터졌다. 사람들이 서 있던 곳은 횅하니 구멍이 뚫린 채 철제구조물이 아래로 휘어져 있었다. 환풍구 위에 서 있던 사람들이 수십 미터 아래의 심연으로 추락했다. 이십칠 명의 사상자를 낸 판교 공연장 환풍구 붕괴사고가 발생한 것이다.

우리나라에서 개최된 지역축제에서 발생한 사고 중에서 판교 공연장 환풍구 붕괴사고의 사망자가 가장 많다. 이 재난은 야외 공연장 인근에 있는 유스페이스 2 건물 지하주차장의 환풍구 덮개가 위에 올라선 사람들의 무게를 감당하지 못해 무너져 사람들이 20여 미터 아래로 추락한 것이다. 사고 후 십여 분이 지났을 때 분당소방서에서 소방차량과 구조구급대원들이 도착했다. 곧이어 7개 소방관서에서 수십 대의 소방차량과 백 명 이상의 구조대원들이 도착해 사상자들을 병원으로 이송했다. 사고 후 한 시간이 지났을 때 경기도에서 재난안전대책본부가 운영되었다. 한 시간 반이 더 지난 후 분당구청 대회의실에 경기도와 성남시가 함께 5개 반 88명으로 구성된 '경기·성남 합동재난안전대책본부'를 가동했다. 이 재난으로 열여섯 명이 사망하고, 열한 명이 부상을 입었다.

판교 TV에서 발생한 판교 공연장 환풍구 붕괴사고는 우리나라 지역축제가 가지고 있는 다양한 문제들을 노출시켰다. 첫 번째는 주최자 논란이다. 「2014년 제1회 판교테크노밸리 축제」 행사 홍보 포스터에는 이데일리와 이데일리 TV가 주관자로, 경기도와 경기과학기술진흥원이 주최자로 기술되었다. 행사 현수막에는 경기도와 성남시, 경기과학기술진흥원이 주최하고, 이데일리 TV가 주관한다고 표기되어 있었다. 남경필 지사는 행사 기간 중 독일을 방문 중이었다. 이재명 성남시장은 행사에 참여해 축사를 했었다. 행정기관에 대한 책임소재 문제가 제기되자 경기도와 성남시는 명의를 도용당했다고 말했다. 이데일리는 합의를 거쳤다고 반박했다. 언론이 책임논란에 대해 보도하자 이재명 시장은 명예훼손으로 고소했다. 법정에서 경기도와 성남시는 혐의를 벗었다.

지역축제에 대한 안전관리가 두 번째 문제로 떠올랐다. 그 당시 우리나라에는 지역축제 안전을 위한 두 가지 규제가 있었다. 「재난 및 안전관리 기본법」에 의한 '지역축제 안전관리계획'과 「공연법」에 의한 '재해대처계획'이었다. 그러나 두 계획 모두 축제에서 안전을 지키지 못했다. 최대 관람객이 삼천 명 이하일 경우 계획 수립은 권고 사항이었다. 규정도 지키기 어려웠다. 지역축제 개최자가 행사 30일 전에 안전관리계획을 수립하고, 21일 전까지 관할 지자체의 재난관리부서에 심의를 요청하도록 했다. 재난관리부서는 경찰서, 소방서, 지역안전관리위원회 위원 등에게 14일 전까지 사전검토를 요청하고, 10일 전까지 심의해 5일 전까지 결과를 관계기관에 통보하도록 했다. 1~2일 전에는 합동 지도·점검해 미흡하면 보완조치 후 축제를 열도록 규정했다.

현실은 달랐다. 판교 TV 행사를 개최하기 며칠 전에 무대 위치가 바뀌었고, 하루 전까지 설치공사를 했다. 장소사용 신청과 안전점검 요청공문만 기관끼리 주고받았다. 경찰서와 소방서가 행사개최 팩스를 받았지만 꼼꼼한 안전점검은 없었다. 분당구청 담당 부서는 업무 담당인지도 몰랐다. 축제 기획서에는 진흥원 직원 4명을 안전요원으로 배치하고, 안전교육을 실시한다고 했다. 안전요원으로 지정된 직원들은 안전요원인지도 몰랐고, 교육도 없었다. 행사예산이 부족하자 주최 측은 최초 업체와의 계약을 취소하고, 안전비용이 누락된 업체와 낮은 가격에 새로 계약했다. 경찰 조사결과 붕괴된 환풍구는 하청업체의 재하청으로 인한 부실공사로 판명되었다. 안전은 남의 일처럼 생각하며 관심 두지 않았다.

사람들은 주로 빛나는 일에만 나서며 책임지는 일은 피한다. 「재난 및 안전관리기본법」은 현장대응에 책임 있는 기초지자체가 수습하고, 광역지자체와 중앙부처는 지원하도록 규정하고 있다. 그러나 성남시는 재난안전대책본부의 설치를 꺼렸다. 초기 언론 브리핑에서도 책임회피 발언이 있었다. 피해자 보상, 행정적·정치적 책임이 있는 문제에는 손사래를 쳤다. 결국, 경기도와 성남시가 법적으로 근거가 없는 초법적 기구인 '합동재난안전대책본부'를 설치해 공동으로 책임지는 것으로 합의했다. 독일 출장 중이던 남경필 경기도지사가 바로 귀국해 자신의 책임을 선언하고, 유족들에게 사과했다. 박수영 경기부지사는 후에 성남시장이 유족대표와의 합의문에 서명하지 않았다고 비화를 공개했다.

7. 도약(跳躍)

이륙에 성공한 판교 TV

판교 TV의 조성 기간은 2005년부터 2015년까지다. 2006년 5월 판교 TV 부지에 대한 공급공고가 언론에 게재되었고, 6월 말 1차 사업자가 선정되었다. 계약조건에 토지를 분양받은 사업자는 토지사용 시기 후 24개월 이내에 공사에 착공해야 하며 착공일로부터 36개월 이내에 완공해야 했다. 계약조건에 따라 선정된 1차 사업자들은 2008년 6월 말까지 공사에 착공해야 하며 2011년 6월 말까지 건물을 완공해야 했다. 2012년이 되자 판교 TV는 조금씩 활기를 띠기 시작했다. 1차 사업자들이 건물을 완공해 기업들과 임직원들이 차례로 입주했기 때문이다. 판교 제2 TV는 2015년 11월에 경기도 의회에서 사업투자를 의결한 후 국토부의 산업단지 계획 승인을 거쳐 지구를 지정했다. 사업 기간은 2015년 11월부터 2022년 말까지다. 2017년 12월 분양공고가 게재되었다.

지난 10년 동안 판교 1·2 TV에 입주한 기업 수는 2012년 634개에서 2021년 1,697개로 2.7배나 증가했다. 판교 1·2 TV에 입주한 기업 유형은 IT(정보통신기술)와 BT(생명과학기술), CT(문화콘텐츠기술), BT(나노기술)이다. 가장 주도적인 기업 유형은 IT다. 2012년 331개에서 2021

년 1,096개로 3.3배로 성장했다. BT는 2012년 75개에서 2021년 228개로 약 3배, CT도 61개에서 220개로 3.6배 성장했다. 2012년에는 없었던 NT도 현재 19개가 있다. 기타기업은 2012년 167개에서 2021년 134개로 오히려 감소했다.

고용자 수는 약간의 부침이 있었다. 판교 1 TV의 마지막 조성연도인 2015년 고용자 수가 약 7.3만 명으로 정점에 도달했다. 그 이후 감소하다가 판교 제2 TV가 입주를 시작한 2021년 판교 1 · 2 TV를 합해 약 3.3천 명이 증가했다. 판교 제2 TV에서 일하는 고용자 수가 4.1천 명이므로 판교 1 TV의 고용자 수는 계속 감소하는 추세다.

판교 1 TV의 매출액은 꾸준하게 증가하고 있다. 판교 1 · 2 TV를 합해 2013년 54조 원에서 2021년 109.9조 원으로 2.04배나 증가했다. 판교 1 TV를 보면 2013년 54조 원에서 2014년 69조로 1.28배 성장했다. 그다음으로 성장률이 높았던 기간은 2018~2019년으로 1.23배가 증가했다. 그 이후부터는 성장세가 둔화되었다.

기업 규모별로는 중소기업이 압도적이다. 2017년 1,101개(86.7%)에서 2021년 1,487개(87.6%)로 증가했다. 동일기간 동안 대기업도 45개(3.5%)에서 64개(3.8%)로 늘었다. 중견기업과 기타기관은 개수는 증가했지만, 비중이 약간 감소했다. 중견기업은 82개(6.5%)에서 97개(5.7%)로, 기타기관도 42개(3.3%)에서 49개(2.9%)로 변화했다.

판교 TV의 임직원은 2030 세대가 약 $\frac{2}{3}$를 점유할 정도로 젊다. 그러나 조금씩 고령화가 진행되고 있다. 2030 세대는 2018년 66.1%였으나 2021년에는 62.8%로 줄었다. 40대는 26.2%에서 28.3%로 증가했다. 50대 이상도 7.6%에서 8.9%로 늘었다.

※ 단위 : 기업 수(개), 고용자(명), 매출액(조 원)

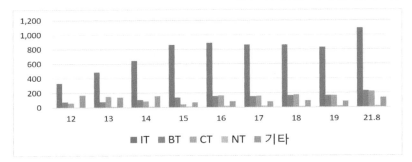

(a) 2012~2021년 판교 1 · 2 TV 업종별(IT/BT/CT/NT/기타) 기업 수 변화추이

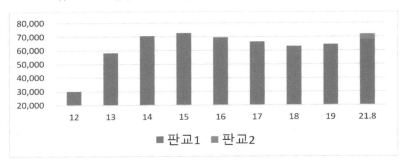

(b) 2012~2021년 판교 1 · 2 TV 고용자 변화추이(2016/2017년 추정치)

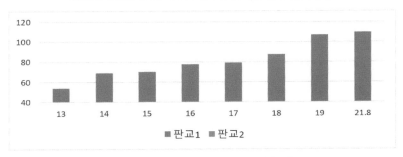

(c) 2013~2021년 판교 1 · 2 TV 매출액 변화추이

〈그림 6〉 판교 1 · 2 TV의 연도별 기업 여건 변화*

---

* 각 년도 판교테크노밸리 실태조사 결과(인포그래픽스), 경기도 경제과학진흥원; 2. 정선양 외,
2016, "혁신 클러스터의 성과 영향요인에 관한 실증연구 : 판교테크노밸리 사례를 중심으로," 「기
술혁신학회지」 제19권 제4호 pp. 861 〈표 4〉.

여러 문제에도 불구하고 판교 TV는 성공적이다. 2천 개의 벤처기업을 유치하겠다는 목표는 달성하지 못했다. 그러나 판교 1·2 TV의 2021년 총매출액 109.9조 원은 우리나라 국내 총생산액(GDP)의 약 5.3%에 달한다. 총 7.2만 명의 고용자 중에서 2030 세대가 약 $\frac{2}{3}$를 점유한다. 현재 많은 지역이 판교 TV를 벤치마킹해 제2의 판교 TV라고 선전한다. 그러나 판교를 제대로 이해한 곳은 없다.

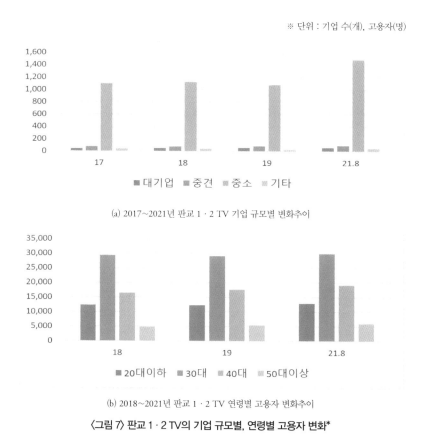

※ 단위 : 기업 수(개), 고용자(명)

(a) 2017~2021년 판교 1·2 TV 기업 규모별 변화추이

(b) 2018~2021년 판교 1·2 TV 연령별 고용자 변화추이

〈그림 7〉 판교 1·2 TV의 기업 규모별, 연령별 고용자 변화*

---

* 　각년도 판교테크노밸리 실태조사 결과(인포그래픽스), 경기도 경제과학진흥원.

게임 춘추전국시대

판교 TV에서 게임산업은 상당한 비중을 차지하고 있다. 따라서 우리나라 게임산업의 성공과 실패는 판교 TV의 성장과 침체에 크게 영향을 미친다. 판교 1 TV의 조성이 마무리되던 2014년 9월 경기도의 싱크 탱크인 경기개발연구원(현 경기연구원)에서 『경기도 창조경제, 게임산업에서 길을 찾다』 정책보고서와 보도자료를 발간했다. 보고서는 한국의 게임산업이 세계 게임 시장의 6.3%를 점유해 우리나라가 민간주도로 글로벌 시장에서 성공한 거의 유일한 지식서비스산업이라고 주장했다. 온라인게임은 세계시장의 28.6%를 점유해 중국에 이어 세계 2위의 수준이라고도 했다.

보고서는 전체산업과 경기도에 대한 게임산업의 중요성을 강조했다. 2013년 기준으로 우리나라의 코스피/코스닥에 상장된 게임산업 매출의 84.7%와 수출의 70.6%를 경기도가 점유했다. 2009년부터 4년 동안 게임산업에 종사하는 고용자는 연평균 21.0%가 증가해 전 산업 평균 증가율인 3.1%보다 약 7배나 되었다. 고용자의 85.2%가 40대 미만이고, 60.1%가 대졸 이상의 젊은 고학력자로 전문직 일자리 창출 기여도가 높았다. 판교 TV에는 매출 상위 10대 게임 기업 중 7개 기업이, 특히 상위 5대 기업이 모두 입주해 약 23조 원의 매출과 약 6천억 원의 수출을 이룩했다.

보고서는 한국 게임산업의 성공 요인으로 3가지를 들었다. 첫째는 우수한 젊은 인재 중심의 학습커뮤니티가 형성된 것과 개방적 지식생태계가 발전한 것을 들었다. 둘째로는 초고속인터넷, PC방 등을 활용한 부분 유료화와 소액결제 등 혁신적인 비즈니스모델을 창출한 것을 지적했다. 마지막으로 정부가 정책개입을 최소화해 시장주도형 비즈니스 생태계가 형성되었다고 했다.

게임산업의 성공으로 인한 4가지 파급효과를 제시했다. 첫째, SW, 애니메이션, 캐릭터 등으로 비즈니스가 확산된다. 둘째, 선도적 게임 기업들이 창조인력과 기업의 사관학교 역할을 한다. 셋째, 게임산업의 창조경제 유전자가 타 분야로 복제된다. 넷째, 문화적 자신감이 확보되어 창조경제 발전에 긍정적으로 기여한다.

보고서에서는 "세계 게임산업을 선도하는 글로벌 시장 타깃 전략을 강화"하기 위해 수출 대상국 다변화, 중국 업체와의 경쟁 해결, 개발 초기 글로벌 전략을 통한 시장 주도권 확보, e스포츠 등으로의 게임산업 외연 확대를 제시했다. 또한, 인문·사회과학적 지식과 공공목적을 접목한 기능성 게임을 발전시켜 게임의 가치를 재정립하고 문화 자원화하는 방안도 제안했다. 판교 TV에 게임의 거리와 e-스포츠 스타디움을 건설해 한국 게임산업의 글로벌 도약을 위한 플랫폼과 공간을 제공할 것도 추천했다.

경기연구원의 e-스포츠 스타디움에 대한 정책 건의는 5년 후 실현되었다. 2019년 경기 'e-스포츠 전용 경기장' 조성사업이 분당구 삼평동 판교 1 TV의 환상어린이공원 부지에서 약 7천m^2의 면적으로 추진되었다. 국내 최초의 중대형 규모 'e-스포츠 전용 경기장은 건축면적 약 3.3천m^2, 연면적 8.9천m^2의 지상 4층/지하 1층 건물이었다. 400석 규모의 주경기장과 50석 규모의 보조경기장에 100석의 피시방, 스튜디오, 선수 전용공간이 계획되었다. 사업 기간은 2019년부터 2024년까지였다. 사업비는 도비 100억 원과 시비 293억 원을 합한 예산 393억 원이 마련되었다.

〈그림 8〉 경기 e-스포츠 전용 경기장 신축설계 당선작 조감도*

　성남시는 2020년 12월부터 2021년 3월까지 진행된 e-스포츠 전용 경기장에 대한 설계작 공모 기간을 가졌다. 응모한 7개 업체의 작품 중에서 ㈜디엔비파트너스 건축사사무소의 설계작 'D:wave(디:웨이브)'가 당선작으로 선정되었다. 성남시는 e-스포츠 전용 경기장을 완공하면 인기 e-스포츠 대회와 함께 가족 단위 시민들이 게임 경기에 참여할 수 있는 '성남 e-스포츠 페스티벌', 소규모 자본 창작자들의 '성남 인디 게임 대회' 등 각종 e-스포츠 관련 행사를 개최한다고 발표했다. 〈그림 8〉은 경기 e-스포츠 전용 경기장 신축설계 당선작의 조감도다.

　경기도에는 게임 대기업뿐만 아니라 중소 게임업체가 많다. 코로나 19가 발생하기 전인 2019년 기준으로 경기도에서 인허가를 받은 게임물 제작업체는 1,150여 개나 되었다. 경기도에 입지한 게임물 배급업체는 550여 개였다. 우리나라에는 2022년 8월 기준으로 총 34개의 게임회사가 코스피와 코스닥에 등록되어 있다. 그중에서 판교 TV에 입지한 기업은 위메

---

* 　성남시, 「성남시 전국 최초 'e-스포츠 전용 경기장' 신축 설계작 선정」, 2021년 3월 31일 보도자료

이드, 위메이드맥스, 위메이드플레이, 웹젠, 네오위즈홀딩스, 네오위즈, 카카오게임즈, 플레이위드, 엔씨소프트의 9개다. 넥슨게임즈는 판교 TV와 강남 양쪽에 입지하고 있다. 크래프톤은 2021년 6월 판교에서 강남으로 사옥을 이전했다. 조이시티와 넵튠, 썸에이지는 판교 TV 인근에 입지해 있다.

엔씨소프트는 코스피에 상장한 4개의 게임업체 중에서 유일하게 판교 TV에 위치하고 있다. 1997년에 설립된 엔씨소프트는 2000년 6월에 코스닥에 등록했고, 2003년 5월에 코스피로 이전했다. 2021년 2월에는 주가 1백만 원을 넘어선 적도 있으나 현재는 30~50만 원대에 머물러있다. 시가총액 8~10조 원대의 규모로 코스피 40~50위권에 있다. 시가총액 규모로 코스피 게임업체 중에서는 크래프톤 다음의 2위이다.

판교 TV에서 시가총액이 1조 원을 넘는 게임업체는 카카오게임즈와 위메이드, 넥슨게임즈의 3개가 있다. 카카오게임즈는 약 4.4~5조 원대로 코스닥 5위권 안에 있다. 위메이드는 시가총액 약 2~3조 원대로 코스닥 10위권 전후에 있다. 넥슨게임즈는 1.5~1.7조 원대로 코스닥 20위권에 있다. 판교 TV에 입지한 위메이드맥스와 웹젠, 네오위즈는 시가총액 7천억 원 내외를 기록하면서 코스닥 80~100위권에 있다.

위메이드플레이는 시가총액이 약 3천억 원대로 코스닥 250~300위권이다. 시가총액이 약 3천억 원 내외인 네오위즈홀딩스는 코스닥 300위권에 있다. 시가총액이 7백억 원에서 1.2천억 원에 불과한 플레이위드는 코스닥 순위가 800위권에서 1,000위 밖으로 추락했다. 여러 가지 요인으로 우리나라의 게임산업은 전반적으로 정체 상태에 있다. 메타버스로 극복하려하나 쉬운 문제가 아니다.

아웃사이더 대통령의 "미국 우선주의" 정책

2016년 11월 8일에 실시된 제58차 미국 대통령 선거에서 많은 사람들의 예상을 깨고 사업가 출신인 공화당 도널드 트럼프 후보가 미국의 45번째 대통령으로 당선되었다. 그는 전체 투표수에서는 민주당의 힐러리 클린턴 후보에게 48.2% 대 46.1%로 뒤졌으나 확보한 선거인단 수가 304명 대 227명으로 앞서 승리했다. 미국 대선에서 전체 투표수에서 지고 선거인단 투표에서 승리한 다섯 번째 대통령 당선인이 된 것이다. 2017년 1월 20일 미국 정계에서 아웃사이더였던 트럼프 대통령의 임기가 시작되었다.

트럼프 대통령은 "미국 우선주의(America First)"와 "힘을 통한 평화(Peace through strength)"라는 새로운 국가안보전략을 선언했다. 그는 대통령 취임사에서 미국 우선주의, 미국 군사력 재건, 불공정 무역행위 시정, 미국 노동자들의 일자리 창출을 강조했다. 그는 또 미국의 안보를 위협하는 도전을 용납하지 않고, 세계 주요국과의 무역 전쟁을 감수하겠다고 했다. 트럼프 행정부의 새 안보전략은 미국 본토 보호와 미국의 번영 촉진, '힘을 통한 평화' 유지, 미국의 영향력 강화에 초점을 맞췄다. 트럼프 대통령은 증가하는 미국의 군사비 지출을 비판하고. 유럽과 태평양 지역에서 미국의 군사비 지출을 줄이려고 했다.

판교 TV에는 방위산업에 속하는 한화에어로스페이스, 한화테크윈, 한화시스템 판교연구소, LIG넥스원 R&D 센터가 있다. 2016년 11월 미국 대통령 선거에서 '트럼프 리스크'가 가시화되자 자주국방을 위한 예산이 증가할 것으로 예상한 방위산업주가 강세를 보였다. 트럼프 대통령의 당선이 확정되자 한반도의 지정학적 리스크가 높아질 것으로 우려해 코스피/코스닥 지수가 폭락했는데도 한화테크윈과 LIG넥스원 주가는 상승했다. 한화에어로스페이스는 2015년 1월부터 2016년 10월까지 거의 3배 가까이 오른 후 하강했다. 2017년 1월부터 2021년 1월까지 트럼프 대통령 임기 동안 방산주들은 롤러코스터를 타게 되었다.

트럼프 대통령 임기 초기에는 북한과의 갈등이 있었다. 곧 김정은 북한 국무위원장과의 직접 대화가 진행되었다. 2018년 6월 12일 싱가포르에서 북미 정상회담을 한 후 트럼프 대통령은 한국군과의 합동 군사훈련을 중단했다. 주한미군을 철수하고 싶다고도 말했다. 2018년 8월 미국 상원은 주한미군 철수가 북한과의 비핵화 협상안이 되지 않도록 확정해야 했다. 미군 예산안을 승인하면서 2.2만 명의 주한미군을 감축하지 못하도록 못을 박았다.

미국 공군의 고등훈련기(T-X) 교체사업에 한국항공우주-록히드마틴 컨소시엄이 2018년 8월 T-50A로 최종제안서를 제출했다. 한국항공우주와 함께 항공기 엔진부품을 제작하는 한화에어로스페이스의 주가가 상승했다. 그러나 한 달 후 최종승자로 미국 보잉-스웨덴 사브 컨소시엄이 발표되자 한국항공우주의 주가는 26%나 급락했다. 2016년 10월 정점에서 이미 60%가 떨어진 한화에어로스페이스 주가는 횡보했다. 한화그룹 방산체계는 2019년 한화시스템의 코스피 입성으로 좌우 날개를 확보해 이륙을 준비한다.

2022년 판교 TV에 입지한 방위산업 업체들에 뜻밖의 기회가 찾아왔다. 러시아가 우크라이나를 침공해 한국산 방산무기에 대한 세계 수요가 폭발적으로 증가했다. FA-50 경공격기와 K9 자주포, 전차, 장갑차를 포함한 K-방산이 새로운 수출을 견인하고 있다.

플랫폼 기업 네이버와 카카오의 용호상박

"지금 이 순간 시장은 이미 플랫폼이 지배하고 있다." 플랫폼 경제 전문가인 보스턴대 마셜 W. 밴 앨스타인*Marshall W. Van Alstyne* 교수와 플랫폼 싱킹 랩스의 상지트 폴 초더리*Sangeet Paul Choudary* 설립자, 다트머스대 제프리 G. 파커*Geofrey G. Parker* 교수가 2016년 공저로 저술한 『플랫폼 레볼루션 : 4차 산업혁명 시대를 지배할 플랫폼 비즈니스의 모든 것』에서 제1장 제목으로 쓴 문장이다. 그들은 플랫폼이 사용자들을 연결해 상품과 서비스, 사회적 통화를 서로 교환할 수 있도록 함으로써 모든 참여자가 가치를 창출할 수 있게 한다고 말했다. 플랫폼의 출현으로 교육, 미디어, 채용부문에서 의료, 에너지, 정부 부문에 이르기까지 경제와 사회 전반에서 변화가 발생하고 있다고 주장했다.

우리나라에서 이 말을 실천하고 있는 기업들이 대표적인 플랫폼 기업인 네이버와 카카오다. 네이버는 1999년 6월 이해진 대표가 검색포털 '네이버'를 서비스하는 (주)네이버컴을 삼성SDS에서 독립해 출범했다. 카카오는 김범수 대표가 2010년 2월 아이위랩을 통해 실시간 그룹형 커뮤니티 서비스인 마이크로카페 '카카오 아지트'를 공개하고, 3월 18일 아이폰용 모바일 메신저인 카카오톡을 앱스토어에 등록해 여정을 시작했다. 카카오는 1995년에 설립한 다음커뮤니케이션과 2014년 합병하면서 다음카카오로 회사명을 바꾸었고, 한 해 뒤에 다시 카카오로 돌아왔다.

네이버는 코스닥 상장심사에서 2번 탈락한 후 2002년 10월 NHN으로 코스닥에 상장해 시가총액 3.2천억 원의 상장기업이 되었다. 코스닥에 등록한 후 주가가 상승해 2007년 10월에는 시가총액이 14조 원을 넘을 정도로 기업가치를 키웠다. 그러나 2007년 금융위기 때 외국인들이 빠져나가 장기간 하락하면서 2008년 11월 27일 코스피로 이전할 때에는 시가총액 5.6조 원으로 감소했다.

카카오는 다음커뮤니케이션과 합병해 코스닥에 입성했다. 다음커뮤니케이션은 IMF 사태 이후 개인투자자들의 주도적인 참여로 활성화된 코스닥시장에 1999년 11월 11일 등록했다. 다음커뮤니케이션은 코스닥 등록 후 주가가 33.5배가 상승해 연말 종가를 365만 5천2백 원으로 마감했다. 다음커뮤니케이션이 시도한 예술사이트, 패션사이트, 커뮤니티 사이트, 영화 웹진 서비스, 여행 정보서비스 등의 사업은 크게 효과가 없었다. 무료 이메일 서비스가 IMF 이후 급격하게 호응을 얻어 기업 입지를 다졌다. 그 후 검색엔진 서비스와 뉴스 서비스를 도입해 종합 포털사이트로 거듭났다. 그런데 2003년을 기점으로 네이버에 밀리기 시작했다.

다음커뮤니케이션은 2005년 코스피 시장으로 이전을 추진했으나 실패했다. 카카오는 2014년 10월 1일 다음커뮤니케이션이 카카오를 인수하는 형식으로 합병해 코스닥에 우회상장을 한 후 2015년 회사명을 카카오로 변경했다. 카카오는 2017년 4월 코스닥시장에서는 제대로 된 평가를 받기 어렵다고 코스피로 이전상장을 검토한다고 발표한 후 결국 7월 10일 코스피로 이전했다.

우리나라의 공정거래위원회는 2022년 5월 기준으로 우리가 재벌이라고 부르는 상호출자제한집단 47개와 공시대상기업집단 29개를 합한 76개 대규모 기업집단을 지정했다. 기업집단이란 동일인이 단독으로 또는 동일인 관련자와 합하여 당해 회사 발행주식(우선주 제외)의 30% 이상을 소유하고 최다 출자자로 사실상 사업내용을 지배하는 회사의 집단을 의미한다. 대기업집단의 자산이 5조 원을 넘기면 공시대상기업집단으로 지정해 사익 편취와 일감 몰아주기 등 관련 규제를 강화한다. 자산이 10조 원을 초과해 상호출자제한기업집단으로 지정되면 기존 공시대상기업집단 규제에 추가로 상호출자와 순환출자, 채무보증이 금지되며 금융·보험사 의결권이 제한되어 지배구조 관련 규제가 강화된다.

공정거래위원회는 2016년 4월 카카오를 상호출자제한집단으로 지정했다. 한 해 뒤인 2017년 9월부터 2018년까지는 카카오와 네이버를 공시대상기업집단으로 지정했다. 2019년 5월부터 2020년 5월까지 네이버는 공시대상기업집단에 남았으나 카카오는 상호출자제한집단으로 변경되었다. 2021년 5월 네이버가 상호출자제한집단으로 변경된 후 2022년 5월에도 그대로 유지되었다.

네이버와 카카오는 현재 공정거래위원회가 지정한 상호출자제한집단이다. 게임기업인 넷마블과 넥슨이 상호출자제한집단으로, 쿠팡이 공시대상기업집단으로 함께 지정되어있다. 〈그림 9〉는 카카오의 전신인 다음커뮤니케이션이 코스닥에 등록한 1999년 11월 11일부터 2022년 7월 21일까지 약 23년 동안 주가를 도표로 나타낸 것이다. 네이버는 2002년 10월 29일에 코스닥에 합류했다.

이 기간 동안 외부여건 변화를 제외하고. 내부적으로 네이버에서는 5번, 카카오에서는 3번의 큰 변동이 있었다. 2006년 7월 18일 네이버의 전신인 NHN 주가가 약 $\frac{1}{3}$로 급락했다. 열흘 전인 7월 9일 네이버와 한게임에서 발생한 장애 사고에 6시간 가까이 대응하지 못해 한국IBM의 IT 아웃소싱 서비스 안전성이 문제가 되었다. 사고 발생 시점에서 지난 2년 동안 총 5번의 사고가 발생했다. 주식은 6일간의 개장일을 건너뛰고 7일째 거래가 가능했다.

횡보하던 NHN 주가는 2013년 8월 29일 NHN이 네이버로 사명을 변경하고 게임사업을 분리하자 급상승했다. 2016년 7월 14~15일 네이버 라인이 미국과 일본 증시에 상장되자 상승세를 탔다. 네이버가 2018년 10월 12일 1주당 가액을 1/5로 액면분할을 한 후 주가는 상승세로 돌아섰다. 2020년 2월 27일 보통주 55만 주 소각을 결정하고 3월 12일 주식 수를 공시하자 주가는 급상승했다.

카카오는 2014년 5월 26일 다음커뮤니케이션과 카카오가 합병하자 주가가 약간 상승했다. 횡보하던 주가는 2020년 3월부터 급상승했으나 2021년 4월 15일 1주당 가액을 1/5로 액면분할을 한 후 하강추세다. 2022년 2월 24일 3.2백만 주의 자기주식 소각을 결정했으나 주가는 계속 하강하고 있다.

네이버는 2016년 이후 코스피에서 꾸준하게 10위권 안의 순위를 유지하고 있었다. 카카오는 40위권이었다. 그러나 코로나 19가 발생하자 플랫폼 기업으로서의 장점이 부각되었다. 두 기업은 코스피 5위권 안에 들었고, 지금도 10위권 안에 속한다.

〈그림 9〉 1999.11~2022.7 카카오와 네이버의 주가 변화추이*

---

* 네이버 금융의 〈일별 시세〉 데이터

열탕과 냉탕을 오가는 판교 TV 기업들의 기업공개

경기도와 경기지방공사(현 경기주택도시공사)는 「판교 택지개발지구 내 도시지원시설 판교테크노밸리 공급공고」를 세 차례 게재했다. 공고한 전체 34개 필지를 대상으로 263개 기업·기관이 계약대상자로 선정되었다. 2022년을 기준으로 금융기관을 제외한 248개 기업·기관 중에서 71개가 상장기업이다. 코스피 등록기업이 14개, 코스닥이 55개, 코넥스가 1개, 일본 상장기업이 1개다.

판교 TV의 71개 상장기업 중에서 세 차례의 매각공고가 완료된 2011년부터 코로나 19가 확산하기 전인 2020년 2월까지 10년 동안 코스피/코스닥/코넥스에 상장한 기업은 총 20개다. 코스피 등록기업이 7개, 코스닥이 12개, 코넥스가 1개다. 〈그림 10〉은 판교 TV에서 2011년~2020년 동안 연도별로 상장한 기업 수를 나타낸 도표다. 입주기업들의 매출액이 급증하던 2013~2018년에 가장 활발했다.

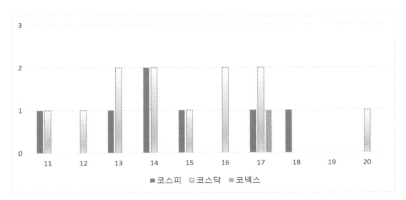

〈그림 10〉 2011~2020년 동안 판교 TV에서 상장한 기업 수*

---

* 네이버 금융의 국내증시 정보

2011년부터 2020년까지 코스피에 상장된 7개의 판교 TV 기업들은 두 그룹으로 나뉜다. 2011~2014년까지의 5개는 기존 상장기업들에 변화가 발생해 재상장한 것이다. 2015~2017년 상장한 2개 기업은 기업공개를 통해 코스피에 들어왔다. 삼양사는 1968년에 상장했으나 지주회사인 삼양홀딩스와 식품·화학 사업회사인 삼양사, 의약·바이오 사업회사인 삼양바이오팜으로 분할해 2011년 12월 5일 재상장했다. 엔에이치엔(NHN)도 회사 분할을 결정하고, 한 달간의 거래정지 기간을 거친 후 2013년 8월 29일 존속법인인 '네이버'와 분할법인인 'NHN엔터테인먼트'로 재상장되었다.

2002년 코스닥에 등록해 2006년 코스피로 이전 상장한 코스맥스는 2014년 회사를 분할했다. 한 달간의 거래정지 기간을 거친 후 2014년 4월 7일 존속회사인 코스맥스비티아이와 화장품 신생회사인 코스맥스로 분리해 재상장했다. 자동차부품회사인 만도는 2000년 한라그룹의 부도로 상장 폐지되었다가 2010년 5월 코스피에 다시 들어왔다. 만도는 2014년 10월 6일 지주회사인 한라홀딩스와 사업회사인 만도로 분할해 재상장했다. SK케미칼은 기존 법인이 지주회사 SK디스커버리가 되면서 신설되는 사업회사가 기존 사명을 받아 2018년 1월 5일 재상장한 회사다. 2021년에는 백신사업부가 SK바이오사이언스로 분할해 코스피에 상장되었다.

LIG그룹 계열의 방위산업체인 LIG넥스원은 방산비리 수사로 기업공개가 쉽지 않았다. LIG넥스원은 공모청약 경쟁률이 부진했으나 2015년 10월 2일 코스피에 상장되었다. 2012년 상장심사에서 승인이 보류된 임플란트용 인공치아 전문업체인 덴티움은 분식회계 논란에도 휩싸였으나 2017년 3월 15일 코스피에 상장되었다.

코스닥과 코넥스에 입성한 기업들은 일부를 제외한 대부분이 기업공개

(IPO)를 통했다. LTE망으로 유선전화와 휴대전화, 개인용 컴퓨터를 연결하는 서비스 프로그램을 만들고, 이를 SK텔레콤을 비롯한 이통3사와 공공기관에 공급하는 업체인 네이블커뮤니케이션즈는 2012년 7월 19일 기업공개를 통해 코스닥시장에 입성했다. 제약용 특수효소 및 효소 기반 바이오 신소재 전문업체 아미코젠은 기술성 심사를 통과해 2013년 9월 12일 코스닥에 상장되었다.

코스닥 상장업체 씨앤텔은 유전자 벡터 설계기술과 내분비 호르몬 연구를 통해 당뇨, 호르몬, 항암치료용 신약을 개발하는 바이오벤처인 내츄럴엔도텍의 경영권을 인수해 계열회사로 만들었다. 내츄럴엔도텍은 2013년 10월 31일 코스닥시장에 신규 상장했다. 공인인증서와 공개키 기반구조(PKI) 솔루션 개발 · 공급 업체인 한국정보인증은 2014년 2월 4일 코스닥에 상장되었다. 체외진단 서비스업체인 랩지노믹스는 2014년 12월 16일 기업공개를 했다.

코넥스 시장에서 우량기업으로 주목받았던 반도체 테스트 장비 제조업체인 엑시콘은 2015년 10월 22일 코스닥으로 이전 상장했다. 1959년 설립되어 첩부제 전문 OTC(Over The Counter) 제조 · 판매 기업으로 성장한 '파스 명가' 신신제약은 2017년 2월 28일 코스닥에 상장했다. 1990년 설립한 AI와 빅데이터 전문기업인 위세아이텍은 2018년 코넥스에 신규 상장한 후 2020년 2월 10일 코스닥시장으로 이전 상장했다.

판교 TV에서 2011~2020년 동안 코스닥에 재입성한 기업들도 있다. 디지털 보안장비업체로 2001년 코스닥에 상장한 아이디스는 투자사업을 담당할 아이디스홀딩스와 디지털 보안장비사업을 담당할 아이디스로 분할해 2011년 9월 26일 재상장되었다. 삼성전자, SK하이닉스 등 반도체 업체에 관련 장비를 납품하는 원익IPS는 2016년 5월 2일 원익홀딩스와 분할해 코스닥에 상장했다. 통신 및 방송 장비 제조업체인 유비쿼스는 2009년 1월 23일 코스닥에 상장했고, 2017년 3월 31일 지주사인 유비쿼스홀딩스와 네트워크 장비 관련 사업법인인 유비쿼스로 분할해 재상장했다.

1965년 설립된 휴온스는 2006년 12월 19일 코스닥시장에 기업 공개해 상장한 후 2016년 6월 3일 투자, 보톡스 및 브랜드 사업을 하는 휴온스글로벌과 의약품 제조사업을 하는 휴온스로 분할해 재상장했다. 휴온스글로벌은 판교 2 TV인 창조경제밸리 특별계획구역(I-Square) 내 C2 블록의 약 $\frac{1}{4}$인 5천여m^2 부지에 지상 10층, 지하 5층 규모의 건물을 신축해 입주했다. 2007년 설립된 반도체·디스플레이 검사장비기업인 루켄테크놀러지스는 2017년 7월 25일 코넥스에 상장했다. 현재 소부장(소재·부품·장비) 특례로 코스닥 이전상장을 준비하고 있다.

2011~2020년에 상장·재상장한 판교 제1·2 테크노밸리 입주기업들은 국내외 경제여건, 기업 내부 문제, 기업의 발전전략 등에 따라 부침이 있었다. 그러나 전반적으로는 판교 TV 개발이 안정화되고, 기업 매출액이 증가하면서 상장·재상장에 도움을 받았다. 코스피 기업들은 2개를 제외한 다수가 지주회사와 사업회사 간 분할로 인한 재상장이었다. 신규 상장 기업들은 기업 내부 문제가 있었으나 기업공개에 성공했다. 반대로 코스닥·코넥스 입성 기업들은 약 $\frac{2}{3}$인 9개 기업이 신규 상장이었다. 4개 기업만 기업 분할로 인한 재상장이었다. 기업공개를 준비하던 판교 TV 기업들은 2020년 1월 외부로부터 새롭고 강력한 기업환경 변화를 맞이하게 된다. 바로 코로나 19다. 다음 장에서 판교 TV의 대응을 다룬다.

8. 진화(進化)

코로나 19가 연 새로운 세상

　코로나 19로 인해 우리는 모두 현재 새로운 세상을 경험하고 있다. 판교 TV에 위치한 기업들도 예외가 아니다. 그들은 1990년 독일 록 밴드인 스콜피언스*Scorpions*가 노래한 '변화의 바람*Wind of Change*'이 불어오는 시대를 맞이해 변신에 몸부림치고 있다. 시작은 2020년 1월 20일 인천공항검역소였다. 2019년 12월 1일 코로나 19가 최초로 발견되어 보고된 중국 우한시에서 입국한 사람들을 검역하는 과정에서 질병관리본부가 신종 코로나바이러스 감염증 검사를 시행한 결과 확진자가 발견된 것이다. 우리나라는 24시간 비상대응체계가 확대 가동되었다. 그러나 코로나 19 확진자가 서서히 증가하기 시작했다. 우리는 코로나 19 세상에 진입했다.

　처음에는 대부분의 사람들이 코로나 19의 심각성을 잘 알지 못했다. 세계보건기구(WHO)는 발견이 보고된 지 한 달이나 지난 1월 9일 그 원인으로 코로나바이러스과에 속하는 RNA 바이러스 병원체(SARS-CoV-2)를 지목했다. 중국 정부는 우리나라에서 발견되고 하루가 지난 1월 21에야 코로나 19의 사람 간 감염 가능성을 공식적으로 인정했다. WHO는 1월 30일 '국제적 공중보건 비상사태(PHEIC)'를 선포했다. 우리나라의 코스피/코스닥 지수는 약간 떨어졌지만, 곧 회복되었다. WTO가 한 달 반이 지난 3월 11일 홍콩독감(1968), 신종플루(2009)에 이어 사상 세 번째로 팬데믹(세계적 대유행)을 선포하자 상황이 달라졌다. 〈그림 11-a〉와 〈그림 11-b〉에서 보듯이 8일 후인 3월 19일 코스피 지수는 1,457.64로, 코스닥 지수는 428.35로 둘 다 급락했다.

전 세계 사망자 수가 30만 명에 근접하자 지구촌은 '셧다운(폐쇄)'과 '록다운(이동제한)'으로 경제 대공황의 공포에 떨었다. 기업의 위험과 미래를 거래하는 주식시장에서 곧 패닉이 빠르게 진정되었다. 코스피/코스닥시장에서 주식을 사겠다는 수요가 몰리자 주가가 상승했다. 각국 정부가 코로나19로 인한 경제위기를 방어하기 위해 상당한 돈을 풀자 주가는 코로나19 발생 이전보다 더 상승했다. 코로나19가 산업구조 재편을 촉진하면서 새로운 세상에서 수혜를 입을 산업들과 경쟁에 불리한 산업들의 주가가 요동쳤다. 그러나 주식시장과 실물경제 간에는 간격이 컸다. 〈그림 11-c〉에서 확인하듯이 주요 국제유가 중 하나인 서부텍사스산 원유(WTI) 가격은 2020년 4월 20일 -37.63달러라는 전무후무한 가격을 기록한 후 반등했지만, 주가와 달리 상승추세가 완만했다.

코로나19는 상황이 진행되면서 산업과 기업의 양극화를 심화시켰다. 코로나19의 발생 초기에는 마스크, 방역물품과 같은 보건 용품 제작업체들이 주목받았다. 폐쇄와 이동제한이 발생하자 배달 플랫폼, 이커머스, 게임, 화상회의 관련 기업 주가가 상승했다. 사망자가 증가하자 특수 의료장비와 백신 업체가 수혜를 입었다.

(a) 2020.1.20~2022.8.26 동안 코스피 일별 시세 변화추이

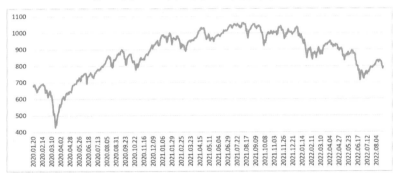

(b) 2020.1.20-2022.8.26 동안 코스닥 일별 시세 변화추이

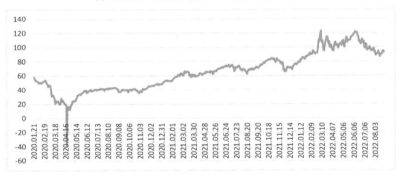

(c) 2020.1.20-2022.8.26 동안 WTI(서부텍사스유) 일별 시세 변화추이

〈그림 11〉 한국에서 코로나 19 발생 후 코스피, 코스닥, WTI 시세*

---

*   네이버 금융 코스피, 코스닥, WTI(서부텍사스유) 일별 시세 자료

코로나 19로 큰 타격을 입은 산업들도 나왔다. 여행, 호텔, 항공, 정유, 조선과 같은 이동과 관련된 산업이 피해자가 되었다. 백화점, 레스토랑, 마트와 같이 대면 활동이 수익에 중요한 산업들에서도 심각한 피해가 발생했다. 건설, 화장품, 레저, 엔터테인먼트를 포함해 외부활동과 관련된 산업들도 경쟁력이 약화되었다.

코로나 19로 인해 기업들은 산업구조 전환의 임계점을 넘어섰다. 판교 TV에 입주한 기업들도 기업 여건이 좋아지는 측과 악화하는 측으로 갈렸다. 판교 TV는 IT, BT, CT, NT 산업에 속하는 기업들의 유치를 목표로 했기 때문에 다른 지역보다 상대적으로 수혜를 입는 기업들이 많았다. 중국 판호 문제로 어려움을 겪던 엔씨소프트, 넥슨, 위메이드, 웹젠, 네오위즈, NHN, 스마일게이트, 아프리카TV 등과 같은 게임 · 엔터테인먼트 기업들은 역대 최고의 매출을 올리며 고공 행진했다. 사람들이 집에 머물게 되면서 게임과 인터넷 방송에 대한 수요가 증가했기 때문이다.

페이코 서비스를 제공하는 NHN, 한국정보인증과 같은 판교 TV가 있는 이커머스 관련 기업들도 수혜자가 되었다. 셧다운과 록다운으로 비대면 거래가 급증하자 온라인 전자상거래를 결제하기 위한 간편 결제 서비스 수요가 폭증했기 때문이다. 온라인 결제 헤게모니는 오프라인 결제시장으로까지 확대되었다.

판교 TV에는 코로나 19의 진정한 승자들이 더 있다. 혁신의 기회를 포착한 기업들은 코로나 19라는 위기를 통해 한 단계 더 진화하고 있다. 도시혁신지구를 품은 테크시티의 기업들은 위기와 경제침체라는 '죽음의 계곡'을 맞이해서 새로운 세상을 연다. 우리는 전환기를 통과하면 진정한 승자를 목격하게 될 것이다.

코로나 19 치료제와 백신 개발 경쟁

"우리가 진정 두려워해야 하는 것은 두려움 그 자체다." 이 말은 미국의 제32대 프랭클린 루스벨트 대통령이 했다. 우리나라에 코로나 19가 전파된 후 사람들은 곧 두려움에 빠졌다. 코로나 19의 치료제와 백신이 없었기 때문이다.

2022년 현재까지 모두 일곱 번의 글로벌 대유행이 발생했다. 첫 번째 대유행은 2020년 3월 전후였다. 2020년 6월부터 미주와 동남아시아를 중심으로 2차 대유행이 발생했다. 제3차 대유행은 2020년 10월부터 2021년 1월까지 미주와 유럽에서 진행되었다. 제3차가 잠잠해지자마자 바로 제4차 대유행이 발생했다. 2021년 2월부터 5월까지 동남아시아에서 확산하였다. 2021년 7월부터 10월까지 제5차 대유행이 발생했으나 8월 말부터 잠잠해졌다. 그런데 2021년 12월 중순부터 2022년 4월 말까지 발생한 제6차 글로벌 대유행은 2022년 1월 19일 일일 확진자가 4백만 명을 넘고, 2월 16일 일일 사망자가 1.3만 명을 초과하면서 심각해졌다. 그러나 그 이후 안정단계로 향하고 있다. 제7차 대유행이 2022년 6월부터 진행되고 있지만 일일 확진자와 사망자는 현재 감소추세다.

제1차 글로벌 대유행이 발생하자 우리나라에서는 마스크 대란이 닥쳤다. 보건용 마스크 수요가 폭발적으로 증가하면서 돈 주고도 사기 어려워지자 정부는 마스크 구매를 제한했고, 수출을 금지했다. 음압 구급차, 음압격리병실, 인공호흡기(에크모), 보호 의료장비 등 특수의료 장비를 제작하는 기업들이 주목받았다, 그래도 2020년 8월을 전후해 발생한 제2차 대유행을 잘 극복했다. 2020년 11월부터 2021년 2월까지의 제3차 대유행도 일일 확진자 수가 천 명을 넘어섰지만 일일 사망자는 40명이 정점이었다.

델타 변이로 촉발된 2021년 6월부터 12월까지의 4차 대유행부터 문제가 되었다. 확진자 수가 7.8천 명에 도달했다. 일일 사망자 수도 백 명을 넘었다. 우리나라의 4차 대유행은 5차 대유행으로 이어졌다. 〈그림 12-a〉와 〈그림 12-b〉에서 보듯이 2022년 1월부터 5월까지 전국을 오미크론 BA 1과 BA 2 변이가 강타했다. 2022년 3월 17일 일일 확진자 수 62만 명을 기록했다. 일일 사망자 수도 3월 24일 469명으로 역대 최고가 되었다. 2022년 7월부터 전국에서 오미크론 BA 4와 BA 5 변이로 인해 진행된 6차 대유행은 8월 17일 일일 확진자 18만 명을 기록한 후 성장세가 꺾인 것처럼 보인다. 〈그림 12〉는 우리나라에서 코로나 19가 발생한 2020년 1월 20일 이후 일일 확진자와 사망자 수 변화추이를 보여주는 도표다.

우리나라에서 1차 대유행이 발생한 후 2020년 7월부터 국내 제약·바이오업계가 코로나 19 치료제 개발에 도전했다. 치료제 개발에 막대한 비용이 소요됨에도 불구하고 2022년 7월까지 코로나 19 치료제를 위한 임상시험 승인을 받은 기업이 25개를 넘었다. 시작은 대웅제약(DWJ1248정)이었다. 2020년 말까지 제넥신(GX-17)과 동화약품(DW2008S), 이뮨메드(hsVSF-v13)가 추가로 승인받았다. 부광약품, 엔지켐생명과학, 종근당, 크리스탈지노믹스, 셀트리온, 뉴젠테라퓨틱스, 일양약품, 큐리언트도 참여했다.

2021년이 되자 경쟁에 불이 붙었다. 녹십자웰빙(라이넥주), 한국유나이티드제약(UI030), 텔콘알에프제약(렌질루맙), 신풍제약(피라맥스), 진원생명과학(GLS-1027), 아미코젠파마(AGP600), 제넬셀(ES16001), 대원제약(DWTG5101), 일동제약(S-217622)이 참전했다. 2022년에도 샤페론(HY209주), 현대바이오사이언스(CP-COV03), 바이오리더스(BLS-H01), 에이피알지(APRG64)가 승인을 받았다. 그러나 선진국에서 머크(라게브리오)와 화이자(팍스로비드)라는 치료제를 개발하자 엔지켐 생명과학과 일양약품, GC녹십자, 부광약품, 종근당, 크리스탈지노믹스가 임상 중단을 발표했다.

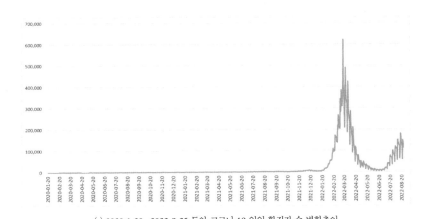

(a) 2020.1.20~2022.8.25. 동안 코로나 19 일일 확진자 수 변화추이

(b) 2020.1.20.~2022.8.25. 동안 코로나 19 사망자 수 변화추이

〈그림 12〉 한국에서 코로나 19 발생 후 일일 확진자와 사망자 수*

---

* 코로나바이러스 감염증-19 홈페이지

문재인 정부는 코로나 19 치료제·백신 개발과 지원을 위해 2020년 2,186억 원, 2021년 2,604억 원의 정부 예산을 편성했다. 셀트리온, 녹십자, 대웅제약, 동화약품, 샤페론의 5개 기업이 치료제 개발을 위해 배정한 1,077억 원을 지원받았다. 모두 판교 TV에 입지하지 않은 기업들이다. 치료제 개발을 마치고 상용화에 성공한 사례는 셀트리온의 렉키로나가 유일했다.

코로나 19 백신은 치료제에 비해 훨씬 개발이 어렵다. 판교 TV 입주 기업 중에서 이수앱지스가 2020년 11월 러시아 국부펀드와 스푸트니크 *Sputnik* V 백신의 위탁생산을 계약했다. 2021년 코스닥에 상장한 SK바이오사이언스는 2022년 식품의약품안전처로부터 국산 1호 코로나 19 백신으로 개발한 '스카이코비원멀티주'에 대한 최종허가를 받았다. 백신 개발에 정부자금이 백억 원 정도 투입된 제넥신은 임상 2/3를 진행하다 2022년 3월 중단했다.

코로나 19 치료제·백신 개발에 대한 판교 TV 기업들의 도전은 현재도 진행 중이다. 진매트릭스를 포함한 4개 기업이 새롭게 참여했다. 진매트릭스의 코로나 19 백신 후보물질 비임상 연구는 2022년 1월 코로나 19 치료제·백신 신약개발사업단의 지원사업으로 선정되었다. 코로나 진단키트를 제작하는 바이오니아도 같은 사업단의 '2022년도 2차 사업'에 흡입형 코로나 19 치료제 비임상 프로젝트를 신청했다. 랩지노믹스와 차바이오텍의 차백신연구소는 2020년부터 코로나 19 백신 개발을 선언했다. 이밖에도 서린바이오사이언스와 옵토레인이 코로나 진단제품을 생산하고 있다. 판교 TV의 BT 기업들은 코로나 19로 희망과 한계를 보았다. 그들의 참여와 좌절, 새로운 도전이 테크시티가 존재하는 이유다.

'디지털 노마드'의 스마트워크 근무선택

대면으로 빠르게 확산하는 코로나 19는 기업들의 근무형태에 영향을 미쳤다. 판교 TV에 입주한 기업들도 예외가 아니었다. 기업의 IT화에 따라 양극화가 커졌다. 재택근무가 보편화된 선진국의 선두 IT 기업들을 따라 판교 IT 기업들은 재택근무나 주 1회 출근, 조기 퇴근, 4+1 근무(주 4일 출근, 1일 재택근무), 3+2 근무(주 3일 출근, 2일 재택근무)와 같은 다양한 근무제를 실시했다. 때때로 코로나 19 상황이 악화하거나 사내에서 확진자 발생이 심각하면 전사 휴무일을 선택했다. 원격근무를 선택하기 어려웠던 상당수의 기업은 그대로 출근해 마스크를 착용하고 근무했다.

2022년이 되자 여러 차례 백신을 접종한 사람들이 증가하면서 업무 정상화를 위해 과거와 같은 사무실 출근이 논의되었다. 선진국에서 애플, 구글, 마이크로소프트, 페이스북, 아마존이 근무방침을 정상화하려고 하자 반발하는 직원들의 목소리가 커졌다. 우리나라에서도 코로나 19로 도입된 재택근무가 기업에 '새로운 업무표준New Normal'으로 자리 잡으며 논란이 확산되었다. 직원들의 출퇴근 시간을 아끼고, 업무효율을 향상하기 위해 우리나라의 정보기술(IT)기업들도 〈표 3〉과 같이 새로운 근무제를 도입했다.

기업에서 재택근무가 확산하면서 집에서 업무수행을 위해 사용한 전기료, 수도료, 통신비 등 각종 비용의 적절한 부담이 새로운 문제로 대두되었다. 젊은 세대가 재택근무를 더 선호하면서 관리자와 실무자 간 세대갈등도 표출되었다. 재택근무를 위한 업무 기기와 장비·소모품 제공, 사무실에서 근무할 때 제공했던 식대와 간식비용과 같은 제반 비용에 대한 지원요구도 기업과 근로자 간 갈등요인이 되었다. 원격근무에 대한 산재보험 적용과 재택근무 수당도 문제로 제기되었다. 쟁점들에 대한 해결책이 요구되었다.

실험적인 근무제가 다양하게 도입되면서 보수가 유사한 고용조건이라면 근무환경과 복지지원이 우수한 기업을 선호하는 분위기가 생겼다. 우수한 직원을 유치하고 지키기 위해 효율적이면서도 선호도가 높은 근무제와 노사갈등이 최소화되는 재택근무 매뉴얼이 개발되고 있다. 코로나 19가 시대전환을 촉발한 것이다.

〈표 3〉 코로나 19 이후 정보기술(IT)회사별 새로 도입하는 근무제[*]

라인	하이브리드 워크 2.0	일본, 대만, 태국, 인도네시아, 말레이시아 등 한국과 시차 4시간 이내 해외지역 근무 가능. 최장 90일.
	하이브리드 워크 포인트	매달 현금처럼 쓸 수 있는 17만 원 상당의 포인트 지급.
우아한 형제들	근무지 자율선택제	미국 뉴욕, 영국 런던 등 시차가 있더라도 근무시간 중 연결돼 업무 할 수 있다면 해외 근무 가능.
	선택적 근로 시간제	주 32시간 기준 월 단위 총 근무시간 내 자율적으로 업무시간 분배.
NHN	마이오피스	매주 금요일 원하는 곳 어디서나 근무 가능.
	오프데이	월 근로시간 내 업무시간 조정해 쉬는 날 설계.
네이버	커넥티드 워크	주 5일 원격근무 'R 타입'과 3일 이상 회사 출근하는 'O 타입'으로 운영. 강원 춘천 연수원에서 최대 4박 5일 근무하는 '워케이션'제도도 도입.
카카오	메타버스 근무제	상시 원격근무 체제 + 주 1회 부서원 만남 권장. 격주 금요일 쉬는 '놀금'제도 도입.

---

* 박현익, 2022, "발리서 석 달 업무, 금요일 격주 휴무…IT 업계 파격 근무제," 동아일보 2022년 7월 18일 자 기사.

‘디지털 노마드’인 MZ세대가 선호하는 스마트워크 근무선택 제도는 우리 사회에 새로운 기대와 갈등을 불러일으키고 있다. 코로나 19 대유행으로부터 직원 안전을 확보하고, 업무를 수행하도록 재택근무가 확산하였다. 우리나라는 사전에 충분하게 준비하지 못한 상태에서 2020년 중반부터 빠르게 스마트워크 근무 사회로 전환되고 있다. 코로나 19가 우리 기업들이 스마트워크 제도를 도입하도록 거대한 에너지를 제공했기 때문이다. 코로나 19로 인한 셧다운과 록다운은 비대면 업무로의 전환과 인프라 구축을 강권했다. 새로운 근무를 기반으로 한 신세계의 문이 열린 것이다.

미국과 같은 선진국에서는 ‘도시혁신지구’를 품은 테크시티 기업들이 이미 이러한 변화를 주도하고 있었다. 애플, 구글, 페이스북과 같은 테크 자이언트들과 스타트업 유니콘들은 신입직원에 대한 모집 공고에서부터 사옥근무와 재택근무를 표기하는 경우가 많다. 물론 재택근무라고 회사 사옥에서 전혀 근무하지 않는 것은 아니다. 교육이나 부서회의, 협력기업들과의 협의를 위해서 사옥에서 대면 업무를 수행한다. 그러나 상당수는 입사 당일에 자사 업무용 노트북을 제공해 재택근무가 가능하도록 한다.

우리나라의 정부와 기업도 이제는 한국형 스마트워크 근무선택 제도에 대한 고민이 필요하다. 스마트워크 근무형태가 가능하고, 더 효율적인 기관/기업 유형과 업무 형태가 있다. 전통 제조업이나 물류수송·서비스업과 같이 대면이 필요한 업종과 비대면 업무가 가능한 IT 업종 간 임금과 승진, 노동제도는 동일한 규제가 적용되어도 문제가 없는지 지혜와 혜안이 필요하다.

선진국의 테크 자이언트들과 스타트업 유니콘들은 자사 업무용 노트북을 제공하고, 그 노트북을 통해서만 업무를 수행하도록 한다. 사옥에 출근

해도 노트북에서 실행한 업무가 회사의 데스크톱 컴퓨터에서 연속적으로 진행할 수 있다. 해킹이나 자료 유출과 같은 시스템 관련 문제는 최소화된다. 대신에 우리 사회가 논의해야 할 다른 문제가 있다. 만일 해고가 통보되면 기업업무 시스템에 대한 접근이 즉시 차단된다. 기업업무용 노트북도 바로 반납해야 한다. 업무성과가 컴퓨터를 통해 모두 투명하게 축적되기 때문에 업무효율과 역량에 대한 평가가 효율적이고 타당하다. 우수한 임직원에 대한 성과급 결정과 승진을 판단하기가 수월하다. 우리 사회는 이런 새로운 세상을 받아들일 자세가 되어 있을까?

코로나 19 이후 몇몇 IT 회사들은 해외에서 업무를 수행하는 근무제를 도입하고 있다. 해외 근무 비용과 세금에 관한 규정과 매뉴얼이 필요하다. 해외 근무 중 사고나 환경요인으로 건강이 악화하는 경우의 건강보험, 국내에서 긴급한 상황이 발생했을 때 국내외 시차로 인한 추가업무, 귀국 비용과 같은 문제도 있다.

테크기업과 스타트업은 에덴동산이 아니다. 디지털 최신동향 전문가인 저널리스트 요헨 칼카Jochen Kalka는 2019년에 출간한 거서 『스타트업의 거짓말』에서 뉴노멀 시대 스타트업의 문제들에 대해 경고했다. 장류진의 소설 『일의 기쁨과 슬픔』을 보면 우리도 그런 문제에서 자유롭지 못하다는 것을 알 수 있다. 디지털 노마드 시대의 업무효율과 갈등 완화를 위한 신사고가 필요하다.

스마트워크 근무는 업무용 건물 수요와 사옥 주변 상권, 교통 수요에 영향을 미친다. 임직원 간 관계도 변화한다. 심리적인 소외감과 승진에 대한 불안은 새로운 갈등의 불씨가 된다. 불합리한 업무개입과 좋은 조언이 함께 줄어든다. 많은 고민이 필요하다.

이주하는 판교기업

판교 TV에 입주한 모든 기업이 성장의 순풍을 받기는 어렵다. 기업경영 위기를 해결하지 못하고 경영난을 맞이하기도 한다. 때로는 입주를 결정했을 때와 다른 상황에 처할 수도 있다. 판교 1 TV 용지를 공급하는 경기도·경기지방공사(현 경기주택도시공사)는 일반연구용지와 연구지원용지에 대한 계약조건에 "토지 프리미엄을 목적으로 공급받는 사업자를 방지하기 위해 건축물 보존등기 이후부터 10년간 전매를 제한"했다. 또한 "사업자는 건축물완공일로부터 20년간 판교테크노밸리 공급지침에서 정하는 지정 용도로 사용"해야 하는 사용의무도 규정했다. 2020년이 되자 판교 1 TV 용지를 분양받은 입주기업에 대한 전매제한 규제가 풀리는 종료일이 다가오기 시작했다.

판교 1 TV에서 이전하는 기업들은 크게 두 가지 유형으로 구분된다. 첫 번째 유형은 경영문제로 이전하는 기업이다. 크루셜텍과 주성엔지니어링이 이 유형에 해당한다. 두 번째 유형은 기업발전 전략에 따라 이전하는 기업이다. 삼진제약, 한독, 제넥신, 프로젠, 크리스탈지노믹스가 포함된다. 〈그림 13〉은 2022년 8월 기준으로 판교 1 TV에서 매각·이전하는 기업들의 위치를 표시한 그림이다.

2020년 6월 판교 1 TV에서 처음으로 건물을 매각한 기업이 나왔다. 본사 사옥을 코스닥 상장사인 탑엔지니어링과 파마리서치에게 354억 원에 매각한 크루셜텍이었다. 매각대금은 주로 채무상환에 사용되었다. 2001년에 설립된 크루셜텍은 최첨단 생체인식 센서 기업이다. 중국 업체들의 저가 공세와 신사업 부진으로 3년간 연속적자가 발생해 2022년 3월 코스닥에서 관리종목이 되었다. 태준제약이 계약을 포기한 부지를 분양받은 주성엔지니어링은 경영난으로 신축건물을 한국타이어앤테크놀로지에 통임대했다. 최근 주성엔지니어링의 재무구조가 개선되어 매각 여부는 아직 모른다.

삼진제약은 서울 마곡지구에 사옥을 건설해 신약개발에 특화된 판교중앙연구소와 본사 연구개발실을 이전했다. 한독과 제넥신, 프로젠도 마곡에 사옥을 마련했다. 한독은 신약 개발 관계사인 제넥신의 최대주주이며 프로젠은 제넥신의 관계사다. 한독은 '한독 퓨처 콤플렉스'를, 제넥신은 '제넥신 프로젠 바이오 이노베이션 파크'를 준공했다. 본사와 연구소를 한 곳으로 집중해 사업개발과 임상연구 역량을 강화하려는 것이다. 크리스탈지노믹스도 마곡에 4백억 원을 투자한 신사옥을 건설해 2022년 이전하려고 한다. 기업 이전에 대비한 판교 TV의 새로운 전략이 필요한 때다.

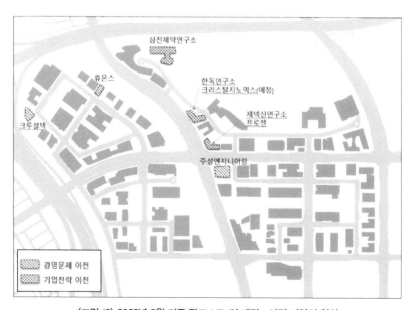

〈그림 13〉 2022년 8월 기준 판교 1 TV의 매각·이전 기업의 위치

다가오는 거대한 폭풍우

세계 최고의 투자가 워런 버핏은 "썰물이 되어 물이 빠지면 누가 벌거벗고 수영하고 있었는지 드러난다"라고 말했다. 위기가 닥쳐야 누가 그동안 잘하고 있었는지 실체가 드러난다는 말이다. 2021년 1월부터 원/달러 환율이 서서히 상승하기 시작했다. 2021년 하반기가 되자 원/달러 환율은 1,150원을 돌파했다. 2021년 8월 26일 한국은행 금융통화위원회가 연 0.50%라는 역대 최저 수준으로 떨어진 기준금리를 0.75%로 인상했다.

이주열 한은 총재는 금리 인상 요인으로 경제회복 전망, 물가상승 압력, 완화적 금융여건에서의 금융 불균형 심화를 제시했다. 미국 연준(Fed)의 기준금리는 0.25%로 한국은행과 격차가 있었다. 한국은행은 2021년 11월 기준금리를 1.00%로 다시 올렸다.

2022년으로 해가 바뀌자 국내·외에서 인플레이션 문제가 대두되었다. 원/달러 환율은 1,200원 이상으로 상승했다. 이주열 한은 총재가 임기 종료 전인 1월에 금리를 1.25%로 올려 코로나 19 발생 이전으로 회귀했다. 3월이 되자 미국 연준이 인플레이션을 잡기 위해 움직이기 시작했다. 3월부터 7월까지 빅스텝과 자이언트스텝을 밟아 기준금리가 2.50%에 도달했다. 한국은행도 7월에 빅스텝을 밟아 기준금리를 미국과 같은 2.50%로 올렸다. 원/달러 환율은 1,300원을 넘어 8월 29일 1,350원을 돌파했다. 미국이 자이언트스텝을 밟으면 한국과 미국 간 금리가 역전된다. 언론은 원/달러 환율이 1,400원을 넘어 1,500원까지 예상하며 시계 제로를 외쳤다.

2013년부터 판교 TV에 입주한 기업들의 진정한 실력을 확인할 수 있는 시간이 다가오고 있다. 2013년부터 현재까지 글로벌 경제위기나 침체가 발생하지 않았다. 미국의 테크시티 3.0인 뉴욕의 '도시혁신지구' 실리콘앨리에 입주한 기업들은 2000년에 발생한 닷컴버블과 2008년 글로벌 금융위기를 극복하며 강해졌다. 새로운 시대를 향한 판교 TV 입주기업들의 변신이 기대된다.

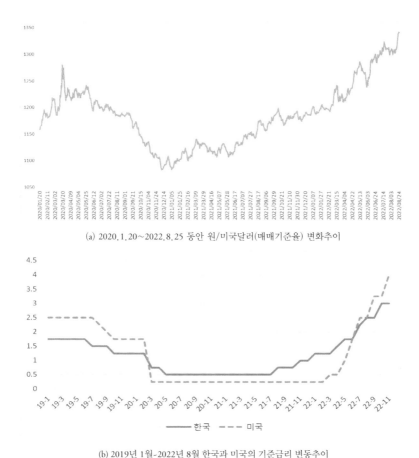

(a) 2020. 1. 20~2022. 8. 25 동안 원/미국달러(매매기준율) 변화추이

(b) 2019년 1월-2022년 8월 한국과 미국의 기준금리 변동추이

〈그림 14〉 코로나 19 이후 원/미국달러 환율과 기준금리 변동추이*

---

*   (a) 하나은행 원/미국달러 매매기준율; (b) 한국은행 홈페이지, 미국 연방준비제도(Fed) 홈페이지

판교는
실리콘
밸리가
아니다

제3부

빛과 그림자:
테크노밸리의 지정학과
환상, 적자생존

9. 확장(擴張)

판교 제2 테크노밸리

도시계획은 한번 결정해서 개발사업을 진행하면 다시 변경하기가 쉽지 않다. 따라서 처음 개발계획을 수립할 때 국내외 사례와 여러 기준을 검토한 후 신중하게 결정해야 한다. 세계적인 흐름에 대한 이해를 바탕으로 필요한 특성과 규모를 잘 판단해야 한다. 상황에 따라 정치적으로 결정하면 언젠가는 곤란한 지경에 빠지게 되며 바로잡기가 훨씬 어렵다. 판교 TV가 그러했다.

사보이 공국의 철학자 조제프 드 메스트르Joseph de Maistre는 "모든 국가는 그 수준에 적합한 정부를 갖는다"라고 말했다. 판교 TV의 규모를 결정하려고 건교부와 경기도는 2001년 7월부터 9월까지 치열하게 논쟁했다. 판교 신도시의 주택공급을 중시했던 건교부는 판교 TV의 규모로 10만 평이 적절하다고 생각했다. 첨단 일자리를 내다보았던 경기도는 최소 60만 평을 요구했다. 정부는 관계기관들과 함께 수차례 논의했지만, 합의에 이르지 못했다.

정부가 결정하지 못하면 정치의 영역으로 선택권이 넘어간다. 당시 여당이던 새천년민주당의 이해찬 정책위 의장이 나섰다. 그는 '판교 TV를

60만 평 규모로 조성하면 국토의 동맥인 경부고속도로 교통이 마비'된다고 언론에 말했다. "세계 어느 나라에서도 고속도로 병목 지역에 그렇게 대규모 공장단지를 세운 나라는 없다"라고 건교부의 손을 들어주었다. 당 정책조정위원장 주재의 당정회의에서 결국 20만 평으로 조정해 확정했다. 정부와 여당은 그 정도 규모면 벤처기업 2천 개를 수용할 수 있다고 판단했다. 그러나 김대중 정부의 판교 TV 규모에 관한 결정이 잘못되었음을 알게 되기까지 그리 오랜 시간이 걸리지 않았다.

판교 TV 건설이 한창이던 2013년 2월 박근혜 정부가 출범했다. 국정목표로 '일자리 중심의 창조경제'를 제시했다. 정부가 국정 기조인 '창조경제'를 잘 설명하지 못하자 혼란이 발생했다. 민심은 정부의 취약점을 처음에는 해학과 풍자로 지적한다. 그 당시 시중에는 '창조경제'에 대한 우스갯소리가 떠돌았다. 그래도 효과가 없으면 징벌 수위를 높여 결국 심판하거나 교체한다.

2014년 6월에 실시하는 제6회 지방선거를 준비하던 두 명의 여당 경기지사 후보가 방안을 제시했다. 새누리당의 정병국 후보는 경기도 남부에 'K 밸리'라는 창조경제 핵심기지 조성을, 원유철 후보는 '창조 밸리'를 공약으로 발표했다. 그러나 경기지사에는 같은 당의 남경필 후보가 당선되었다. 공약은 살아남았다. 선거 1개월 후 박근혜 정부는 판교 일대를 '창조경제밸리'로 육성한다고 발표한다. 창조경제밸리센터를 설립하고, TF팀을 구성해 대통령이 주재하는 창조경제 추진 회의를 운영하겠다고 했다.

판교 제2 테크노밸리인 '판교 창조경제밸리'가 정말 필요했을까? 김대중 정부가 결정했던 판교 TV의 약 20만 평, 663,586 m^2로 충분하지 않았을까? 결론은 '필요했다'다. 그것도 '상당히 많이' 필요했다. 현재 대한민국에서 왜 2030 청년세대 일자리와 잠재성장률 하락이 문제가 되고 있을까? 우리나라의 경제시스템이 MZ 경제 체제로 제대로 전환되지 못했기 때문이다.

우리나라 권력의 정점에는 현재 두 정치세력이 있다. 한 세력은 MZ경제를 규제로 억압해 전통산업 일자리를 보호하려고 하며 다른 세력은 대기업과 전통산업을 지원해 일자리와 잠재성장률 문제를 해결하려고 정책을 펼치고 있다. 미국에서는 디지털에 친숙한 MZ세대가 경제활동을 시작한 1990년대 중반부터 MZ경제의 고부가가치 일자리가 해결책이라는 것을 알았다. 전통산업 일자리는 현상유지를 하거나 업무의 디지털화로 조금씩 줄어드는 추세라는 것도 벌써 파악했다.

세계 경제를 주도하는 미국에서는 2010년대부터 MZ경제에 관한 연구가 활발하다. 브루킹스 연구소*Brooking Institution*, 카우프만 재단*Kauffman Foundation*, 캘리포니아 공공정책연구소(PPIC)*Public Policy Institute of California*의 연구들이 대표적이다. 연구결과는 '도시혁신지구'를 가진 테크시티 3.0과 2.5 정책에 크게 기여했다.

우리나라에는 좋은 통계자료가 많다. 통계청이 매년 발표하는 '사업체기초통계조사'와 공정거래위원회의 '대기업집단 지정결과'가 그렇다. 이들 자료를 활용해 대기업집단의 고용에 대한 기여도를 파악할 수 있다. 2010년대 중반부터 공기업을 제외한 대기업 전체의 고용비율은 감소추세다. 30위권에 속하는 대기업 집단만 보면 더 분명하다. 네이버, 카카오, 넷마블, 넥슨과 같은 플랫폼/게임 기업들을 제외한 대기업 집단의 추세도 30위권 대기업 집단과 유사하다. 20여 년 전 미국이 겪은 전통산업 일자리 비중의 정체 현상을 우리가 현재 경험하고 있다. 〈그림 15〉를 보면 20여

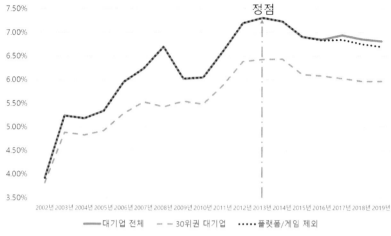

정점

| 2002년 2003년 2004년 2005년 2006년 2007년 2008년 2009년 2010년 2011년 2012년 2013년 2014년 2015년 2016년 2017년 2018년 2019년 |

―― 대기업 전체　－ － 30위권 대기업　••••• 플랫폼/게임 제외

〈그림 15〉 총 고용자 중 대기업 고용자 비율의 변화추이*

년의 간격을 두고 한국에서도 미국과 유사한 경향이 보인다. 전체에서 대기업 고용 비중이 2013년 7.31%로 정점이었다. 플랫폼 기업과 게임 기업을 제외하면 더 뚜렷하다.

2000년대 이후 미국의 2030 청년세대에게는 둘 중 하나를 선택할 기회가 생겼다. 4차 산업혁명 기술로 무장하고, 위험과 경쟁을 감내하려는 MZ 인력은 자신의 역량을 발휘할 수 있는 혁신산업 일자리에서 일할 수 있다. 2015년에 개봉한 영화 「인턴」에서 앤 해서웨이가 연기한 30세 여성 CEO 줄스 같은 사람이 대표적이다. 그런 위험과 경쟁이 버거운 사람은 베이비부머가 은퇴해 비어가는 전통산업 일자리를 채울 수 있다.

우리는 전 세계 116개 대도시권의 172개 도시혁신지구 자료를 통해 이런 사실을 확인할 수 있다. '도시혁신지구'의 원조인 뉴욕 '실리콘앨리'는 면적이 448만m^2다. 그곳의 4만 개가 넘는 기업에서 약 68만 명이 일하고

―――――――――

* 　총 고용자(사업체 기초통계), 대기업 고용자(공기업 제외 공정위 대기업집단)

있다. 뉴욕 대도시권에는 3개의 도시혁신지구가 더 있다. 테크시티 뉴욕의 총면적 1,052만㎡인 4개 도시혁신지구에서는 4.4만 개 기업에서 74.4만 명이 일하고 있다. 미국 테크시티 3.0 중에서 3위인 보스턴 대도시권은 하버드대 근처에 있는 두 도시혁신지구 '하버드 스퀘어Havard Square'와 '캔들 스퀘어Kendall Square'를 포함해 모두 5개의 도시혁신지구가 있다. 면적을 합하면 1,194만㎡다. 테크시티 보스턴에는 총 5천5백여 개의 기업이 입주해 17만 6천여 명이 근무한다. 뉴욕과 보스턴보다 면적이 더 큰 테크시티 3.0의 도시혁신지구들이 많다.

판교 TV의 면적은 약 66만㎡다. 2021년 기준으로 1.3천 개 기업에서 임직원 수가 6만 8천여 명이다. 목표로 한 입주기업 수의 65%에 불과하다. 조성면적은 뉴욕 '실리콘앨리'의 약 15%이며 기업 수는 3.2%, 고용자 수는 약 10%다. 4개 도시혁신지구를 가진 테크시티 뉴욕과는 비교조차 할 수 없다. 5개 도시혁신지구가 있는 테크시티 보스턴과 비교해도 면적은 5.5%, 기업 수는 24%, 고용자 수는 39%에 불과하다. 이코노미스트는 '집적경제 효과'로 인해 국가별로 시스템과 인프라가 잘 구비된 첫 번째 테크시티 3.0으로 자본이 쏠린다고 했다. 그래서 선두 도시혁신지구가 중요하다. 판교 TV가 성공작이라고 말할 수 있을까? MZ경제를 주도하고 있는 미국에 비해 우리가 얼마나 생각이 부족했는지 알 수 있을 것이다. 판교 TV의 규모는 2001년 경기도의 판단이 타당했다.

판교 TV 완공을 1년 앞둔 2014년 중반이 되었을 때 판교 TV의 조성면적이 충분하지 않다는 것이 명약관화(明若觀火)해졌다. 건물마다 입주기업들의 포화상태가 예상되었다. 도시경제학자인 아놀트 모리슨Arnault Morisson은 2015년 도시혁신지구가 입지하는 전제조건으로 인구수와 인당 도시 총생산액을 지표로 선정했다. 그는 대도시권 규모에 따른 도시혁신지구의 면적과 개수에 대한 기준을 제시했다. 판교 TV는 모리슨이 제시한 최소기준에 한참 못 미친다. 판교 TV를 확장해야 하는 것은 명제가 되었다.

다행히 판교 TV의 이웃에 확장할 수 있는 땅이 있었다. 한국도로공사 본사 사옥의 약 20만m^2 토지였다. 도로공사는 노무현 정부의 공공기관 이전정책으로 2014년 11월 경북 김천혁신도시로 이주해야 했다. 이전확정 후 도로공사는 본사 부지의 활용을 고민하고 있었다. 경기도는 10월에 판교 창조경제밸리 조성에 관한 브리핑을 했다. 도로공사부지와 그린벨트로 묶인 주변의 준공업지역을 합해 약 43만m^2를 사업부지로 정했다.

2015년 1월에 정부는 판교 밸리 계획을 확정 발표했다. 두 달 후에는 정부가 제6차 경제관계장관회의에서 판교 밸리의 세부계획을 발표했다. 정부는 판교 밸리 사업을 위해 그린벨트로 묶인 땅을 해제해 도로공사부지에 추가하려고 했다. 당시 성남시는 정부의 교부금 조정과 시·군의 법인 지방 소득세 일부를 도세로 전환하는 지방재정 개혁 추진에 반발하고 있었다. 이재명 성남시장은 4월 말 개최된 확대간부회의에서 "법인 지방소득세 절반을 축소하면 재정적 이득이 많지 않은데 그린벨트 훼손과 과밀화를 부르는 기업유치를 할 필요가 있느냐"라면서 "판교테크노밸리 확장사업을 시 입장에서 전면 재검토할 방법을 찾아보라"라고 지시했다. 파장이 일었다. 전면 재검토하면 결국 성남시가 손해라는 것이 파악되었다. 그래서 애초 계획대로 사업이 진행되었다.

2015년 6월 정부가 제12차 경제관계장관회의에서 마스터플랜을 공개했다. 9월에는 산업단지 계획의 승인을 요청했다. 판교 TV의 경험으로 사업은 일사천리로 진행되었다. 2015년 8월 제출된 환경영향평가서 초안으로 주민 의견을 수렴했고, 11월에 협의 완료했다. 10월에는 교통 영향평가 심의의결 보완서도 통과했다.

LH공사, 경기주택도시공사, 경기도, 성남시 간 공동사업 시행자 기본협약은 문제없이 체결되었다. 11월 경기도 의회에서 신규 사업투자를 의결한 후 국토부는 1단계 산업단지 계획을 승인했고, 지구를 지정(국토부 고시 제2015-860호)했다. 2015년 마지막 달에 기공식을 개최했고, 다음 해 3월 1단계 조성공사를 착공했다. 두 달 후 경기주택도시공사가 판교 창조경제밸리의 관리기관으로 지정되었다. 2016년 마지막 달에 국토부가 2단계 산업단지 계획을 승인하고 지구를 지정(국토부 고시 제2016-937호)했다.

2017년 3월 헌법재판소가 박근혜 대통령의 파면을 결정했다. 두 달 후 문재인 정부가 출범했다. 5개월 후 정부는 판교 창조경제밸리에 대한 산업단지 계획(변경)을 승인했고, 지형도면을 고시(국토부 고시 제2017-676호)했다. 문재인 정부는 정권교체 후 제6차 경제관계장관회의에서 판교 창조경제밸리의 명칭 변경을 추진했다. 정부는 새로운 명칭을 공모한 후 2017년 12월 확대 경제장관회의에서 '판교 창조경제밸리'를 '판교 제2 테크노밸리'로 변경하고, 산업단지 활성화 방안을 발표했다. 이때부터 판교테크노밸리와 판교 창조경제밸리는 판교 제1 테크노밸리(제1 TV)와 판교 제2 테크노밸리(제2 TV)로 불리게 되었다.

판교 제2 TV는 판교 제1 TV와 연계한 세계적인 창업 · 혁신 생태계를 구축하며 다양한 기능의 융복합을 통한 벤처 · 스타트업 육성을 목적으로 한다. 위치는 판교 TV의 북쪽 수도권 제1 순환고속도로와 제2 경인고속도로 너머 있다. 판교 제2 TV의 가운데를 경부고속도로가 통과해 부지를 두 구역으로 나누기 때문에 고가도로로 양측을 연결한다. 규모는 약 42.9만m^2이며 경부고속도로 우측의 1단계 사업 구간은 22.4만m^2, 좌측의 2단계는 20.5만m^2이다.

사업은 2015년 11월에 시작해 2019년을 목표로 했으나 2022년 말로 변경했다. 사업 주관기관은 경기도와 성남시, 경기주택도시공사(GH), 한국토지주택공사(LH)의 4개 기관이다. GH와 LH는 사업지분을 1:2로 나누었다. 총사업비는 7,657억 원으로 GH가 2,680억 원을, LH가 4,977억 원을 부담한다. 판교 제2 TV는 2천여 개 기업 입주와 10만 명 이상 고용을 목표로 한다. 2017년 12월 경기도시공사에서 분양공고를 낸 후 분양이 진행 중이다. 휴온스, KT 연구소, 우아한 형제들, 솔브레인, HK이노엔 연구소, 인터파크 등이 입주한다. 2021년 기준으로 397개 기업에서 4,133명의 직원이 1.1조 원의 매출액을 달성했다. 완공 후 모습은 〈그림 16〉과 같다.

〈그림 16〉 판교 제2 테크노밸리 조감도*

---

* 판교 창조경제밸리 브로셔(2017)

판교 제3 테크노밸리

2020년 7월 문재인 정부는 '대한민국 새로운 100년의 설계'라는 한국판 뉴딜' 정책을 발표했다. 5개월 후인 12월 말 이재명 경기도지사와 장충모 LH공사 부사장, 장영근 성남부시장, 이헌욱 GH공사 사장은 '제3 판교(성남 금토지구)' 뉴딜 시범도시 조성을 위한 관계기관 간 업무협약을 체결했다. 경기도는 협약에 따라 뉴딜 도시를 위한 행정지원을 총괄하고 성남시가 인허가 등 행정절차를 지원하기로 했다. LH와 GH는 뉴딜 특화전략을 수립하고 뉴딜 시범도시 조성사업을 담당하기로 했다.

〈그림 17〉 판교 제3 테크노밸리 조감도*

---

* 경기도(2021), 「제3 판교 공공주택지구 첫 삽…주거·일자리 모두 갖춘 '뉴딜 시범도시'로 조성」
보도자료

6개월이 지난 2021년 6월 이재명 경기도지사는 성남시, LH, GH와 '제3 판교 TV(성남 금토 공공주택지구) 조성사업'의 기공식을 개최한다. 이재명 지사는 "제3 판교테크노밸리는 제1 판교 제2 판교에 근무 또는 이주할 많은 청년과 노동자들이 직장 가까운 곳에서 안락한 주거가 가능하도록 만들어지는 것"이라고 말했다. 제3 판교 TV는 총면적 58만 3천m^2 중에서 주택용지로 약 28%인 16만 4천m^2를 계획했다. TV 용지에는 D.N.A(데이터, 네트워크, AI) 산업 유치와 저탄소 인프라 구축으로 디지털/그린 뉴딜 일자리를 창출한다고 했다. 기업유치 6백여 개와 고용창출 9.2천여 명을 목표로 했다. 2024년까지의 사업비로는 1.4조 원을 산정했다.

　2022년 5월 제20대 대통령 선거에서 국민의 힘 윤석열 후보가 승리해 새로운 정부가 출범했다. 윤석열 대통령은 "반도체는 국가안보의 자산"이라고 말했다. 기업들과 협의한 정부와 경기도는 2022년 6월 말 '제3 판교 TV'에 국내 반도체 기업 40여 곳이 입주하는 차세대 반도체 복합산업단지를 추진했다. 필요한 용지면적은 6.8만m^2로 고용 규모는 6,618명, 투자 규모는 약 4.3조 원을 예상했다. 연간 5백여 명의 반도체 인력 수급을 위해 대학/기업 간 석·박사 연계과정의 산학협력 프로젝트인 '반도체 아카데미'와 산업지원센터 설립을 추진했다. 실무교육을 위한 최첨단 반도체 연구 설비도 갖춘다고 했다.

　판교 TV는 2·3 판교 TV를 합해 총 116만m^2로 확장된다. 그러나 모리슨의 기준이나 해외 테크시티들의 조성면적에는 미치지 못한다. 판교를 넘어 테크시티 성남과 수도권에 대한 비전과 목표도 불분명하다. 상황에 따라 눈앞만 보는 정책들이 추진되고 있다.

판교 TV의 스필오버 효과 : 삼평동과 백현동

    기업은 필요하면 상업업무시설과 주상복합건물에 입지한다. 면적이 약 929만㎡인 판교 신도시에는 주택건설용지와 판교 TV뿐만 아니라 약 13 만㎡의 상업업무용지와 약 9만㎡의 주상복합용지가 있다. 판교 신도시계획에서는 중심상업용지와 주상복합용지 일부, 공공용지를 포함한 약 26만 ㎡를 '특별계획구역 2'로 지정했다. 기존 분당 상권과 차별화해 성남·용인 특화상권을 조성하려고 했다. 판교 TV가 활성화되자 기업들이 이곳으로 몰려들었다. 판교 TV의 산업영역이 인접 지역으로 확산하는 스필오버 *Spillover* 효과가 발생한 것이다. 삼평동과 백현동이 그 혜택을 보았다.

    게임 개발사 크래프톤은 이제 판교에 없다. 2021년 6월 강남 신사옥으로 이전했다. 코스피 상장 두 달 전이었다. 테라*TERA*와 배틀그라운드 *BATTLEGROUNDS*를 제작한 크래프톤 신화는 판교 발전과 그 궤를 같이한다. 조선일보 이기문 기자가 쓴 『크래프톤 웨이』에서는 크래프톤의 전신인 '블루홀 스튜디오'가 2007년 3월 강남대로에 있는 랜드마크 타워에서 출범했다고 했다. 15년 기업 역사의 $\frac{1}{3}$이 지나 〈테라(PC MMORPG)〉로 상승세를 탄 '블루홀 스튜디오'는 2013년 2월 판교 TV로 이전한다. 2017 년 〈배틀그라운드〉로 대한민국 게임대상을 수상한 다음 해 블루홀 스튜디오에서 크래프톤으로 사명을 바꾸었다. '크래프톤 타워'로 불린 백현동 '알파돔 4'로 다시 이전했다. 강남 이전 후 판교 마법이 풀려서일까? 상장 첫날의 주식가격은 현재 절반 가까이 떨어졌다.

    백현동 알파돔시티에는 또 다른 게임 강자가 둥지를 틀고 있다. 바로 카카오게임즈다. 2018년 여름 카카오는 판교 TV에 분산되어 있던 카카오게임즈, 카카오페이, 카카오모빌리티 간 유기적인 협력체계를 위해 '알파돔 타워' 12~14층으로 함께 입주한다고 발표했다. 카카오게임즈, 카카오페이, 카카오모빌리티의 삼총사 중에서 가장 먼저 기업공개에 성공한 기업은 카카오게임즈다. 2020년 9월 코스닥에 입성했다. 상장 첫날 62,400원, 다음날 81,100원으로 연속 이틀간 상한가를 기록했던 카카오게임즈의 주식가격은 현재 5만 원 전후를 맴돈다. 카카오페이는 2021년 11월 코스피 입성에 성공했다. 상장 첫날 주식가격은 19만 3천 원이었지만 지금은 $\frac{1}{3}$로 계속 추락했다. 기업공개를 못 한 카카오모빌리티는 사모펀드 매각설이 나온 지 2달 후 매각 중단을 결정했다.

엔씨소프트는 요즘 곤혹스럽다. 이재명 성남시장의 임기 마지막 해인 2018년 2월 주차장으로 사용되었던 판교 구청사 부지를 성남시로부터 매입 양해각서를 체결했다. 그런데 2022년 6월 지방선거에서 '신사옥 부지 거래 중단'을 공약한 국민의 힘 신상진 후보가 성남시장에 당선되었기 때문이다. 해당 부지는 의혹이 제기되어 2019년부터 여야 성남 시의원 간 충돌이 있었다. 엔씨소프트는 컨소시엄을 구성해 신사옥 부지 2만 6천여 m^2에 글로벌 R&D 센터를 건설하려고 했다. 이재명 시장을 뒤이은 은수미 성남시장은 엔씨소프트와 매각 서면계약을 체결했다. 총 매각대금 8천 377억 원 중 일부는 판교지구~판교테크노밸리~정자역 13.7km를 연결하는 '판교 트램' 건설비로 사용할 계획이라고 했다.

판교 TV 부지 밖에서는 마법 대신 주술이 작동하는 것일까? 삼평동과 백현동에 입주했거나 입주할 주요 기업들은 현재 여러 어려움에 처해 있다. 더 큰 도약을 위한 시련이길 바란다.

판교의 배후지, 분당 신도시

　판교 옆에는 분당 신도시가 있다. 분당 신도시는 행정구역으로는 성남시 조례에 따라 1991년 구청으로 승격한 분당구에 속한다. 판교도 분당구에 포함된다. 판교 신도시가 성남시 분당구 판교동, 백현동, 삼평동, 운중동, 하산운동 일대에 건설되었기 때문이다. 판교 신도시가 건설되면서 성남시는 분당구 판교동을 2007~2008년 조례로 판교동과 삼평동, 백현동으로 삼등분했다. 분당 신도시는 판교 신도시 우측에 붙어있다. 최근에 개발된 판교 대장 도시개발 사업지구는 분당구 서남쪽에 있다.

　도시계획가들의 세계에서는 분당 신도시 하면 떠오르는 동물이 있다. 바로 말이다. 2020년 4월 더불어민주당이 제21대 국회의원 선거에서 압승했다. 총선 3개월 후 모 방송국에서 취업 대신 출마를 외친 청년들과 '정치 만렙' 의원들의 이야기를 담은 명랑 코믹 정치드라마를 방송했다. 정치적으로 편향되었다는 논란이 있던 그 드라마에서 구의회 보궐선거에 당선된 여주인공의 지역은 서울특별시 마원구로 나온다. 촬영은 인천시청에서 했다. 그러나 에피소드에 지방채 발행과 스마트원시티가 나오고, 말이 구청 상징인 것을 보면서 한 지역이 떠올랐다. 분당 신도시다. 말이 앞발을 들고 있는 형태임을 〈그림 18a〉에서 확인할 수 있다. 참고로 산본 신도시에서는 새의 형상이, 중동 신도시에서는 개의 형상이 보인다. 관심 있는 독자는 나무위키 등을 통해 확인해보기 바란다.

　분당 신도시는 '수도권 중심업무, 상업 기능의 자족도시'를 목적으로 1989년부터 1996년까지 건설된 1기 신도시다. 조성면적은 약 1,969만m^2이며 목표인구는 39만 명이다. 도시형태가 남북으로 길게 이어져 토지이

(a) 분당 토지이용계획

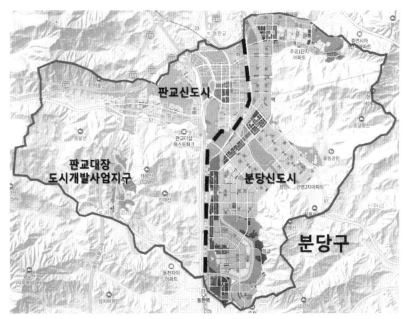

(b) 분당구청 행정구역과 신도시 경계

〈그림 18〉 분당 신도시와 분당구청 행정구역*

---

* (a) 분당 신도시 나무위키; (b) 네이버 지도에 신도시 계획도 삽입

용계획에서 북부·중부·남부 생활권으로 구분한 후 전철역을 중심으로 상권을 형성하도록 했다. 자족도시를 추구했지만 2기 신도시에 있는 벤처·업무용지나 3기 신도시에 조성하는 자족 용지가 없다. 첨단 일자리와 관련된 벤처/플랫폼 기업들은 분당선 역세권에 있는 상업·업무용지에 입주해야 했다.

분당 신도시에서 판교 TV와 관련된 기업들이 있는 분당선 역세권은 야탑역, 서현역, 수내역, 정자역이다. 야탑역세권에는 '분당 테크노파크'와 '한국전자기술연구원(KETI, 과거 전자부품연구원)'이 있다. 분당 테크노파크는 1992~1994년에 성남시가 총사업비 1.2천억 원을 들여 면적 약 9만㎡에 조성했다. 현재 404개 업체에서 6.3천 명이 일한다. 산업통산자원부 산하의 독립법인인 한국전자기술연구원은 1999년 분당 분원을 설립했고, 2005년 연구원이 이전했다. 시스템반도체 연구본부는 2012년 판교글로벌R&D 센터로 이주했다. 스마트에너지제조 연구본부는 제2 판교 TV에 있다. 상암 DMC와 부천 로보파크에도 부서가 입지해 있다.

서현역세권에는 지난 15년간 상당한 변화가 있었다. 서현역 삼성플라자에 있던 삼성물산이 2008년 서초사옥으로 이전하자 협력사들도 이동했기 때문이다. 그 빈 공간으로 이주한 기업들이 있다. 1994년 야탑에서 창업했던 게임업체인 조이시티가 2014년 서현으로 이주했다. 시가총액 3천억 원이 넘는 코스닥 200위권 기업이다. NHN 재팬과 NHN이 공동출자한 라인플러스도 2013년 서현으로 왔다. 라인플러스는 커뮤니케이션 앱 라인(LINE) 기반의 서비스를 제공한다. 시가총액 2.5천억 원이 넘는 코스닥 300위권 게임업체인 위메이드플레이도 2017년 서현으로 둥지를 옮겼다. 위메이드가 1.6천억 원에 선데이토즈를 인수해 사명을 바꾼 기업이다. 한국정보통신기술협회(TTA)는 2001년부터 서현에 있다.

수내역세권에도 두 개의 게임업체가 입지해 있다. 시가총액 5천억 원에 근접하는 코스닥 100~150위권 게임업체 넵튠은 2012년에 설립한 회사다. 2015년 판교 TV, 2019년 정자역세권을 거쳐 2021년 말 수내역세권에 정착했다. 시가총액 1.5천억 원이 넘은 코스닥 500위권 게임업체 썸에이지도 2013년 판교 TV를 거쳐 2021년 수내역세권의 넵튠과 같은 건물에 새로운 둥지를 틀었다.

판교 TV와 관련된 분당 신도시의 4개 전철역세권 중에서 가장 연계성이 높은 곳은 정자역세권이다. 우리나라의 정보통신을 이끌어온 디지털 플랫폼 기업인 KT가 정자역 반경 1㎞ 거리에 입지해 있다. 1981년 한국전기통신공사로 출범해 광화문에 있다가 1997년 정자로 이주해 민영화되었다. 2005년에 분당으로 이주한 SK C&C도 핵심 일자리 허브인 SK U타워가 정자역세권에 있다. 2014년에는 SK C&C 판교캠퍼스로 업무기능을 확장했다. 2015년 본점을 종로로 변경했으며 금융 디지털 분야는 2022년 여의도로 옮겼다.

판교를 거점으로 삼은 카카오와 함께 우리나라 플랫폼 기업을 선도하는 네이버는 1999년 정자역세권 건물에서 창업한 후 '테크시티 성남'의 핵심기업으로 자리매김했다. 최근 네이버는 공정거래위원회 고발, 뉴스 편집 및 실시간 검색어 문제, 직장 내 직원 괴롭힘, 네이버 신사옥 주민분쟁 등으로 곤욕을 치렀다. 2022년 네이버는 사람과 로봇이 함께 일하는 최첨단 사옥 '1784'를 언론에 공개했다. 현대중공업은 정자동에 2022년 통합 R&D 센터를 건립한다. 2022년 언론은 정자동에 약 1만㎡의 사옥을 신축한 두산그룹이 용도변경으로 막대한 이익을 얻은 후 매각계획을 세웠다고 보도했다. 경찰은 두산건설에 대해 압수수색을 했다.

인구감소 추세인 대한민국처럼 분당구와 판교 신도시도 2016년을 정점으로 인구가 감소하고 있다. 분당 신도시는 2005년이 최고점이었다. 첨단 일자리가 충분하지 못했기 때문일 수 있다.

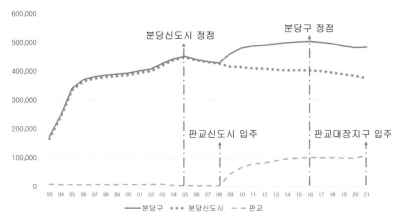

〈그림 19〉 1993~2021 분당구와 분당/판교 신도시 인구변화추이*

---

* ※ 출처 : 통계청 KOSIS 주민등록인구통계자료

10. 복제(複製)

테크시티 판교권

　'도시혁신지구'를 품은 테크시티 3.0에 대한 해외의 연구와 정책, 사례를 살펴보면 입지 여건과 규모에 대한 기준이 있다. 아무 곳에나 조성한다고 성공하는 것이 아니다. 체계적이고 치밀한 정책이 필요하다. 제10장에서는 현재 우리나라에서 테크시티 3.0의 후보지로 가능한 지구들을 소개한다. 제11장에서는 테크시티 2.5로 변신이 가능한 우리나라의 각종 산업지구를 다룬다. 일부지구들은 테크시티 3.0의 후보지로 발전할 수도 있다. 제12장에서는 새롭게 대두되고 있는 테크시티 3.0 후보지들을 소개한다.

　경기도 경제과학진흥원이 관리하는 판교 TV 홈페이지의 '사이버 홍보관'에는 2018년에 제작한 약 5분 길이의 〈홍보 동영상〉이 있다. 동영상을 절반쯤 시청하면 세계 각국의 R&D 지구들을 소개한 후 판교 TV의 비전으로 '세계 R&D 연구중심을 판교로 옮기는 글로벌 ICT 융합 허브'를 말한다. 판교 TV는 이를 위해 광교 테크노밸리, 넥스트 판교인 과천 지식정보타운, 안산 사이언스밸리와 함께 혁신 벨트를 구성해 대한민국 미래성장 동력의 핵심이 되겠다고 한다. 그리고 판교 TV를 중심으로 "교육, 연구, 생산, 창작으로 이어지는 혁신적인 창조생태계를 구축하고, 이러한 개방형 혁신을 더 큰 세계로 확장해 세계의 뛰어난 인재들이 창조와 혁신의 꿈을 안고 판교로 오게 하겠다"라고 홍보한다.

동영상에서는 판교 TV를 중심으로 제1차 동심원에 광교 테크노밸리와 과천 지식정보타운, 안산 사이언스밸리를 배치했다. 그 외곽의 제2차 동심원에는 상암DMC, 대덕 특구, 구로디지털단지가 있다. 상암DMC는 제10장의 뒷부분에서 소개하는 수도권 서부지역의 '구텐베르크 은하계' 테크시티에서 다룬다. 대덕 특구와 구로디지털단지는 그 뿌리가 다르므로 제11장에서 살펴본다.

판교 TV 홍보자료에서 소개하듯이 광교 테크노밸리, 과천 지식정보타운, 안산 사이언스밸리는 최근에 조성되는 용인 플랫폼시티와 함께 판교 TV를 중심으로 '테크시티 판교권'을 이룬다. 판교 TV로부터 서남 방향으로 부채꼴로 입지한 광교 테크노밸리, 안산 사이언스밸리, 과천 지식정보타운, 용인 플랫폼시티는 조성목적과 시기, 여건이 모두 다르다. 그러나 판교 TV와 함께 테크시티 판교권을 형성한다. 하나씩 조성 경위와 현황에 대해 살펴보자.

광교 테크노밸리(TV)는 경기도가 수원시 영통구에 있는 광교 신도시 사업지구에 조성한 최첨단 지식산업 클러스터다. 경기도 남부 지역경제의 지식기반을 강화하고 산업구조를 고도화하는 경제중심지를 육성하기 위해 R&D 연구 거점을 조성한 것이다. 부지면적 약 27만m^2, 건축 연면적 약 22만m^2에 차세대융합기술연구원, 나노소자특화팹센터, 경기바이오센터, R&DB 센터, 중소기업종합지원센터 등 5개 시설이 건설되었다. 경기도와 경기주택도시공사, 수원시가 총사업비 5,715억 원을 들여 사업을 시행했다. 조성 기간은 2004년 6월부터 2008년 2월까지 3년 9개월이 걸렸다.

〈그림 20〉 판교 TV와 과천 지식정보, 용인 플랫폼, 광교/안산 밸리*

　광교 TV는 '테크시티 판교권'의 일부로 보는 것이 바람직하다. 광교 TV가 '도시혁신지구'로는 규모가 작아 수원시가 독자적인 테크시티 3.0으로 기능하기 어렵다. 입주시설과 기관들도 공공적 특성이 강하다. 2019년 기준으로 163개의 입주기업에서 1.7만 명이 일하고 있으며 총매출액은 8.4조 원이다. 기업 규모별 분포는 대기업 3개(2%), 중견기업 15개(9%), 중소기업 137개(84%), 기타/연구기관 8개(5%)로 중소기업이 다수다. 종사자 수와 매출액에서는 중견기업이 50% 이상을 점유한다. 업종별 종사자 수는 판교 TV와 다르게 BT가 47%, 제조업이 21%, NT가 19%, 기타가 12%, IT가 1%를 점유한다. 매출액은 기타, 제조업, BT, NT, IT 순이다. 서울대 융합과학기술대학원이 입지해 안철수 의원과 인연이 있다.

　안산 사이언스밸리는 사업자가 조성한 다른 지구들과 다르다. 안산시

---

*　네이버 지도에 과천, 용인, 광교, 안산 밸리 위치를 삽입

가 2009년 4월 기업지원/연구기관이 밀집한 상록구 일대 R&D 클러스터를 '안산 사이언스밸리'로 지정하고 브랜드를 선포해 탄생했다. '안산 사이언스밸리'에 입지한 기관은 한양대 ERICA캠퍼스, 경기테크노파크(경기TP), 한국전기연구원(KERI), 한국산업기술시험원(KTL), 한국생산기술연구원(KITECH), 한국해양과학기술원, 농어촌연구원, LG이노텍 부품소재연구소다. 2011년 제정된 「안산시 기업지원 및 안산 사이언스밸리 육성에 관한 조례」와 2014년 제정된 「경기도 혁신 클러스터 육성 및 지원조례」을 근거로 한다. 2020년 기준으로 306개 기업에서 3.7천여 명이 근무해 약 2.3조 원의 매출액을 달성했다.

과천 지식정보타운은 정부 제2 종합청사가 이전한 과천시에 차세대 성장 동력을 창출해 자족 기능을 높이기 위한 지구다. 2011년부터 2022년까지 약 8.5천억 원을 투입해 지식기반 ICT 산업, 4차 산업혁명 기술기업/연구기관을 유치하는 지식지반산업용지를 조성한다. 주요 입주기업으로는 엠케이전자, 휴온스 R&D 센터, (사) KOTITI 시험연구원, 메가존 산학연센터, (주)가비아, 일진머티리얼즈, 광동제약, JW중외제약, 안국약품, 코오롱글로벌 등이 있다. 게임업체인 펄어비스와 넷마블 R&D 센터도 입주할 예정이다.

신갈 JC 인근에 위치한 용인 플랫폼시티는 경기도와 용인시, 경기주택도시공사, 용인도시공사가 사업자로 참여해 총면적 약 27만㎡를 공영개발하는 사업이다. 산업시설용지 약 18만㎡는 조성원가 평당 1,139만 원에 공급된다. 사업비는 2020~2028년 동안 용지비 2,860억 원, 조성비 3,425억 원을 포함해 총 6,285억 원이다.

그레이트 판교

    판교 TV와 광교 TV를 포함한 '테크시티 판교권'은 다수의 테크노밸리를 통해 경기도 전역으로 확장되면서 '그레이트 판교'를 형성하고 있다. 여기에서는 '고양방송영상밸리'를 제외한 경기도의 7개 테크노밸리를 소개한다. 일산, 양주, 구리·남양주, 파주 운정, 용인, 동탄, 광명·시흥 테크노밸리다. 수도권 서부지역에 형성된 '고양방송영상밸리'는 다음 절에서 그 지역에 관해 설명할 때 별도로 상세하게 설명한다.

〈그림 21〉 판교 TV와 수도권 7개 테크노밸리 위치*

---

*   네이버 지도에 수도권 7개 테크노밸리 위치를 삽입

'테크시티 판교권'의 판교 1 · 2 · 3 TV와 광교 TV, 과천 지식정보타운, 안산 사이언스밸리, 용인 플랫폼시티를 제외한 경기도의 7개 테크노밸리는 두 개의 유형으로 구분된다. 첫 번째는 일산 테크노밸리와 양주 테크노밸리, 구리 · 남양주 테크노밸리로 경기도가 추진했다. 두 번째는 지자체 · 한국토지공사(LH공사) · 경기주택도시공사(GH공사)가 추진한 용인 테크노밸리와 동탄 테크노밸리, 파주 운정 테크노밸리, 광명 시흥 테크노밸리다. 경기도의 7개 테크노밸리는 사업목적과 추진 시기, 조성 규모와 입주기업 유형에서 차이가 있다. 그러나 판교 TV를 성공 지향점으로 하는 것에서는 같다.

일산 TV와 양주 TV, 구리 · 남양주 TV를 경기 북부 테크노밸리라고 부른다. 경기 북부 TV는 민선 6기 남경필 경기도지사의 정책이다. 2014년 10월 남경필 지사는 취임 100일을 맞이해 '10대 과제'를 발표했다. 그중 여덟 번째가 "낙후된 경기 북부를 종합적으로 개발하는 '미래도시 경기 북부'과제"였다. '통일 미래도시'를 위해 경기 북부가 통일과 남북협력의 전진기지로서 역할 할 수 있도록 공공기관 이전 · 신설, 인프라 조성, 규제 합리화, 경기 북부 테크노밸리 및 융복합 클러스터 조성을 선언했다. 70만 개의 일자리를 창출해 경기 북부 경제를 활성화하는 것이 목표였다.

2015년 경기도의 싱크 탱크인 경기연구원이 『경기 북부 테크노밸리 조성방안』을 정책연구보고서로 발간했다. 연구결과를 참고해 남경필 지사는 2016년 4월 수요조사를 한 후 두 달 후인 6월 테크노밸리 유치를 신청한 고양, 파주, 의정부, 양주, 동두천, 구리, 남양주 등 7개 시의 대상지 중에서 고양 일산지역을 첫 번째 테크노밸리로 발표한다. 1년 5개월 후에는 구리 · 남양주시와 양주시를 북부 2차 테크노밸리 조성 예정지로 선정했다.

조성면적 약 87만㎡의 일산 TV는 경기도(경기도시공사)와 고양시(고양관리공사)가 2:1로 8,493억 원의 사업비를 투입해 사업을 시행한다. 유치업종으로는 바이오 · 메디컬, 미디어 · 콘텐츠를 계획했다. 사업 기간은 2016년부터 2024년까지로 계획했으나 늦어져 2021년 착공해 2026년까지 기업 입주 완료를 목표로 하고 있다. 조성면적 약 22만㎡의 양주 TV는 경기도(경기도시공사)와 양주시가 약 2:1로 1,104억 원을 투입해 사업을 시행한다. 주요 유치업종은 섬유, 패션, 전기, 전자 등을 결합한 첨단섬유산업과 디자인 산업이다. 사업 기간은 2017년부터 2024년까지로 계획했으나 늦어져 2019~2024년까지를 목표로 한다. 일산 TV와 양주 TV는 판교 TV와 거리가 있어 새로운 테크시티로 발전하는 데 어려움이 있다.

구리 · 남양주 TV는 구리지구 약 22만㎡와 남양주지구 약 7만㎡를 합해 총면적 약 29만㎡로 경기도(경기도시공사)와 구리시(구리도시공사), 남양주시(남양주도시공사)가 추진했다. 경기도시공사가 전체지분의 ⅔를 점유한다. 유치업종으로는 사물인터넷, 핀테크, 게임 등 지식서비스산업을 계획했다. 사업 기간은 2017년부터 2024년까지로 계획했다. 그러나 이 사업은 난관에 봉착한다. 2019년 구리시가 사업철회를 요청한 후 2020년 남양주시와 경기도시공사도 사업을 철회했다. 이후 구리시는 이커머스 물류단지로, 남양주는 국가주도 첨단산업단지로 추진했다. 2022년 6월 당선된 백현종 구리시장 후보자는 언론에서 구리 TV의 재추진을 선언했다.

민관 합동개발방식으로 시행한 사업면적 100만㎡의 용인 TV는 용인시 처인구 이동면에 있으며 덕성 일반산업단지라 불린다. 2008년 한국토지공사가 사업시행자로 지정되었다가 2011년 민간 사업자를 공모해 용인시(20%)와 한화도시개발(75%), 한화건설(5%)로 변경했다. 전기 · 전자 ·

정보 분야, 자동차 및 트레일러 제조 분야, 바이오·케미칼 신공정분야, 메탈 및 메카닉 신공정분야(금속 및 기계)를 유치업종으로 해 2020년 사업을 준공했다. 현재 제2 테크노밸리를 추진하고 있다. (주)용인테크노밸리가 조성한 용인시 기흥구 청덕동에 있는 민간 지식산업센터와는 완전히 다른 사업이다.

조성면적 약 155만m^2의 동탄 TV는 동탄2신도시를 추진하면서 한국토지주택공사와 경기주택도시공사가 4:1로 사업을 시행했다. 사업 기간은 2008년부터 2015년까지이며 목표 도입시설은 첨단산업/연구소/벤처기업, 복합물류유통단지, 첨단 외국인투자기업이다. 판교~광교~동탄 첨단산업 트라이앵글을 목표로 한다. 한미약품 연구센터, 우정바이오 본사, 서린바이오사이언스 글로벌센터를 포함해 수십 개의 업체가 입주해있다. 조성면적 약 47만m^2의 파주 운정 TV는 파주시가 2021년부터 2026년까지 공영개발로 시행한다. 유치업종은 전자부품, 컴퓨터, 통신장비, 자동차 및 트레일러 제조업, 컴퓨터 프로그래밍, 정보서비스업, 연구개발업이다.

광명·시흥 TV는 시흥 약 63만m^2와 광명 약 34만m^2를 합해 총면적 약 97만m^2로 한국토지주택공사가 추진한다. 사업 기간은 2018년부터 2025년까지이며 사업비는 7,890억 원이다. 사업목적은 국책사업인 광명 시흥 공공주택지구를 전면 취소하면서 지구지정 이전에 개발제한구역에 무질서하게 산재해 있던 중소규모 공장·제조업체를 이전·정비하는 것이다. 광명·시흥 TV 우측으로는 시흥 약 17만m^2와 광명 약 32만m^2를 합해 총면적 약 49만m^2로 경기주택도시공사가 추진하는 광명·시흥 첨단산업단지가 있다. 사업 기간은 2018년부터 2024년까지이며 사업비는 4,536억 원이다.

수도권 서부의 '구텐베르크 은하계' 테크시티

미디어는 우리의 감각과 경험 확장을 돕는다. 미디어 이론가이자 문화 비평가인 마샬 맥루한*Marshall McLuhan*은 1962년 저술한 『구텐베르크 은하계*The Gutenberg Galaxy*』에서 현재 형성되는 문명과 문화의 모습을 설명했다. 그는 문자보다 말, 즉 구어를 선호하는 새로운 은하계가 생성된다고 했다. 우리는 지금 책으로 대표되는 '문자 은하계(환경)'에서 IT 기술혁명으로 구현되는 '전자미디어 은하계(환경)'로 변화하는 세상을 목도하고 있다. 책과 신문으로부터 멀어진 사람들은 라디오와 TV를 거쳐 '포노 사피엔스*Phono Sapiens*'의 유튜브와 오디오북을 넘어 메타버스 세상의 '메타 사피엔스*Meta Sapiens*'로 향하고 있다. 수도권 서부지역에 전자적 은하계를 선도하려는 테크시티가 있다. 우리는 그곳을 '구텐베르크 은하계'의 디지털미디어 테크시티라고 부를 수 있다.

디지털미디어 테크시티의 시작은 '상암 디지털미디어시티(DMC)*Digital Media City*'다. 상암DMC는 한 도시계획가의 아이디어로부터 촉발되었다. 강홍빈 박사는 우리나라와 서울시의 발전에 많은 기여를 한 도시계획·설계 전문가다. 그는 1990년대 전반기에 서울시에서 근무하면서 천만 서울시민들의 1.9억 톤 쓰레기가 쌓여 버려졌던 땅 난지도에 주목했다. 1960년대까지 "난초와 영지의 섬"으로 알려졌던 난지도는 연탄재, 생활 쓰레기, 건축 폐자재가 쌓여 높이 100미터, 길이 2킬로미터에 이르는 거대한 쓰레기 산이었다. 그가 1998년 서울시정개발연구원의 제6대 원장으로 취임하면서 그의 아이디어는 현실이 된다.

오늘날 상암DMC로 알려진 신도시는 새서울타운 발전구상으로부터 발전했다. 1998년 5월 김대중 정부는 상암동 월드컵 주경기장 신축안을 확정한다. 1998년 8월 서울시는 환경재생과 새로운 기술을 통한 지속 가능한 미래복합 신도시인 '새서울타운 조성 기본계획'을 수립해 발표한다. 2000년 4월에는 '정보도시', '생태 도시', '관문 도시'인 미래형 복합도시를 조성하기 위한 상암 새천년 신도시 기본계획이 수립되었다. 2002년 DMC 1단계 용지공급을 공고해 2006년 DMC 1단계 사업을 준공했다.

〈그림 22〉 수도권 서부의 '구텐베르크 은하계' 테크시티 위치*

---

*　네이버 지도에 4개 사업지구 위치를 삽입

조성면적 약 57만㎡의 상암DMC는 최첨단 디지털미디어 엔터테인먼트(M&E) 클러스터다. 국내 IT, 미디어산업의 메카로 동아일보·채널A, 중앙일보·JTBC, YTN, MBC, SBS, KBS, TBS교통방송 사옥이 차례로 입주했다. CJ ENM과 같은 엔터테인먼트 기업을 포함해 삼성/LG 소속 IT 관련 기업이 다수 입지해 있다. 국내에서 가장 높은 133층 640m 높이의 '상암DMC 랜드마크 빌딩' 건설을 추진했으나 2008년 발생한 금융위기로 2012년 사업자인 ㈜서울라이트타워 측에서 토지대금을 미납해 사업이 무산되었다. 2022년 제8회 지방선거를 거치면서 다시 추진하려는 움직임이 있다.

　상암DMC의 환승역인 디지털미티어시티역에서 자유로나 제2자유로를 따라 승용차로 30여 분을 북서 방향으로 이동하면 파주출판도시가 나온다. 디지털미디어 테크시티를 구성하는 두 번째 장소인 파주출판단지다. 정식명칭은 '파주출판문화정보 국가산업단지'다. 조성면적 약 156만㎡는 산업시설 59만㎡, 지원시설 13만㎡, 주거 5만㎡, 공공시설 79만㎡로 구성되었다. 한국토지주택공사가 1997년부터 2013년까지 조성했다. 출판도시 조성사업은 2018년 완료되었다. 유치업종은 인쇄 및 기록 매체 복제업, 창고 및 운송 관련 서비스업, 창작예술 및 여가 관련 서비스업, 영상·오디오 기록물제작 및 배급업, 방송업, 출판업이다.

　20여 년의 조성 기간이 걸린 파주출판도시는 도서기획부터 편집, 디자인, 인쇄, 제본, 유통 과정이 한 곳에서 이루어지는 한국출판산업의 첨단 집적단지다. 출판, 인쇄, 제지, 유통뿐만 아니라 영상, 소프트웨어, 공연전시업체 등 문화예술을 아우르는 400여 개 업체의 근거지다. 북카페, 도서관, 갤러리, 문화학교와 같은 문화시설과 아시아출판문화정보센터, 지지향, 책과 영화의 도시 건설본부, 영상자료원 보존센터 등 다양한 지원시설이 있는 복합문화 산업도시로 발전했다. 입주업체마다 특색 있는 건물을 지어 개성 넘치는 건축물이 어우러진 도시경관으로 유명하다. 231개 업체가 자사 건물에 입주했고, 31개 업체가 건립할 예정이다.

경기도와 경기도시공사가 고양시 한류월드 사업지 인근에 6.7천억 원을 들여 조성하는 고양 방송영상밸리가 디지털미디어 테크시티를 구성하는 세 번째 장소다. 2019년 6월 방송영상 특화단지를 조성하기 위해 구역지정과 개발계획 수립인가를 마치고, 2021년 4월 실시계획인가를 마무리하여, 한 달 후 기공식을 가졌다. 조성면적은 약 70만m^2이며 2023년까지 건설한다. 고양 방송영상밸리의 주변에는 일산 테크노밸리와 킨텍스 제3전시장, CJ 라이브시티, IP 융복합센터가 있다.

디지털미디어 테크시티를 구성하는 마지막 조각은 'CJ 라이브시티'다. CJ 그룹에 소속된 CJ ENM의 자회사인 (주)CJ 라이브시티가 고양시 한류월드 부지에 조성하는 문화공간 사업이다. (주)CJ 라이브시티는 영화, 비디오물, 방송프로그램 제작 관련 서비스업을 하는 기업으로 K-POP, 드라마, 영화, 예능 등 다양한 한류 문화콘텐츠 체험시설과 콘텐츠 제작시설, 상업·업무공간을 조성한다. 대표적인 시설은 CJ 라이브시티 아래나다.

CJ 라이브시티는 K-POP, 드라마, 영화, 예능에 대한 기획·제작시설부터 K-문화 팬들과의 교류공간, 글로벌 콘텐츠 업무 타운을 포함한 'K-콘텐츠 산업생태계'를 구축하는 사업이다. 약 33만m^2의 부지에 K-팝, 영화, 드라마, 예능 등 다양한 K-콘텐츠를 경험하는 씨어터 타운을 건설한다. 아이돌의 팬 미팅이나 음악방송 촬영 등의 목적으로 사용되는 K-팝 팬들과의 교류공간과 스튜디오 타운, Mnet 타운도 들어선다. 상업·업무·숙박시설, 친환경 수변공간을 조성해 비즈니스 생태계를 형성하려고 한다.

송도의 꿈, 테크시티 인천

승용차나 공항버스를 타고 인천국제공항에서 판교 TV로 가기 위해 인천대교를 건너면 우측에 높은 건물들이 보인다. 바로 인천시 연수구와 남동구 해상을 간척해 만든 송도국제도시다. 약 40조 원의 민간자본이 투입된 세계 최대 규모의 민간 도시 개발사업 지역이다. 부지면적 약 53km^2를 11개 공구로 구분해 1991년부터 2020년까지 2단계에 걸쳐 개발하고 있다. 1986년 인천시가 인천국제공항 배후지로 처음 구상해 1991년 정부에 의해 확정되었다.

2002년 미국 부동산업체인 게일 인터내셔널과 포스코건설이 합작해 송도신도시개발(NSC)을 설립해 추진했다. 송도는 2003년 청라지구, 영종지구와 함께 인천 경제자유구역으로 지정되었다. 우리나라에 있는 9개 경제자유구역 중에서 첫 번째다. 2005년 송도국제도시 마스터플랜이 완성된 후, 송도 컨벤션센터의 착공으로 국제업무지구가 개발되었다. NSC는 송도국제도시개발(NSIC)로 사명을 바꾸었고, 2009년 송도 컨벤시아, 센트럴파크를 포함한 1단계 업무 및 주거 시설과 인천대교를 완공했다. 채드윅 국제학교, 잭 니클라우스 골프클럽 코리아, 초고층 아파트, 오피스 빌딩들이 들어섰다. 2012년에는 녹색기후기금(GCF)과 세계은행 한국사무소 유치에 성공했다. 2013년 G타워(150m, 33층)와 동북아무역센터가 완공되었다. 2022년 약 6.6만 가구 19만 명이 거주한다.

송도국제도시는 원대한 비전과 치밀한 전략을 기반으로 테크시티 인천을 조성할 수 있는 잠재력을 보유하고 있다. 이미 조성된 송도 지식정보산업단지가 그 첫 번째 구성체다. 송도 지식정보산업단지는 송도국제도시 2·4공구에 있다. 인천시가 조성면적 2.4백만m^2를 2000년부터 2011년까지 약 5.6천억 원을 투입해 건설했다. 송도 지식정보산업단지는 기술혁신, 인력 · R&D · 첨단기술기업의 집적 확산지, 산 · 학 · 연 결합의 기술개발 및 사업화 촉진기지, 연구 · 생산 · 주거 기능이 조화를 이루는 첨단산업 단지를 조성목적으로 한다. 주요 외국투자기업으로는 (주)큐델리니어텍, A-1엔지니어링코리아, (주)코덱, (주)휴니드 테크놀러지스, 교보 데이터 센터, (주)만도헬라 일렉트로닉스, (주)파이박스, 송도에니파크, (주)경신, 산일테크, 리탈, 파이오락스, 헬러만타이툰 등이 있다.

〈그림 23〉 송도 지식정보산업단지 토지이용계획도*

---

* 인천 경제자유구역 홈페이지

송도국제도시 4공구에는 면적 1.3km²의 송도 바이오단지가 있다. 인천시가 2003년부터 2009년까지 첨단바이오단지를 조성하기 위해 168억 원을 들였다. 입주기업은 셀트리온, (주)얀센백신, (주)아이센스, (주)케이디코퍼레이션, (주)이원생명과학연구원, (주)다이후쿠코리아, (주)엔바이로테크놀로지다. 셀트리온은 바이오의약품을 제조하고, 연구하는 시설을 건립하기 위해 2002~2011년 동안 면적 19만m²에 약 6천억 원을 투자했다. (주)얀센백신도 소아 백신 제조 및 연구시설을 위해 2008~2011년 동안 면적 3.4만m²에 약 9.5백억 원을 투입했다. 혈당기기를 제조하는 (주)아이센스는 6.6천m²에 약 254억 원을, 의약품 분리기기를 제조하는 (주)케이디코퍼레이션은 9천m²에 약 230억 원을, 검사진단 기업 연구소를 건립하려는 (주)이원생명과학연구원은 5천m²에 약 87억 원을 투자했다.

경제학자 앨프레드 마셜의 '집적경제' 이론이 4차 산업혁명의 핵심인 바이오 · 헬스 산업에 적용된다. 피츠버그대 의대를 중심으로 바이엘 *Bayer*, 글락소 스미스클라인(GSK), 머크*Merck*, 화이자*Pfizer*, 아스트라제네카 *AstraZeneca*, 얀센&얀센*Johnson&Johnson*, 사노피*Sanofi*, 파렉셀*Paraxel*과 같은 바이오기업이 다른 첨단 하이테크 기업들과 협력해 전통 공업도시를 첨단 바이오테크 도시로 전환시킨 미국 피츠버그시가 대표적이다. 송도국제도시에서 제4공구와 연접한 제5공구에서 그런 일이 발생했다. 첨단산업클러스터(B)지구로 대학과 연구시설의 클러스터를 조성하기 위한 부지다. 인천시가 3.5백만m²의 면적에 약 4.4천억 원을 들여 2008년부터 2020년까지 조성했다. 이곳에 (주)삼성바이오로직스와 (주)삼성아이오에피스, (주)비알씨, 동아쏘시오그룹과 같은 바이오기업들이 둥지를 틀었다.

삼성바이오로직스는 바이오의약품을 제조하고, 연구하는 시설을 건립하기 위해 2011~2020년 동안 면적 약 27만m^2에 2.1조 원을 투자했다. 계열사인 삼성바이오에피스도 2014년부터 2020년까지 면적 약 4.3만m^2에 바이오의약품 연구시설을 건설했다. 싱가포르 IBM이 바이오 연구, 개발, 제조단지를 건립할 목적으로 입주한 (주)비알씨는 2009~2020년 동안 면적 약 5.3만m^2에 4천억 원을 투자했다. 동아쏘시오그룹도 2012~2022년 동안 면적 약 14.5만m^2에 바이오의약품을 제조하고 연구하는 시설을 건설했다.

5공구와 연접한 송도국제도시 7공구도 첨단산업클러스터(B)지구다. 이곳에 SK바이오사이언스가 2,662억 원의 사업비를 투입해 백신 연구와 공정개발을 위한 3.4만m^2 면적의 백신 연구소를 2024년 말 준공한다. SK바이오사이언스의 본사와 연구소는 현재 판교 TV에 있다. SK바이오사이언스는 국내 최초로 코로나 19 백신인 아스트라제네카를 수탁 생산했고, 국내개발 1호 코로나 19 백신인 '스카이코비원멀티주(개발명, GBP510)'를 식품의약품안전처에 허가 신청했다. SK바이오사이언스는 백신 연구소를 설립해 바이오 위·수탁 개발생산(CDMO) 사업을 확장하고, 신규 플랫폼을 적극적으로 확보해 국제기구, 국내·외 바이오기업과 협력을 강화하려고 한다.

우리나라 바이오 빅3를 모두 품은 송도국제도시 도시혁신지구들은 '바이오 메카'를 향한 테크시티 3.0 인천의 꿈을 실현할 수 있을까? 2022년 7월 취임한 유정복 인천시장은 송도에 첨단의료복합단지, 바이오 원부자재 상용화, K-바이오랩 허브 등 바이오 혁신 클러스터 헬스밸리를 육성한다고 공약했다. 그러나 상세한 정보는 아직 없다. 판교 TV 외에도 바이오 테크시티 인천을 위협하는 곳이 있다. 경쟁지역인 마곡 LG사이언스파크를 살펴본다.

서울 마곡지구 LG사이언스파크

어떤 땅은 우연과 필연에 의해 그 쓰임새가 바뀐다. 판교 TV가 그러했으며 서울에서는 마곡지구가 그렇다. 면적 $3.66km^2$의 이 땅은 한때 서울 월드컵경기장을 유치할 부지였다. 1998년 김대중 정부가 2002년에 개최되는 월드컵경기장을 마포구 상암동에 짓기로 결정해 이 땅의 운명이 바뀌었다. 서울시가 상암DMC를 우선으로 추진하면서 개발도 늦어졌다. 그 결과 마곡지구의 핵심 교통시설인 마곡역은 1996년 수도권 전철 5호선의 방화역~까치산역 구간이 개통된 후에도 IMF의 영향으로 개발사업이 어려워지자 2008년까지 12년 이상을 열차가 정차하지 않고 그대로 통과하는 유령역이 되었다. 완공된 마곡역 주변이 농가 몇 채만 있는 허허벌판 농토로 오랫동안 남아 있었기 때문이다.

서울시가 2005년 12월에 남아 있던 마지막 대규모 미개발지인 강서구 마곡동과 가양동 일대를 대상으로 마곡지구 조성계획을 발표했다. 2년 후 구역지정 및 개발계획 수립이 고시되었다. 2007년부터 마곡역 인근의 발산지구에 SH공사가 아파트 단지를 완공해 사람들이 입주를 시작했다. 아파트 단지 입주민들이 교통 불편을 해소하려고 마곡역의 운영을 요청해 2008년 6월 개통되었다. 그해 말 마곡지구에 대한 실시계획 인가가 고시되었다. 이번에는 다른 변수가 발목을 잡았다. 2007년부터 글로벌 금융위기가 발생해 다시 개발사업이 지지부진해졌다. 마곡지구는 2009년 9월부터 기반공사를 착공했으나 2011년 10월이 되어서야 선도 기업에 대한 우선 분양공고를 냈다. 분양공고 6개월 후 LG와 코오롱이 선정되면서 비로소 사업이 본궤도에 오를 수 있었다.

서울시와 SH공사가 공동으로 제작한 홍보자료는 "마곡지구를 서울의 미래"라고 말했다. 그 자료에 따르면 마곡지구는 세계적인 R&D 클러스터와 주거단지, 업무·상업 단지, 산업단지, 공원 등이 어우러진 자족도시다. 마곡지구는 "누구에게나 열려있는 동북아 관문 도시," "첨단기술과 상업이 융합되는 지식산업 혁신기지," "지속 가능한 가치를 지향하는 미래의 녹색 도시"의 3개 비전을 발표했다. 비전별로 각각 3개의 목표를 제시했다. SH공사가 2007년부터 2020년까지 13년간 사업을 진행했다.

마곡지구의 위치는 사통팔달의 교통 요충지다. 김포공항은 5분 거리인 $2km$, 인천공항은 35분 거리인 $40km$, 서울 도심으로부터는 $15km$ 떨어져 있다. 지하철 5호선, 9호선, 공항철도의 3개 노선 6개 지하철역이 있어 15분이면 서울역에 도착한다. 마곡나루역에서 지하철 9호선이나 공항철도를 타면 용산역이나 서울 고속도로터미널에 30분 내외로 도착한다. 인접한 올림픽대로와 남부순환도로를 타면 서울과 수도권에 빠르게 도착한다. 공항대로가 지구 중심을 관통하고, 방화대로와 강서로가 부지경계를 지나 버스 등 대중교통으로 인접 지역을 가는 것도 별로 어렵지 않다.

마곡지구에 신성장산업 발전과 글로벌 성장 트렌드에 맞춰 IT, BT, GT, NT 첨단산업을 기반으로 차세대 신기술 개발, 전략산업 육성, 국제교류 강화, 서울 전략산업 육성을 위한 마곡산업단지가 있다. 산업시설용지 약 73만m^2, 지원시설 약 8만m^2, 주차장·보육·충전소를 위한 기타시설 31만 m^2를 합쳐 총면적이 112만m^2에 달한다. 마곡지구 전체의 약 30%를 점유하며 판교 1·2·3 TV 면적을 다 합친 수치에 근접한다. 산업시설용지에는 연구소와 지식산업센터가 허용된다. 지원시설용지에는 근린생활시설 입주가 가능하다.

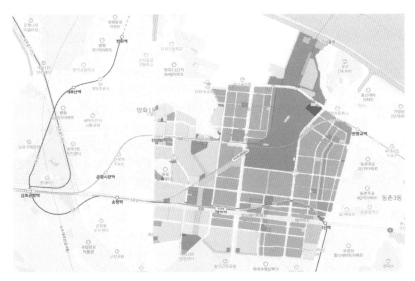

(a) 서울 마곡지구 토지이용계획도

(b) 서울 마곡지구 LG사이언스파크 조감도

〈그림 24〉서울 마곡지구 토지이용계획도와 조감도*

---

*   (a) 네이버 지도에 마곡 LG사이언스파크 토지이용계획을 삽입 (b) 서울시 · SH공사, 『서울 마곡
지구』자료.

마곡산업단지는 미국의 선두 도시혁신지구들의 면적보다는 작지만, 수도권 서부에서 판교 TV와 구분되는 테크시티 권역을 형성할 수 있는 규모다. 마곡산업단지에는 특정 산업을 육성하기 위한 Core, InT, BmT, BiT, Get의 5개 클러스터부지가 있다. Core 클러스터부지에는 선도산업, 공공지원시설과 같은 핵심시설이 들어선다. InT 클러스터는 정보통신과 나노기술을 위한 부지다. BmT 클러스터에는 바이오 의료, 의약 중심 산업이 입주했다. BiT 클러스터는 바이오, 정보산업을 위해 조성했다. GeT 클러스터는 친환경, 신재생에너지 중심의 기업들이 입주했다.

Core 클러스터에는 LG그룹의 LG전자, LG이노텍, LG디스플레이, LG하우시스와 범LG인 희성그룹의 희성화학, 희성금속, 희성소재, 희성정밀을 포함해 12개 기업이 입주했다. InT 클러스터에는 LG그룹의 LG생활건강, LG유플러스, LG화학, LG CNS를 포함해 26개 기업이 있다. BmT 클러스터에는 한국의약품수출입협회와 17개 기업이 둥지를 틀었다. BiT 클러스터는 롯데그룹이 핵심이다. 롯데쇼핑, 롯데제과, 롯데지알에스, 롯데칠성음료, 롯데케미칼, 롯데푸드가 있으며 그 외에도 대상을 포함해 18개 기업이 있다. GeT 클러스터에는 코오롱그룹이 계열사인 코오롱생명과학, 코오롱글로텍, 코오롱인더스트리를 배치했다. (재)FITI시험연구원도 입주했으며 범LG인 아워홈, 에쓰-오일을 포함해 17개 기업이 있다. LG와 롯데, 코오롱을 포함한 대기업의 핵심허브다.

마곡 산업지구는 IT, 화학, 바이오·제약기업들의 새로운 메카다. 지구는 테크시티 2.5처럼 보이나 실질적으로는 테크시티 3.0의 특성이 있다. 판교/송도와의 산업 관계 설정이 필요하다.

다크호스 서초와 송파

서초구 '양재 Tech+City'는 서울 마곡지구와 성남 판교의 중간 지점에 있다. 판교를 원의 중심점으로 '양재 Tech+City'에서 우측으로 약 30° 각도로 호를 그려 이동하면 송파구 '문정 비즈밸리'에 도달한다. 양재 Tech+City와 문정 비즈밸리는 강남구 테헤란로에 있는 서울벤처밸리에서 판교로 오는 길목에 위치하며 서울시 행정구역의 동남쪽 끝자락에 있다. 이 두 지구가 최근 지역에 들어선 앵커시설들의 영향으로 성장에 탄력을 받았다. 그러나 이 두 지역의 성장에는 2000년대에 조성된 판교 제1 TV가 우리나라의 선두 도시혁신지구로서 다른 나라에 비해 규모가 작은 것도 요인이 된다. 어찌 되었든 '양재 Tech+City'와 '문정 비즈밸리'는 2010년대 이후 새로운 발전의 기회를 잡았다.

한동안 양재 R&D 밸리로 불렸던 양재 Tech+City의 뿌리를 더듬어 가면 그 끝에 LG전자가 있다. LG전자는 오늘날 8백여 명의 연구인력이 근무하는 LG전자 양재 R&D 캠퍼스를 1975년 서초문화예술공원 인근 약 3만m^2의 부지에 건설했다. 차세대 디바이스와 선행기술을 개발하기 위해서였다. 1991년에는 KT 연구개발센터가 12.5만m^2 규모의 인접부지에 들어왔다. 1.2천여 명의 연구인력이 차세대 유·무선 네트워크와 인터넷TV, 사물인터넷을 연구하는 곳이다. 2009년에는 3천여 명의 연구인력이 IT 컨버전스, 소프트웨어, 특허, 디자인 업무를 담당하는 LG전자 서초 R&D 캠퍼스가 양재IC 근처 약 7만m^2의 부지에 새롭게 둥지를 틀었다.

대기업들이 R&D 센터의 입지 지역으로 서초구에 관심을 보이자 서초구청이 지원에 나섰다. 우면동 일대를 2005년 '정보통신(IT)·전자·자

동차 분야 첨단연구개발 특구'로 지정해줄 것을 정부에 건의했다. 건교부
가 우면 2 국민임대주택단지 예정지구 내 연구시설용지로 지정 고시했다.
2009년 서울시는 국토계획법 37조 '산업 및 특정개발 진흥지구' 제도를
근거로 2012년까지 25개 자치구별로 1곳 이상, 총 30곳을 '산업 뉴타운'
으로 지정하겠다고 발표했다. 6개의 1차 거점지구 중 하나로 우면동의 5
만m^2 이상 면적을 양재 R · D 지구로 지정했다. 그러나 다음 해 국토부는
주민 조망권을 고려해 연구시설은 4층 이하(용적률 240% 이하)로, 아파
트형 공장 등 도시지원시설은 5층 이하(300% 이하)로 결정 고시했다. 글
로벌 기업들이 난색을 표명하면서 사업추진이 어려워졌다.

서초구가 국토부를 일 년 넘게 설득한 끝에 개발밀도를 완화하는 우면
2지구 실시계획 변경 승인을 받았다. SH공사가 연구시설용지 2개 필지
약 4.7만m^2의 분양을 발표했다. 삼성전자는 경쟁입찰로 약 2천억 원에 연
구시설부지를 매입했다. 도시지원시설은 3백여억 원에 사들였다. 서울시
가 건축허가를 승인해 삼성전자는 2015년 약 5.3만m^2의 부지에 연구인력
약 5천여 명이 근무하는 서울 R&D 캠퍼스를 조성했다. 연면적 34만여m^2
의 6개 동으로 구성된 R&D 캠퍼스에는 '삼성전자 디자인의 심장부'인 디
자인경영센터와 소프트웨어센터, DMC*Digital Media & Communication* 연구소,
IP 센터를 배치했다. 건물 사이를 연결한 후 복도와 사무실에 휴식공간을
배치해 브레인스토밍이 활발하도록 했다.

현대차그룹이 2014년 삼성동 한전 부지를 10조 원 넘은 금액으로 낙찰
받았다. 현대차는 본사 이전 후 양재동 현대 기아 자동차빌딩을 글로벌 연
구개발센터로 활용한다고 했다. 전기차 등 차세대 차량을 연구한다는 것
이다. 서초구가 R&D 단지로 변신하고 있다.

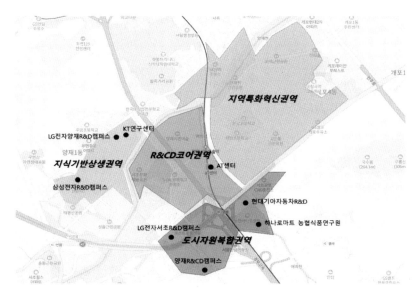

(a) 서초구 양재 테크시티

(b) 송파구 문정 법조타운

〈그림 25〉 송파구와 문정동의 4차 산업혁명 관련 개발사업*

---

* 네이버 지도에 양재 테크시티와 문정 법조타운을 삽입

서울시는 2016년 '지역특화발전특구'로 지정하는 '양재 Tech(기술)+City(도시) 조성계획'을 발표했다. 양재·우면동 일대 330만m^2를 뉴욕 테크 트라이앵글이나 독일 아들러스호프와 같은 소프트웨어와 정보통신기술(ICT) 인프라가 결합한 세계적인 R&CD 혁신거점으로 육성한다는 것이다. 양재 Tech+City에 63빌딩 4.5배에 달하는 75만m^2 규모의 R&CD 공간을 조성한 후 규제 완화와 기업 간 공동개발, 산·학·연 연계를 지원해 혁신거점을 만들어간다고 했다. 서울시는 이 사업으로 1.5만 개의 일자리가 증가하고 2조 원 이상의 투자가 이루어질 것을 예상했다. 서울시는 2021년 기본계획을 286만m^2로 축소 수정해 AI 산업 실리콘밸리로 육성한다는 '양재 AI 혁신지구 활성화 계획'을 발표했다.

송파구 문정동에 위치한 문정비즈밸리는 미래형 업무단지, 법조 단지, 동남권 유통단지를 조성한 사업이다. SH공사가 2007년부터 2022년까지 약 55만m^2의 면적을 대상으로 도시개발사업으로 추진했다. 미래형 업무단지 약 15만m^2, 법원·검찰청·구치소·기동대 등 법조 단지 약 11만m^2, 문정 컬처밸리 약 2만m^2, 도로·공원·녹지 등 도시기반시설 25만m^2, 상업·공공지원용지 약 2만m^2로 구성된다.

문정비즈밸리의 총입주업체 수는 1,901개로 상당한 규모다. 신성장동력 산업 업종에서는 IT융합 525개사, 비즈니스&연구 509개사, 바이오메디컬 278개사, 녹색산업 156개사, 디자인&패션산업 148개사, MICE 관광산업 40개사, 콘텐츠산업/금융 34개사를 합해 1,690개 업체가 입주해있다. 이외에도 도·소매업 110개사, 제조업 34개사, 기타업종 67개사가 있다. 독자적인 지구로는 어렵지만, 인접 지구와 연계하면 중심거점지역으로 기능할 수 있다.

11. 경쟁(競爭)

위드 코로나 시대 서울벤처밸리의 부활

2022년 7월 한 언론사에서 강남구 테헤란로에 위치한 서울벤처밸리의 부활을 알리는 놀라운 소식을 보도했다. 코로나 19로 인해 대규모 투자유치에 성공한 테크기업들이 사회적 거리두기가 완화되어 재택근무 비중이 줄자 대거 강남 일대의 오피스 공간으로 사무실을 옮긴다는 보도였다. 오피스 공실률 자료의 출처는 글로벌 상업 부동산 서비스기업인 쿠시먼&웨이크필드Cushman & Wakefield의 한국지사였다. 그 기업이 분기별로 발표하는 『서울 오피스 마켓 리포트』에서 강남의 공실률은 지난 일 년 동안 항상 0을 기록하는 판교에 뒤이어 두 번째로 0에 수렴하고 있었다. 강남 테헤란로의 높은 사무실 임차료 수준에도 불구하고 정보기술(IT)기업들이 강남 오피스의 선점에 나선 영향이라고 분석했다.

'위드 코로나 19With Corona 19'시대에 수도권 업무지역에 대한 쿠시먼&웨이크필드의 오피스 공실률 자료는 오피스 시장에 대한 판교와 강남 서울벤처밸리의 강한 경쟁력을 보여준다. 2000년대를 전후해 서울벤처밸리가 제조·금융업 등 전통산업에서 벤처·스타트업 등 테크기업으로 전환되었던 흐름이 다시 시작되었다. 이런 흐름이 오피스 시장에서 현재 지각변동을 일으키고 있다.

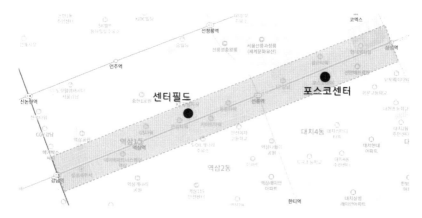

(a) 서울벤처밸리(강남역~삼성역) 위치도

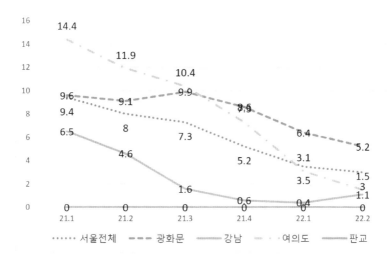

(b) 강남, 서울 전체, 광화문(도심), 여의도, 판교 오피스의 분기별 공실률

〈그림 26〉 서울벤처밸리의 위치와 오피스 공실률 변화추이*

---

* (a) 네이버 지도에 서울벤처밸리 위치를 삽입 (b) 쿠시먼&웨이크필드 코리아, 분기별「서울 오피스 마켓 리포트」

서울벤처밸리는 1999년 말까지 테헤란밸리로 불렸다. 〈그림 26-a〉와 같이 지하철 2호선 강남역부터 삼성역까지 약 4km의 테헤란로를 따라 업무빌딩들이 입지한 강남의 업무지역을 말한다. 1990년대에 초고속 인터넷망이 설치되면서 소프트웨어, 게임, 인터넷을 포함한 다양한 IT 관련 기업들이 입주해 테헤란밸리로 불렸다. 정부가 2000년대 초 서울벤처밸리로 정식명칭을 부여했다. 우리나라가 IMF 사태를 벗어나 서서히 임대료가 상승하고 교통혼잡이 심해지자 IT 관련 입주기업들이 판교 TV나 서울디지털산업단지로 이주했다. IT 관련 기업들이 떠난 빈자리에 성형외과, 탈모·비만 클리닉들이 들어와 '뷰티밸리Beauty Balley'라는 새로운 별칭을 얻었다. 포스코센터, 강남파이낸스센터, 센터필드와 같은 대형 오피스빌딩이 있어 '브랜드 밸리Brand Valley'라고도 불렸다.

2010년을 전후해 서울벤처밸리는 디지털 기반의 게임, 영상, 음악, 광고, 디자인 기업들이 집적된 IT융합 콘텐츠 산업지구로 진화했다. 직장인 지원 인맥구축 서비스업체였던 링크나우가 2010년 7월 발표한 '한국의 IT 전문인력 지도'에 의하면 소프트웨어, 반도체, 인터넷, 통신 분야에서 일하는 우리나라 IT 전문인력의 27%가 강남구(18.9%)와 서초구(8.1%)에서 일했다. 2015년을 전후해 대기업들이 판교 TV, 상암DMC, 마곡산업단지, 송도국제도시로 이전해 수도권 업무지역들이 활성화되자 서울벤처밸리의 공실률이 조금씩 증가했다. 이면도로에 입주했던 스타트업, 1인기업과 같은 중소업체들이 대로변 프라임 빌딩에 새롭게 만들어진 공유 오피스로 입주했다. 시간이 지남에 따라 이면 도로에 위치한 중소빌딩들이 노후화되면서 공실 문제가 더 심각해졌다.

서울벤처밸리의 특성과 강점이 사라지면서 새로운 변신이 필요했다. 서울시는 첨단기술을 보유한 중소 벤처기업들을 지원할 벤처캐피털에 주목했다. 2016년 기준으로 벤처캐피털 협회에 등록된 백여 개 업체 중 절반 이상이 서울벤처밸리에 있었다. 창업을 희망하는 젊은 기업가들이 업계 관계자나 투자자들과 손쉽게 교류할 수 있었다. 1인 가구가 거주할 주택이나 오피스텔도 많았다.

스타트업 지원기관들이 서울벤처밸리에 모여들었다. 2013년 은행권청년창업재단의 스타트업 지원기관 '디캠프(D camp)'가 선릉역 근처에 생겼다. 아산나눔재단이 설립한 창업지원 공간 '마루180'도 2014년 역삼동에 들어섰다. 구글은 '구글캠퍼스 서울'을 삼성역 인근에 설립했다. 네이버도 역삼동 메리츠 타워에 'D2 스타트업 팩토리'를 열었다. 중소기업청은 2015년 테헤란로 일대를 '하이테크 스타트업 밸리'로 조성한다는 계획을 수립했다. 역삼동에 '팁스(TIPS)*Tech Incubator Program For Start-Up* 창업타운'을 개설해 160개 창업팀을 입주시키려 했다.

코로나 19 이후 반전이 생겼다. 젊은 IT 인재들이 주거부터 놀이까지 다양한 인프라가 갖추어진 강남에서 근무하기를 선호했기 때문이다. 강남을 벗어나지 않으려는 우수한 개발자 채용에 기업의 사활이 걸린 IT 기업들이 선두에 섰다. 코로나 19로 기업공개를 했거나 대규모 투자유치에 성공한 기업들은 다시 강남으로 유턴했다. 오피스 빌딩이 서울벤처밸리에 집중된 강남 업무지구는 확장이 어려웠다. 2010년대 높은 공실률에 힘입어 서울벤처밸리에 입주했던 기업들은 상승하는 임대료를 감당할 수 없어 광화문, 여의도 등 다른 지역으로 이동했다. 경기침체가 예상되는 현시점에서 서울벤처밸리의 미래는 예상하기 어렵게 되었다.

전환기의 'G밸리'

'G밸리', 즉 서울디지털산업단지는 지금 전환점에 서 있다. 1964년 수출산업단지개발 조성법을 근거로 테크시티 1.0에서 출발한 서울디지털산업단지는 2000년대 'G밸리'로 변경한 테크시티 2.0을 거쳐 2010년대 중반부터 테크시티 2.5를 지향해왔다. 마치 테크시티 3.0의 선두주자인 뉴욕 '실리콘앨리'에 대항하기 위해 새롭게 변신하고 있는 산호세/샌프란시스코의 '실리콘밸리'를 보는 것 같았다. 미국의 '실리콘밸리'는 뉴욕 '실리콘앨리'에 훌륭하게 대응하면서 아직 주도권을 잃지 않고 있다. 그런데 G밸리가 미래에도 판교 TV의 훌륭한 경쟁상대가 될 수 있는지는 아직 불확실하다. 지난 60여 년 동안 시대전환에 맞춰 여러 차례 변신에 성공했던 G밸리의 혜안과 선택이 필요한 때다.

서울시는 2021년 말 이미 승부수를 던졌다. 2021년 11월 1일 언론사들이 일제히 "G밸리, 서울 최대 융복합 산업단지로 재탄생"한다는 기사를 보도했다. 서울시가 10월 28일 구로구 구로동, 금천구 가산동 일대의 약 2백만m²에 대해 서울 디지털 국가산업단지계획을 변경하고 지형도면을 고시했기 때문이다.

서울시는 지난 60년 동안의 G밸리 역사 최초로 복합시설 용지와 지구단위계획을 포함한 국가산업단지계획을 변경했다. 21세기, 4차 산업혁명 시대에 적합한 융복합 혁신 도심산업단지로 재탄생하기 위해서였다. 1960~1970년대에 국내 최초의 수출국가산업단지로 조성된 G밸리는 2000년대 민간개발을 통해 첨단지식산업단지로 변화했다. 그러나 도시계획 관리체계는 변하지 않아 녹지·보행환경, 기반시설, 지원시설이 시대에 뒤떨어져 있었다.

서울디지털산업단지는 〈그림 27〉과 같이 1964년에 제정된 「수출산업단지개발조성법」에 따라 대부분 국유지였던 구로지역 일대에 국가산업단지로 탄생했다. 단지의 관리는 한국수출산업공단(현 한국산업단지공단)이 담당했다. 1980년대까지는 노동 집약적인 수출주도형 섬유, 봉제, 전자업체들이 입주해 발전했다.

노동집약 기업들이 해외나 지방으로 이전하고, 단지가 노후화하자 변신이 필요했다. 정부가 1997년 '구로산업단지 첨단화 계획'을 고시했다. 제조업 단지에서 첨단산업단지로 발전하기 위해 키콕스 벤처센터를 통한 기술변화형 기업과 첨단업종 유치, 창업 보육, 산학연관 연계 지원을 추진했다. 아파트형 공장이 우후죽순으로 들어서고 도시형 첨단 IT업체 입주가 급증했다. 이때부터 서울디지털산업단지는 'G밸리'로 불리기 시작한다.

'G밸리'는 2010년을 전후해 테크시티 2.0에서 2.5로의 새로운 변신을 준비한다. 2009년 법령개정으로 국가산업단지인 G밸리의 개발계획 변경 및 실시계획 승인 권한이 서울시로 위임되었다. 서울시는 관리기관인 한국산업단지공단, G밸리 입주기업, 자치구의 의견을 수렴해 계획 변경을 준비했다. 2015년 10월 『서울시 준공업지역 재생과 활성화 방안』 시민 대토론회 자료집을 제작해 두 차례의 시민 대토론회를 개최했다. 그러나 큰 변화는 없었다. 그러나 6년 후인 2021년에는 달랐다. 서울시는 2021년 6월 제1차 서울특별시 산업단지계획심의위원회를 개최해 『G밸리 국가산업단지계획(변경)(안)』을 '조건부가결'한다. 그리고 4개월 후 드디어 국가산업단지계획 변경을 고시했다.

G밸리 주요지표의 변화추이에 대한 〈그림 28〉을 보면 희망과 우려가 교차한다. 2008년 아파트형 공장(현 지식산업센터) 건설 이후 입주기업 수가 급증해 2013년까지 증가했다. 이후 감소와 증가가 교차한다. 생산액

은 2013년 17.2조 원으로 정점을 이룬 후 감소했다가 최근 회복했다. 고용은 2014년 16.3만 명을 정점으로 하락추세다. 판교 1 TV와 비교하면 입주기업은 9.7배, 고용자는 2.1배이나 매출액은 14%에 불과하다. 2021년 12월 『국가산업단지 산업 동향 조사』 자료를 보면 우려가 앞선다. G밸리의 입주업체 수와 고용자 수는 전국의 국가산업단지 중에서 1위다. 그런데 생산액과 수출액은 중화학공업 산업단지에 한참 뒤진다. 규모는 크나 생산성에서는 테크시티 3.0과 1.5 모두에게 밀리고 있다. 2021년 서울시의 새로운 시도가 이런 추세를 반전시킬지 지켜볼 때다.

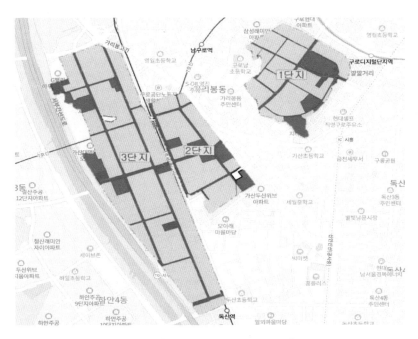

〈그림 27〉 서울디지털산업단지 사업구역*

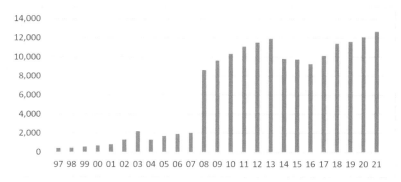

(a) 입주기업 수 변화추이(단위 : 개소)

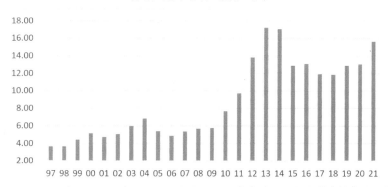

(b) 생산액 변화추이(단위 : 조 원)

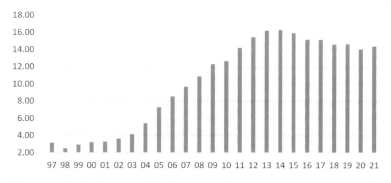

(c) 고용자 수 변화추이(단위 : 만 명)

〈그림 28〉 G밸리의 입주기업 수, 생산액, 고용자 수 변화추이*

*   한국산업단지공단, 1997~2022, 『주요 국가산업단지 산업 동향』.

포스트 판교를 꿈꾸는 수도권 서북부 6개 지구

2000년을 전후해 강남 테헤란로에 모였던 IT 기업들이 일부는 서울벤처밸리에 남았지만, 상당수는 남쪽 판교 TV와 서쪽 G밸리, 즉 서울디지털산업단지로 이동했다. 남쪽의 중심거점인 판교 TV는 테크시티 판교권과 서초구 '양재 Tech+City', 송파구 문정비즈밸리, 그레이트 판교로 그 영역을 넓혔다.

서쪽으로 이동한 기업들은 G밸리를 넘어 상암·파주, 인천 송도, 강서 마곡에서 새로운 거점을 만들어갔다. 그런데 수도권 서북부에는 포스트 판교를 지향하는 6개 지구가 더 있다. 그들은 '마포 프론트원과 디캠프', '홍릉 벤처밸리', '성수 패션밸리', '부천 로봇산업연구단지', '부천 영상문화산업단지', '김포 한강시네폴리스'다. 이들 6개 지구는 사업 주체와 조성 목적, 조성 시기와 규모가 다르다. 여기에서는 그들의 현재 상황을 다룬다.

〈그림 29〉 포스트 판교를 꿈꾸는 수도권 서북부 6개 지구 위치도*

---

* 네이버 지도에 수도권 서북부 6개 지구 위치를 삽입

'마포 프론트원과 디캠프'는 (재)은행권청년창업재단이 만든 창업 플랫폼으로 서울시 마포 공덕에 위치한 지상 20층, 연면적 3.6만㎡의 건물에 있다. 2013년 3월에 설립된 디캠프는 은행권청년창업재단이 운영하는 복합 창업 생태계 허브다. 2020년 7월에 개관한 프론트원은 "연결과 협업을 통해 스타트업 성장을 이끌고, 혁신을 추구하는 창업자를 응원하기 위해" 디캠프와 다양한 파트너들이 만들었다. 프론트원은 정책금융기관과 민간 AC/VC, 금융과 비금융 파트너사를 연결해 다양한 금융지원과 육성프로그램을 운영한다. 스타트업 데뷔와 스케일 업, 네트워크 확장, 소비자 만남과 같은 전 과정을 연결하는 프로그램을 제공한다.

프론트원와 디캠프는 입주 후 1년 이내에 투자유치 계획이 있는 기업을 대상으로 한다. 디캠프는 10명 이하의 기업이 대상이며 전 좌석이 개방형 오피스로 운영되고, 관리비가 없다. 직원 수가 20명이 넘으면 졸업해야 한다. 프론트원은 25명 이하의 기업이 대상이며 개방형·독립형 사무실이 제공되고, 관리비가 있다. 직원 수가 40명이 넘으면 졸업해야 한다. 둘 다 입주 기간은 6개월이며 중간 심사를 거쳐 6개월을 연장할 수 있다.

'마포 프론트원과 디캠프'는 130개 이상의 스타트업이 입주할 수 있는 업무공간과 파트너사 사무실을 제공한다. 라운지와 식당, 편의시설과 같은 네트워킹 공간과 컨퍼런스 룸, 세미나실, 스튜디오와 같은 개방형 창업 지원 플랫폼을 보유하고 있다. 다목적 홀, 옥상정원, 커뮤니티 라운지, 카페, 샤워&수면실과 같은 복지 공간도 제공한다. 이들 공간을 활용해 전문가 멘토링과 교육·세미나, 네트워킹, 인재 채용, 전문 자문, 대외협력 프로그램, IF 페스티벌과 같은 각종 프로그램을 제공한다.

'홍릉 벤처밸리'는 한국과학기술연구원(KIST)이 있는 홍릉 과학단지를 기술융합형 벤처기업 클러스터로 조성해 신기술 창업을 활성화하고, 글로벌 진출을 지원하려 한다. KIST가 출자해 만든 한국기술벤처재단이 추진했다. 혁신 네트워크를 구축하고 R&BD 센터를 설립했다. KIST를 포함한 6개 연구기관, 7개 대학, 8개 금융·정책지원기관이 참여하고 있다. 1999년 KIST가 홍릉벤처밸리 추진팀을 구성해 사업단과 재단법인 설립허가를 받았다. 투자조합을 결성했고, 벤처기업육성 촉진지구를 지정받았다. 우수 창업지원기관 선정, 기술거래기관 지정과 같은 성과가 있다.

'성수 패션밸리'는 MZ세대가 선호하는 신진 디자이너 브랜드와 패션 중견업체들이 둥지를 틀면서 '패션의 메카'로 변모한 성수동 일대를 부르는 명칭이다. 패션의류 전문업체 보끄레머천다이징, 패션 플랫폼 하고(HAGO), 오아이오아이(oioi), 페넥(fennec), 엑셀시오르(Excelsior), 키르시(KIRSH)가 보금자리를 마련했다. 국내 1위 온라인 패션 플랫폼 무신사는 스튜디오 성수점과 복합문화공간 테라스 성수를 열었고, 성수동 사옥에 2024년 입주한다.

'부천 로봇산업연구단지'는 경기도 부천시의 아파트형 공장인 부천테크노파크 4단지에 있는 연면적 2.3만여m^2의 지상 15층 지하 1층의 건물이다. 부천시가 2004년 5월 첨단 로봇산업이라는 국가 10대 성장 동력 산업단지로 조성할 목적으로 건립했다. 로봇 관련 민간 연구소 5개 기관, 대학 연구소 7개 기관, 로봇 전문 생산업체 15개 업체 등을 입적했다. 2005년에는 1~2층에 국내 최초 상설 로봇 전시장인 '부천로보파크'를 개관했다. 2020년에는 부천시가 기업의 비대면 마케팅 지원을 위해 한국로봇산업협회, 부천산업진흥원과 함께 'K-Robot 스튜디오' 구축을 추진했다.

'부천 영상문화산업단지'는 민간 사업자인 GS건설 컨소시엄이 부천시 상동 약 38만m^2의 면적에 4조 원 이상을 투자해 2020년부터 2027년까지 복합개발로 조성하는 단지다. 사업목적은 AR, VR 및 글로벌 IP 등 영상융·복합 뉴 콘텐츠 생산 거점화와 소니픽처스, EBS 등 국내외 28개사 유치를 통한 문화산업 융·복합센터 건립이다. 약 6천 세대의 오피스텔 등 주거 시설과 약 1만㎡의 문화복합용지를 조성한다. 미디어 전망대(70층), 호텔(300실), 컨벤션센터, E-sports 경기장(300석)을 건설해 영상콘텐츠 기업용지에 870여 개 관련 기업을 유치하는 것을 목표로 한다. 1997년 상동 신시가지 개발사업으로 시작되었으며 2001년 LH공사가 부천시에 토지를 매매한 후 2018년 부천시가 민간 사업자를 공고해 추진되었다.

'김포 한강시네폴리스'는 ㈜한강시네폴리스개발이 경기도 김포시 약 1.1백만㎡의 면적에 2008~2024년 동안 약 1.2조 원의 사업비로 산업시설용지, 공동주택용지, 업무시설용지를 조성하는 사업이다. 사업방식은 김포도시관리공사가 20%를, 민간이 80%를 부담하는 산업단지개발사업/SPC 사업이다. 사업목적은 국가의 10대 신성장 동력인 문화콘텐츠산업 육성으로 국가 경쟁력을 강화하고, 관련 미래산업 성장동력의 확보다. 국내 관련 기업 클러스터를 구축해 기획, 제작, 생산, 유통, 소비 기능이 집합된 복합문화 산업도시를 건설하려고 한다. 2011년 산업단지 계획을 승인받고, 2014년 특수목적법인을 설립해 2019년 민간 사업자를 공모했다.

수도권 서북부 6개 지구는 각자의 장점을 살려 포스트 판교를 꿈꾸지만, 현실은 녹록하지 않다. '김포 한강시네폴리스'를 제외하면 규모도 작다. 이상과 현실의 괴리를 조율할 필요가 있다.

5개+14 연구개발특구

우리나라에는 연구개발특구라는 아주 독특한 지역이 있다. 특정 지역에 있는 대학, 연구소, 기업의 연구개발과 혁신을 촉진하고, 신기술을 개발해 연구 성과를 확산한 후 사업화를 촉진함으로써 우리나라의 신성장 동력을 창출할 목적으로 도입되었다. 2005년 제정한 「대덕연구개발특구 등의 육성에 관한 특별법」에 의해 제도화되었다. 연구개발특구를 추가로 지정하고, 특구개발실시계획의 승인·고시 권한을 지방자치단체에 이양하기 위해 2012년 법명을 「연구개발특구의 육성에 관한 특별법」으로 변경했다. 법률을 개정하면서 특구 육성사업을 효율적으로 추진하기 위해 연구개발특구진흥재단을 설립하는 법조문을 삽입했다. 공공기술사업화 전문기관인 연구개발특구진흥재단은 법인으로 규정했다.

우리나라의 연구개발특구는 1973년 대덕연구단지로부터 시작되었다. 2013년 한 언론사는 그 일화를 다음의 기사로 소개했다.

"최 박사, 이곳이 명당(明堂) 중의 명당이오."

1973년 봄 청와대 대통령 집무실. 박정희 당시 대통령은 대한민국 지도에서 대전 유성구(옛 충남 대덕군)를 손가락으로 찍었다. 그러고는 최형섭 당시 과학기술처 장관(2004년 작고)에게 "건설부 장관과 함께 직접 헬기를 타고 돌아보라"라고 지시했다. 박 대통령은 서울 홍릉에 이은 제2 연구단지를 건설키로 하고 대덕군과 경기 오산시(화성군 오산읍), 충북 청원군 등 3곳의 후보지를 놓고 숙고를 해온 터였다. 최 전 장관은 회고록에서 "대통령이 풍수지리에 관심이 많아 연구단지 자리를 물색해 대덕을 추천했고 입지가 결정됐다"라고 밝힌 바 있다.…"

1973년에 연구단지 계획을 수립한 대덕연구단지를 품은 대전광역시는 우리나라 최초의 테크시티 2.0이다. 대덕연구단지의 명칭은 2005년 법 제정 후 대덕연구개발특구로 바뀌었다. 1930년대에 테크시티 2.0 중에서 첫 번째로 탄생한 보스턴 테크시티와는 약 40여 년의 격차가 있다. 산호세/샌프란시스코의 실리콘밸리, 노스캐롤라이나의 연구 삼각단지(RTP), 일본의 쓰쿠바 학원도시, 프랑스의 소피아 앙티폴리스, 대만의 신주(新竹)과학산업단지와 같은 동료들이 있다. 과학연구단지, 대학연구공원, 기술단지, 기술공원, 기술도시, 과학기술공원 등 다양한 이름으로 불린다.

　　우리나라에는 〈그림 30〉과 같이 연구개발특구가 4개 더 있다. 2011년 광주와 대구에서 추가로 지정했다. 2년여 후에는 부산에서, 다시 3년여 후에는 전북에서 추가했다. 2018년에는 5개 연구개발특구를 준정부기관으로 지정했으며 현재 과학기술정보통신부가 담당한다. 2019년에는 연구개발특구보다 규모가 작은 강소 특구를 안산, 김해, 진주, 창원, 포항, 청주에 지정했다. 다음 해에도 구미, 군산, 나주, 울주, 홍릉, 천안 아산을 추가로 지정했다. 2022년에는 인천 서구와 강원 춘천을 지정해 현재 14개가 있다.

　　첫 번째로 출범한 대덕연구개발특구는 우리나라의 과학과 경제발전을 위한 중추 역할을 훌륭하게 해냈다. 1973년 연구학원 도시로 지정되었을 때 야산과 구릉지, 과일 밭이었던 '깡촌' 대덕은 우주선 제작과 휴대전화·반도체 연구, 원자력발전소 수출을 견인한 세계적인 '과학기술 메카'가 되었다.

　　대전광역시 유성구와 대덕구에 위치한 5개 지구 49.7㎢의 면적에 입지한 대덕연구개발특구는 IT 융복합, 바이오메디컬, 나노융합, 정밀기기 분야로 연구를 특화했다. 정부 출연연구소 26개, 대학 7개, 국공립연구기관 3개, 기타 연구기관 10개와 33개 이상의 민간 대기업 연구소가 참여하고

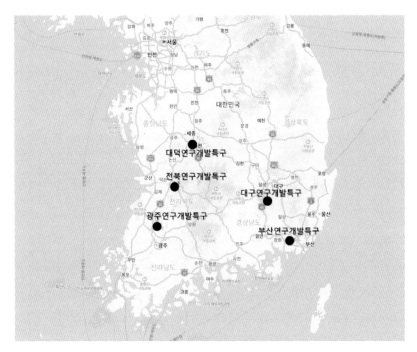

〈그림 30〉 5개 연구개발특구 위치*

있다. 2022년 제8회 지방선거에서 당선된 이장우 대전시장은 일자리 문제
가 인구감소로 이어지고 있다고 대전시 그린벨트를 풀어 산업용지를 확
보하고, 제2의 대덕연구단지를 조성해 일류 경제도시로 만들겠다고 발표
했다.

　광주광역시와 전남에 위치한 7개 지구 약 18.7㎢의 면적에 입지한 광주
연구개발특구는 친환경 자동차부품, 스마트에너지, 광전자융합, 의료소재
부품 분야로 연구를 특화했다. 정부 출연연구소 3개, 대학 4개, 전문생산
기술연구소 2개, 국공립연구기관 2개, 기타 연구기관 3개와 민간 대기업
3개가 참여하고 있다. 대구광역시와 경북에 위치한 7개 지구 19.4㎢의 면

* 　네이버 지도에 5개 연구개발특구 위치를 삽입

적에 입지한 대구연구개발특구는 스마트 IT 융복합, 의료용기 · 소재 융복합, 그린 에너지 융복합, 메카트로닉스 융복합분야로 특화했다. 정부 출연연구소 5개, 대학 8개, 전문생산기계연구원 1개, 기타 연구기관 1개가 참여한다.

부산광역시에 위치한 4개 지구 약 14.1km^2의 면적에 입지한 부산연구개발특구는 조선해양플랜트 기자재, 해양플랜트 엔지니어링 및 서비스, 그린 해양기계 분야로 특화했다. 정부 출연연구소 3개, 대학 6개, 전문생산기술연구소 1개, 기타 연구기관 1개가 있다. 전북 전주시와 정읍시, 완주군에 위치한 3개 지구 약 16.1km^2의 면적에 입지한 전북연구개발특구는 융 · 복합 소재부품, 농 · 생명 융합 분야로 특화했다. 정부 출연연구소 8개, 대학 4개, 전문생산기술연구소 1개, 국공립연구기관 5개, 기타 연구기관 4개가 있다.

강소 특구는 과학기술정보통신부에 의해 R&D 특구로 지정되었다. 대학, 연구소, 공기업 등 지역에 위치한 주요거점 기술 핵심기관(Innovation)을 중심으로 연구, 주거, 산업, 문화를 집적한 소규모 · 고밀도 자족형 집약공간(Town)을 조성했다. 14개 강소 특구 중에서 0.9km^2의 안산 사이언스밸리는 제10장에서, 0.1km^2의 홍릉 벤처밸리는 앞 절에서 다루었다. 나머지 12개 강소 특구의 규모는 0.4km^2의 창원 특구와 2.0km^2의 울주 특구 범위 안에 있다. 7개는 0.7~1.1km^2의 범위에, 나머지 3개는 1.4~1.9km^2의 범위에 있다.

한국형 테크노파크

　우리나라 지역산업 육성의 거점기관인 테크노파크들의 네트워크 허브인 한국테크노파크진흥회 홈페이지에 가면 테크노파크를 "지역 산·학·연·관을 비롯한 지역혁신기관과의 유기적인 협력 네트워크를 구축하고, 지역 실정과 특성에 맞는 산업발전 전략 및 정책을 수립하여 지식기반 강소 기술기업을 발굴 육성하는 지역산업 육성의 거점기관"으로 소개하고 있다. 법적 근거는 1998년에 제정된 「산업기술단지 지원에 관한 특례법」이다. 홈페이지에서는 '한국형 테크노파크'가 "각 수행 주체 간의 합의와 협력, 지역별 통합 예산운영 및 관리, 법령에 의한 운영의 보장, 지역 간 경쟁 유도와 중앙관리 등 기존 해외 STP와 차별적인 운영상의 특징을 보유"하고 있다고 말한다.

　테크노파크는 대표적인 테크시티 2.0이다. 테크시티 2.0의 원조는 1930년대 조성된 보스턴의 '루트 128'이다. 그러나 1951년 스탠퍼드대와 팔로 알토*Palo Alto*시가 협력해 출범한 스탠퍼드 연구공원*Stanford Research Park*이 과학연구단지(SRP)*Science & Research Park* 또는 과학기술단지(STP)*Science & Technology Park*라는 개념을 처음으로 사용했다. 바로 오늘날의 산호세/샌프란시스코 대도시권에 있는 테크시티 2.5 실리콘밸리의 핵심허브다. 지구촌 지식경제의 핵심인 과학기술단지 또는 테크노파크는 북미에만 170여 개가 있다. 유럽연합 회원국들에는 연면적 28백만m^2의 과학기술단지 366개에서 4만 개의 기관들이 참여해 75만 명이 근무하고 있다. 2000~2012년 동안 유럽연합 테크노파크들의 예산 규모는 117억 유로였고, 그중 30억 유로를 전문기업 지원과 혁신 서비스에 사용했다.

　한국형 테크노파크는 모두 19개가 있다. 지역 균형발전 차원에서 17개

광역시 · 도에 하나씩 있으며 경기도 북부의 경기대진테크노파크와 포항 테크노파크가 추가로 있다. 법률적 정의에서는 지역별 여건과 특성에 따라 지역의 발전 역량을 창출, 활용, 확산시키기 위해 기업, 대학, 연구소, 지방단체, 기술 · 기업경영 지원기관의 인적 · 물적 자원을 한곳에 모아 조성한 토지 · 건물 · 시설의 집합체. 대학이 보유한 고급두뇌와 기업의 사업화 역량을 결합하는 지역혁신의 거점이 되는 곳으로 1995년 도입계획을 수립했다.

〈그림 31〉 전국 19개 테크노파크 위치*

---

* 　 네이버 지도에 19개 테크노파크 위치를 삽입

한국형 테크노파크(TP)는 재단법인 형태로 운영된다. 주요 기능은 창업보육, 연구개발, 시험생산, 장비 이용, 인력양성, 정보유통이다. TP를 통해 신기술 개발비용을 절감하고, 기술개발을 촉진하며 기술거래와 이전을 활발하게 하려고 한다. 신기술 벤처의 창업을 촉진하고 신규 고용인력을 창출하려는 목적도 있다. 참여하는 대학은 교수의 연구역량을 높이고, 졸업생 취업을 위해서다. 지역사회는 산업구조의 고도화를 도모해 지역 경쟁력을 강화하고, 글로벌 기술시장을 주도하려는 목적이 있다.

수도권과 강원도에 있는 5개 TP는 다음과 같다. 부지 2.6만m^2 연면적 3.1만m^2인 서울 TP는 서울시 노원구에 있다. 특화 분야는 NT, IT, 자동차, 의료기기다. 부지 68.2만m^2 연면적 12.2만m^2인 인천 TP는 인천시 연수구에 있다. 특화 분야는 항공, 첨단자동차, 바이오, 로봇이다. 부지 19.2만m^2 연면적 4.1만m^2인 경기 TP는 경기도 안산시에 있다. 특화 분야는 정보통신/전자, 자동차부품이다. 부지 1.6만m^2 연면적 5.7만m^2인 경기대진 TP는 경기도 포천시에 있다. 특화 분야는 가구, 유기농/전통식품, 신재생에너지다. 부지 21.7만m^2 연면적 3.9만m^2인 강원 TP는 강원도 춘천시에 있다. 특화 분야는 웰니스식품, 세라믹복합 신소재, 레저휴양지식서비스다.

충청권에 있는 4개 TP는 다음과 같다. 부지 5.3만m^2 연면적 3.6만m^2인 대전 TP는 대전시 유성구에 있다. 특화 분야는 바이오 기능성 소재, 로봇 지능화, 무선통신융합이다. 부지 1.1만m^2인 세종 TP는 세종시에 있다. 특화 분야는 정밀의료, 첨단수송기기 부품이다. 부지 11.6만m^2 연면적 4.3만m^2인 충북 TP는 충북 청주시에 있다. 특화 분야는 바이오헬스, 스마트 IT 부품, 수송기계 소재부품이다. 부지 21.5만m^2 연면적 8.8만m^2인 충남 TP는 충남 천안시에 있다. 특화 분야는 바이오식품, 친환경 자동차부품, 차세대 디스플레이다.

호남·제주도의 4개 TP 중에서 부지 20.0만m^2 연면적 4.1만m^2인 광주 TP는 광주시 북구에 있다. 특화 분야는 디지털 생체의료, 스마트 가전, 광융합, 복합금형이다. 부지 16.8만m^2 연면적 1.9만m^2인 전북 TP는 전북 전주시에 있다. 특화 분야는 농생명 소재 식품, 지능형 기계부품, 해양설비 기자재, 탄소복합소재다. 부지 18.3만m^2 연면적 4.9만m^2인 전남 TP는 전남 순천시에 있다. 특화 분야는 바이오 헬스케어 소재, 첨단운송기기다. 부지 12.8만m^2 연면적 3.8만m^2인 제주 TP는 제주도 제주시에 있다. 특화 분야는 청정 헬스푸드, 스마트그리드, 지능형 관광콘텐츠다.

대구·경북의 3개 TP 중에서 부지 5.7만m^2 연면적 10.0만m^2인 대구 TP는 대구시 동구에 있다. 특화 분야는 의료 헬스케어, 첨단소재부품, 분산형 에너지다. 부지 12.1만m^2 연면적 2.1만m^2인 경북 TP는 경북 경산시에 있다. 특화 분야는 바이오 뷰티, 기능성 섬유, 지능형 디지털기기, 하이테크 성형가공이다. 부지 10.9만m^2 연면적 3.4만m^2인 포항 TP는 경북 포항시에 있다. 특화 분야는 철강 신소재, 바이오 의료 소재, ICT 융합이다.

부·울·경권에 있는 3개 TP는 다음과 같다. 부지 12.9만m^2 연면적 8.9만m^2인 부산 TP는 부산시 강서구에 있다. 특화 분야는 바이오메디컬, 지능형 기계부품, 지능정보서비스, 클린 에너지다. 부지 14.1만m^2 연면적 6.4만m^2인 울산 TP는 울산시 중구에 있다. 특화 분야는 친환경 자동차부품, 조선 해양, 첨단화학 신소재, 친환경 에너지다. 부지 28.1만m^2 연면적 6.4만m^2인 경남 TP는 경남 창원시에 있다. 특화 분야는 항노화 바이오, 지능형 기계, 나노융합부품, 항공이다.

경제자유구역

우리나라에는 경제자유구역(KFEZ)*Korean Free Economic Zones*이라는 외국인에게 특별한 경제구역이 있다. 외국인 투자기업이 경영환경과 생활여건을 개선하고, 각종 규제 완화를 통해 기업이 자율적으로 경제활동을 할 수 있도록 외국인의 투자유인을 최대한 보장해 투자를 적극적으로 유치하기 위한 특별경제구역이다. 산업통상자원부가 2002년 12월 제정한 「경제자유구역의 지정 및 운영에 관한 법률」에 따라 2003년 8월 인천 경제자유구역 지정을 시작으로 부산·진해, 광양만권, 경기, 대구·경북, 충북, 동해안권, 광주, 울산 등 총 9개가 지정되어 현재 운영되고 있다. 2018년 말 기준으로 경제자유구역에 대한 외국인 직접투자는 178억 달러이며 GE, BMW를 포함해 국내·외 5,250개 기업이 입주해있다.

인천시 연수구, 중구, 서구의 면적 122.4*km²*에 2003년 10월 개청한 인천 경제자유구역(IFEZ)은 인천공항과 인천항의 인프라를 보유하고 있다. 중점유치업종은 관광 레저, 의료, 유통물류, 첨단산업, 금융이다. 개발 기간은 1차 2003~2009년, 2차 2010~2014년, 3차 2015~2022년의 세 단계로 진행하며 2022년에 종료된다. 특장점은 국제기구와 세계적인 기업이 선택한 비즈니스 허브, 동아시아 진출을 위한 가장 매력적인 도시, 물류·교통의 중심지, 삶의 가치를 높이는 최적의 생활환경을 제시했다.

전남 여수시, 순천시, 광양시와 경남 하동군의 면적 69.6*km²*에 2004년 3월 개청한 광양만권 경제자유구역(GFEZ)은 광양항과 여수공항의 인프라를 보유하고 있다. 중점유치업종은 미래형 첨단소재 산업, 철강·금속산업, 신재생에너지, 연구개발 서비스, 관광 레저다. 개발 기간은 1차 2004~2010년, 2차 2011~2015년, 3차 2016~2022년의 세 단계로 진행하며 2022년에 종

〈그림 32〉 전국 9개 경제자유구역 위치*

료된다. 특장점으로 동북아 최적의 해운 물류기지, 글로벌 기업이 주목한 최적의 산업 인프라, 동북아 시장의 관문으로 항만·항공·도로·철도 등 편리한 접근성, 편안하고 쾌적한 정주 환경을 들었다.

부산시 강서구, 경남 창원시의 면적 59.8㎢에 2004년 3월 개청한 부산 진해 경제자유구역(BJFEZ)은 김해공항과 부산신항의 인프라를 보유하고 있다. 중점유치업종은 첨단소재부품 제조업(자동차, 해양플랜트부품, 산업기계·부품 등), 항만물류, 정보통신, R&D, 관광 레저, 문화교육이다.

---

* 네이버 지도에 9개 경제자유구역 위치를 삽입

개발 기간은 1차 2004~2006년, 2차 2007~2015년, 3차 2016~2023년의 세 단계로 진행한다. 특장점은 글로벌 물류 허브, 세계적인 경쟁력을 갖춘 산업기반, 빼어난 자연경관과 휴양 · 레저 시설이 완비된 살고 싶은 도시를 제시했다.

경기도 평택시의 면적 5.2km^2에 2008년 7월 개청한 경기 경제자유구역(GGFEZ)은 평택항과 당진항의 인프라를 보유하고 있다. 중점유치업종은 첨단산업(자동차, IT, 기계, 화학, 물류), 서비스산업(관광, 유통, 상업, 호텔)이다. 개발 기간은 1차 2008~2013년, 2차 2014~2020년의 두 단계로 진행하며 2020년에 종료된다. 특장점으로 국제수준의 첨단기술산업 클러스터, 대중국 수출입 전진기지, 우수한 접근성과 투자환경, 한 · 중 비즈니스 밸리 조성을 들었다.

대구시와 경북 경산시, 영천시, 포항시의 면적 18.5km^2에 2008년 8월 개청한 대구 · 경북 경제자유구역(DGFEZ)은 대구공항과 포항 영일만항의 인프라를 보유하고 있다. 중점유치업종은 자동차 및 기계부품, 그린 에너지, 바이오, 의료기기, IT, SW이다. 개발 기간은 1차 2008~2013년, 2차 2014~2022년의 두 단계로 진행하며 2022년에 종료된다. 특장점으로 대한민국 주력산업 클러스터, 신성장산업 지원 R&D 기반, 풍부한 인적자원을 제시했다.

충북 청주시의 면적 5.0km^2에 2013년 4월 개청한 충북 경제자유구역(CBFEZ)은 청주국제공항의 인프라를 보유하고 있다. 중점유치업종은 BT, IT, 첨단, 항공산업이다. 개발 기간은 1차 2013~2020년으로 진행된다. 특장점으로 국토의 중앙에 위치한 사통팔달 교통의 중심지, 미래형 첨단 항공산업 육성, 국내 유일 산업화 전 과정이 원스톱으로 지원되는 바이오 허브를 들었다.

강원 강릉시, 동해시의 면적 4.4km^2에 2013년 7월 개청한 동해안권 경제자유구역(EFEZ)은 양양국제공항과 동해항의 인프라를 보유하고 있다. 중점 유치업종은 첨단소재산업과 사계절명품 해양복합관광이다. 개발 기간은 1차 2013~2024년이다. 특장점은 첨단소재부품 특화산업 최적지, 환동해권 중심에 위치한 물류 산업의 중심지, 동북아 관광산업 거점을 제시했다.

광주시 남구, 북구, 광산구의 면적 4.4km^2에 2021년 1월 개청한 광주 경제자유구역(GJEZ)은 광주공항의 인프라를 보유하고 있다. 중점유치업종은 AI, 자동차, 에너지이며 개발 기간은 2020~2025년이다. 특장점으로 세계 최초 노사 상생 일자리 모델, 인공지능 중심 산업융합 집적단지 조성, 친환경 자동차부품 클러스터 조성, 국내 유일의 친환경 자동차부품 인증센터 구축을 들었다. 울산시 남구, 북구, 울주군의 면적 4.7km^2에 2021년 1월 개청한 울산 경제자유구역(UFEZ)은 울산공항과 울산항의 인프라를 보유한다. 중점유치업종은 수소산업(자동차부품, 연료전지)이며 개발 기간은 2020~2030년이다. 특장점은 투자유치 R&D 지원기관이다.

9개 경제자유구역청은 2022년 2월 경제자유구역을 신산업·지식서비스산업 거점으로 육성하기 위한 발전계획을 수립해 제128차 경제자유구역위원회에 보고했다. 목표는 추가 투자 51조 원 등 총투자 91조 원 확보, 신규입주 사업체 6.6천 개 등 총 사업체 1.3만 개 유치, 일자리 창출 21만 개를 포함한 총 일자리 38만 명을 2031년까지 달성하겠다는 것이다. 혁신성장의 청사진이 제시되었으나 실현성 차원에서 다른 유사지구의 계획들과 정리가 필요하다.

12. 이식(移植)

부산 사상공업지역 재생

 부산시 인구는 1991년 389만 명을 정점으로 현재까지 지속적으로 감소하고 있다. 인구감소는 인천시를 제외한 서울특별시와 나머지 4대 광역시에서도 공통으로 관찰되는 현상이다. 부산시는 이러한 인구감소 현상이 고부가가치 첨단 일자리가 부족해서라고 판단했다. 따라서 2010년대를 전후해 사상공업지역의 재생사업을 추진해 판교테크노밸리의 성공을 벤치마킹한 '부산형 판교'를 조성하려고 했다. 노후공단의 재구조화를 통해 개발이익을 창출하고 재투자로 이어지는 '선순환 모델'을 계획한 것이다.

 부산 사상공업지역은 부산시 사상구 삼락, 모라, 덕포, 감전, 주례, 학장, 엄궁동 일원의 6.6백만㎡에 조성된 공업지역을 말한다. 사상공업지역은 1960년대에 도시계획법에서 전용 공업지역·준공업지역으로 지정된 곳에 공장들이 입주했다. 1968년에는 도심 곳곳에 흩어져 있는 공장을 한곳에 집중해 도시환경을 개선하고, 새로운 공업단지를 조성하려고 했다. 토지구획 정리사업을 시작해 1975년까지 진행했다. 신발, 조립금속, 기계장비 등의 노동 집약적 수출산업이 다수 입주하자 부산시 최대의 공업지역으로 성장했다. 1990년대 이후에는 신발산업 등 전통적인 주력산업이 쇠

퇴하고, 기반시설이 노후화되었다. 입주기업들이 영외로 이전하고, 소규모 영세 사업장이 난립해 산업 경쟁력이 약화하였다.

국토해양부(현 국토교통부)는 2009년 9월 노후산업단지 및 공업지역의 산업기능 활성화를 위해 부산 사상공업지역을 포함한 4개 지구를 노후산업단지 재정비 우선 지구로 선정했다. 3개월 후에는 「산업입지 및 개발에 관한 법률」을 개정해 '산업단지재생사업'을 제도화하였다. 2010년 4월에는 『사상공업지역 재생사업 타당성 검토 및 개발계획 기본구상』 수립용역을 (주)엔지니어링과 (주)한가람에 발주했다. 부산시는 3차에 걸친 자문위원회 회의와 2차의 설명회 개최, 입주기업 및 주민 설문조사, 국토해양부, 해당 지자체 등과의 관계기관 협의를 거쳐 2011년 9월 노후공업지역 재생사업과 관련한 제도 개선을 국토해양부에 건의했다. 두 달 후 최종보고회가 개최되었고, 용역이 준공되었다.

『사상공업지역 재생사업 타당성 검토 및 개발계획 기본구상』에서는 목표를 "산업, 문화, 환경이 어우러진 지식 성장거점 전환"으로 설정하고, 두 개의 기본방향과 여섯 개의 세부 방향을 제시했다. 첫 번째 기본방향은 "산업구조 개편을 통한 신성장동력 확보"로 '성장유망산업의 전략적 도입을 통해 첨단업종으로의 전환 도모'와 '미래지향적 과학기술과 신성장동력을 기반으로 한 도시형 첨단산업단지 조성,' 그리고 '지역특화업종의 활성화 · 고도화를 위한 혁신기반 조성'을 제시했다.

두 번째 기본방향은 "도시 공간구조에 부합된 지속 가능한 개발 도모"로 '사상 부도심에 인접한 입지적 여건을 고려한 개발 방향 설정'과 '복합용도 개발을 통한 도심 기능 지원 및 서부산권 관문지역의 이미지 개선,' 그리고 '공원 · 녹지 등 기반시설 확충을 통한 쾌적한 도시환경 조성'을 제시했다.

〈그림 33〉 부산 사상공업지역 재생사업지구 토지이용계획도*

    사상공업지역은 블록별 정비특성과 10~20만m^2를 단위사업 규모로 고려해 우선 정비형, 일반정비형, 정비유도형으로 재생유형을 설정했다. 민간개발 잠재력이 높은 우선 정비구역은 9개 구역 약 1.2백만m^2를, 사업여건이 필요한 일반정비구역은 8개 구역 약 1.0백만m^2를, 장기대상인 정비유도구역은 약 4.4백만m^2를 설정했다.

    우선 정비구역은 신성장 업종의 도시첨단산업단지로 조성하고, 역세권과 연계한 복합개발로 사상 지역의 부도심 기능을 강화한다는 계획이었

---

*　네이버 지도에 사상재생사업지구 토지이용계획도를 삽입

다. 민간 사업자의 참여를 유도하기 위해 용도지역 변경으로 용적률을 상향하고, 도로, 주차장, 공원 등의 기반시설 설치비용에 대한 지원이 필요했다. 일반정비구역은 민간과 공공이 협력해 전문단지 또는 기업 집적화 단지를 조성하려고 했다. 지역 특화 및 고성장산업을 집적해 경쟁력을 강화하려 했다. 일반정비구역과 정비유도구역은 기반시설을 확충하고, 업종 고도화를 유도해 장기적으로 산업 경쟁력을 높이려고 했다. 공업지역에 입지한 부적격 시설은 이전하거나 기능을 전환하도록 유도하려 했다.

사상공업지역 재생사업의 추진은 지지부진했다. 2018년 12월 부산시는 국토교통부가 사상구 학장동 일대 약 1.7만m^2를 전용 공업지역에서 일반 상업지역으로 전환하는 '활성화 구역'으로 지정 고시했다고 발표했다. 부산 사상~하단 구간(6.9km) 도시철도 역사가 들어서는 지역의 용적률을 300%에서 최대 1300%로 완화해 32층 기업지원시설을 건설하는 안이었다.

지역사회는 "부산시가 추진한 서부산 신청사와 철강회사부지 개발만으로는 50년간 낙후된 사상공단을 정비하기에는 턱없이 부족하다"라고 판단했다. '부산 사상 스마트밸리 지역 개발을 위한 주민과 지주 모임'이 2021년 7월 부산시와 부산시의회, 사상구청, 사상구의회에 사상 스마트시티 · 스마트밸리 개발촉구를 위한 탄원서를 제출했다. 4개월 후 박형준 부산시장은 사상공단을 4차 산업혁명 중심의 미래도시로 발전시키겠다는 '사상 드림스마트시티 비전 선포식'을 개최했다. 실천은 아직 두고 보아야 한다.

3기 신도시 자족 용지

2018년 9월 13일 문재인 정부가 8번째 부동산 대책으로 세제, 금융, 공급을 아우르는 초강력 대책인 '주택시장 안정방안'을 발표했다. '9·13대책'으로 불린 『주택시장 안정대책』에서는 4개의 주요 추진과제가 있었다. 그중에서 두 번째 과제인 '서민 주거안정 목적의 주택공급 확대'의 두 가지 대책 중에서 첫 번째가 '신규 수도권 공급택지 공급'이었다. 수도권에서 교통여건이 좋고 주택 수요가 많은 지역을 중심으로 신규 공공택지 30곳을 개발해 수도권 주택의 질적 수급 불안 우려를 완화하겠다고 했다. 정부는 총 30만 호의 주택을 공급하되 공공성을 강화해 주택 실수요자의 주거안정을 도모하겠다는 내용을 제시했다.

일주일 후 정부가 다시 『수도권 주택공급 확대 방안』을 발표했다. 추진방향에서는 신규택지 확보를 위한 보다 구체적인 방안이 제시되었다. 1차로 서울시에는 11곳 약 1만 호를, 경기도에는 5곳 1.7만 호를, 인천시에는 1곳 7.8천 호를 공급하겠다고 했다. 이 중 6개 지역의 지가 상승과 투기를 차단하기 위해 해당 사업지구와 인근 지역 $17.99km^2$를 토지거래허가구역으로 지정했다. 2차로는 서울과 1기 신도시 사이에 대규모 택지 4~5개소에서 20만 호를, 중소규모 택지에서 약 6.5만 호를 공급하겠다고 했다.

3달 후인 12월 19일 국토교통부는 「제2차 수도권 주택공급 계획」으로 15만 5천 호의 입지를 확정했다. 대규모 택지 4곳 12.2만 호, 중규모 택지 6곳 1.6만 호, 소규모택지 31곳 1.7만 호였다. 대규모 택지지구에 남양주 왕숙지구 1.1백만m^2 6만 6천 호, 하남 교산지구 6.5백만m^2 3만 2천 호, 인천 계양 테크노밸리 3.4백만m^2 1만 7천 호, 과천 과천지구 1.6백만m^2 7천 호가 계획되었다. 중·소규모 택지는 국공유지 활용 17곳 14.6천 호, 장기 미집행공원 4곳 12.4천 호, 군 유휴 부지 4곳 2.4천 호, 공공시설 복합화 7곳 0.5천 호 등이었다. 국토부는 경기도의 남양주, 하남, 과천, 부천, 성남, 고양, 인천 계양 등 7곳과 인근 지역을 합한 71.4km^2를 토지거래허가구역으로 지정했다. 왕숙지구는 전체면적의 32%가, 교산지구는 29%가, 인천 계양 테크노밸리는 49%가, 과천지구는 47%가 자족 용지로 지정되었다.

국토교통부는 2019년 5월 7일 수도권 주택 30만 호 공급방안에 따른 『제3차 신규택지 추진계획』을 발표한다. 2018년 9월에 발표한 1차 계획에서 17곳 3.5만 호를, 2018년 12월에 발표한 2차 계획에서 41곳 15.5만 호를, 그리고 3차 계획에서 28곳 11만 호 공급을 선언한 것이다. 대규모 신도시로는 약 8.1백만m^2 3.8만 호의 고양 창릉지구와 약 3.4백만m^2 2.0만 호의 부천 대장지구가 발표되었다. 중소규모로는 도심 국공유지, 유휴 군부지 등 26곳에 5.2만 호가 제시되었다. 국토부는 신규 공공택지 5곳과 지가 급등 및 투기 우려가 있는 기존 공공택지 1곳 등 총 6곳의 사업지역 및 인근 지역 69.7km^2를 추가로 토지거래허가구역으로 지정했다.

문재인 정부 내내 부동산 가격은 상승세였다. 그래서 국토교통부와 기획재정부, 서울시는 관계부처 합동으로 2021년 2월 4일 25번째 부동산 대책인 「공공주도 3080+, 대도시권 주택공급 획기적 확대방안」을 발표한다. 서울 등 대도시의 주택공급을 획기적으로 늘리기 위해 역세권, 준공업지역, 저층 주거지에 대해서 정부가 직접 지구지정을 하고 공공기관이 사업을 이끄는 공공주택 복합사업을 시행한다고 했다. 20일 후 국토부가 후속 대책으로 『대도시권 주택공급 확대를 위한 신규 공공택지 추진계획』을 발표했다. 1차로 수도권에서는 서울과 연접한 광명 시흥지구 약 1.3천만m^2

7만 호가 공급된다고 발표했다. 부산 대저지구에서는 2.4백만㎡ 1.8만 호가, 광주 산정지구에서는 1.7백만㎡ 1.3만 호가 계획되었다. 나머지 약 15만 호는 2분기에 추가로 공개한다고 했다.

　문재인 정부에서 발표한 수도권의 3기 신도시는 〈그림 34〉와 같다. 수도권의 6개 대표사례가 남양주왕숙(동북권), 하남교산(동남권), 고양창릉(서북권), 부천대장 · 인천계양 · 광명시흥(서부권)이다.*

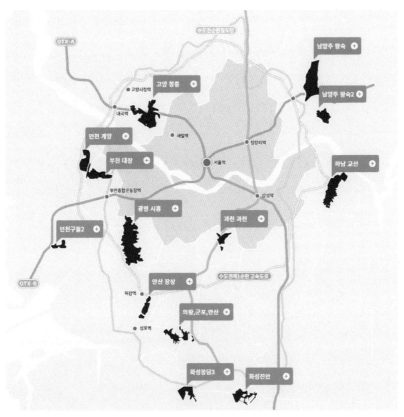

〈그림 34〉 수도권 3기 신도시 위치도*

---

* 　3기 신도시 홈페이지

문재인 정부의 수도권 3기 신도시 정책에서 신도시 자족 용지의 일자리 창출계획에 대한 실현성이 우려된다. 일자리를 만드는 도시를 표방하면서 남양주 왕숙지구는 자족 용지로 140만m^2, 고양 창릉지구는 135만m^2, 하남 교산지구는 92만m^2, 인천 계양 테크노밸리는 90만m^2, 부천 대장지구는 68만m^2를 계획했다. 수도권의 대표적인 3기 신도시 5개의 총 자족 용지면적은 525만m^2다. 제1 판교테크노밸리의 약 7.9배다. 총면적이 116만m^2인 판교 1·2·3 TV 전체와 비교해도 4.5배가 된다. 정부는 이렇게 넓은 3기 신도시의 자족 용지들을 모두 제2의 판교테크노밸리로 만들겠다고 했다.

LH공사의 2019년 내부자료를 보면 남양주 왕숙지구는 8.2만 명의 고용창출을 위해 스마트그리드, 정보통신 산업을 유치한다고 했다. 하남 교산지구는 5.4만 명의 고용을 위해 바이오 헬스, 스마트 모빌리티 산업을 목표로 했다. 인천 계양지구는 5.3만 명의 고용을 위해 ICT, 디지털콘텐츠 산업을 유치하겠다고 했다. 고양 창릉지구는 7.9만 명의 고용창출을 위해 일산 테크노밸리 등 주변 지역과 상생할 수 있는 산업 유치를 목표로 했다. 부천 대장지구는 4만 명의 고용을 위해 인천 계양과 상생할 수 있는 산업 유치를 계획했다. 고용목표를 모두 합하면 30.8만 명이다. 2021년도 판교 1 TV 고용자 6.8만 명의 약 4.5배가 된다. 여기에 안산 장상지구의 자족 용지 38만m^2, 용인 구성역지구의 44만m^2와 아직 확정되지 않은 광명 시흥지구까지 생각하면 고용창출의 타당성에 대해 의문이 든다.

LH공사는 3기 신도시의 일자리 창출과 자족 기능 강화를 위해 연구용역을 학계와 업체에 발주했다. 유치산업의 선정방법과 결과는 구태의연하고 실현성은 낮다. 새로운 관점이 필요하다.

캠퍼스 혁신파크

인적·물적 혁신역량을 보유하고 있는 대학은 미래 신산업 입지의 최적지다. 국제 산업단지협회(IASP)*International Association of Science Parks*는 전 세계의 과학기술단지*Science & Technology park* 중에서 대학 캠퍼스에 위치해 있는 비율이 약 20%에 달한다고 했다. 따라서 우리나라는 창업에서부터 기업경영까지 가능한 공간을 대학 캠퍼스에 조성해 대학의 혁신역량이 일자리 창출로 연결되도록 캠퍼스 혁신파크 정책을 추진했다. 사업내용은 대학 캠퍼스에 도시첨단산업단지를 조성해 기업 입주시설과 창업 지원시설, 주거·문화시설을 복합화하고, 정부 프로그램을 지원해 고부가가치 일자리를 창출하는 혁신 생태계를 조성하는 것이다.

정책의 시작은 2019년이었다. 유은혜 교육부총리와 국토교통부 김현미 장관, 중소벤처기업부 박영선 장관이 4월 24일 '용산 상상가'에 함께 모여 「캠퍼스 혁신파크(도시첨단산업단지) 조성을 위한 관계기관 업무협약」을 체결했다. '용산 상상가'는 용산구가 용산전자상가 일부를 기부채납 받아 서울시와 함께 창업공간, 회의실, 메이커 스페이스를 창업가와 일반에 제공하는 곳이다.

정책 목표는 우수 인재와 기술을 보유한 대학 캠퍼스 내부나 인근 지역에 혁신적인 창업가가 모여들고, 기업인이 모여 서로 돕고, 함께 성장하는 새로운 혁신성장 생태계를 조성하겠다는 것이다. 학령인구 감소로 증가하는 대학 내 유휴 부지를 도시첨단산업단지로 지정해 기업과 연구소를 위한 기업 입주시설, 주거·복지·편의 시설 등을 집중적으로 공급한다. 입주기업이나 연구소에는 대학이 산학협력을, 정부가 창업·중소기업 지원을 맞춤형으로 제공한다. 교육부의 지역 혁신성장을 위한 대학 산·학·

연 협력 활성화 정책을 국토부의 산업단지 지정과 중기부의 기업지원 프로그램과 결합해 "산업입지 시즌 3"를 추구하겠다는 것이다.

정책을 발표한 지 4달 후 교육부와 국토부, 중기부는 선도 사업지 3곳을 발표했다. 선도사업 공모에 제안서를 제출한 총 32개 대학을 대상으로 공모지침의 평가 기준을 마련하고, 산업입지, 산학협력, 창업 및 기업육성 분야 등 전문가 9명으로 구성된 평가위원회를 구성해 발표평가에서 9개소를 우선 선정했다. 현장 실사를 통해 캠퍼스 상황과 주변 여건을 확인하고, 종합평가를 거쳐 강원대, 한남대, 한양대 ERICA 캠퍼스를 1차로 최종 선정했다.

강원대는 약 6.7만m^2의 부지에 건물 연면적 5.1만m^2를 조성해 바이오 헬스케어, 에너지 신산업을 대상으로 2022년까지 기업·지원기관 공간과 R&BD 센터를 제공한다고 했다. 2023년부터 2026년까지의 2단계 사업으로는 사회혁신센터, 문화혁신센터, 생활혁신센터를 계획했다. 한남대는 약 2.1만m^2의 부지에 건물 연면적 2.4만m^2를 조성해 기계·금속, 바이오·화학, 지식서비스, ICT 중심의 기업과 지원기관을 유치한다고 했다. 2025년까지의 2단계 사업으로는 기업유치와 설계·엔지니어링 지원 확대를 제시했다. 오정동 도시재생 뉴딜 사업과 기능적, 입지적인 연계개발도 계획했다.

한양대 ERICA 캠퍼스는 약 18.7만m^2의 부지에 건물 연면적 98.5만m^2를 조성해 IT 연계 창업기업과 첨단소재부품·스마트제조혁신 기업을 유치한다고 했다. 2025년까지의 2단계 사업으로는 주거·문화·복지시설 조성을 제시했다. 2030년까지의 3단계 사업으로는 BT·CT 창업과 BIO·의료기업 유치를 목표로 했다.

정부가 선도사업 대학을 발표하고 3개월째 되는 11월 '캠퍼스 혁신파크 조성방안'의 원활한 추진을 뒷받침하려고 「산업입지 및 개발에 관한 법률」 개정안이 국회 본회의에서 의결되었다. 2021년 3월에는 캠퍼스 혁신 파크에 대학생과 산학연 종사자를 위한 행복주택을 허용하고, 사업 요건을 명확하게 하는 「산업입지 및 개발에 관한 법률 시행령」 개정안이 국무회의를 통과했다.

한 달 후 총 23개 대학이 제안서를 제출한 2차 공모에서 경북대와 전남대가 추가 사업지로 선정되었다. 경북대는 3.2만㎡ 부지에 1.2천억 원의 사업비를 들여 산학연 혁신 허브 연면적 2.2만㎡를 조성한다고 했다. 2021~2030년 동안 AI, 빅데이터, ICT 분야 유치를 목표했다. 1.5천억 원을 투자하는 전남대는 약 3.6만㎡ 부지에 연면적 2.2만㎡를 조성해 2021~2030년 동안 IT(정보기술), ET(환경 · 에너지기술), BT(생명공학기술), CT(문화기술)를 목표로 했다.

두 달 후인 6월 8일 정부는 전북대와 창원대를 2022년 신규 사업지로 선정했다. 510억 원을 투자하는 전북대는 약 3.7만㎡ 부지에 연면적 2.2만㎡를 조성해 2022~2030년 동안 문화콘텐츠, ICT, 바이오 융복합을 유치한다고 했다. 504억 원을 투자하는 창원대는 1.8만㎡ 부지에 연면적 2.2만㎡를 조성해 2022~2030년 동안 스마트 제조, 탄소 중립, 지능형 방위 · 항공 산업을 목표로 했다. 〈그림 35〉는 전국 7개 캠퍼스 혁신파크의 위치를 표시한 그림이다.

캠퍼스 혁신파크 사업의 문제는 중복성과 구태의연성이다. 해외사례로 정부가 제시한 사업은 미국 보스턴의 '켄달 스퀘어Kendall Square'와 실리콘밸리의 '스탠퍼드 과학단지Stanford Research Park', 영국 '케임브리지 과학단지 Cambridge Science Park', 독일 '하이델베르크 기술단지Technologiepark Heidelberg'다. 첫 번째는 테크시티 3.0의 '도시혁신지구'이며 나머지 3개는 테크시티

2.0~2.5의 과학연구단지다, 연구개발특구나 한국형 테크노파크와 무엇이 다른지 불분명하다. 2022년 2월에 개최된 제55회 경기도 산업입지심의회에서는 '한양대 ERICA 캠퍼스 혁신파크 사업'의 타당성에 대해 많은 문제를 제기했으나 사업은 승인되었다.

〈그림 35〉 전국 7개 캠퍼스 혁신파크 위치*

---

* 네이버 지도에 7개 캠퍼스 혁신파크 위치를 삽입

도심융합특구

 테크시티 3.0의 '도시혁신지구' 아이디어는 우리나라에서 다양한 모습으로 제도화되고 있다. 앞 절에서 다루었던 '캠퍼스 혁신파크'에서도 정부는 해외사례로 보스턴의 5개 '도시혁신지구' 중 하나인 '켄달 스퀘어'를 소개했다. 2020년 9월 국토교통부는 「판교2밸리 지방에도 만든다」라는 보도자료를 배포하면서 "도심융합특구"라는 새로운 제도를 도입하겠다고 했다. 정부가 지방 대도시에 공공과 민간이 협업해 산업과 주거, 문화 등 우수한 복합 인프라를 갖춘 도심융합특구를 조성한다는 정책이었다. 벤치마킹한 해외사례로 스페인 바로셀로나의 포블레노우22@ Barcelona, 미국 세인트루이스의 코텍스Cortex 혁신지구, 싱가포르의 원노스One-North 지구를 제시했다. 세계 도시학계는 3개 지구 모두를 테크시티 3.0의 대표적인 '도시혁신지구'로 분류한다.

 도심융합특구는 국가 균형발전을 위해 범정부 역량을 비수도권의 광역시 도심에 집중해 기업, 인재가 모일 수 있도록 산업 · 주거 · 문화 등 우수한 복합 인프라를 갖춘 고밀도 혁신공간을 조성하는 사업이다. 특구에는 지방 청년 인재의 유출을 막기 위한 다양한 공공지원이 이루어진다고 했다. 부산시, 대구시, 광주시, 대전시, 울산시의 비수도권 5개 광역시가 대상으로 제시되었다.

 국토교통부는 중소벤처기업부와 협업해 수도권 소재 기업이 이전하면 이전 지원금을 제공하거나 연구개발(R&D) 및 사업화를 지원한다고 했다. 중기부는 혁신기업의 지방 이전 수요가 있으면 해당 지자체와 협력해 기존 정책을 활용한 시범사업을 우선으로 진행한다고 했다. 〈그림 36〉은 국토교통부 보도자료에서 예시로 든 도심융합특구의 조성방안 개념도다.

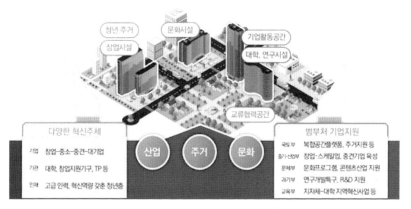

〈그림 36〉 도심융합특구 조성안(예시)*

　도심융합특구는 2020년 연간 출생자 수가 사망자 수보다 적은 '인구감소'시대를 맞이해 정부가 새로운 '성장거점-네트워크 균형발전전략'으로 제시한 정책이다. 특정 지역에 다양한 특례를 제공하려고 지정되며 개별법에 분산된 여러 특구의 특례를 중복해 적용할 수 있다. 특구는 지역특화발전특구, 규제자유특구, 연구개발특구의 3개 유형이 있다. 지역특화발전특구는 지역의 특화발전을 위한 유형이다. 규제자유특구는 혁신사업 또는 전략사업을 육성하기 위해 규제 특례 등이 적용되는 구역이다. 연구개발특구는 연구개발을 통한 신기술을 창출하고, 연구개발 성과를 확산하며 사업화를 촉진하기 위해 조성되는 지역이다.

　국토교통부는 2020년 9월 처음으로 도심융합특구 정책 추진을 발표하고 한 달 반 정도 지나 판교 제2 테크노밸리에서 정책대상 광역시 5개가 참여하는 지역협의회를 개최했다. 2020년 말에는 2021년도 국토부 도심융합특구 사업예산으로 15억 원을 마련했다. 12월 22일에는 제30차 국가

---

* 　국토교통부 「판교2밸리 지방에도 만든다」, 2020년 9월 23일 보도자료

균형발전위원회 회의에서 대구시와 광주시에서 제안한 도심융합특구 후보지를 도심융합특구 사업부지로 선정했다. 2021년 3월 10일에는 국토부가 대전시에서 제안한 대전 도심융합특구 후보지를 국가균형발전위원회에 보고하고, 사업지구로 최종 선정했다.

10월 14일 관계부처 합동으로 발표한 『초광역 협력 지원전략(안)』에서 도심융합특구가 "인재·자본·일자리 선순환을 위한 단계별 거점 육성" 정책으로 포함되었다. 국토부는 11월 24일 개최된 제38차 국가균형발전위원회 회의에서 부산시가 제안한 센텀2 도시첨단산업단지를 도심융합특구 사업지구로 선정했다. 5개 대상 광역시 중에서 울산시만 아직 도심융합특구를 지정받지 못했다.

현재까지 지정된 도심융합특구 4곳의 현황은 다음과 같다. 면적 약 98만m^2의 대구 사업지는 경북도청 이전 부지와 경북대. 삼성 창조캠퍼스의 3곳으로 구분되며 교육·주거·의료 등 생활 인프라가 우수한 지역이다. 경북대는 2021년 '캠퍼스 혁신파크' 선도사업의 대상으로도 지정되었다. 2021년 7월부터 2022년 7월까지 기본계획을 수립했다. 주요사업으로는 스타트업 창업공간 및 데이터 R&D 거점 마련과 청년 기숙사와 기업 연구시설 조성, R&D 및 창업공간 조성, 비대면 교육센터 설립이 있다.

면적 약 85만m^2의 광주 사업지는 시청이 위치한 상무지구 서편 지역으로 김대중컨벤션센터, 상무시민공원, (구) 상무 소각장 등이 있다. 사업지에 광주시와 광주시 도시공사가 보유하고 있는 대규모 유휴 부지가 있어 신속한 도심융합특구 조성이 가능하다. 2021년 6월부터 2022년 6월까지 기본계획을 수립했다. 주요사업으로는 AI, 자동차 등 지역특화산업 연계와 인재양성 및 창업지원, 일자리 연계형 주택과 청년 근로자 기숙사 제공, 헬스케어 · 에너지 관련 기술 실증공간 제공이 있다.

면적 약 124만㎡의 대전 사업지는 KTX 대전역 일원과 충남도청 이전지 일원의 2곳이며 대전시 혁신도시 조성을 위한 구상지역을 포함한다. 2021년 1월부터 2022년 11월까지 기본계획을 수립한다. 주요사업으로는 지식재산권 서비스 특화단지 구축과 클라우드 데이터센터 구축, 소셜벤처 특화거리 조성, 철도산업 클러스터 조성, 창업지원 주택 건립, 대전역 서광장 리뉴얼이 있다. 면적 약 191만㎡의 부산 사업지는 해운대구 반여동 센텀 2 지역의 전통산업시설과 미개발지로 구성되어 있다. 해운대와 인접해 우수한 주거 · 상업 · 문화 인프라 활용이 가능하다. 기본계획 수립을 준비 중이며 주요사업으로는 ICT 산업생태계 조성과 창업지원이 있다.

도심융합특구 정책의 문제는 법적 근거가 없다는 것이다. 2021년 5월 의원입법으로 국회에 「도심융합특구 조성 및 육성에 관한 특별법안(의안번호 10469)」을 제출했으나 현재 국토교통위원회에 계류 중이다. 그 결과 사업추진이 지지부진하다. 도심융합특구는 2022년 7월 18일에 실시한 국토교통부의 새 정부 업무보고에 포함되지 못했다. 다만 제21대 국회 후반기 국토교통위원회의 정책자료집에는 첫 번째 안건으로 올라와 있다. 또 다른 문제는 정책의 중복성이다. 캠퍼스 혁신파크를 포함한 테크시티 3.0의 '도시혁신지구'와 규모는 다르지만 지향하는 정책 방향은 동일하다. 큰 틀에서 유사사업 간 추진 방향을 정리할 필요가 있다.

수소 경제 규제자유특구

우리나라에서는 최근 탄소 중립을 위한 수소 경제가 새로운 정책 화두로 등장했다. 18세기 산업혁명을 촉발한 석탄과 같은 화석연료로 인한 문명발전이 석유, 천연가스로 확대되어 150년 이상 진행되면서 온실효과로 인한 지구 온난화가 발생했기 때문이다. 지구의 평균 기온이 증가하면서 기후변화가 발생해 풍수해, 가뭄, 폭염, 산불 등 자연재난의 강도와 빈도가 변화했다. 빙하 감소와 해수면 상승, 연안해역 백화현상은 인간의 거주여건을 악화시키고, 새로운 문제를 야기하고 있다. 탈 탄소화를 위한 에너지 전환이 인류의 미래를 위한 방향으로 논의되면서 태양광, 풍력, 지열, 바이오 등 다양한 신재생 에너지원이 거론되고 있다. 그중에서 가장 친환경적인 '수소 에너지'가 주목받고 있다.

수소는 생산하는 방식에 따라 친환경 수준이 다르다. 수소 전문가들은 수소의 생산방식을 색깔로 표현했다. 가장 보편적으로 사용하는 생산방식은 네 가지다. 첫 번째인 검정/갈색*Black/Brown* 수소는 석탄으로부터 가스를 추출해 생산한 수소다. 유연탄을 사용하면 검정 수소, 갈탄을 사용하면 갈색 수소다. 이 방식을 사용하면 이산화탄소나 일산화탄소를 가장 많이 배출하게 된다. 두 번째인 회색*Gray* 수소는 천연가스로부터 생산한 수소다. 이 방식은 검정/갈색 수소보다 현저하게 낮은 이산화탄소를 배출한다. 현재 전 세계에서 가장 보편적으로 수소를 생산하는 방식이다.

세 번째인 청색*Blue* 수소는 회색 수소와 같이 천연가스로부터 생산하지만, 공정에서 발생한 이산화탄소를 포집해 저장하거나 산업적 원료로 사용한 수소다. 현재 전 세계 국가들이 가장 목표로 하는 생산방식이다. 네 번째인 녹색*Green* 수소는 태양광, 풍력과 같은 순수 재생에너지로 생산한 전기를 사용해 물을 산소와 수소로 전기분해 해서 생산한 수소다. 기후변화 행동가, 신재생에너지 전문가, 정부 정책 결정자들에게 꿈의 방식이나 가장 비용이 많이 들어 생산량이 적다. 현재 전 세계에서 이런 방식으로 전환하기 위해 다양한 프로젝트들이 추진되고 있다.

최근에는 위의 네 가지 수소생산방식에 추가로 다섯 개의 새로운 색깔들이 제시되었다. 다섯 번째인 노란*Yellow* 수소는 태양광을 전기로 전환해 생산한 수소를 의미했다. 지금은 신재생에너지와 화석연료를 혼합해 생산한 전기로 물을 전기분해 해 생산한 수소에도 적용한다. 여섯 번째인 분홍*Pink* 수소는 원자력발전소에서 생산한 전기로 물을 전기분해 해 생산한 수소를 말한다. 현재 상업적으로 생산되고 있으며 보라*Purple* 수소 또는 적색*Red* 수소라고도 부른다. 일곱 번째인 청록*Turquoise* 수소는 메탄 열 분해 ($CH_4 \rightarrow C + H_2$)방식을 사용해 천연가스로부터 탄소와 수소를 분리한다. 청색 수소와 녹색 수소의 중간단계로 현재 상업적 생산이 가능하다.

여덟 번째인 흰색*White* 수소는 지하에 매장되어 있는 천연수소를 채굴한 것이다. 2012년 이후 말리에서 채굴하고 있으며 회색 수소보다 생산단가가 낮아 브라질, 오스트레일리아에서도 탐사프로젝트가 진행 중이다. 흰색수소는 탈 탄소 연료이나 채굴하면서 환경에 영향을 준다. 황금*Gold* 수소는 버려진 유정에서 찾은 미생물을 활용한 발효에 의해 생산하거나 미생물에 의해 생성된 수소다. 버려진 유정을 활용해 낮은 가격에 수소를 생산할 수 있어 유용하나 탄소 중립을 위한 이산화탄소 포집이 중요하다.

우리나라는 수소 경제를 위해 6개의 규제자유특구를 지정했다. 부·울·경 지역에는 울산 수소 그린모빌리티 규제자유특구와 울산 이산화탄

소 자원화 규제자유특구, 부산 암모니아 친환경 에너지 규제자유특구를
지정했다. 강원도에는 액화수소산업 규제자유특구를 선정했다. 충청권에
는 충북 그린 수소산업 규제자유특구와 충남 수소 에너지 전환 규제자유
특구를 지정했다. 우리나라의 6개 수소 경제 규제자유특구 위치는 〈그림
37〉에 표시되어 있다.

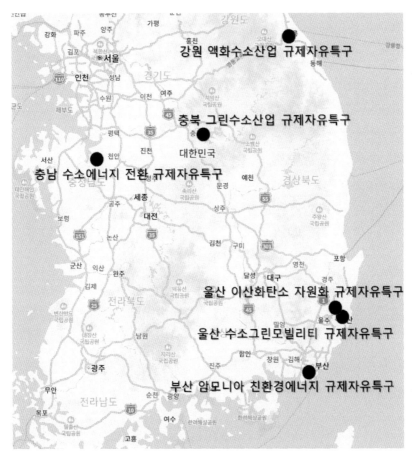

〈그림 37〉 전국 6개 그린 수소/액화천연가스 규제자유특구 위치*

---

*   네이버 지도에 6개 규제자유특구 위치를 삽입

울산 수소그린모빌리티 규제자유특구는 울산테크노일반산업단지를 포함해 면적이 약 1.5백만m^2이다. 수소 기반의 혁신성장을 위한 밸류 체인 구축을 통한 글로벌 수소 경제를 선도할 목적으로 2019년 12월부터 2021년 12월까지 지정했다. 울산 이산화탄소 자원화 규제자유특구는 울산시 남구·울주군 일원의 면적 0.37km^2를 지정했다. 이산화탄소를 활용한 제품화 실증을 통해 온실가스 사업화를 위한 생태계를 조성할 목적으로 2021년 1월부터 2022년 12월까지 지정했다. 부산 암모니아 친환경 에너지 규제자유특구는 부산시 강서구, 영도구, 남구, 사하구, 사상구, 인근 지역과 해역의 면적 약 2.2만m^2에 있다. 암모니아 친환경 에너지를 활용한 탄소 중립 신산업을 위한 생태계를 조성할 목적으로 2022년 1월부터 2025년 12월까지 지정했다.

강원 액화수소산업 규제자유특구는 강원도 강릉시, 동해시, 삼척시, 평창군 일원의 면적 약 2십5만m^2를 지정했다. 전주가 액화수소산업을 위한 생태계 구축을 통해 글로벌 수소산업을 선도할 목적으로 2020년 8월부터 2024년 7월까지 조성한다. 충북 그린수소산업 규제자유특구는 충북 충주시, 청주시, 제천시, 보은군 일원의 면적 약 3십5만m^2에 있다. 바이오가스, 암모니아 기반 그린 수소 생태계를 조성하고, 탄소 중립 수소 사회를 선도할 목적으로 2021년 8월부터 2025년 7월까지 지정했다. 충남 수소 에너지 전환 규제자유특구는 충남 천안시, 홍성군 일원에 있으며 총면적은 73.32km^2이다. 수소연료전지의 발전, 충전, 모빌리티 실증과 사업화를 통한 수소 경제사회를 촉진할 목적으로 2020년 8월부터 2024년 7월까지 지정했다.

한국 플랫폼 기업의 해외 진출(네이버, 카카오, 티빙)

전 세계의 테크시티 3.0에 입주한 기업들은 지금 글로벌 주도권을 가질 플랫폼에 대한 비즈니스 모델을 경쟁하는 전쟁을 벌이고 있다. 판교 TV와 같은 우리나라 테크시티 3.0의 '도시혁신지구'가 자리를 잡으면서 우리나라에서 성공한 비즈니스 모델을 가진 플랫폼 기업들도 이러한 전쟁에 속속 참여하고 있다. 해외 진출에 나선 네이버와 카카오는 그 대표적인 기업들이다. 〈그림 38〉은 네이버와 카카오의 해외 진출 국가를 나타낸 그림이다.

〈그림 38〉 네이버와 카카오 해외 진출 국가*

---

* GIS 세계 지도에 네이버와 카카오 진출 국가를 표기

2019년 네이버는 일본의 소프트뱅크와 50:50으로 합작한 A 홀딩스라는 합작법인을 통해 A 홀딩스 산하 지주회사로 Z 홀딩스를 설립했다. 합작법인의 지분은 네이버와 소프트뱅크가 동등하지만, 이사회 멤버는 소프트뱅크 측이 한 명 더 많은 3:2로 정했다. 최고상품책임자(CPO)는 네이버 측이 가지게 되었다. 모회사인 Z 홀딩스가 라인의 모회사인 네이버와 공동으로 주식을 공개 매입하는 등의 방법을 통해 라인을 비공개화하고, Z 홀딩스와 라인이 흡수합병 후 라인이 사업 분할에 의해 설립한 사업 준비회사를 Z 홀딩스 산하로 이동시키는 방법으로 통합했다.

그룹 전체의 경영 기능을 담당하는 Z 홀딩스는 현재 도쿄증시 1부에 상장되어 있으며 네이버 라인과 야후 재팬을 자회사로 거느리고 있다. 일본 내 커뮤니케이션 분야는 라인이, 포털은 야후 재팬이, 간편 결제는 PayPay & Line Pay에서 담당하고 있다. 2021년에 네이버 스마트스토어를 야후 재팬에 도입했다.

카카오는 2022년 전 세계를 연결하는 '텍스트' 기반의 '카카오 유니버스(Kakao Universe)'로 해외에 진출한다고 발표했다. 관심사가 같은 일반 사람들이 메타버스의 '오픈링크'를 통해 카카오의 다양한 서비스들을 활용함으로써 목적 없이도 카카오톡으로 서로를 소통시키겠다는 것이다. 창작자와 이용자 간 B2C2C 생태계를 구축해 카카오 공동체간 협업으로 텍스트, 이미지, 영상을 넘어 가상현실까지 아우르는 다양한 메타버스 환경을 만들려고 한다. 기존에 출시된 3D 아바타 중심 메타버스에서 벗어나, 전 세계 사람들이 서로 소통할 수 있는 채팅 방식의 메타버스를 통해 카카오 숙원 사업인 '해외 진출'을 이루려는 것이다.

CJ ENM의 '티빙'은 KT의 인터넷동영상서비스(OTT) 플랫폼인 '시즌'

을 흡수 합병했다. CJ그룹과 KT가 국내 최대 OTT 플랫폼으로 육성해 적극적으로 해외에 진출하려는 것이다.

◆◆◆◆◆◆◆◆◆◆◆◆◆◆◆◆◆◆◆◆◆◆◆◆◆◆◆
◆◆◆◆◆◆◆◆◆◆◆◆◆◆◆◆◆◆◆◆◆◆◆◆◆

"새로운 도시혁신지구들은 오십 년 전의 금융지구들보다는 백 년 전의 시장지구들과 더 유사할 것이다. ··· 다음번 파도는 앵커기관들이나 창업보육센터들이 모여들었던 것처럼 상업 활동들을 집중시킬 것이다. 그러나 [도시혁신지구] 사람들은 일 년 365일, 주 7일, 하루 24시간 내내 적극적으로 일하는 것을 즐길 것이다. 매력적인 그들은 [일하는 곳] 주변을 활동하기에 더욱 안전한 곳으로 만드는 주택 거주자들과 매일같이 조깅하는 사람들, 어린이들을 끌어들인다.
경제의 중심성과 시·공간으로부터의 자유로운 삶에 [새로운] 균형을 맞추어야 하는 사회가 오고 있다."

- La Marina de Valencia 전략기획관
라몬 마라데스의 PPS 인터뷰

◆◆◆◆◆◆◆◆◆◆◆◆◆◆◆◆◆◆◆◆◆◆◆◆
◆◆◆◆◆◆◆◆◆◆◆◆◆◆◆◆◆◆◆◆◆◆◆

바꿀 것인가 아니면 바뀔 것인가?

'넛 크래커' 또는 '역 넛 크래커'

경제학에 '넛 크래커Nut-Cracker'라는 말이 있다. 한국경제가 선진국으로부터는 기술과 품질 경쟁력에 밀리고, 개발도상국으로부터는 가격 경쟁력에서 밀리는 상황일 때 주로 쓰인다. 넛 크래커는 호두를 양면에서 눌러 까는 호두까기 도구를 말한다. 1997년 IMF 외환위기가 발생하기 전 미국 컨설팅 기관인 부즈 앨런 & 해밀턴이 『한국보고서 : 21세기를 향한 한국경제의 재도약』에서 "한국은 비용의 중국과 효율의 일본 협공을 받아 마치 넛 크래커 속에 끼인 호두처럼 되었다. 변하지 않으면 깨질 수밖에 없는 운명"이라고 기술하면서 널리 사용되었다. 최근에는 외교 안보 분야로 건너가 미·중 간 한국의 상황을 말할 때 사용하기도 한다.

'역 넛 크래커'라는 용어도 있다. 한국기업의 제품이 '가격은 일본보다 낮고, 기술은 중국보다 앞섰기' 때문에 경쟁력이 있다고 말하려고 할 때 사용한다. 테크시티 3.0 시대를 맞이해 한국은 '넛 크래커'일까 아니면 '역 넛 크래커'일까?

약 640만 명의 팔로워를 보유한 트위터Twitter의 공동창업자인 잭 도시 Jack Dorsey가 남긴 명언 중에서 하나를 소개한다.

"우리가 이 세상에 가져오려고 하는 것은 혁명이다. 혁명에는 [그럴 만한 충분한] 가치가 있다. 혁명에는 목적이 있다. 혁명에는 방향이 있다. 혁명에는 지도자가 있다. 혁명은 교차로 앞을 내다보고 사람들이 옳은 방향으로 행동하도록 몰아가는 것이다. 그리고 혁명이 항상 시끄러울 필요는 없다. 항상 폭력적일 필요도 없다. 혁명은 조용하면서도 강력하게 변화시키는 것이다. … 내가 오늘 여러분에게 행동하라고 하는 것은 변화를 선택하고, 혁명을 선택하고, 그 혁명에 동참하라는 것이다."

잭 도시가 말한 혁명이 잘 이해가 되지 않는 분들에게 미국 TV 드라마 한편을 소개한다. 2014년 4월부터 2019년 12월까지 HBO에서 6개 시즌 53회로 방영한 〈실리콘밸리*Silicon Valley*〉다. 혁신적인 데이터 압축 알고리즘을 개발한 주인공이 '피리부는 사나이*Pied Piper*'라는 스타트업을 창업해 데이터 플랫폼 테크기업으로 성장해가는 과정이 담긴 드라마다. 회사 창업 동료들과의 문제, 경쟁하는 거대 테크기업과의 갈등, 저작권 침해와 소송, 벤처캐피털과의 관계, 가상화폐 발행과 같은 다양한 주제를 다룬다.

우리나라도 2020년 하반기에 tvN에서 〈스타트업〉이라는 유사한 드라마를 방영했다. 한국과 미국드라마의 차이가 있다. 〈스타트업〉은 주인공들이 성공하고, 결혼하는 해피엔딩으로 끝났다. 〈실리콘밸리〉는 주인공들이 인공지능 네트워크가 가진 치명적인 위험을 감지하고, 스스로 시스템을 기술 결함이 있는 실패작으로 만들어 기업을 망하게 한다. 물론 그 끝이 절망적이지는 않다. 주인공은 스탠퍼드대에서 기술윤리를 강의하는 교수가 되고, 동료들은 사이버 보안회사 공동창립자, 비영리기관 직원, 사회복지시설 봉사활동가와 같은 각자 자신에게 적합한 새로운 자리를 찾는다.

미국드라마 〈실리콘밸리〉의 오프닝에서는 10초 미만의 영상으로 실제로 일어난 대표적인 사건들을 통해 미국 실리콘밸리의 역동적인 적자생존 생태계를 잘 소개했다. 애플 캠퍼스가 새롭게 건축되고, 넷스케이프 간판이 내려가며 구글 크롬 간판이 올라간다. 구글 간판이 알파벳으로 바뀌고, 페이스북 옆에 오큘러스 간판이 들어선 후 페이스북 간판에 먹힌다. 스타트업과 자이언트 테크기업이 서로 먹고 먹히는 미국 IT 업계의 변화상을 보여주는 이 짤막한 동영상을 여러분이 꼭 한번 시청하기를 추천한다.

넷 크래커의 한쪽이 미국과 같은 선진국이라면 다른 한쪽에는 인도와 같은 개발도상국이 있다. 2006년에 공개된 미국의 로맨틱 코미디 영화 〈아웃소스드Outsourced〉에서는 미국 통신판매회사에 근무하는 주인공이 통화 요금과 인건비가 저렴한 인도로 이전한 콜센터로 발령받아 부딪치게 되는 다양한 상황을 다루었다. 콜센터 직원교육을 위해 파견된 미국인 관리자와 인도인 직원들 간에는 문화적, 종교적 차이와 갈등에도 불구하고, 서로의 성공을 위해 같은 방향으로 나아간다. 영화가 성공하면서 NBC에서는 2010년부터 2011년까지 22회의 TV 시트콤으로 방영했다.

이 책의 제1장에서 우리는 미국의 기술혁명 과정을 살펴보았다. 여러분은 서론에서 벵갈루루로 대표되는 인도 도시혁신지구들의 경쟁력에 대해 이해했을 것이다. 지금 우리의 선택이 판교와 같은 한국의 테크시티 3.0을 미국과 인도의 테크시티에 둘러싸인 '넷 크래커' 신세로 만들 것인지, '역넛 크래커'로 세계 테크시티의 한 축을 담당하게 할 것인지를 결정할 것이다.

판교 TV와 도시혁신지구 후보들에 대한 정부 관련 부처들의 정책을 살펴보면 테크시티에 대한 거시적이면서 정교한 정책이 있는지 의문이 든다. 선진국들은 현재 과학연구단지로 대표되는 테크시티 2.5와 도시혁신지구를 중심으로 한 테크시티 3.0에 적합한 맞춤형 정책을 추진하고 있다. 낙후된 테크시티 1.0과 1.5, 2.0은 지속 가능 역량을 높여 생존하도록 하거나 테크시티 2.5로 전환되도록 돕는다. 도시혁신지구를 품은 테크시티 3.0은 MZ세대를 위한 4차 산업혁명의 첨단기술형 일자리들을 창출하도록 신중하면서도 정교한 정책과 전략을 수립해 지원하고 있다.

급변하는 세상에서 우리는 세 개의 새로운 균형점을 찾아야 한다. 첫 번째는 산업구조 개편을 통한 재균형이다. 우리나라에 적절한 미래의 산업구조 형태는 무엇인지에 대한 방향 설정이 필요하다. 현행 산업의 지속가능성과 미래 산업의 발전 가능성에 대한 새로운 사회 합의와 역량 개발이 필요하다. 두 번째는 지역산업 생태계를 위한 재균형이다. 국토균형발전과 지역 인구감소와 함께하는 고민이 필요하다. 세 번째는 앞의 두 균형점을 목표로 하는 전통 일자리와 첨단 일자리 간 재균형이다. 고부가가치 첨단산업과 전통제조업, 농업ㆍ서비스업ㆍ공공부문에서 일자리와 일하는 방식, 세대 간 새로운 균형점을 찾아야 한다.

새로운 균형을 향한 정리와 선택, 집중이 필요하다. 목표 설정과 사회 합의, 자원 배분을 하는 현명한 정책이 필요한 시기다.

테크시티 3.0의 발상지를 찾아서

탐험가이자 여행작가인 에릭 와이너_Eric Weiner_는 20개국 이상에서 번역된 『행복의 지도』, 『신을 찾아 떠난 여행』, 『소크라테스 익스프레스』와 같은 뉴욕 타임스가 선정한 베스트셀러를 다수 저술했다. 그는 2016년 또 하나의 글로벌 베스트셀러인 『천재의 발상지를 찾아서 : 고대 아테네부터 실리콘밸리까지 가장 창조적인 장소들』을 출간했다. 그는 저서에서 다음과 같이 말했다. "한 아이를 키우는 데 온 마을이 필요하다는 아프리카 속담처럼 한 천재를 길러내는 데는 한 도시가 필요하다." 여기서 '천재'를 '테크시티 3.0'으로, '도시'를 '국가'로 바꾸면 필자가 여러분에게 말하고 싶은 문장이 된다.

그는 이런 말도 했다. "창조적 장소는 모든 창조적인 사람들이 몰려드는 장소이기에 창조적이다." "우리는 우리가 원하고 우리에게 걸맞은 천재를 가진다." "위험과 창조적 천재는 불가분의 관계다." 그리고 이렇게 창조적인 장소에 대해 평가했다.

> "인기 있는 한 도시학자는 창조적 도시에 기술Technology, 재능Talent, 관용Tolerance, 이 '세 가지 T'가 존재한다고 말했다. 이 중 기술과 재능은 창조적 장소의 원인이 아니라 산물이며, 기술이 천재의 장소를 위한 전제 조건인 경우는 드물다. … 내 생각에 창조적 장소의 특징은 세 가지 T보다는 무질서 Disorder, 다양성Diversity, 감식안Discernment이라는 세 가지 D인 듯하다. 앞에서 보았듯 현 상태를 뒤흔들고 균열을 일으키려면 무질서가 필요하다."

와이너는 창조성의 핵심을 정확하게 인지해 말했다. '창조적 장소'를 '도시혁신지구'로 바꾸면 우리가 테크시티 3.0의 도시혁신지구를 작동하기 위해 무엇이 필요한지 알 수 있다.

지금 우리 앞에 무질서한 세상이 펼쳐지고 있다. 전쟁과 분쟁으로 지정학이 우리의 안보를 위협한다. 경제적으로는 세계화가 퇴조하고, 경제 블록화와 탈동조화가 글로벌 공급망 문제와 에너지 위기를 심화시키고 있다. 코로나 19로 인해 천문학적 규모로 풀린 통화와 끝없는 탐욕으로 인한 자산 가격상승은 스태그플레이션의 고삐를 풀었다. 한국경제는 막대한 규모의 가계부채와 원/달러 환율 급상승, 치솟는 금리 인상으로 다가오는 위기의 폭풍우를 두려운 눈으로 바라보고 있다. 어딘지 모르게 익숙한 상황이 아닌가? 그렇다. 우리가 제1장에서 보았던 1970년대와 비슷하다. 그렇다면 미래학자인 토플러 박사가 제시했던 희망을 상기하자.

와이너가 '무질서' 다음으로 제시했던 '다양성'이 우리에게 필요하다. 어려워질수록 우리 사회는 쏠림현상이 더 심해진다. 진영을 갈라 다른 쪽을 배척한다. 자신이 가진 특성을 간과하고, 뜬다고 생각하는 분야에 맹목적으로 몰린다. 그런데 창조적인 사고를 위해서는 다양성이 필요하다. 생태계가 다양성을 확보해야 창조적인 활동이 만개하고, 위기에도 지속 가능할 수 있다.

와이너가 선택한 마지막 단어는 '감식안'이다. 우리 사회를 이끌 지도자가 가져야 할 역량일 뿐만 아니라 그런 지도자를 선택할 수 있도록 우리에게 필요한 덕목이다. 훌륭한 테크시티 3.0 정책과 실현할 사람들을 선발할 수 있는 선구안이 필요하다. 산업구조와 교육체계 개편을 선택할 수 있는 감식안이 필요하다.

어떤 정책이 성공하기 위해서는 인시처(人時處), 즉 사람과 때와 장소가 맞아야 한다. 첫 번째 조건은 사람이다. 새로운 시대를 주도할 사업을 선택하는 안목과 그 사업을 추진할 불굴의 투지, 그리고 그 사업을 반석에 오르게 할 혁신 역량을 갖춘 기업가다.

4차 산업혁명 시대에는 고등교육을 받은 기업가가 매우 중요하다. 그런 측면에서 우리나라는 충분한 경쟁력을 갖추고 있다. 중국의 교육 · 보건 전문가인 스콧 로젤*Scott Rozelle*과 내털리 헬*Natalie Hell*은 4차 산업혁명 시대에 이 문제가 얼마나 중요한지를 중국 지도자들에게 설득하기 위해 2020년 저서 『보이지 않는 중국』을 출간했다. 그들은 다른 선진국들에 비해 중국의 고등교육 인력이 부족해 미래의 산업 경쟁력이 뒤처질 것이라고 Journal of Economic perspectives 학술논문을 인용해 경고했다. 그 논문에서 2015년 기준으로 대학교육을 받은 한국 노동력의 비율은 러시아와 일본 다음인 3위였다. 우리나라는 고등학교 교육 인력의 비율도 일본, 러시아, 미국, 독일 다음으로 5위를 기록했다.

4차 산업혁명 시대를 선도하기 위해서는 세계의 정치 · 경제 · 사회 · 문화 · 기술 흐름을 꿰뚫는 국제적인 안목을 가지고, 서로 간 차이를 인정해 다양성을 존중하는 고등교육 인력이 필요하다. 우리나라 국민의 국제적인 감각은 어떠할까? 국제적인 시야를 넓히는 것이 스타트업 창업과 테크기업 발전에 과연 도움이 될까?

국제적인 식견을 가지고 다양성을 존중하는 고등교육 인력은 다가오는 새로운 시대에 정말 중요하다. 우리나라는 이미 그러한 인력을 육성함으로써 발생한 혜택을 두 번씩이나 보았다. 첫 번째는 1990년대 말부터 현재까지 진행된 벤처군단 1세대가 주도한 새로운 ICT 기업의 출현이다. 1980년을 전후해 쿠데타로 집권한 전두환 정권은 부정적인 국민 여론을 완화하려고 1981년 해외여행 자유화 정책을 실시했다. 1970년대에 비해 많은 사람들이 해외를 방문해 세계에 대한 안목을 높였다. KAIST 전길남 교수와 같은 학자들이 귀국해 후학들을 가르쳤다. 그 후학들이 자라나 IMF 위기에 창업해 네이버와 카카오, NHN, 넥슨, 엔씨소프트를 이룩했다. 한국의 테크시티 3.0 시대를 연 벤처군단 1세대다.

우리나라에서 4차 산업혁명을 주도한 1세대는 주로 국내의 대학교와 대학원 교육을 통해 자라났다. 해외여행 자유화 정책으로 세계를 여행한 대학생들이 1980년대에 귀국한 세계적인 학자들로부터 배워 글로벌한 시각을 가지게 되었다. 벤처군단 1세대에 속하는 상당수 CEO들이 태어난 해가 1960년대 후반으로 대학이 80학번인 이유다. 그들은 주로 공학도이거나 경영학도였다. 카이스트나 서울대와 같은 일부 대학에 치우친 한계도 있었다.

십여 년이 지난 후 두 번째 혁신 기업가 세대가 출현했다. 1993년 2월 출범한 김영삼 정부는 '세계화 시대'를 강조했다. '신경제 5개년 계획'과 '금융 실명제', 경제협력개발기구(OECD) 가입과 같은 경제개혁 정책이 추진되었다. 새로운 시대를 맞이해 학부모들은 세계화와 다양성이 미래 사회를 살아가기 위한 핵심사항이라는 것을 알아챘다. 자녀 교육을 위한 다양한 선택이 시도되었다. 1994년부터 2000년까지 우리나라에서는 최소 일만 명 이상의 초·중·고등학생이 해외 유학을 떠났다. 국내 교육제도를 택한 학부모들도 다양한 교육을 통해 자녀들이 글로벌한 시각과 폭넓은 인문 소양을 갖추기를 원했다. 현장 체험학습과 해외여행이 활발해졌다. 90년대 중반부터는 대안 교육에 관한 관심이 높아졌다.

우리나라의 두 번째 혁신 기업가들은 이들 세대에서 나왔다. 출생 시기는 1970년대 후반부터 1980년대 중반까지다. 벤처군단 1세대에 비해 두 번째 혁신 기업가들의 성장 배경과 교육 기반이 다양하다. 1세대와 유사하게 국내에서 전기공학과를 전공한 사람도 있지만, 예술대학 실내디자인이나 치의학과를 졸업한 CEO도 있다. 민족사관고를 나와 해외 대학교를 졸업한 CEO와 어렸을 때 이민을 떠난 한국계 미국인도 귀국해 플랫폼 기업을 창업했다.

기업을 창업한 이유와 기업의 성장방식도 다양하다. 공화주의에 매료되어 회사명을 '공화국 만세'로 작명한 CEO가 있다. '우리가 어떤 민족입니까'라는 애국 마케팅으로 국민감정에 호소해 업계 1위를 차지하기도 했다. 그들은 기성세대들이 시도하지 못한 방식으로 기업을 반석에 올렸다. 2세대 기업인들이 이룬 성과가 현재 새로운 혁신을 이끄는 유니콘 기업들이다.

우리나라에서 4차 산업혁명을 주도한 1세대와 2세대에 뒤이어 세 번째 혁신 기업가 세대가 출현하고 있다. 그들은 1·2세대보다 창업 시기가 더 젊고, 성장 배경과 교육 기반이 더 다양하다. 경제 주간지인 이코노미 조선은 2022년 7월 13일 자 커버 스토리로 '창업 新주류 90년대생 스타트업'을 내걸었다. '트렌드·글로벌·에너지'로 무장한 90년대생이 스타트업 생태계를 흔드는 新주류로 부상했다는 기사다. 그들이 3세대 벤처기업의 묘목이다.

1997년 우리나라에서 IMF 경제위기가 닥쳤다. 국가 부도 위기로 경제가 침체하자 우리나라에서는 금 모으기 운동이 일어났다. 2년 후 외환위기 극복을 선언했고, 2001년에는 마지막 IMF 자금을 갚았다. 2002년 한일 월드컵이 개최되었다. 대한민국 국민이라는 자부심이 다시 확산되고, 세계화와 다양성 교육에 대한 수요가 증가했다. 〈그림 39〉에서 보듯이 2003년부터 조기 유학생이 다시 증가했다. 그 수치는 2006년 정점에 도달했고 2008년 세계 경제위기 이후 급감했다. 그 이후 지속적으로 감소하다가 코로나 19로 인해 다시 뚝 떨어졌다. 조기 유학생의 교육 효과에 대한 부정적인 여론이 감소요인일 수 있다. 우리나라가 선진국이 되면서 국내에서도 적절한 세계화와 다양성 교육이 가능해졌기 때문이기도 하다.

(a) 2001~2021년 조기 유학생 초·중·고별 변화추이

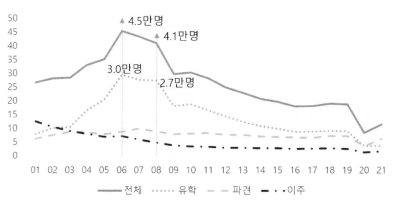

(b) 2001~2021년 초·중·고 조기 유학생 사유별 변화추이

〈그림 39〉 2001~2021 초·중·고 조기 유학생 변화추이*

---

* 「교육통계서비스(KESS)」의 유·초·중등 통계(연도별)

우리나라 국민이 세계화와 다양한 교육에 대한 열망으로 2000년대 중반에 시도했던 교육 씨앗 뿌리기가 2020년대 새로운 변화의 시기를 맞이해 성과로 나타나고 있다. 세 번째 혁신 기업가 세대의 탄생이다. 이코노미 조선의 2022년 7월 기사가 주목했듯이 그들이 창업한 연령대는 20대 중반에서 30대 초반이다. 그들의 사업 아이템은 육아 정보 · 구독서비스, 온라인 돼지고기 판매와 같이 실생활과 매우 밀접하다. 이모티콘 플랫폼, 북미 웹소설 플랫폼, 아티스트 IP 플랫폼과 같이 새로운 IT 문화를 플랫폼 기술로 주도한 기업들도 있다. 세계로 퍼져나간 한국의 웹툰/웹소설 플랫폼은 일본이 주도했던 오프라인 망가Manga 시장을 뒤흔들고 있다.

한국과 미국, 일본의 인당 국민소득은 혁신의 중요성을 보여주는 바로미터다. 미국과 한국의 인당 GDP는 경제위기를 극복하고 성장추세다. 1980년대 후반 미국을 추월했던 일본의 GDP는 '잃어버린 20년' 이후에도 정체했다. 2022년 4월 이코노미스트지는 일본 사회가 새로움에 대한 개방성이 부족하다고 지적했다.

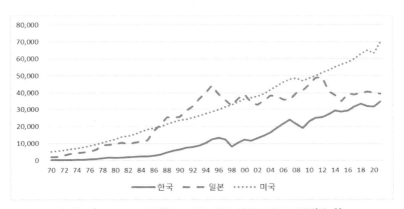

〈그림 40〉 1970~2021년 한국 · 미국 · 일본 인당 국민소득 변화(달러)*

---

* 「한국은행 경제통계시스템」의 국제 주요국 1인당 GDP(연도별)

'창업 新주류 90년대생'을 위한 새로운 테크시티 놀이터가 필요하다. 월가의 베테랑 헤지펀드 트레이더인 콜린 랭커스터는 2021년 저서 『트레이더 콜린 씨의 일일』을 발간했다. 그 책에 제리라는 젊은 트레이더가 10억 달러를 상회하는 기업 가치를 보유한 유니콘 기업을 평가하면서 이렇게 말하는 장면이 나온다.

> 제리는 내게 "그때 이렇게 해야 했었는데…"라며 한탄 어린 분노를 터뜨릴 때가 많다. "대표님도 잘 아시겠지만, 제가 대학을 졸업하고 금융계에 뛰어들기로 마음먹었을 때만 해도 돈을 만지는 사람들이 세상의 부를 쥐락펴락할 줄 알았거든요. 그런데 이게 뭡니까. 당시 기술로 먹고살겠다던 공대생들이 부모 집 지하실에서 한가로이 실험하고 있을 때, 우리 같은 금융인들은 주 80시간씩 일했잖아요. 차를 타고 고급 식당에 호화 클럽을 돌면서 고객을 접대하느라 영혼까지 빠져나가고 말입니다. 그렇게 제가 뼈 빠지게 일하느라 고생하는 동안, 그 친구들은 고작 사진 필터 아니면 똥 이모티콘이나 개발하고…그런데 지금 보세요. 결국, 그 친구들이 다 해 먹었잖습니까."

테크시티는 기술이 부와 일자리를 창출하는 MZ세대의 놀이터다.

혁신의 두 번째 조건인 때가 다가오고 있다. 첫 번째 혁신 세대는 IMF 파도가 닥쳤을 때 창업했다. 두 번째 세대는 2008년 금융위기로 인한 기존 질서의 붕괴를 딛고 일어섰다. 다가오는 경제위기에 우리는 90년대생을 위한 기회의 문을 준비해야 한다.

구슬이 서 말이라도 꿰어야 보배

"인간은 사회적 동물"이라고 고대 그리스의 현자 아리스토텔레스*Aristotle*는 말했다. 호모 사피엔스는 스스로 학습하고 서로 협력해 오늘날의 눈부신 문명과 화려한 문화를 일궈 지구의 지배종이 되었다. 불과 도구를 다루는 방법은 가족과 부족에게 전달되어 우리의 삶을 편리하게 하는 수많은 문명이기(文明利器)들을 제작하는 데 기반이 되었다. 창의적인 사고를 통해 탄생한 예술과 문자는 학생과 도제(徒弟)들에게 지식을 전달하고, 우리의 삶을 풍요롭게 만든 자양분이 되었다. 그 모든 활동에 장소가 있었다.

모든 문명은 그 수준에 적합한 창의적인 장소를 가진다. 문명의 여명기인 부족 시대에서는 마을 한가운데 있는 탁 트인 마당이 도구제작 공간이자 지식전달 장소였다. 고대 그리스에서는 민회와 재판, 상업, 사교가 이루어지는 아고라*Agora*가 그 역할을 했다. 철학자 디오게네스*Diogenes*가 한낮에 등불을 들고 "사람을 찾던" 그곳이다. 문명이 발전하자 학교와 공방이 출현했다. 산업사회가 도래해 학교는 유·초·중·고·대 교육시스템으로 체계화되었다. 공방은 화이트칼라의 사옥과 블루칼라의 공장으로 분화되었다. 다가오는 새로운 시대도 그 문명 수준에 적합한 창의적인 장소를 필요로 한다. 교육체계의 개편과 함께 일하는 장소의 진화가 필연적이다. 이 흐름은 결국 사회와 도시의 변화를 끌어낼 것이다.

새로운 세상이 요구하는 도시혁신지구의 모습은 이미 알려져 있다. 스페인 남동부에 위치한 도시혁신지구 *La Marina de Valencia*의 전략기획관인 라몬 마라데스*Ramon Marrades*는 '공공공간 프로젝트*Project for Public Spaces*'의 공동대표인 네이트 스토링*Nate Storring*과의 인터뷰에서 "새로운 도시혁신지구들이 후기산업사회의 금융지구이기보다는 산업사회 이전의 시장지구와 유사"하다고 말했다. 그래서 "경제의 중심성과 시·공간으로부터 자유로운 삶에 새로운 균형을 맞추는 사회"를 준비해야 한다고 강조했다. 선진국들이 1995년 미국의 빅애플(뉴욕)과 2000년 스페인의 바르셀로나가 초석을 놓은 도시혁신지구에 주목하고 있는 이유다.

'구슬이 서 말이라도 꿰어야 보배'라는 옛말이 있다. 좋은 것을 잔뜩 가지고 있어도 다듬어서 사용하지 못하면 쓸모없다는 의미다. 우리는 도시혁신지구와 유사한 수많은 지구가 있다. 테크노밸리, 지식정보타운, 사이언스밸리, 디지털미디어시티, 지식정보산업단지, 첨단산업클러스터, 사이언스파크, 테크시티, 벤처밸리, 연구개발특구, 테크노파크, 경제자유구역, 재생사업지구, 신도시 자족 용지, 캠퍼스 혁신파크, 도심융합특구, 규제자유특구로 다양하게 불린다. 담당부처와 적용 법체계가 다르다. 그런데 각 지구 사이에는 차이점을 찾기가 어렵다. 정책 자료를 보면 선진국의 테크시티 2.5와 3.0 사례들을 섞어서 소개해 정체성이 모호하다.

테크시티 3.0과 도시혁신지구에 대한 시기적절한 정부 정책이 필요하다. 선택과 집중을 통해 기존 지구들을 체계적으로 정리할 필요가 있다. 기계적으로 균등하게 하는 지역 배분이 아니라 효과성을 따진 치밀한 추진전략이 마련되어야 한다. 최근 해외 석학들의 노력으로 도시혁신지구의 유형과 규모, 핵심요소와 특성에 대한 정보가 축적되었다. 우리의 정책을 수립하는 데 도움이 되는 유용한 정보다. 지구촌의 디지털 노마드들을 향한 지구촌 도시들의 새로운 여정이 시작되었다. 우리는 판교를 통해 그 흐름을 확인했다. 그래서 이 책을 통해 다음의 정책을 제안한다.

첫째, 거시적인 안목을 가지고 도시혁신지구와 테크시티 3.0에 대한 육성정책을 수립해야 한다. 먼저 도시혁신지구와 테크시티 3.0에 대한 정확한 이해가 필요하다. 그들의 속성에 관한 공부가 필요하다. 도시혁신지구의 규모를 연구한 학자들에 따르면 우리나라 경제 규모에서는 도시혁신지구의 최대 개수가 12개 정도다. 제약조건 때문에 실질적으로는 그보다 적을 것이다. 지역별로 균등하게 배분하기보다는 미래 산업역량을 보유한 도시들을 대상으로 세심하게 선별해 정교한 입지정책을 추진해야 한다.

대상도시에 입주할 도시혁신지구의 특성도 중요하다. 학계에서는 도시혁신지구의 유형을 크게 3개로 구분하고 있다. 각 유형별로도 지역 특성과 입주산업에 따라 차이가 있다. 도시혁신지구 유형에 따라 성공 요인이 다를 수 있다. 도시혁신지구를 이끄는 핵심 앵커시설/기관과 이들 시설과 연계되는 산업과 지원시설이 중요하다. 도시혁신지구의 핵심 앵커시설/기관은 마치 항공모함 선단을 이끄는 항공모함과 같다. 항공모함의 역량과 규모가 전투력을 결정하는 것과 같다. 도시혁신지구 입주기업들은 항공모함 선단의 순양함과 구축함, 잠수함, 지원함의 역할을 수행한다. 따라서 우리나라 판교 TV에서처럼 입주한 후 전매 제한 기간이 지나면 팔고 이주해 막대한 전매차익을 보는 일은 발생하지 않는다.

둘째, 선택과 집중을 통해 도시혁신지구를 품은 테크시티 3.0 도시들을 순차적으로 조성하고 육성해야 한다. 해외 선진국에서는 선도 도시혁신지구와 그다음 순위의 도시혁신지구 간 위계와 연계가 중요하다는 사실을 잘 알고 있다. 따라서 선도 도시혁신지구를 조성하고, 충분하게 육성되었을 때 다음 수순을 진행한다. 처음부터 몇 개씩 일괄적으로 조성하지 않는다. 테크시티 3.0을 조성할 역량이 되지 않는 해외의 지자체들은 무리하게 정책을 추진하려고 욕심을 부리지 않는다. 그런 측면에서 현재의 판교

1 · 2 · 3 지구를 통합한 테크노밸리의 규모는 선진국의 선두 테크노밸리에 비해 규모가 작다. 도시혁신지구와 테크시티를 조성할 때 목표로 하는 산업에 대한 이해를 바탕으로 조성 규모와 핵심 앵커시설/기관, 산업생태계를 지구계획과 도시계획에 잘 반영해야 한다.

셋째, 도시혁신지구와 테크시티를 육성하는데 자립성을 중시한다. 우리는 서론에서 람 이매뉴얼 시카고 시장의 생각을 들여다볼 기회를 가졌다. 도시혁신지구를 품은 테크시티를 조성하는데 중앙/연방정부의 예산과 지원에 매달리지 않는다. 중앙/연방정부도 지자체의 줄서기를 조장하지 않는다. 지자체의 우수한 정책에 유니콘과 테크기업들이 이끌려 협력하거나 지역을 기반으로 한 스타트업들을 키워 도시 경쟁력을 확보하려고 한다. 따라서 지역이 보유한 자원을 중시한다. 이러한 자원에는 천연자원과 문화자원, 기업뿐만 아니라 대학, 공공기관, 연구소, 병원이 있다. 기업가 정신으로 테크 기술을 활용해 이러한 자원을 기반으로 도시혁신지구에서 새로운 산업과 기업을 창조하는 것이 목표다. 그래야 도시혁신지구와 테크시티의 지속가능성이 확보된다.

넷째, 그 지역에 적합한 도시혁신지구에 필요한 인력을 육성할 새로운 전문교육 시스템이 마련되어야 한다. 미국의 경제수도 뉴욕시가 테크시티 3.0의 선두주자로 떠오른 데는 블룸버그 시장이 루스벨트섬에 추진한 코넬테크 캠퍼스의 역할이 컸다. 지자체는 미래 도시발전의 거시적인 관점에서 부지를 제공했다. 명문대학들이 컨소시엄을 구성해 투자기금을 확보하고, 캠퍼스 조성계획을 작성한 후 투명하고 공정한 절차를 통해 평가받아 기업에 필요한 인력을 육성했다. 미국 동부의 뉴욕시에는 컬럼비아대와 뉴욕대와 같은 명문대학이 다수 있다. 주변의 프린스턴대, 하버드대,

예일대에서도 많은 우수한 인력이 졸업한다. 그래도 뉴욕시는 뉴욕의 4개 도시혁신지구를 위한 첨단인력을 공급하기 위해 훌륭한 캠퍼스 조성계획을 제시한 코넬대-테크니온 공대와 손잡았다.

다섯째, 도시혁신지구와 테크시티 3.0을 육성할 정부정책과 추진전략, 그리고 이러한 정책과 전략을 실행할 추진조직이 필요하다. 우리나라에서는 그동안 테크시티 2.0과 2.5, 3.0을 혼용해 정책을 수립했다. 혁신이 필요한 경공업 도시인 테크시티 1.0과 중화학공업 도시인 1.5도 있다. 그동안 추진했던 모든 정책을 통합해 새로운 관점에서 선택과 집중을 할 때다. 유사한 정책들이 각자 기반이 되는 담당부처와 법률, 예산을 근거로 시너지 효과 없이 추진되고 있다. 정책을 정리하고, 지구별로 새로운 역할을 부여해야 한다. 정책의 방향 설정과 조정을 위해 대통령실 또는 국무조정실의 참여가 필요하다. 도시혁신지구와 테크시티 3.0의 성공을 위해 관련 부처들과 지자체들이 참여기업들과 합심해야 한다.

2022년 경제위기에 대한 우려로 우리나라 스타트업과 테크기업의 입지가 흔들리고 있다. 미국도 2000년과 2008년에 그랬다. 그 위기에서 생존한 미국의 스타트업과 테크기업은 산업계의 무서운 강자로 자랐다. 우리의 도시혁신지구와 테크시티 정책에는 MZ경제에 대한 이해가 수반되어야 한다. 그곳은 MZ세대를 위한 놀이터이기 때문이다. 국토·도시계획 학계는 MZ세대가 창조하는 첨단기업을 위한 새로운 지구계획과 도시계획을 구상해야 한다. 2030 세대를 위한 수많은 첨단 일자리가 그곳에서 탄생한다.

서론

곽도영, 2022, "재계, 新기업가 정신 선포…'청년 채용'·'정시 퇴근' 챌린지 나선다," 동아일보 2022년 5월 25일 자 기사.

곽도영, 2022, "재계 '新기업가 정신'선언, 좋은 일자리 창출을 1호 과제로," 동아일보 2022년 5월 18일 자 기사.

곽도영 · 송충현, 2022, "5대 그룹-유니콘 기업, '新기업가 정신' 24일 선포…협의체 만든다," 동아일보 2022년 5월 16일 자 기사.

경기도 경제과학진흥원, 2021, 『2021년 판교테크노밸리 실태조사 결과(인포그래픽스) : 판교테크노밸리 입주기업 현황』.

경기도 경제과학진흥원, 2020, 『2020년도 판교테크노밸리 실태조사 : 판교테크노밸리 입주기업 현황(인포그래픽)(19년도 말 기준)』.

경기도 경제과학진흥원, 2019, 『2019년 판교테크노밸리 실태조사 : PANGYO TECHNOLOGY 입주기업 현황』.

경기도 경제과학진흥원, 2018, 『2018년 판교테크노밸리 실태조사 : 판교테크노밸리 입주기업 현황』.

김익환, 2022, "환율 1300원 턱밑…기업들 '錢錢긍긍'," 한국경제 2022년 5월 16일 자 기사.

김정환, 2022, "韓 투자증가율 '0%대'…성장엔진 꺼졌다," 매일경제 2022년 5월 16일 자 기사.

김진호, 2022, "공급망 · 가계부채 · 대외악재…한국경제, '퍼펙트 스톰' 온다," 아시아경제 2022년 5월 16일 자 기사.

동아일보 사설, 2022, "공공기관 군살 빼기 착수…더 늦으면 재정 파탄 못 면한다," 동아일보 2022년 5월 16일 자 기사.

루돌프 W. 줄리아니, 2002, 『줄리아니의 리더십 : 위기를 경영한다』, 루비박스.

마뉴엘 카스텔, 피터 홀, 2006, 『세계의 테크노폴 : 21세기 산업단지 만들기』, 한울.

박준식 · 김영범 · 김원동 · 류민호 · 류영진 · 박준식 · 신우열 · 이종선 · 정동일 · 야코 시모넨 · 요한네스 헤랄라 · 라울리 스벤토, 2018, 『ICT 클러스터의 혁신과 진화: 판교에서 오울루까지』, 한울엠플러스.

브레드 펠드, 이언 해서웨이, 2021, 『스타트업 커뮤니티 웨이 : 창업 생태계의 진화』, 제이커넥트.

스벤 베커트, 2018, 『면화의 제국』, 휴머니스트출판그룹.

신동호 · 이만형 · 남수현 · 최종인 · 최영출 · 배준구 · 박은병 · 이우배 · 권병욱 · 이상빈 · 이응균, 2006, 『세계적 혁신지역을 간다』, 한울아카데미.

안소영, 2021, "미래 비즈니스 바꾸는 新인류 'MZ세대'," 이코노미조선 2021년 5월 31일 자 기사.

양승훈, 2019, 『중공업 가족의 유토피아 : 산업도시 거제, 빛과 그림자』, 오월의 봄.

앨빈 토플러, 1990, 『권력 이동』, 한국경제신문사.

우석훈 · 박권일, 2007, 『88만 원 세대』, 레디앙미디어.

장류진, 2019, 『일의 기쁨과 슬픔』, 창비.

정선양 · 황두희 · 임종빈, 2016, "혁신 클러스터의 성과 영향요인에 관한 실증연구 : 판교테크노밸리 사례를 중심으로," 「기술혁신학회지」 제19권 제4호 pp.848~872.

제러미 하이먼즈, 헨리 팀스, 2019, 『뉴파워 : 새로운 권력의 탄생』, 비즈니스북스.

최근도, 2022, "루나 몰락에 USDC로 몰려…'1달러 코인' 전쟁," 매일경제 2022년 5월 16일 자 기사.

최혜령, 2022, "정부 "公기업 대대적 개혁해야"…文정부 5년간 인력-부채 급증," 동아일보 2022년 5월 16일 자 기사.

허세민 · 한경제, 2022, "인도도 '식량 무기화'…밀 수출 전격 금지," 한국경제 2022년 5월 16일 자 기사.

홍춘욱 · 박종훈, 2019, 『밀레니얼 이코노미』, 인플루엔셜.

A Report to Mayor Michael R. Bloomberg, 2005, "Telecommunications and Economic Development in New York City: A Plan for Action", New York City Economic Development Corporation. March 2005.

Arnault Morisson, 2015, 『Innovation Districts : A Toolkit for Urban Leaders』, ISBN 978-1515340621.

Bruce Katz & Jennifer Bradley, 2013, 『The Metropolitan Revolution : How Cities and Metros Are Fixing Our Broken Politics and Fragile Economy』, Brookings.

Ed Pilkington, 2012, "Chicago to get hyper-connected under Rahm Emanuel's grand Wi-Fi Plan,'" The Guardian, July 3, 2012.

Maria Teresa Cometto & Alessandro Piol, 2013, 『Tech and the City : The Making of New York's Startup Community』, Mirandola Press.

Patrick Sabol, 2015, "Cities Take the Lead: Innovations in Urban Infrastructure Financing,'" presented at the Metropolitan Policy Program at Brookings, April 27, 2015.

Peter S. Cohan, 2018, 『Startup Cities : Why Only a Few Cities Dominate the Global Startup Scene and What the Rest Should Do About It』, Apress.

Sharon Zukin, 2020, 『The Innovation Complex : Cities, Tech, and the New Economy』, Oxford University Press.

The City of New York Mayor's Office of Media and Entertainment, 2014, 『The 2013 Report』, NYC Mayor's Office of Media and Entertainment, August 23, 2014.

The Economist, 2022, "Can Silicon Valley still dominate global innovation?" The Economist, Apr. 12, 2022.

시바(https://namu.wiki/w/%EC%8B%9C%EB%B0%94).

Business Roundtable(https://en.wikipedia.org/wiki/Business_Roundtable).

Bangalore(https://en.wikipedia.org/wiki/Bangalore).

Innovation district(https://en.wikipedia.org/wiki/Innovation_district).

Massachusetts Route 128(https://en.wikipedia.org/wiki/Massachusetts_Route_128).

Rahm Emanuel(https://en.wikipedia.org/wiki/Rahm_Emanuel).

Shiva(https://en.wikipedia.org/wiki/Shiva).

Silicon Alley(https://en.wikipedia.org/wiki/Silicon_Alley).

Silicon Valley(https://en.wikipedia.org/wiki/Silicon_Valley).

제1장

데이비드 브룩스, 2001, 『보보스』, 동방미디어.

돈 탭스콧, 1998, 『디지털 경제를 배우자 : 지식 정보화시대의 12가지 핵심 테마』, 도서출판 물푸레.

로버트 슬레이터, 1999, 『루 거스너의 IBM 살리기』, 물푸레.

로빈 블루어, 2000, 『일렉트로닉 바자 : 우리는 지금 실크로드를 지나 ⓒ로드로 간다』, 한길사.

루치르 샤르마, 2017, 『애프터 크라이시스 : 위기 후 10년, 다음 승자와 패자는 누구인가』, 더퀘스트.

마뉴엘 카스텔, 2001, 『정보도시』, 한울.

마뉴엘 카스텔, 2008, 『네트워크 사회의 도래』, 한울아카데미.

마뉴엘 카스텔, 2008, 『정체성 권력 : 정보시대 경제, 사회 문화 2』, 한울아카데미.

마뉴엘 카스텔, 피터 홀, 2006, 『세계의 테크노폴 : 21세기 산업단지 만들기』, 한울.

마이클 만델, 2001, 『인터넷 공황』, 도서출판 이후.

마크 펜, 키니 잴리슨, 2008, 『세상의 룰을 바꾸는 특별한 1%의 법칙 : 마이크로 트렌드』, 해냄출판사.

앨빈 토플러, 1987, 『제3의 물결』, 문학생활사.

앨빈 토플러, 1997, 『미래의 충격』, 범우사.

월터 아이작슨, 2011, 『스티브 잡스』, 민음사.

윌리엄 미첼, 1999, 『비트의 도시』, 김영사.

정지훈, 2020, 『거의 모든 IT의 역사』, 메디치미디어.

제러미 리프킨, 2001, 『소유의 종말』, 민음사.

존 나이스비트, 1988, 『메가트렌드 : 일과 인간의 조화』, 21세기북스.

존 나이스비트, 1996, 『메가트렌드 아시아』, 한국경제신문사.

존 나이스비트 · 도리스 나이스비트, 1988, 『존 나이스비스 메가트렌드 차이나 : 새로운 세계를 이끌어가는
   중국의 8가지 힘』, 비즈니스북스.

존 나이스비트 · 패트리셔 애버딘, 1990, 『메가트렌드 2000』, 한국경제신문사.

존 실리 브라운, 폴 두기드, 2001, 『비트에서 인간으로』, 거름.

찰스 페롯 『초대 교회의 예수, 그리스도, 주님』 「네 밤의 시」를 나무위키 '메시아(https://namu.wiki/
   w/%EB%A9%94%EC%8B%9C%EC%95%84)'에서 재인용.

클라우스 슈밥, 1996, 『세계석학 103명이 제시한 21세기 예측』, 매일경제신문사.

페이스 팝콘, 1995, 『팝콘 리포트』, 이십일세기북스새날.

페이스 팝콘, 리스 마리골드, 1999, 『클릭! 미래 속으로』, 이십일세기북스새날.

페이스 팝콘, 리스 마리골드, 2001, 『클릭! 이브 속으로』, 21세기북스.

페이스 팝콘, 애덜 한프트, 2007, 『미래 생활 사전 : 21세기를 위한 트렌드 키워드 1200』, 을유문화사.

피터 드러커, 1992, 『미래기업』, 한국경제신문사.

피터 드러커 외, 1998, 『미래의 조직』, 한국경제신문사.

피터 홀, 2000, 『내일의 도시』, 한울.

피터 홀, 울리히 파이퍼, 2011, 『미래의 도시 : 21세기 도시의 과제 및 대응전략』, 한울아카데미.

프랜시스 케언크로스, 1999, 『거리의 소멸 ⓝ 디지털 혁명』, 세종서적.

David Henry, 2016, "Alvin Toffler, author of best-selling 'Future Shock' and 'The Third Wave,' dies at 87,
   "The Washington Post June 29, 2016.

Manuel Castells, 1998, 『End of Millennium, The Information Age: Economy, Society and Culture Vol. III』.

Maria Teresa Cometto & Alessandro Piol, 2013, 『Tech and the City : The Making of New York's Startup
   Community』, Mirandola Press.

National Institutes of Health, Department of Health and Human Services, 2022, 『National Human Genome
   Research Institute : Congressional Justification FY 2022』.

Peter Hall, Ann Markusen and Amy K. Glasmeier, 1986, 『High-Tech America: The What, How, Where and
   Why of the Sunrise Industries』.

넷스케이프 내비게이터(https://ko.wikipedia.org/wiki/%EB%84%B7%EC%8A%A4 %EC%BC%80%EC%9D%
　　　B4%ED%94%84_%EB%82%B4%EB%B9%84%EA%B2% 8C%EC%9D%B4%ED%84%B0).

마누엘 카스텔(https://ko.wikipedia.org/wiki/%EB%A7%88%EB%88%84%EC%97% 98_%EC%B9%B4%EC%
　　　8A%A4%ED%85%94).

모자이크 (웹 브라우저)(https://ko.wikipedia.org/wiki/%EB%AA%A8%EC%9E%90
　　　%EC%9D%B4%ED%81%AC_(%EC%9B%B9_%EB%B8%8C%EB%9D%BC%EC%9A%B0%EC
　　　%A0%80))

아르파넷(https://terms.naver.com/entry.naver?docId=1179492&cid=40942& categoryId=32850)

아파넷(https://ko.wikipedia.org/wiki/%EC%95%84%ED%8C%8C%EB%84%B7).

월드와이드웹(https://terms.naver.com/entry.naver?docId=1526236&cid=42171& categoryId=42180).

인간 유전체 프로젝트(https://ko.wikipedia.org/wiki/%EC%9D%B8%EA%B0%84_% EC%9C%A0%EC%A0%
　　　84%EC%B2%B4_%ED%94%84%EB%A1%9C%EC%A0%9D%ED%8A%B8).

조지 H. W. 부시(https://ko.wikipedia.org/wiki/%EC%A1%B0%EC%A7%80_H._W._%EB%B6 %80%EC
　　　%8B%9C).

줄탁동기(https://terms.naver.com/entry.naver?docId=1226002&cid=40942 &categoryId=32972).

퍼스트 펭귄(https://terms.naver.com/entry.naver?docId=1049141&cid=43667& categoryId=43667).

Al Gore(https://en.wikipedia.org/wiki/Al_Gore).

Al Gore and information technology(https://en.wikipedia.org/wiki/Al_Gore_and _information_technology).

Alvin Toffler(https://en.wikipedia.org/wiki/Alvin_Toffler).

ARPANET(https://en.wikipedia.org/wiki/ARPANET).

Bill Clinton(https://en.wikipedia.org/wiki/Bill_Clinton).

Bill Gates(https://en.wikipedia.org/wiki/Bill_Gates).

Dot-com bubble(https://en.wikipedia.org/wiki/Dot-com_bubble).

Faith Popcorn(https://en.wikipedia.org/wiki/Faith_Popcorn).

Firefox(https://en.wikipedia.org/wiki/Firefox).

History of the Internet(https://en.wikipedia.org/wiki/History_of_the_Internet).

Human Genome Project(https://en.wikipedia.org/wiki/Human_Genome_Project).

Internet Explorer(https://en.wikipedia.org/wiki/Internet_Explorer).

It's the economy, stupid(https://ko.wikipedia.org/wiki/It%27s_the_economy,_stupid)

John Naisbitt(https://en.wikipedia.org/wiki/John_Naisbitt).

Klaus Schwab(https://en.wikipedia.org/wiki/Klaus_Schwab)

Machintosh(https://en.wikipedia.org/wiki/Macintosh).

Manuel Castells(https://en.wikipedia.org/wiki/Manuel_Castells).

Mosaic (web browser)(https://en.wikipedia.org/wiki/Mosaic_(web_browser))

National Human Genome Research Institute(https://en.wikipedia.org/wiki/ National_Human_Genome_
　　　Research_Institute).

National Information Infrastructure(https://en.wikipedia.org/wiki/National_ Information_Infrastructure).

National Institutes of Health(https://www.nih.gov/)

Netscape Navigator(https://en.wikipedia.org/wiki/Netscape_Navigator).

New Democrats(https://en.wikipedia.org/wiki/New_Democrats).

Peter Hall (urbanist)(https://en.wikipedia.org/wiki/Peter_Hall_(urbanist)).

Presidency of Bill Clinton(https://en.wikipedia.org/wiki/Presidency_of_Bill_Clinton).

Randy Pausch(https://en.wikipedia.org/wiki/Randy_Pausch).

Steve Jobs(https://en.wikipedia.org/wiki/Steve_Jobs).

The Third Wave(https://en.wikipedia.org/wiki/The_Third_Wave_(Toffler_book).

William J. Mitchell(https://en.wikipedia.org/wiki/William_J._Mitchell).

1984 (advertisement)(https://en.wikipedia.org/wiki/1984_(advertisement)).

1992 United States presidential election(https://en.wikipedia.org/wiki/1992_United_States_presidential_
election).

1984 Apple's Macintosh Commercial(유튜브).

제2장

건설교통부, 2000, "『수도권 남부지역 교통개선대책』의 재원분담 등 확정," 건설교통부 보도자료.

국토개발연구원, 1997, 『수도권 남부 개발구상과 교통종합대책』, 국토개발연구원.

김광모, 2017, 『한국 중화학공업 오디세이』, 알에이치코리아.

김대중, 2011, 『김대중 자서전 2』, 도서출판 삼인.

김동수, 2021, 『한국경제 인사이트』, 21세기북스.

김상균, 2021, 『게임 인류』, 몽스북.

김양혁, 2022, "LG전자, 스마트폰 완전히 지웠다…임원 전원 퇴사·조직도 정리," 조선비즈 2022년 5월 18일
자 기사.

김재훈·신기주, 2015, 『플레이』, 민음사.

김정호, 2021, "일본 반도체, 미국에 이기고 한국에 진 이유", 김정호의 경제 TV 텍스트.

김태규·손재권, 2007, 『네이버 공화국』, 커뮤니케이션북스.

김평화, 2022, "아이폰13 덕 본 애플, 2021년 4Q 스마트폰 시장 1위 올라," IT조선 2022년 1월 19일 자 기사.

박정훈, 2022, "'이젠 폼팩터다'…삼성전자, 폴더 스마트폰 시장 흔든다," 이코노믹 리뷰 2022년 5월 16일 자
기사.

백승은, 2022, "애플, 2021년 4분기 글로벌 스마트폰 1위…삼성전자는?," 디지털데일리 2022년 1월 19일 자
기사.

삼성뉴스룸, 2013, "통신망 변천사를 통해 보는 '갤럭시의 속도 리더십', 삼성뉴스룸.

서울시, 1990, 『2000年代를 향한 서울市 都市基本計劃』, 서울시.

서울시, 1997, 『2011 서울도시기본계획』, 서울시.

서울시, 1997, 『서울시 교통센서스 및 데이터베이스 구축』, 서울시.

성남시, 1998, 『성남시 도시기본계획(1997~2016)』, 성남시.

성남시, 1999, 『판교지구개발 타당성 검토 및 기본구상』, 성남시.

신무경, 2018, 『네이버는 어떻게 일하는가』, 미래의창.

신임호·임규준, 1997, "용인 동백지구 등 수도권 남부지역 개발 전 교통대책 수립," 매일경제 1997년 9월 30
일 자 기사.

이기문, 2021, 『크래프톤 웨이』, 김영사.

이도원, 2022, "스마일게이트RPG 로스트아크, OST 콘서트 디어프렌즈 성황리 종료," ZDNet Korea 2022년 6
월 9일 자 기사.

이명박, 2015, 『대통령의 시간』, 알에이치코리아.

이민화 · 김명수, 2006, 『한국벤처산업발전사 1 - 2000년 이전 5년의 기록』, 도서출판 아르케.

이수호, 2020, "'세계 1위' 삼성을 만든 '신경영 선언'…이건희 "싸구려는 다 태워"," BreakNews 2022년 5월 17일 자 기사.

임국정, 2002, "유명 음악가와 협업에 콘서트까지…OST에 진심인 게임사들," 중앙일보 2002년 5월 25일 자 기사.

임승빈 외, 2007, 『판교신도시 분양 및 개발 추진사례』, 한국행정학회.

임원기, 2007, 『네이버, 성공 신화의 비밀』, 황금부엉이.

장윤희, 2016, 『새로운 연결, 더 나은 세상 카카오 이야기』, 넥서스.

장지웅, 2010, 『주택시장 30년 파노라마』, 책나무출판사.

정은경, 2022, "[2021년 실적] "반도체 · 폴더블폰 날았다"…삼성전자, 지난해 사상 최대 매출," 한국금융신문 2022년 1월 27일 자 기사.

정재헌, 2002, "파크뷰 부지 용도변경부터 잡음," 중앙일보 2002년 5월 7일 자 기사.

정재헌, 2002, "김병량 시장 '녹취록' 대체로 시인," 중앙일보 2002년 5월 25일 자 기사.

정지훈, 2020, 『거의 모든 IT의 역사』, 메디치미디어.

정찬민 · 김선하, 2002, "홍원표 회장 구속," 중앙일보 2002년 5월 17일 자 기사.

제프리 케인, 2020, 『삼성 라이징』, 저스트북스.

주헌식, 2012, "국내 인터넷 도입 30주년과 미래 인터넷 동향', 한국 인터넷 정보학회 제13권 제2호 pp. 39~46.

중앙SUNDAY, 2009, "판교 규제 · 개발은 30년 부동산 정책 압축판," 중앙SUNDAY 2009년 1월 24일 자 기사.

진 트웬지, 2018, 『#i세대 스마트폰을 손에 쥐고 자란 요즘 세대 이야기』, 매경출판.

천조운, 1995, "초고속정보통신 기반구축 종합추진계획," 전자공학회지 제22권 제6호 pp. 37~46.

최재붕, 2019, 『포노 사피엔스 스마트폰이 낳은 신인류』, 쌤앤파커스.

최철, 2020, "잠자던 삼성을 깨운 이건희의 '1993년 신경영 선언'," 노컷뉴스 2020년 10월 25일 자 기사.

토마 피케티, 2014, 『21세기 자본』, 글항아리.

한국공학한림원, 2019, 『꿈이 만든 나라, 대한민국 산업기술 100장면』, 다니비앤비.

한국토지공사, 1997, 『분당신도시 개발사』, 한국토지공사.

한국토지공사, 2002, 『성남 판교지구 백서(1단계 : ~2002.6)』, 한국토지공사.

홍은주, 2019, 『모험과 혁신의 벤처생태계 구축 : 한국 벤처기업 성장사』, 나남.

Eric Lai, 2008, "The '640' quote won't go away··but did Gates really say it?," Computerworld, Jun. 23, 2015.
The Economist, 2015, "Planet of the phones," The Economist, Feb. 26, 2015.

3N(https://namu.wiki/w/3N).
구 구로공단(서울디지털산업단지)(http://archive.much.go.kr/data/01/folderView. do?jobdirSeq=558).
김대중 정부(https://ko.wikipedia.org/wiki/%EA%B9%80%EB%8C%80%EC%A4%91_%EC%A0%95%EB%B6%80).
김영삼 정부(https://ko.wikipedia.org/wiki/%EA%B9%80%EC%98%81%EC%82%BC_%EC%A0%95%EB%B6%80).
넥슨(https://ko.wikipedia.org/wiki/%EB%84%A5%EC%8A%A8).
넷마블(https://ko.wikipedia.org/wiki/%EB%84%B7%EB%A7%88%EB%B8%94).
대덕연구개발특구(https://ko.wikipedia.org/wiki/%EB%8C%80%EB%8D%95 %EC%97%B0%EA%B5%AC%E

A%B0%9C%EB%B0%9C%ED%8A%B9%EA%B5%AC).

대한민국의 IMF 구제금융 요청(https://ko.wikipedia.org/wiki/%EB%8C%80%ED% 95%9C%EB%AF%BC%E
A%B5%AD%EC%9D%98_IMF_%EA%B5%AC%EC%A0%9C%EA%B8%88%EC%9C%B5_%EC%9A
%94%EC%B2%AD).

대한민국의 인터넷(https://ko.wikipedia.org/wiki/%EB%8C%80%ED%95%9C%EB% AF%BC%EA%B5%AD%
EC%9D%98_%EC%9D%B8%ED%84%B0%EB%84%B7).

로스트아크(https://lostark.game.onstove.com/Main).

마산자유무역지역(http://encykorea.aks.ac.kr/Contents/Item/E0017365).

박정희(https://ko.wikipedia.org/wiki/%EB%B0%95%EC%A0%95%ED%9D%AC).

수출산업의 선두주자 구로공단(https://theme.archives.go.kr/next/koreaOfRecord /gurogongdan.do).

박정희(https://ko.wikipedia.org/wiki/%EB%B0%95%EC%A0%95%ED%9D%AC).

사이버 코리아 21(https://ko.wikipedia.org/wiki/%EC%82%AC%EC%9D%B4%EB% B2%84_%EC%BD%94%
EB%A6%AC%EC%95%84_21).

삼성전자(https://ko.wikipedia.org/wiki/%EC%82%BC%EC%84%B1%EC%A0% 84%EC%9E%90).

서울디지털국가산업단지(https://ko.wikipedia.org/wiki/%EC%84%9C%EC% 9A%B8%EB%94%94%EC%A
7%80%ED%84%B8%EA%B5%AD%EA%B0%80%EC%82%B0%EC%97%85%EB%8B%A8%EC
%A7%80).

석유화학산업(http://ulsan.grandculture.net/Contents/Contents?data Type=01&contents_id=GC80001384&is
TreeSpread=Y&RequestBy=%ED%95%AD%EB%AA%A9%EB%A7%81%ED%81%AC).

송재경(https://ko.wikipedia.org/wiki/%EC%86%A1%EC%9E%AC%EA% B2%BD_(1967%EB%85%84).

송재경(https://namu.wiki/w/%EC%86%A1%EC%9E%AC%EA%B2%BD).

스마일게이트(https://ko.wikipedia.org/wiki/%EC%8A%A4%EB%A7%88%EC% 9D%BC%EA%B2%8C%EC%
9D%B4%ED%8A%B8).

애니콜(https://namu.wiki/w/%EC%95%A0%EB%8B%88%EC%BD%9C).

엔씨소프트(https://ko.wikipedia.org/wiki/%EC%97%94%EC%94%A8%EC
%86%8C%ED%94%84%ED%8A%B8).

전길남(https://ko.wikipedia.org/wiki/%EC%A0%84%EA%B8%B8%EB%82%A8).

초고속정보통신기반구축 종합추진계획(https://ko.wikipedia.org/wiki/%EC%B4% 88%EA%B3%A0%EC%86
%8D%EC%A0%95%EB%B3%B4%ED%86%B5%EC%8B%A0%EA%B8%B0%EB%B0%98%EA%B
5%AC%EC%B6%95_%EC%A2%85%ED%95%A9%EC%B6%94%EC%A7%84%EA%B3%84%ED%
9A%8D).

코스닥(https://ko.wikipedia.org/wiki/%EC%BD%94%EC%8A%A4%EB%8B%A5).

크래프톤(https://ko.wikipedia.org/wiki/%ED%81%AC%EB%9E%98%ED% 94%84%ED%86%A4).

테헤란로(https://ko.wikipedia.org/wiki/%ED%85%8C%ED%97%A4%EB% 9E%80%EB%A1%9C).

테헤란밸리(https://terms.naver.com/entry.naver?docId=5832977&cid=40942 &categoryId=31810).

판교(https://ko.wikipedia.org/wiki/%ED%8C%90%EA%B5%90).

판교동(https://ko.wikipedia.org/wiki/%ED%8C%90%EA%B5%90%EB%8F%99).

판교신도시(https://ko.wikipedia.org/wiki/%ED%8C%90%EA%B5%90% EC%8B%A0%EB%8F%84%EC%8B
%9C?tableofcontents=0).

포병(https://namu.wiki/w/%ED%8F%AC%EB%B3%91).

포스코(https://ko.wikipedia.org/wiki/%ED%8F%AC%EC%8A%A4%EC%BD%94).

피시방(https://ko.wikipedia.org/wiki/%ED%94%BC%EC%8B%9C%EB%B0%A9).

로스트아크 유튜브(https://www.youtube.com/channel/UCL3gnarNIeI_M0cFxjNYd AA).

제3장

경기도, 2001, 「도, 판교지역개발 조기 시행 중앙에 건의」 경기도 고시 · 공고 2001년 5월 10일 자 기사.

고기정, 2000, ""판교, 첨단연구단지로 개발돼야"…경기도," 매일경제 2000년 10월 16일 자 기사.

구자룡, 2001, "[정책][부동산] 판교신도시 벤처 단지 규모 팽팽한 줄다리기," 동아일보 2001년 7월 12일 자 기사.

국토개발연구원, 2000, 『수도권 신도시 종합평가 분석』, 국토개발연구원.

김규원, 2001, "임창열 道지사 기자회견 내용," 인천일보 2001년 6월 29일 자 기사.

김대중, 2011, 『김대중 자서전 2』, 도서출판 삼인.

김도형, 2000, "판교 새도시 개발 또 혼선/건교장관 '늦출 이유 없다' 민주당 '교통 혼잡해 불가'," 한겨레 2000년 12월 6일 자 기사.

김봉선, 2000, "신도시개발 전면 재검토," 경향신문 2000년 10월 16일 자 기사.

남호철, 2000, "亂개발 정부가 부추기나," 국민일보 2000년 7월 20일 자 기사.

남호철, 2001, "판교신도시 표류 가능성," 국민일보 2001년 3월 27일 자 기사.

매일경제, 2000, "[프로필] 김윤기 신임 건교부장관," 매일경제 2000년 1월 14일 자 기사.

매일경제, 2000, "[신도시 건설] 민주당 반응…"종합대책 마련이 우선"," 매일경제 2000년 10월 16일 자 기사.

매일경제, 2000, "14개 시민단체, 수도권살리기시민네트워크 출범," 매일경제 2000년 8월 3일 자 기사.

박경철, 2021, 『경기도민 통근 · 통학 삶의 질 특성』, 경기연구원 정책브리프 2021-10.

박기성, 2000, "임창열 지사, 판교 밸리 개발 협의체 구성 건의," 연합뉴스 2000년 12월 1일 자 기사.

방현철, 2001, "지금 분당은 滿員도시," 조선일보 2001년 2월 11일 자 기사.

배한진, 2000, "판교택지지구 주변 난개발," 문화일보 2000년 10월 30일 자 기사.

설진훈, 2000, "건교부, "판교 벤처 단지 위주 개발 반대"," 매일경제 2000년 11월 28일 자 기사.

서울시, 1990, 『2000年代를 향한 서울市 都市基本計劃』, 서울시.

서울시, 1997, 『2011 서울도시기본계획』, 서울시.

성남시, 1998, 『성남시 도시기본계획(1997~2016)』, 성남시.

성남시, 1999, 『판교지구개발 타당성 검토 및 기본구상』, 성남시.

송평인, 2000, "[새 경제팀 출범한달 인터뷰]김윤기 건교부장관," 동아일보 2000년 2월 15일 자 기사.

오종석, 2000, ""판교신도시 누구 맘대로"…열 받은 黨," 국민일보 2000년 10월 18일 자 기사.

유하룡, 2000, "[신도시 개발] "亂개발 대안"-"수요 없다" 찬 · 반 팽팽," 매일경제 2000년 6월 14일 자 기사.

이미나, 2020, "김현미 "아파트가 빵이라면…" vs 이한상 교수 "희대의 헛소리"," 한국경제 2020년 11월 30일 자 기사.

이상호, 2001, "'판교 쇼크' 용인 아파트값 폭락," MBC 2001년 1월 26일 자 기사.

이우종, 2002, 『성남 판교지구 백서 [1단계: ~2002.6]』, 한국토지공사.

임승빈 외, 2007, 『판교신도시 분양 및 개발 추진사례』, 한국행정학회.

장지웅, 2010, 『주택시장 30년 파노라마』, 책나무출판사.

정두환, 2000, "[월요초대석] 김윤기 건설교통부 장관," 서울경제 2000년 2월 6일 자 기사.

주간동아, 2005, "김윤기 건교부 장관 "사랑해요 판교"," 주간동아 2005년 5월 16일 자 기사.

지역내일, 2000, "김윤기 장관, 신도시 밀어붙일까," 지역내일 2000년 10월 16일 자 기사.

지경아, 2001, "판교신도시 개발 혼선," 매일경제 2001년 3월 12일 자 기사.

차봉현, 2000, "'판교를 한국판 실리콘밸리로 개발하자'" 연합뉴스 2000년 10월 20일 자 기사.

최영진, 2000, "[부동산컨설팅] 판교개발 하나 안 하나," 중앙일보 2000년 1월 27일 자 기사.

최우규, 2001, "판교 外 벤처 단지 개발 추진," 경향신문 2001년 7월 4일 자 기사.

최진광, 2000, "[경기] 성남시의회, '판교개발 촉구 결의안' 통과," 국민일보 2000년 11월 6일 자 기사.

한국경제, 2000, "[사설] 판교개발 바람직하지 않다," 한국경제 2000년 1월 22일 자 기사.

경제인문사회연구회(https://ko.wikipedia.org/wiki/%EA%B2%BD%EC%A0%9C% EC%9D%B8%EB%AC%B
8%EC%82%AC%ED%9A%8C%EC%97%B0%EA%B5%AC%ED%9A%8C).

경제인문사회연구회(https://namu.wiki/w/%EA%B2%BD%EC%A0%9C%C2%B7% EC%9D%B8%EB%AC%B
8%EC%82%AC%ED%9A%8C%EC%97%B0%EA%B5%AC%ED%9A%8C).

국가과학기술연구회(https://ko.wikipedia.org/wiki/%EA%B5%AD%EA%B0% 80%EA%B3%BC%ED%95%99
%EA%B8%B0%EC%88%A0%EC%97%B0%EA%B5%AC%ED%9A%8C).

국가과학기술연구회(https://namu.wiki/w/%EA%B5%AD%EA%B0%80% EA%B3%BC%ED%95%99%EA%B8%B
8%B0%EC%88%A0%EC%97%B0%EA%B5%AC%ED%9A%8C).

국토연구원(https://ko.wikipedia.org/wiki/%EA%B5%AD%ED%86%A0%
EC%97%B0%EA%B5%AC%EC%9B%90).

국토연구원(https://namu.wiki/w/%EA%B5%AD%ED%86%A0%EC%97%B0% EA%B5%AC%EC%9B%90).

정부출연연구기관(https://ko.wikipedia.org/wiki/%EC%A0%95%EB%B6% 80%EC%B6%9C%EC%97%B0%E
C%97%B0%EA%B5%AC%EA%B8%B0%EA%B4%80).

판교(https://ko.wikipedia.org/wiki/%ED%8C%90%EA%B5%90).

판교동(https://ko.wikipedia.org/wiki/%ED%8C%90%EA%B5%90%EB%8F%99).

판교신도시(https://ko.wikipedia.org/wiki/%ED%8C%90%EA%B5%90% EC%8B%A0%EB%8F%84%EC%8B
%9C?tableofcontents=0).

제4장

건설교통부, 2004, 『지속 가능한 신도시 계획기준』, 건설교통부.

건설교통부, 2003, 「판교개발 방향 설문조사 결과」, 건설교통부 2003년 12월 26일 보도자료.

경기도/성남시/대한주택공사/한국토지공사, 2004, 『성남 판교지구 택지개발사업 인구 영향평가』, 경기도/성
남시/대한주택공사/한국토지공사.

경실련 아파트값거품빼기운동본부, 2006, 「판교신도시 1, 2차 분양에서 공공기관의 판매 이윤 분석 기자회
견」, 경실련 2006년 12월 18일 기자회견문.

고형규, 2001, "판교 벤처 단지 20만 평 규모로," 연합뉴스 2001년 9월 28일 자 기사.

구영식, 2005, "정세균 "정부 부동산 정책 성공하지 못했다"," 오마이뉴스 2005년 6월 14일 자 기사.

구자룡, 2002, "판교 조기개발 우수학원 유치, 강남분산," 동아일보 2002년 1월 14일 자 기사.

국정브리핑 특별기획팀, 2007, 『대한민국 부동산 40년』, 한스미디어.

국토연구원, 2003, 『성남 판교지구 개발구상 공청회』, 국토연구원.

국회사무처 법제실, 2005, 『입법 정보 : 교통 · 재해 · 인구 영향평가 폐지키로 해(제2005-105호, 제358호)』,
국회사무처 법제실.

김광호, 2001, "판교신도시 개발 추진과정 · 일정," 연합뉴스 2001년 9월 28일 자 기사.

김대수, 2002, "경기도-성남시-土公-住公 4개 기관 판교신도시 공동참여 확정," 세계일보 2002년 7월 20일 자 기사.

김대훈, 2005,『성남 판교지구 택지개발사업 교통 영향평가(재협의)』, 수성엔지니어링.

김정태, 2006, "6년 전 '로또' 판교 당첨된 사람들 "지금은···"," 머니투데이 2012년 6월 16일 자 기사.

나영필, 2001, "민주 판교개발 감정싸움," 매일경제 2001년 7월 5일 자 기사.

남기성 · 이충원 · 이수진, 2006,『판교와 그 주변 투자 전략』, 아라크네.

남호철, 2001, "서울 외곽순환고속도로 판교~성남 8차로 개통," 국민일보 2001년 9월 21일 자 기사.

대한국토도시계획학회, 2004,『성남 판교지구 택지개발사업 교통시범도시 구축방안에 관한 연구』, 대한국토 도시계획학회.

박용주, 2012,『환경영향평가제도에 대한 메타 평가』, 국회예산정책처.

방현철, 2002, "판교 아파트 착공 앞당겨 달라," 조선일보 2002년 1월 11일 자 기사.

방현철, 2002, "판교 우선 청약권 노린 위장전입 361명 적발," 조선일보 2002년 1월 21일 자 기사.

박세진, 2001, "고건 서울시장 "판교 신도시 반대"," 매일경제 2001년 7월 4일 자 기사.

배한진, 2002, "판교 · 동탄 개발 몸살'극심," 문화일보 2002년 2월 20일 자 기사.

설진훈, 2001, "판교 신도시 또 표류," 매일경제 2001년 7월 11일 자 기사.

설진훈 · 유하룡, 2001, "판교 신도시 최종 확정," 매일경제 2001년 9월 29일 자 기사.

송두형, 2001, "'판교 갈등' 끝이 안 보인다," 한국일보 2001년 8월 28일 자 기사.

연합, 2004, "경기도 인구 서울 추월," 세계일보 2004년 1월 28일 자 기사.

연합뉴스, 2002, "청약권 노린 판교 위장전입자 무더기로 '된서리'," 연합뉴스 2002년 2월 20일 자 기사.

오준호 · 이광민 · 김석환, 2006,『성남 판교지구 택지개발사업 판교신도시 기본계획 보고서』, 경기도 · 성남 시 · 한국토지공사 · 대한주택공사.

유대형, 2001, "판교 저밀도 개발 사실상 확정," 한국경제 2001년 6월 30일 자 기사.

이광호, 2002, "판교' 조기개발 안 한다," 국민일보 2002년 1월 15일 자 기사.

이상돈 · 이정미 · 한정애, 2019,『환경영향평가 제도 개선을 위한 토론회』자료집, 대한민국국회.

이은아 · 심시보, 2005, "판교, 수도권 청약예금 1순위자 430대 1," 매일경제 2005년 1월 6일 자 기사.

이재국, 2001, ""林 지사 때문에···""생사람 왜 잡나···건교부-경기도 원색 설전," 경향신문 2001년 7월 11 일 자 기사.

인교준, 2001, "벤처 단지 20만 평···판교신도시 개발계획 확정, 내달 초 택지개발예정지구 지정 절차 개시," 연합뉴스 2001년 9월 28일 자 기사.

임승빈 외, 2007,『판교신도시 분양 및 개발 추진사례』, 한국행정학회.

장지웅, 2010,『주택시장 30년 파노라마』, 책나무출판사.

정진섭, 2011,『환경영향평가 제도 선진화 방안』, 국회 정책자료집(MONO1201407368).

정훈식, 2003, "강남 거주민 절반 판교이주 원해," 파이낸셜뉴스 2003년 12월 26일 자 기사.

조용우, 2001, ""판교 벤처 확대는 철딱서니 없는 얘기"," 문화일보 2001년 7월 10일 자 기사.

차학봉, 2001, "280만 평 본격 개발···벤처 · 주거단지 '탈바꿈'," 조선일보 2001년 9월 28일 자 기사.

최진광, 2002, "판교개발 주도권쟁탈전 치열 '판교개발 사업시행자는 과연 누가 될까?'," 국민일보 2002년 1 월 9일 자 기사.

한국토지공사, 2001/2006/2007/2010,『택지개발업무편람』, 한국토지공사.

한국토지공사, 2002,『성남 판교지구 백서(1단계 : ~2002.6)』, 한국토지공사.

황재성, 2001, "판교개발안 확정···벤처 단지 20만 평 주거단지 90만 평," 동아일보 2001년 9월 28일 자 기사.

황재성, 2001, "판교 신도시 녹지 24%, 전원형 도시로 개발," 동아일보 2001년 9월 28일 자 기사.

황재성, 2001, "판교 주거지 90만 평 조성…당정 신도시 개발안 확정," 동아일보 2001년 9월 28일 자 기사.

임창열(https://ko.wikipedia.org/wiki/%EC%9E%84%EC%B0%BD%EC%97%B4).

제5장

강준만, 2005, "한국인을 알아야 정치가 보인다," 한겨레21 2005년 11월 29일 자 기사.

강호성, 2010, "[올해의 인물]'IT · 벤처 어게인" 전도…'국민 교수' 안철수," 아이뉴스24 2010년 12월 26일 자 기사.

경제정의실천시민연합, 2019, 「판교신도시 개발이익 추정 및 부당이득 환수 촉구」, 경실련 2019년 5월 14일 기자회견문.

경제정의실천시민연합, 2020, 「그린벨트 판교개발 공공의 부당이득 및 국정감사 촉구 기자회견」, 경실련 2020년 7월 23일 기자회견문.

경기도, 2006, 「판교테크노밸리 조성사업 : 용지공급 지침서」, 경기도 첨단연구단지 개발사업단.

경기도, 2009, 「경기도 행정기구 및 정원조례 시행규칙(규칙 제3355호)」, 경기도.

경기도, 2009, 「성남 판교지구 택지개발사업 도시지원시설 지구단위계획 결정(변경)도서」, 경기도.

경기도, 2009, 「성남 판교지구 택지개발사업 도시지원시설 지구단위계획 시행지침」, 경기도.

경기도, 2021, 『판교테크노밸리』, 경기도.

경기도 경제과학진흥원, 「판교테크노밸리 지분변경 승인 매뉴얼 (개정)」, 경기도 경제과학진흥원.

경기도 · 경기지방공사, 2006, 「판교 택지개발지구 내 도시지원시설 주차장 용지 공급공고」, 경기도 · 경기지방공사.

경기도 · 경기지방공사, 2006, 「판교테크노밸리 조성사업 2차 용지공급지침서」, 경기도 · 경기지방공사.

경기도 · 경기지방공사, 2011, 「판교테크노밸리 조성사업 제3차 용지공급지침서」, 경기도 · 경기지방공사.

경기도지사 · 경기지방공사사장, 2006, 「판교 택지개발지구 내 도시지원시설 판교테크노밸리 공급공고」, 경기도 · 경기지방공사.

고종민, 2020, "크루셜텍, 판교 소재 사옥 매각 "유동성 및 재무건전성 확보"," 이투데이 2020년 6월 25일 자 기사.

김성회 · 황인혁 · 손재권 · 황시영 · 홍장원, 2010, "안철수 교수의 충고 "기업의 DNA부터 CIT로 바꿔라"," 매일경제 2010년 2월 19일 자 기사.

김승룡, 2011, "정운찬 "대 · 중기 이익공유제 도입하겠다"," 디지털타임즈 2011년 2월 23일 자 기사.

김정원, 2017, "김학철 의원, 국민 비하 '설치류' 막말 책임져야," 뉴데일리 2017년 7월 21일 자 기사.

김현철, 2010, "안철수 "동물원 구조 깨야 벤처가 산다"," 아이뉴스24 2010년 3월 28일 자 기사.

김희재 · 김근영, 2020, "판교테크노밸리의 혁신산업 생태계에 대한 공간적 특성 분석 연구," 「도시행정학보」 제33집 제3호 pp.33~50.

데이비드 허친스, 2001, 『레밍 딜레마』, 바다출판사.

디지털뉴스팀, 2017, "김학철 도의원 사퇴 글 논란 "레밍이 되지 마십시오"…무슨 뜻?," 아시아투데이 2017년 7월 24일 자 기사.

박대한, 2011, "안철수 "이익공유제보다 불법 관행 없애야!"," 연합뉴스 2011년 3월 22일 자 기사.

박창규, 2010, "안철수 교수 "활동적인 학생들을 사회가 억누르고 있다"," 전자신문 2011년 4월 13일 자 기사.

성현석, 2011, "안철수 "신생 IT업체, 결국 '삼성 · LG 동물원'에 갇혀 죽는다"," 프레시안 2011년 3월 22일 자 기사.

심재석 · 이민형, 2010, "안철수 "SW 인재 키우려면 SW 시장부터 개혁해야"," 디지털데일리 2010년 2월 23

일 자 기사.

안승찬, 2011, "정운찬 "中企 지원한 대기업에 세제 지원"," 이데일리 2011년 2월 23일 자 기사.

안종현, 2011, "안철수 "대기업과 계약 맺는 순간 동물원에 갇혀"," 뉴데일리 2011년 3월 22일 자 기사.

양지윤, 2022, "거래소 "크루셜텍, 상장폐지 · 관리종목 지정 사유 추가 우려"," 이데일리 2022년 3월 16일 자 기사.

오준호 · 이광민 · 김석환, 2006, 『성남 판교지구 택지개발사업 판교신도시 기본계획 보고서』, 경기도 · 성남시 · 한국토지공사 · 대한주택공사.

유병률 · 이현수, 2011, "안철수가 말하는 '88만 원 세대, 불행해진 이유'," 머니투데이 2011년 6월 16일 자 기사.

이관주, 2022, "거래소, 크루셜텍 상장 적격성 실질심사 대상 결정," 아시아경제 2022년 5월 4일 자 기사.

이명박, 2015, 『대통령의 시간』, 알에이치코리아.

이상욱 · 임종빈 · 장준호, 2014, "판교테크노밸리 창조생태계 활성화 방안 연구," 「지역사회논문집」 제39권 제1호(통권 81호) pp. 11~19.

이진곤, 2021, "대선 경쟁 주자를 돕는 사람은 레밍인가?," 데일리안 2021년 8월 9일 자 기사.

임민철, 2010, "안철수, 좀비 이코노미 '경계해야'," ZDNet Korea 2010년 2월 23일 자 기사.

장지웅, 2010, 『주택시장 30년 파노라마』, 책나무출판사.

전창해, 2017, ""레밍 발언 억울…외유 매도 서운" 고개 세운 김학철," 연합뉴스 2017년 7월 22일 자 기사.

정동일, 2018, "02 판교 UCT 클러스터의 진화, 현재, 그리고 미래," 『ICT 클러스터의 혁신과 진화』의 제2장, 한울.

정선양 · 황두희 · 임종빈, 2016, "혁신 클러스터의 성과 영향요인에 관한 실증연구 : 판교테크노밸리 사례를 중심으로," 「기술혁신학회지」 제19권 제4호 pp.848~872.

조계완, 2011, ""한국경제 고목 숲, 불나면 타버린다"," 한겨레 2011년 4월 30일 자 기사.

지호일, 2021, "'본가' 한국당이 못마땅한 홍준표…"레밍 정치" "무뇌 정치"," 국민일보 2019년 11월 3일 자 기사.

최종권, 2022, ""임기 보름 남기고 몽골 왜 가냐"…'레밍 발언' 충북도의회, 개똥 테러," 중앙일보 2022년 6월 14일 자 기사.

경기창조경제혁신센터(https://ccei.creativekorea.or.kr/gyeonggi/info/greeting.do).

대진제국(https://namu.wiki/w/%EB%8C%80%EC%A7%84%EC%A0%9C%EA%B5%AD).

레밍(https://ko.wikipedia.org/wiki/%EB%A0%88%EB%B0%8D).

레밍(https://terms.naver.com/entry.naver?docId=1087680&cid=40942& categoryId=32623).

장의(https://namu.wiki/w/%EC%9E%A5%EC%9D%98).

판교테크노밸리(https://www.pangyotechnovalley.org/html/main/index.asp).

크루셜텍(http://www.crucialtec.com/).

크루셜텍(https://moneypie.net/wiki/v/%ED%81%AC%EB%A3%A8%EC%85% 9C%ED%85%8D).

판교테크노밸리(https://www.pangyotechnovalley.org/html/main/index.asp).

합종연횡(https://terms.naver.com/entry.naver?docId=1161714&cid=40942&cate goryId=39994).

Encyclopædia Britannica, 「Do Lemmings Really Commit Mass Suicide?」, (https://www.britannica.com/story/do-lemmings-really-commit-mass-suicide).

Paul Horgan(https://en.wikipedia.org/wiki/Paul_Horgan).

제6장

경기도, 2006, 「판교테크노밸리 조성사업 : 용지공급 지침서」, 경기도 첨단연구단지 개발사업단.

경기도, 2009, 「성남 판교지구 택지개발사업 도시지원시설 지구단위계획 결정(변경)도서」, 경기도.

경기도, 2009, 「성남 판교지구 택지개발사업 도시지원시설 지구단위계획 시행지침」, 경기도.

경기도 경제과학진흥원, 「판교테크노밸리 지분변경 승인 매뉴얼 (개정)」, 경기도 경제과학진흥원.

경기도 · 경기지방공사, 2006, 「판교테크노밸리 조성사업 2차 용지공급지침서」, 경기도 · 경기지방공사.

경기도 · 경기지방공사, 2011, 「판교테크노밸리 조성사업 제3차 용지공급지침서」, 경기도 · 경기지방공사.

경기도지사 · 경기지방공사사장, 2006, 「판교 택지개발지구 내 도시지원시설 판교테크노밸리 공급공고」, 경기도 · 경기지방공사.

김경태, 2013, "성남시 모라토리엄 사태 종결 놓고 진실공방," 연합뉴스 2013년 7월 21일 자 기사.

김근영, 2019, 『뭉쳐야 산다 – 지방분권 국가로 가는 길』, 한국학술정보.

김근영 · 박근오 · 윤상훈 · 박규한 · 윤태호, 2015, 『경기도 재난안전대책본부 운영방안 : 판교환풍구 사례를 중심으로』, 경기도 · 경기연구원.

김대근, 2014, "환풍기 추락사고 수습 · 조사 상황은?," YTN 2014년 10월 18일 자 보도자료.

김도윤, 2014, "이재명 시장 "나는 축사만 했다"," 이데일리 2014년 10월 18일 자 기사.

김동식, 2008, "판교테크노밸리 물 건너가나?," 매경이코노미(제1487호) 2008년 12월 31일 자 기사.

김만구 · 이정현, 2014, "혁신위원장도 부당이익 조력자?…판교 TV는 공권력 사각," 중부일보 2014년 6월 17일 자 기사.

김민구, 2018, "[단독]주성엔지니어링 '판교 위약금' 78억 원 물고 있다," 국제뉴스 2018년 2월 8일 자 기사.

김병철 · 한상봉, 2016, "성남 모라토리엄, 성공한 구조조정? 정치쇼? 진실공방," 서울 퍼블릭뉴스 2016년 6월 15일 자 기사.

김순기, 2011, "주성엔지니어링 · 멜파스 등 판교 TV에 새 둥지 튼다," 전자신문 2011년 3월 29일 자 기사.

김승현, 2015, "[국감] 이노근 "연구하랬더니…판교 밸리 입주사 임대로 수익"," 뉴스핌 2015년 10월 5일 자 기사.

김유진, 2014, ""판교 참사 하루 만에…" 지자체-주관사 책임 떠넘기기 공방," 머니투데이 2014년 10월 18일 자 기사.

김인유, 2010, "'모라토리엄' 선언 성남시의 득과 실," 연합뉴스 2010년 7월 14일 자 기사.

김지호, 2015, "경기도, 판교 TV 근로자 기숙사 마련 '임대보증금 1천만 원' 지원," 중부일보 2015년 11월 30일 자 기사.

김지호 · 최영지, 2015, "[현장르포] 판교 TV 기업들, 불법 임대 장사 1년 새 1.5배 ↑," 중부일보 2015년 7월 23일 자 기사.

김현정 · 이재명, 2014, "이재명 "축사했다고 주최 측? 초교 행사도 축사해"," 노컷뉴스 2014년 10월 22일 자 기사.

김형운 · 음성원, 2010, ""성남시 모라토리엄 상황 아니다" 국토부 "350억 정산 가능"… 성남시는 "돈 없다"," 문화일보 2010년 7월 14일 자 기사.

남경현 · 박재명 · 황성호, 2014, "드러나는 부실공사… 환풍구 십자형앵글 용접 불량 확인," 동아일보 2015년 6월 25일 자 기사.

노경목 · 박상용 · 황정환, 2016, "애초에 존재하지 않았던 '성남 모라토리엄' (1)," 한국경제 2016년 3월 18일 자 기사.

노경목 · 강경민 · 박상용, 2016, "애초에 존재하지 않았던 '성남 모라토리엄' (2)," 한국경제 2016년 3월 21일 자 기사.
닐 어윈, 2014, 『연금술사들』, 비즈니스맵.
데일리안, 2006, "[경기]"판교 밸리 논란, 유령회사 분양 없다"," 데일리안 2006년 10월 19일 자 기사.
도화종합기술공사 · 서영기술단, 2007, 「성남 판교지구 택지개발사업 지구단위계획」, 경기도 · 성남시 · 한국토지공사 · 대한주택공사.
동규, 2017, "박수영 전 경기도 부지사, 성남 판교 환풍구 참사 비화(秘話) 공개," CBS 노컷뉴스 2017년 12월 20일 자 기사.
박재천, 2014, "성남시 도심 철도 교통체계 획기적 개선," 아주경제 2014년 4월 10일 자 기사.
박정배, 2014, "경기도 · 성남시-이데일리, 판교 환풍구 붕괴사고 놓고 책임 공방," 아시아투데이 2014년 10월 18일 자 기사.
엄성섭, 2006, "벤처 협회들, 땅도 없이 땅장사," MBN 2006년 5월 22일 자 보도자료.
오마이뉴스 시민기자, 2012, ""성남시의 '배 째라' 모라토리엄 선언, 현명했다"," 연합뉴스 2012년 4월 20일 자 기사.
유경표, 2014, "이재명 시장, [환풍구 사고]도 대통령 책임? "경기도가 성남시 뒤통수 때렸다" 원색적 비난"경기도에서 일어난 사고, 책임은 경기도"," 뉴데일리 2014년 10월 22일 자 기사.
유명식, 2010, "〈국감-종합〉"김문수, 판교 이중분양 의혹 업체로부터 후원금 받아"," 뉴시스 2006년 10월 19일 자 기사.
윤희은, 2014, "공연 계획서에 안전요원 4명 기재…당사자들 "그런 사실 몰랐다"," 한국경제 2014년 10월 20일 자 기사.
이범구, 2014, "성남시 "채무 7285억 상환… 3년 6개월 만에 모라토리엄 졸업"," 한국일보 2014년 1월 27일 자 기사.
이상균, 2020, "주성엔지니어링, '애증의 판교사옥' 담보 600억 차입," PaxNetnews 2020년 3월 16일 자 기사.
이상욱 · 임종빈 · 장준호, 2014, "판교테크노밸리 창조생태계 활성화 방안 연구," 「지역사회논문집」 제39권 제1호(통권 81호) pp. 11~19.
이정현, 2014, "경기 성남시 모라토리엄 공방의 진실 "당장 갚지 않아도 될 돈인데, 서둘러 지급유예 선언"," 월간조선 2014년 4월호 기사.
정선양 · 황두희 · 임종빈, 2016, "혁신 클러스터의 성과 영향요인에 관한 실증연구 : 판교테크노밸리 사례를 중심으로," 「기술혁신학회지」 제19권 제4호 pp. 848~872.
조규희 · 김현동, 2021, "[국회 NEW 리더] '대장동 게이트' 저격수, 박수영이 쥔 X파일 ," 월간중앙 202112호 2021년 11월 17일 자 기사.
조석근, 2014, "판교 사고 진상규명보다 정쟁이 우선?," 아이뉴스24 2014년 10월 24일 자 기사.
지홍구, 2010, "성남시 모라토리엄 선언 "판교기반시설 조성비 5200억 단기변제 어렵다"," 매일경제 2010년 7월 12일 자 기사.
최대호, 2014, "이재명, "판교 붕괴사고 허위보도 책임 묻겠다··항소할 것"," news1 뉴스 2015년 4월 22일 자 기사.
홍성필, 2006, "[이렇게 생각한다] 문제 많은 판교테크노밸리," 매일경제 2006년 6월 22일 자 기사.

2007~2008년 세계 금융 위기(https://ko.wikipedia.org/wiki/2007~2008%EB%85%84_%EC%84%B8%EA%B3%84_%EA%B8%88%EC%9C%B5_%EC%9C%84%EA%B8%B0).
대침체(https://namu.wiki/w/%EB%8C%80%EC%B9%A8%EC%B2%B4).
모라토리움(https://namu.wiki/w/%EB%AA%A8%EB%9D%BC%ED%86%A0% EB%A6%AC%EC%9B%80).

세월호 침몰 사고(https://ko.wikipedia.org/wiki/%EC%84%B8%EC%9B%94%ED%98%B8_%EC%B9%A8%EB%AA%B0_%EC%82%AC%EA%B3%A0).

판교 공연장 환풍구 붕괴 사고(https://ko.wikipedia.org/wiki/%ED%8C%90%EA%B5%90_%EA%B3%B5%EC%97%B0%EC%9E%A5_%ED%99%98%ED%92%8D%EA%B5%AC_%EB%B6%95%EA%B4%B4_%EC%82%AC%EA%B3%A0).

판교테크노밸리 축제 환풍구 붕괴 사고(https://namu.wiki/w/%ED%8C%90%EA%B5%90%ED%85%8C%ED%81%AC%EB%85%B8%EB%B0%B8%EB%A6%AC%20%EC%B6%95%EC%A0%9C%20%ED%99%98%ED%92%8D%EA%B5%AC%20%EB%B6%95%EA%B4%B4%20%EC%82%AC%EA%B3%A0).

90. It never rains, but it pours.(https://post.naver.com/viewer/postView.naver?volumeNo=18651272&memberNo=7507724&vType=VERTICAL).

제7장

강인석, 2018, "[뉴스 해설] 게임업계 노조 설립," 더게임스 데일리 2018년 9월 26일 자 기사.

경기개발연구원, 2014,『게임산업 매출 85%, 수출 71% 경기도가 차지』, 경기개발연구원 2014년 9월 17일 보도자료.

경기개발연구원, 2014,『경기도 창조경제, 게임산업에서 길을 찾다』, 경기개발연구원 이슈&진단 No. 159.

경기도 경제과학진흥원, 2018,『2018년 실태조사 판교테크노밸리_인포그래픽(입주기업)』, 경기도 경제과학진흥원.

경기도 경제과학진흥원, 2019,『2019년 실태조사 인포그래픽(2018년)』, 경기도 경제과학진흥원.

경기도 경제과학진흥원, 2020,『2020년도 판교테크노밸리 실태조사』, 경기도 경제과학진흥원.

경기도 경제과학진흥원, 2021,『2021년 판교테크노밸리 실태조사 결과(인포그래픽스)』, 경기도 경제과학진흥원.

권수현, 2017, "[특징주] 유비쿼스, 재상장 첫날 급등," 연합뉴스 2017년 3월 31일 자 기사.

권혜진, 2014, "다음-카카오 합병…시총 3조 원대 '다음 카카오' 출범(종합)," 연합뉴스 2014년 5월 26일 자 기사.

김강원, 2020,『카카오와 네이버는 어떻게 은행이 되었나』, 미래의창.

김대웅, 2013, "NHN 분리 재상장…'라인' 타고 돌아온 네이버," 이데일리 2013년 8월 29일 자 기사.

김동기, 2006, "IT 아웃소싱 잇단 장애···한국IBM '사면초가'," 디지털데일리 2006년 7월 10일 자 기사.

김민수, 2017, "위메이드 '크런치 모드' 부당노동행위 유감," 노컷뉴스 2017년 4월 21일 자 기사.

김병덕, 2011, "재상장 '아이디스' 장기전망 긍정적," 파이낸셜뉴스 2011년 9월 25일 자 기사.

김상균, 2021,『게임 인류』, 몽스북.

김신규, 2017, "신신제약, '파스 명가' 우뚝…위기 때마다 빛난 '승부수'," 더벨 2017년 2월 27일 자 기사.

김성은, 2013, "[특징주] 새내기株 내츄럴엔도텍, 상장 첫날 上," 이데일리 2013년 10월 31일 자 기사.

김소연, 2022, "카카오 액면분할 1년…분할 전 주가 회복 못 하는 '국민주'," 이데일리 2022년 4월 15일 자 기사.

김수종, 2009,『다음의 도전적인 실험』, 시대의창.

김순기, 2021, "성남 'e스포츠 전용경기장' 밑그림 완성," 경인일보 2021년 4월 1일 자 기사.

김은령, 2016, "[특징주]휴온스, 분할 재상장 후 급락…휴온스글로벌은 ↑," 머니투데이 2016년 6월 3일 자 기사.

김재훈 · 신기주, 2015, 『플레이』, 민음사.

김준성, 2018, "성남시, 판교 유휴 부지에 엔씨소프트 글로벌 R&D 센터 유치," 머니투데이 2018년 2월 12일 자 기사.

김지호, 2020, "[특징주]빅텍 등 방산주, 주한미군 철수 우려에 강세," 아시아타임즈 2020년 6월 8일 자 기사.

김태규 · 손재권, 2007, 『네이버 공화국』, 커뮤니케이션북스.

김형용, 2022, "'넥슨 창업주' NXC 김정주 이사, 지난달 미국에서 사망…원인 미공개," 시사 매거진 2022년 3월 1일 자 기사.

남도영 · 이수호, 2019, ""'택진이 형 밤새웠어요?" 애태운 리니지 2M 나왔다…'택진 님' 이번엔 뭘 쏠까," 뉴스 1 2019년 11월 27일 자 기사.

도수화, 2022, "K-방산업계, 수출 확대 기대감 고조," 브릿지경제 2022년 7월 6일 자 기사.

류지민, 2016, "[Stock & Bond] '트럼프 리스크'에 롤러코스터 탄 방산주…가성비 높은 KAI · 한화테크윈 수혜 기대," 매일경제 2016년 11월 21일 자 기사.

문보경 · 권건호 · 김민수, 2011, 『톡톡! 국민 앱 카카오톡 이야기』, 머니플러스.

박수연, 2013, "아미코젠, 코스닥 신규 상장 절차 완료 : 12일부터 매매 거래 시작," 뉴스토마토 2013년 9월 11일 자 기사.

박주현, 2017, "'17조 훈련기 수출 성사될까' 트럼프 방한에 방산업계 '들썩'," 뉴시스 2017년 11월 8일 자 기사.

성남시, 2021, 『성남시 전국 최초 'e-스포츠 전용 경기장' 신축 설계작 선정』, 성남시 2021년 3월 31일 보도자료.

송화정, 2014, "먹구름 장세, 새내기株 눈길 가네," 아시아경제 2014년 2월 5일 자 기사.

신무경, 2018, 『네이버는 어떻게 일하는가』, 미래의창.

신성우, 2014, "[네오위즈게임즈]① 옛 사옥 매각 놓고 또 찜찜한 뒷말," Business Watch 2014년 12월 17일 자 기사.

신유진, 2012, "네이블커뮤니케이션즈 '하락'… 증시 침체 탓?," 한국경제TV 2012년 7월 19일 자 기사.

신윤재, 2022, "'진격의 K-방산' 질주하는 일본…"국가의 빵빵한 지원 덕택"," 매일경제 2022년 8월 20일 자 기사.

양낙규, 2016, "방산기업의 트럼프 효과 '약일까? 독일까'," 아시아경제 2016년 11월 18일 자 기사.

윤희훈, 2016, "[비즈 톡톡] '트럼프 당선이 호재?'… 웃지 못하는 방산업계," 조선비즈 2016년 11월 11일 자 기사.

이기문, 2021, 『크래프톤 웨이』, 김영사.

이두헌 · 김수진, 2021, "[인터뷰] 은수미 시장 "성남 게임산업, '판교 2.0'으로 도약"," inven 2021년 6월 14일 자 기사.

이미나, 2019, "외신기자들 보는 방위비 분담금 증액 요구 "트럼프 매우 비이성적"," 한국경제 2019년 12월 2일 자 기사.

이연춘, 2011, "지주회사 삼양그룹株 기대감보다 실망감↑," 뉴스핌 2011년 12월 8일 자 기사.

이영란, 2022, "한화에어로스페이스 · 한화시스템 등 방산주 '장중 강세'…이슈는?," 초이스경제 2022년 7월 19일 자 기사.

임상수, 1999, "〈확대경〉 20세기 한국증시 10대 히트주," 연합뉴스 1999년 12월 29일 자 기사.

임원기, 20107 『네이버, 성공 신화의 비밀』, 황금부엉이.

임재후, 2020, "엔씨소프트 해외 진출에 넷마블 덕 본다, 김택진 방준혁과 손잡은 효과," 비즈니스 포스트

2020년 3월 25일 자 기사.

장민권, 2015, "LIG넥스원, 코스피 상장기념식 개최," 파이낸셜뉴스 2015년 10월 2일 자 기사.

장윤희, 2016, 『Connect Everything : 새로운 연결, 더 나은 세상 카카오 이야기』, 넥서스.

전예진, 2021, "루켄테크놀러지스, 코스닥 이전상장 준비 본격화," 한국경제 2021년 2월 8일 자 기사.

정선양·황두희·임종빈, 2016, "혁신 클러스터의 성과 영향요인에 관한 실증연구 : 판교테크노밸리 사례를 중심으로," 「기술혁신학회지」 제19권 제4호. pp. 848~872.

정성훈, 2015, "엑시콘, 22일 코스닥 입성… "반도체 테스터 장비시장 선도할 것"," 뉴데일리경제 2015년 10월 5일 자 기사.

조아라, 2018, "T-50 훈련기 18조 수출 불발…한국형 전투기 비상," 채널A 2018년 9월 28일 자 기사.

최광석, 2021, "휴온스그룹, 판교 신사옥 완공…오는 8월 입주 예정," 프레스나인 2021년 6월 11일 자 기사.

최다래, 2022, "사람과 로봇 함께 일하는 네이버 최첨단 사옥 '1784' 가보니," ZDNet Korea 2022년 4월 14일 자 기사.

최밍키, 2011, "'지주사 전환'삼양사, 재상장 D-4," EBN 산업경제 2011년 12월 1일 자 기사.

최영희, 2020, "코리아펀딩, 2월 상장 예정 '위세아이텍' 기업분석 자료 공개," 이투데이 2020년 1월 28일 자 기사.

최유경, 2017, "한미 전투기- 훈련기 100조 빅딜… 트럼프 인식이 관건," 뉴데일리 경제 2017년 7월 6일 자 기사.

허정헌, 2016, "美日 증시서 나란히 상장… 네이버 라인, 메신저 넘버3 노린다," 한국일보 2016년 7월 14일 자 기사.

홍성용, 2021, 『네이버 vs 카카오』, 매경출판.

홍재영, 2022, "'19조' 규모 국산 무기, 폴란드 수출 임박…방산주 상승세," 머니투데이 2022년 7월 19일 자 기사.

홍지인, 2020, "'대리 게임' 정의당 비례대표 류호정씨 논란에 게임업계 '시끌'," 연합뉴스 2020년 3월 15일 자 기사.

공정거래위원회(https://www.ftc.go.kr/).

네이버(https://namu.wiki/w/%EB%84%A4%EC%9D%B4%EB%B2%84).

네이버(기업)(https://ko.wikipedia.org/wiki/%EB%84%A4%EC%9D%B4%EB%B2%84_(%EA%B8%B0%EC%97%85)).

다음(https://ko.wikipedia.org/wiki/%EB%8B%A4%EC%9D%8C).

다음(https://namu.wiki/w/%EB%8B%A4%EC%9D%8C).

유비쿼스(https://ubiquoss.com:44335/renew/about/history/listbody.php?h_gcode =site&h_code=2).

위세아이텍(http://wise.co.kr/company/history.do).

카카오(https://www.kakaocorp.com/page/).

카카오(기업)(https://ko.wikipedia.org/wiki/%EC%B9%B4%EC%B9%B4%EC%98%A4_(%EA%B8%B0%EC%97%85)).

카카오(기업)(https://namu.wiki/w/%EC%B9%B4%EC%B9%B4%EC%98%A4(%EA %B8%B0%EC%97%85)).

코스닥시장 떠나는 NHN…'화려했던 6년'(https://blog.daum.net/adglobal/ 6372771).

한화에어로스페이스(https://www.hanwhaaerospace.co.kr/).

한화시스템(https://www.hanwhasystems.com/kr/index.do).

한화테크윈(https://product.hanwha-security.com/ko/products/camera/network/).

LIG넥스원(https://lignex1.com/web/kor/main.do).

LIG넥스원(https://namu.wiki/w/LIG%EB%84%A5%EC%8A%A4%EC%9B%90).

NAVER(https://www.navercorp.com/).

SK케미칼 소식(https://www.skchemicals.com/prcenter/new_view.aspx?serno=2640).

Presidency of Donald Trump(https://en.wikipedia.org/wiki/Presidency_of_Donald_Trump).

2018 North Korea?United States Singapore Summit(https://en.wikipedia.org/ wiki/2018_North_Korea%E2%80%93United_States_Singapore_Summit

제8장

강경래, 2022, "[CEO열전]이도영 옵토레인 대표 "감염병→암 진단 확장"," 이데일리 2022년 5월 14일 자 기사.

강경래, 2022, "'슈퍼사이클' 주춤한데, 주성엔지니어링 실적 '고공행진'," 이데일리 2022년 8월 4일 자 기사.

강경주, 2022, ""네이버·카카오 직원들 부럽네"…오늘부터 '전면 재택근무'," 한국경제 2022년 7월 4일 자 기사.

강경주, 2022, ""네이버·카카오는 재택하는데"…게임 개발자들 '부글부글'," 한국경제 2022년 7월 21일 자 기사.

강나훔, 2022, "[대략 난감 재택근무②] "회사가 우리집 빌려 장사" VS "그럴 거면 출근합시다"," 아시아경제 2022년 7월 8일 자 기사.

강한결, 2021, "언택트 호황이라는데… 게임사, 정말 많이 벌었을까?," 쿠키뉴스 2021년 3월 27일 자 기사.

곽예지, 2022, "코로나 재확산에…다시 백신·치료제 개발 속도," 한국경제 2022년 8월 22일 자 기사.

계승현, 2022, "진매트릭스, 코로나 19 백신 비임상 연구 정부 과제 선정," 연합뉴스 2022년 1월 3일 자 기사.

고종민, 2020, "크루셜텍, 판교 소재 사옥 매각 "유동성 및 재무건전성 확보"," 이투데이 2020년 6월 25일 자 기사.

공태윤, 2022, "완화된 코로나…기업 재택근무 어떻게," 한국경제 2021년 6월 22일 자 기사.

김건호, 2021, "코로나 덕에 게임업계 호황?…"부익부 빈익빈 되레 심화"," 세계일보 2021년 1월 10일 자 기사.

김근영, 2020, "AC(After Corona) 시대의 도시계획," 한국도시계획가협회 협회지(Urban Planners) 2020년 7월호(7권 3호 통권 18호) pp. 3~5.

김명지, 2022, "K코로나 치료제 개발 재시동… 바이오니아, 국가 지원사업 도전," 조선비즈 2022년 8월 25일 자 기사.

김미희, 2020, "'판교의 뉴노멀' 재택근무 세계가 주목… 협업 도구로 공간 뛰어넘어 원격 소통," 파이낸셜뉴스 2020년 11월 29일 자 기사.

김민지, 2022, ""재택근무 편할 줄 알았더니" 차라리 출근이 낫다, '아우성'," 헤럴드경제 2022년 7월 6일 자 기사.

김병주, 2022, "'코로나 이전' 회귀한 기준금리…'물가 잡고 불균형 해소할까'," 데일리임팩트 2022년 1월 14일 자 기사.

김성은, 2021, "막 내리는 0%대 초저금리 시대…이주열 "금리 인상 3가지 이유는"," 뉴스1 2021년 8월 26일 자 기사.

김세정, 2022, "'국산 1호' SK바이오사이언스 코로나 19 백신 "이달 최종 허가"," KBS 2022년 6월 27일 자 기사.

김용주, 2022, "코로나 19 급속 확산…제약바이오기업 백신·치료제 개발 탄력," 코메디닷컴 2022년 8월 19일 자 기사.

김우영, 2022, "대명화학그룹, 에어로케이항공 300억 원에 인수," 조선비즈 2022년 8월 23일 자 기사.

김재황, 2021, "대명화학 그룹 인수한 로젠택배, 매각 작업 '종지부'," 물류신문 2021년 10월 12일 자 기사.

김준영, 2020, "게임업계, 코로나 사태로 업무 양·강도 높아져," 세계일보 2020년 7월 26일 자 기사.

김지훈, 2021, "[뉴스 AS] 5차 유행 온다는데…'n차 유행' 가르는 기준, 궁금합니다," 한겨레 2021년 11월 13일 자 기사.

김해욱, 2022, "[르포] 재택근무 종료 소식에 활기 되찾는 판교테크노밸리," UPI뉴스 2022년 6월 1일 자 기사.

김혜지, 2020, "코로나 19가 게임업계에 미친 영향," 앱스토리 2020년 5월 28일 자 기사.

남정현, 2022, "[금융시장 시계 제로③]환율 1400원 넘어 1500원도?," 뉴시스 2022년 8월 29일 자 기사.

노재웅, 2020, "위기를 기회로…K-게임, 코로나 뚫고 2분기 훨훨 날았다," 이데일리 2020년 8월 13일 자 기사.

노희준, 2020, "둥지 옮기는 K바이오…판교·마곡·송도 '장소의 경제학'," 이데일리 2020년 9월 6일 자 기사.

박수현, 2020, "NHN, 코로나 19에도 1분기 실적 '활짝'…결제·게임 '일 냈다'," 글로벌 이코노믹 2020년 5월 8일 자 기사.

박현익, 2022, "발리서 석 달 업무, 금요일 격주 휴무…IT업계 파격 근무제," 동아일보 2022년 7월 18일 자 기사.

박혜린, 2022, "재택근무 시대, 기업들은 왜 여전히 오피스빌딩 매입하고 신사옥 지을까," 비즈니스포스트 2022년 7월 8일 자 기사.

박홍순, 2022, "[코로나發 직장 新풍속도] 재택근무 550일… 판교는 지금," e대한경제 2022년 8월 29일 자 기사.

배한님, 2022, "코로나 다시 덮친 판교…네이버·카카오 등 재택근무 체제 재돌입," 뉴스토마토 2022년 8월 14일 자 기사.

서동민, 2020, "[연말 결산] 게임업계, 코로나 19로 송두리째 바뀌었다," 한경닷컴 게임톡 2020년 12월 25일 자 기사.

서동민, 2021, "[연말 결산①] 카카오게임즈-위메이드 웃고 블리자드 울었다," 한경닷컴 게임톡 2021년 12월 28일 자 기사.

손형민, 2022, "K-바이오 백신 펀드 '5000억 원'의 실효성은?," 메디칼업저버 2022년 8월 25일 자 기사.

안상준, 2022, "제약·바이오 '미래 먹거리', 새 보금자리서 찾는다 : '효율성 극대화' 위한 신사옥 이전 추진 잇따라," 브릿지경제 2022년 6월 1일 자 기사.

안승진, 2020, "코로나 19에 게임산업은 호황…'게임'은 질병이란 말도 쏙 들어가 [이슈 속으로]," 세계일보 2020년 4월 18일 자 기사.

요헨 칼카, 2020, 『스타트업의 거짓말』, 율리시즈.

이건혁, 2021, "호황에 식구 늘어나는 게임사들… "넓은 새집으로 이사 가요"," 동아일보 2021년 1월 4일 자 기사.

이상균, 2020, "주성엔지니어링, '애증의 판교사옥' 담보 600억 차입," Paxnet News 2020년 3월 16일 자 기사.

이상훈, 2021, "제약·바이오사 이전 러시…마곡, '오픈 이노베이션' 성지로," 아주경제 2021년 12월 30일 자 기사.

이은정, 2022, ""새 술은 새 부대에"… 사옥 이전하는 제약·바이오," 데일리안 2022년 5월 31일 자 기사.

이종혁, 2020, "한국테크놀로지, 판교테크노밸리로 본사 이전," 매일경제 2020년 5월 25일 자 기사.

이춘희, 2022, "[르포] "여기가 국산 1호 코로나 백신의 산실"… 판교 SK바이오사이언스," 아시아경제 2022년

7월 14일 자 기사.

이희권 · 장병철 · 최준영 · 김호준, 2022, "'팬데믹 호황' 끝…경기침체 속 '고임금 부메랑' 맞는 IT업계," 문화일보 2022년 7월 4일 자 기사.

전경웅, 2020, "'중국몽' 이탈리아 · 이란도… 한국 · 일본처럼 마스크 대란," 뉴데일리 2020년 3월 5일 자 기사.

정명섭, 2021, "역대 최대 호황인데 신작은 안 나오네… 게임업계 '코로나의 역설'," 아주경제 2021년 8월 2일 자 기사.

정병묵, 2022, ""회사 출근 필요 없어요"…유통플랫폼社, 스마트워크 속속 도입," 이데일리 2022년 7월 14일 자 기사.

정윤경, 2020, "거리두기 2단계 격상 앞두고…판교 IT기업, 재택근무 '도미노'(종합)," 뉴스1 2020년 11월 23일 자 기사.

정윤교, 2020, "역대급 호황 누린 게임업계…연초 두둑한 보너스 기대 고조," 연합인포맥스 2020년 12월 17일 자 기사.

조민규, 2021, "SK바이오사이언스, 상장 첫날에 쏠리는 기대감, SK바이오팜 따라 따상 보여줄까?," 금강일보 2021년 3월 18일 자 기사.

주애진, 2022, "'뉴 노멀' 자리 잡은 재택근무…전기-통신비 등 업무비용 규정 마련해야," 동아일보 2022년 8월 23일 자 기사.

최빛나, 2022, "네이버 · 카카오 근무 자율 보장제도 본격 도입…일각 "시기상조" 우려," 메트로신문 2022년 7월 5일 자 기사.

최영진, 2022, "사업성↓성공 가능성↓ 그럼에도 코로나 19 치료제 도전 계속된다[기로에 선 K바이오①]," 이코노미스트 2022년 7월 25일 자 기사.

최원석, 2022, "제넥신, 판교 사무실 330억 매각," 프레스나인 2022년 5월 23일 자 기사.

최지연, 2022, "신작 부진에 연봉 인상까지…중소 게임업계 위기감 고조," 디지털투데이 2022년 7월 5일 자 기사.

한현주, 2020, "IT 업계 재택근무 확산에… 판교 밸리 상권도 '울상'," 글로벌이코노믹 2020년 8월 29일 자 기사.

허남설, 2022, "판교에서 만든 '토종 백신'…모두가 '원팀'이었다," 경향신문 2022년 7월 14일 자 기사.

황수연, 2022, "[단독] "끝까지 지원한다"더니…'코로나 약' 올 예산 집행 0%," 중앙일보 2022년 7월 7일 자 기사.

황순민, 2022, "IT 기업 '뉴노멀'로 부상한 재택근무, 근무지 선택권 놓고 갈등도," 매일경제 2022년 6월 30일 자 기사.

네이버금융(https://finance.naver.com/).

로젠(https://ko.wikipedia.org/wiki/%EB%A1%9C%EC%A0%A0).

로젠택배(https://namu.wiki/w/%EB%A1%9C%EC%A0%A0%ED%83%9D%EB%B0% B0).

신천지 대구교회 코로나바이러스감염증-19 집단 감염 사건(https://namu.wiki/w/%EC%8B%A0%EC%B2%9C%EC%A7%80%20%EB%8C%80%EA%B5%AC%EA%B5%90%ED%9A%8C%20%EC%BD%94%EB%A1%9C%EB%82%98%EB%B0%94%EC%9D%B4%EB%9F%AC%EC%8A%A4%EA%B0%90%EC%97%BC%EC%A6%9D-19%20%EC%A7%91%EB%8B%A8%20%EA%B0%90%EC%97%BC%20%EC%82%AC%EA%B1%B4).

코로나바이러스감염증-19(http://ncov.mohw.go.kr/).

제9장

감병근, 2021, "경영권 매각 인터파크, 판교에 신사옥 짓는 사연은 : 3년간 854억 투자계획…공공택지 분양, 개발 예상 수익 상당," 더벨 2021년 9월 23일 자 기사.

건설교통부, 2004, 『지속 가능한 신도시 계획기준』, 건설교통부.

경기도, 2020, 「도, 제3 판교(성남금토지구) 뉴딜 시범도시 조성…K-뉴딜 이끈다」, 경기도 2020년 12월 8일 자 보도자료.

경기도, 2021, 「제3 판교 공공주택지구 첫삽…주거·일자리 모두 갖춘 '뉴딜시범도시'로 조성」, 경기도 2021년 6월 7일 자 보도자료.

경기도·성남시·경기주택도시공사·한국토지주택공사, 2017, 『판교창조경제밸리 개발계획(변경) 설명서』.

경기도·성남시·한국토지주택공사·경기주택도시공사, 2017, 『판교 제2 테크노밸리 - 용지공급 지침서』.

경기도 경제과학진흥원, 2021, 『2021년 판교테크노밸리 실태조사 결과(인포그래픽스) : 판교테크노밸리 입주기업 현황』.

구혜린, 2021, "진격의 위메이드, 1600억 들여 선데이토즈 품었다," Business Watch 2021년 12월 20일 자 기사.

국토교통부·경기도·성남시·경기도시공사·한국토지주택공사, 『대한민국 경제혁신의 판을 넓히다』, 판교창조경제밸리.

김경민, 2022, "매각설 나오는 카카오모빌리티에 무슨 일이, 골목상권 침해 골머리…상장 대신 매각?," 매일경제 2022년 6월 24일 자 기사.

김도현, 2022, "[단독]현대제철 양재동 떠난다…철강사 최초 'IT성지' 판교行," 머니투데이 2022년 1월 12일 자 기사.

김동우, 2018, "성남시 정자동에 2022년 '현대중공업 통합 R&D 센터' 건립," 머니S 2018년 11월 23일 자 기사.

김자민, 2018, "네이버, 뉴스 편집 손 떼고 '실검' 없앤다…남은 문제는," TV조선 2018년 5월 9일 자 기사.

김재후, 2005, "[현장르포 - 분당 정자동 주상복합단지]NHN사옥 신축 등 '릴레이 분쟁'," 파이낸셜뉴스 2005년 1월 11일 자 기사.

김준성, 2018, "성남시, 판교 유휴 부지에 엔씨소프트 글로벌 R&D 센터 유치," 머니투데이 2018년 2월 12일 자 기사.

김준성, 2015, "두산그룹 5개사 성남시 이전," 머니투데이 2015년 7월 30일 자 기사.

김태성·이경진, 2014, "공공기관 떠난 자리 '제2 판교테크노밸리' 추진 : 성남지역 도로공사 이전 부지 검토, 경제활성화·도심공동화 예방 기대," 경인일보 2014년 7월 29일 자 기사.

김현아, 2018, "카카오, 엔진-다음 게임 합병 결정…게임 시장 속으로," 이데일리 2015년 12월 24일 자 기사.

민지형, 2014, "판교 일대 '창조경제밸리' 만든다…창조경제 추진회의 신설," news1뉴스 2014년 7월 24일 자 기사.

박명기, 2017, "'배틀그라운드' 블루홀, 판교 '알파돔 타워4'에 새 둥지," 한경닷컴 2018년 8월 30일 자 기사.

박양수, 2015, "SK㈜ - SK C&C 합병계약 통과," 문화일보 2015년 6월 26일 자 기사.

백민재, 2021, "상장 앞둔 크래프톤, 강남 테헤란로 이전 완료," 한경닷컴 2021년 6월 28일 자 기사.

백지수, 2021, "'판교살이' SK C&C가 여의도에 둥지 튼 이유," 머니투데이 2021년 4월 6일 자 기사.

성희현, 2020, "공정위, 네이버 이해진 검찰 고발… 21개 계열사 누락 보고," 매일일보 2020년 2월 16일 자 기사.

오준호·이광민·김석환, 2006, 『성남 판교지구 택지개발사업 판교신도시 기본계획 보고서』, 경기도·성남시 · 한국토지공사 · 대한주택공사.

오찬종, 2022, "차세대 반도체단지 제3 판교에 세운다," 매일경제 2022년 6월 30일 자 기사.

오찬종 · 정유정, 2022, "한국, 팹리스 시장점유율 1%대 불과," 매일경제 2022년 6월 30일 자 기사.

오창영, 2022, "두산건설 '성남FC 후원' 공문 발송 논란…'두산 신사옥 신축 특혜' 의혹 힘 받나," 투데이코리아 2022년 6월 27일 자 기사.

윤선영, 2022, "8.5조 카카오모빌리티 매각? "카카오페이 먹튀와 뭐가 다르냐'," 디지털타임스 2022년 6월 26일 자 기사.

윤수현, 2021, "네이버 노조 "직원 사망, 위계에 의한 괴롭힘 파악", "사실이라면 명백한 업무상 재해"…경찰, 직장 내 괴롭힘 조사 계획,"미디어스 2021년 5월 28일 자 기사.

윤정원, 2022, "카카오페이, 878억 '먹튀'하고 30억 '책임경영 생색'··· 비난 쇄도," BizFACT 2022년 6월 23일 자 기사.

이기문, 2021, 『크래프톤 웨이 : 배틀그라운드 신화를 만든 10년의 도전』, 김영사.

이승우, 2021, "KT, 판교 제2 테크노밸리에 '5G 기반' 자율주행 전기버스 선보인다," 한국경제 2021년 3월 30일 자 기사.

이원석, 2022, "[단독] 73억으로 6200억 사옥 지어 판 '두산의 마법'," 시사저널 2022년 3월 2일 자 기사.

이용준, 2021, "SK하이닉스, IT 조직 분당으로 모인다…SK㈜ C&C 등 약 2천 명 규모," 글로벌 이코노믹 2021년 1월 13일 자 기사.

이정민, 2021, "[속보] 성남시 옛 판교 구청사 매각…도시철도 재원," 경기일보 2021년 4월 18일 자 기사.

이정호, 2014, "정병국 'K밸리'…원유철 '창조 밸리'," 한국경제 2014년 3월 13일 자 기사.

이준규, 2017, "'혁신성장' 文정부, 판교 창조경제밸리서 '창조경제' 뺀다," news1 뉴스 2017년 9월 28일 자 기사.

이호연, 2018, "카카오게임즈, 판교 '알파돔타워'로 확장 이전," 데일리안 2015년 6월 25일 자 기사.

이호준, 2013, "SK하이닉스, 판교테크노밸리 입주 무산… 경기도 반대 탓," 경기일보 2013년 9월 12일 자 기사.

조윤호, 2021, "HK이노엔, 판교 제2 테크노밸리 연구시설 건립에 960억 투자," Business Post 2021년 10월 1일 자 기사.

진명갑, 2022, "엔씨 분당 신사옥 건립 프로젝트 빨간 불…왜?," EBN 2022년 6월 2일 자 기사.

진중언, 2017, "'창조' 뗀 판교 2 밸리… 벤처 1400개 둥지 튼다," 조선비즈 2017년 12월 12일 자 기사.

최광석, 2021, "휴온스그룹, 판교 신사옥 완공…오는 8월 입주 예정," 프레스나인 2021년 6월 11일 자 기사.

최다래, 2022, "사람과 로봇 함께 일하는 네이버 최첨단 사옥 '1784' 가보니,"ZDNet Korea 2022년 4월 14일 자 기사.

최상현, 2002, "[거래소] 정부, "KT 지분 이달 중 완전매각"(상보)," 머니투데이 2002년 5월 6일 자 기사.

최인진, 2016, "판교 창조경제밸리 조성 시동 성남시 그린벨트 해제 추진," 경향신문 2016년 5월 19일 자 기사.

최준선, 2021, ""기본요금부터 인상?" 택시 단체, 카카오 호출비 인상 되레 발끈 까닭," 헤럴드경제 2021년 8월 11일 자 기사.

표진수, 2018, "[단독]카카오, 법인 분리 · 업무공간 통합 …"사세 확장에 따른 선택과 집중"-'알파돔시티'에 카카오모빌리티, 카카오페이, 카카오게임즈 모여," 글로벌이코노믹 2015년 6월 22일 자 기사.

한국종합기술, 2017, 『창조경제밸리 조성사업 교통 영향평가 (2차 변경심의) -심의의결보완서-』, 한국토지주택공사.

한국토지주택공사 · 경기도 · 경기도시공사 · 성남시, 2017, 『판교 창조경제밸리 조성사업 사업계획 변경에 따른 환경보전방안검토서』.

한지훈, 2015, "SK 판교 데이터센터 건물용도 위법성 공방(종합)," 연합뉴스 2015년 11월 20일 자 기사.

한지훈, 2015, "경기도청 "SK 판교 데이터센터 건물용도 적법"," 연합뉴스 2015년 12월 20일 자 기사.

황준호, 2021, ""'나' 먹튀 없다"라던 카카오페이 경영진의 뒤통수," 아시아경제 2021년 12월 15일 자 기사.

홍지인, 2021, "'여론 조작 · 광고 논란' 네이버 실시간 검색어 16년 만에 폐지(종합)," 연합뉴스 2021년 2월 4일 자 기사.

Arnault Morisson, 2015, 『Innovation Districts : A Toolkit for Urban Leaders』, ISBN 978-1515340621.

Bruce Katz & Jennifer Bradley, 2013, 『The Metropolitan Revolution : How Cities and Metros Are Fixing Our Broken Politics and Fragile Economy』, Brookings.

PPIC, 2021, 『California's Future Economy』, Public Policy Institute of California.

Tim Kane, 2010, 『The Importance of Startups in Job Creation and Job Destruction』, KAUFFMAN foundation.

KT 홈페이지.

SK C&C 홈페이지.

라인플러스 홈페이지.

분당테크노파크 홈페이지.

한국전자기술연구원 홈페이지.

경기주택도시공사(https://www.gh.or.kr/gh/index.do).

분당 신도시(https://ko.wikipedia.org/wiki/%EB%B6%84%EB%8B%B9%EC%8B%A0%EB%8F%84%EC%8B%9C).

분당 신도시(https://namu.wiki/w/%EB%B6%84%EB%8B%B9%EC%8B%A0%EB% 8F%84%EC%8B%9C).

출사표(드라마)(https://namu.wiki/w/%EC%B6%9C%EC%82%AC%ED%91%9C(%EB%93%9C%EB%9D%BC%EB%A7%88).

크래프톤(https://namu.wiki/w/%ED%81%AC%EB%9E%98%ED%94%84%ED%86%A4).

판교 도시첨단산업단지 브랜드 공모전(https://www.gov.kr/portal/puborgNews/ 1230412).

판교창조경제밸리(https://namu.wiki/w/%ED%8C%90%EA%B5%90%EC%B0%BD% EC%A1%B0%EA%B2%B D%EC%A0%9C%EB%B0%B8%EB%A6%AC).

판교 제2 테크노밸리(https://www.pangyo-cev.or.kr/pangyov/main/index.do).

판교 제2 테크노밸리(https://www.pangyo-cev.or.kr/pangyov/bbs/land_info_notice/ data.do?dataIdx=116&pageIndex=4).

제10장

강창구, 2009, "안산시 사동 R&D단지 '사이언스밸리' 선포," 연합뉴스 2009년 4월 6일 자 기사.

경기도, 2014, 「경기도-LH, 공동 협력으로 동탄 테크노밸리 활성화 추진」, 경기도 2014년 2월 28일 보도자료.

경기도, 2014, 「용인시 이동면에 30만 평 규모 용인 테크노밸리 조성」, 경기도 2014년 7월 23일 보도자료.

경기도, 2017, 「남경필, "북부 2차 테크노밸리, 경기 북부 경제발전의 가장 밝은 빛 될 것"」, 경기도 2017년 11월 13일 보도자료.

경기도, 2019, 「경기도, 광명 시흥테크노밸리 도시첨단산업단지계획 승인」, 경기도 2019년 4월 29일 보도자료.

경실련, 2019, 「판교 테크노밸리 입주기업 및 종사자 수 현황」, 경실련 내부자료.

경실련, 2019, 「안산 사이언스밸리 입주기업 및 종사자 수 현황」, 경실련 내부자료.

권성중, 2009, "상암DMC에 '용적률 1000%' 초고층 빌딩 들어선다," 대한경제 2020년 8월 11일 자 기사.

구교형 · 이서화, 2011, "삼성 2000억대 강남땅 매입," 경향신문 2011년 12월 28일 자 기사.

국종환, 2016, "서울시, 양재 · 우면 330만㎡ 특구 지정…'R&CD 혁신거점'," 뉴스1 2016년 8월 3일 자 기사.

김도영, 2011, "판교 · 광교 테크노밸리, 안산 사이언스밸리… 경기 남부, 첨단 클러스터 뜬다," 국민일보 2011년 1월 18일 자 기사.

김두일, 2006, "광교 테크노밸리 기업 · 연구소 입주경쟁 치열," 파이낸셜뉴스 2006년 11월 14일 자 기사.

김두일, 2015, "박춘희 서울 송파구청장 "문정지구 개발, 인구 80만 시대 열 것"," 파이낸셜뉴스 2015년 8월 20일 자 기사.

김승열, 2021, "파주 운정 테크노밸리 3개 컨소시엄 사업 제안서 제출," 에너지경제 2021년 9월 28일 자 기사.

김윤선, 2020, "JW그룹, 과천지식정보타운 'JW이노스퀘어' 신축 사업 순항," CEO스코어데일리 2020년 3월 12일 자 기사.

김인완, 2015, "[도약하는 경기도] 200여 벤처 몰린 안산 사이언스밸리…전통 · 미래 산업 품은 '용광로'," 한국경제 2015년 9월 30일 자 기사.

김인유, 2020, "용인시 첫 민 · 관 공동개발 산업단지 '용인 테크노밸리' 준공," 연합뉴스 2020년 5월 22일 자 기사.

김인유, 2022, "광명 시흥테크노밸리 내 도시첨단산단 착공…2024년까지 조성," 연합뉴스 2022년 3월 28일 자 기사.

김진경, 2014, 「[넥스트 경기③] 취임 100일 남경필 지사 '10대 과제' 발표」, 경기도 2014년 10월 8일 보도자료.

남호철, 2009, "서울시, 2012년까지 산업 뉴타운 30곳 지정," 국민일보 쿠키뉴스 2009년 4월 6일 자 기사.

노승혁, 2022, "파주시, 24일 운정 테크노밸리 사업자 3차 공모," 연합뉴스 2022년 6월 16일 자 기사.

노승혁, 2022, "일산 테크노밸리, 바이오 · 미디어 집중 유치전략 수립용역," 연합뉴스 2022년 6월 30일 자 기사.

류석, 2018, "넷마블, 과천 제2 사옥 건립 본격화," paxnetnews 2018년 11월 23일 자 기사.

마샬 맥루한, 2001, 『구텐베르크 은하계 - 활자 인간의 형성』, 커뮤니케이션북스.

문미성 외, 2006, 『광교 테크노밸리 R&D단지 활성화 방안』, 경기개발연구원.

문미성 외, 2015, 『경기 북부 테크노밸리 조성방안』, 경기연구원.

문미성 외, 2020, 『경기 양주 테크노밸리 제조 융복합 활성화 방안』, 경기연구원.

문미성 외, 2022, 『테크노밸리, 수도권의 IT 기업지도를 바꾸다』, 경기연구원.

문성규, 2012, "상암동 DMC 133층 랜드마크 빌딩 건립 무산," 연합뉴스 2012년 6월 1일 자 기사.

민동훈, 2011, "SH공사, 우면2지구 연구시설 용지 분양," 머니투데이 2011년 10월 13일 자 기사.

박경만, 2021, "경기 북부 신성장 동력 '양주 테크노밸리' 내년 착공," 한겨레 2021년 12월 27일 자 기사.

박기람, 2022, "상암에 133층 빌딩 올린다더니…자취 감춘 오세훈 공약," 조선닷컴 2022년 5월 16일 자 기사.

박상돈, 2018, "파주출판단지, 사업 20년 만에 조성 완료," 중부일보 2018년 5월 17일 자 기사.

박승용, 2020, "용인 제2 테크노밸리 '덕성 2 산단' 탄력," 경인일보 2020년 1월 30일 자 기사.

박인혜, 2017, "송파구 문정도시개발지구 법조타운 입주 시작," 매일경제 2017년 3월 1일 자 기사.

박정호, 2020, "고양 일산 CJ라이브시티(CJ LiveCity), '글로벌 콘텐츠 비즈니스 타운' 사업 가속도," BreakNews 2022년 4월 15일 자 기사.

박철웅, 2010, "양재 R&D 뉴타운 "반쪽"…서울시 일방추진 덜미," 이데일리 2010년 1월 8일 자 기사.

배수강, 2012, "한국판 실리콘밸리 서초 '세계 R&D 메카'로 성큼," 신동아 2012년 9월 21일 자 기사.

서울특별시, 2016, 『"양재 Tech + City 조성계획」실현을 위한 도시관리방안』.

서울특별시, 2016, 『양재 유통업무설비 개발지침』.

서울특별시, 2016, 『지역특화발전특구상 용적률 등 특례적용 가이드라인』.

서울특별시 · SH공사, 2014, 『동북아 미래를 선도하는 지식산업 그린시티, 서울 마곡지구』, 서울특별시 · SH 공사.

서윤석, 2021, "'문정비즈밸리' 새 이름 찾는다… 오는 22일까지 공모 최우수 등 4개 선정해 시상," 한국무역 신문 2021년 10월 7일 자 기사.

송원준, 2006, "LG이노텍 부품연구소 한양대 안산캠퍼스로," 디지털타임스 2006년 5월 26일 자 기사.

안병선, 2022, "경기테크노파크, '새 정부 지역공약과 안산시 · 안산사이언스밸리 확대 발전방안 모색을 위한 기관장 협의회'," 인천일보 2022년 5월 14일 자 기사.

안산시, 2011, 「안산시 기업지원 및 안산사이언스밸리 육성에 관한 조례」.

양상현, 2021, "경기도, 1조 8686억 생산유발 효과 '양주 테크노밸리 산업단지 계획' 승인," nbn 내외경제TV 2021년 12월 27일 자 기사.

양승준, 2014, "책 읽으며 커피 한 잔…파주출판단지 북카페 허용," 이데일리 2014년 4월 10일 자 기사.

양지연, 2015, 「경기도, 광명 · 시흥에 판교형 첨단연구단지 조성 추진」, 경기도 2015년 7월 13일 보도자료.

연합뉴스, 1998, "정부 상암동 주경기장 신축안 확정(종합)," 연합뉴스 1998년 5월 6일 자 기사.

우고운, 2014, "[한전부지 매각] 현대차 통 큰 베팅, 무려 10조5500억 써내(3보)," 조선비즈 2014년 9월 18일 자 기사.

우영식, 2020, "경기 북부 3곳 첨단 산단 테크노밸리 조성사업 '명암'," 연합뉴스 2020년 5월 12일 자 기사.

용인시, 2021, 『경기용인 플랫폼시티 도시첨단산업단지 사업계획서』, 제53회(2021년 제2회) 경기도 산업입 지심의회 자료.

윤상연, 2008, "광교 테크노밸리 단순 집적시설 탈피 위해 마스터플랜 절실," 뉴시스 2008년 10월 22일 자 기사.

윤상연, 2022, "4.2조 생산 유발효과 기대…고양 방송영상밸리 착공," 한국경제 2022년 2월 16일 자 기사.

이경진, 2022, "광명 시흥테크노밸리 사업 본궤도 올랐다," 동아일보 2022년 7월 13일 자 기사.

이명주, 2022, "서울시 양재 일대 AI 산업특화지구 조성 위한 판짜기 시작," 엔지니어링데일리 2022년 7월 29일 자 기사.

이병우, 2022, "일산 테크노밸리 준공, 24년 말? 26년 말 '2년 늦춰져'," 고양신문 2022년 7월 6일 자 기사.

이상호, 2011, "세계 제일 '책방거리' 꿈꾸는 파주 출판단지," 경향신문 2011년 7월 6일 자 기사.

이성오, 2021, "'고양방송영상밸리' 첫 삽… 방송산업 집약 기대," 고양신문 2021년 5월 21일 자 기사.

이슬비, 2006, "광교 테크노밸리 기업 · 연구소 입주경쟁 치열," 데일리메디 2022년 6월 10일 자 기사.

이종구, 2017, "양주시, 북부 테크노밸리 입주협약 30곳 돌파," 한국일보 2017년 11월 3일 자 기사.

이종수, 2019, "안산 사이언스밸리 강소 특구 지정 추진," 산업일보 2019년 1월 17일 자 기사.

이종일, 2021, "안산 강소특구, 1년간 2조3천억 매출…市 지원 강화," 이데일리 2021년 3월 18일 자 기사.

이종태, 2022, "파주 운정 테크노밸리 일반산업단지 조성 또 '암초'," 경인일보 2022년 5월 2일 자 기사.

이준균, 2016, 「경기 북부 테크노밸리, 고양시에 조성」, 경기도 2016년 6월 29일 보도자료.

이태수, 2016, "서울 양재 · 우면 ICT 혁신거점으로…일자리 1만 5천 개 만든다," 연합뉴스 2016년 8월 3일 자 기사.

이현민, 2022, "KT · AI 양재 허브, 개방형 AI 생태계 구축 협력," 포쓰저널 2022년 7월 5일 자 기사.

임덕순 외, 2008, 『광교 테크노밸리 운영 전략 및 과제』, 경기개발연구원.

임민철, 2022, "펄어비스, 과천 신사옥 시대 연다…7월 본사 이전 확정," 아주경제 2022년 3월 30일 자 기사.

정성호, 2017, "삼성전자 서울 R&D 캠퍼스는 어떤 곳…1993년 '신경영'이 뿌리," 연합뉴스 2017년 7월 19일 자 기사.

정은미, 2017, "[르포]'삼성전자 서울 R&D 캠퍼스'를 가다…캠퍼스야, 연구소야," 메트로신문 2017년 7월 20

일 자 기사.

정재로, 2020, "안국약품, 과천지식정보타운에 '통합사옥' 건립," Press9 2020년 11월 2일 자 기사.

정형석, 2017, "서린바이오, 동탄 서린글로벌센터 개소," 한경닷컴 2017년 7월 13일 자 기사.

조광진, 2022, "CJ라이브시티, 한국 대표하는 'K-콘텐츠 성지'로 조성된다," 브릿지경제 2022년 5월 25일 자
　　　기사.

조재영, 2014, "현대차 '강남 시대' 연다…한국판 '아우토슈타트' 조성," 연합뉴스 2014년 9월 18일 자 기사.

지홍구, 2021, "단체장 바뀌자 사업 백지화…구리 · 남양주 IT밸리 땅엔 잡초만," 매일경제 2021년 8월 4일 자
　　　기사.

진현권, 2016, "경기도, 70만㎡ 규모 '방송영상문화 콘텐츠밸리' 조성," 뉴스1 2016년 6월 19일 자 기사.

차지연, 2011, "SH공사 우면2지구 연구시설용지 분양," 연합뉴스 2011년 10월 13일 자 기사.

최유리, 2015, "KT, '5G R&D 센터' 개소…삼성전자 등 제조사들도 집결," 한경닷컴 2015년 7월 9일 자 기사.

최준호, 2014, "[J Report] 기업 '두뇌' 몰리는 지도 속 이곳," 중앙일보 2014년 9월 26일 자 기사.

최현호, 2020, "'구리 · 남양주 테크노밸리' 백지화…남양주, 국가주도 첨단 산단으로 전환," 경기일보 2020년
　　　6월 10일 자 기사.

최호, 2021, "서울시, 양재 일대에 AI 실리콘밸리 만든다…특구 · 지구지정 추진," 전자신문 2021년 12월 21일
　　　자 기사.

한상봉, 2022, "일산 CJ라이브시티에 88층 규모 호텔 쇼핑몰 신축," 서울신문 2022년 4월 15일 자 기사.

홍성민, 2022, "[시선 공감] 백현종 "구리 테크노밸리 재추진, 100% 실현 가능"," 경인방송 2022년 6월 23일
　　　자 기사.

YTN, 2021, "[경기] 경기도 · 고양시, 방송영상밸리 조성사업 시작," YTN 2021년 5월 20일 자 방송기사.

상암 DMC 네이버 지식백과.

과천지식정보타운(https://www.gh.or.kr/gh/gwacheon-knowledge-information-town.do).

과천지식정보타운(https://namu.wiki/w/%EA%B3%BC%EC%B2%9C%EC%A7%80%　EC%8B%9D%EC%A0
　　　%95%EB%B3%B4%ED%83%80%EC%9A%B4).

광교테크노밸리(https://www.gbsa.or.kr/pages/history.do#none).

광교테크노밸리(https://namu.wiki/w/%EA%B4%91%EA%B5%90%ED%85%8C%　ED%81%AC%EB%85%B8
　　　%EB%B0%B8%EB%A6%AC).

광교테크노밸리(https://ko.wikipedia.org/wiki/%EA%B4%91%EA%B5%90%ED%　85%8C%ED%81%AC%EB
　　　%85%B8%EB%B0%B8%EB%A6%AC).

광명시흥 도시첨단산업단지(https://www.gh.or.kr/gh/gwangmyeong-siheung-　urban-high-tech-industrial-
　　　complex.do).

광명시흥테크노밸리(https://namu.wiki/w/%EA%B4%91%EB%AA%85%EC%8B%　9C%ED%9D%A5%ED%8
　　　5%8C%ED%81%AC%EB%85%B8%EB%B0%B8%EB%A6%AC).

광명/시흥 테크노밸리(https://www.siheung.go.kr/portal/contents.do?mId=0505020400).

경기북부테크노밸리(https://namu.wiki/w/%EA%B2%BD%EA%B8%B0%EB%B6%　81%EB%B6%80%ED%8
　　　5%8C%ED%81%AC%EB%85%B8%EB%B0%B8%EB%A6%AC).

고양 방송영상밸리(https://www.gh.or.kr/gh/business/detail.do?biId=32).

고양 방송영상밸리(https://namu.wiki/w/%EA%B3%A0%EC%96%91%20%EB%B0%　A9%EC%86%A1%EC%
　　　98%81%EC%83%81%EB%B0%B8%EB%A6%AC).

고양일산테크노밸리(https://www.ilsantechnovalley.or.kr/).

광명/시흥 테크노밸리(https://www.siheung.go.kr/portal/contents.do?mId=0505020 400).

국제업무단지 개발사업(https://www.ifez.go.kr/ivt076).

도시개발사업(문정지구)(https://www.songpa.go.kr/www/contents.do?key=3252).

디지털미디어시티(https://ko.wikipedia.org/wiki/%EB%94%94%EC%A7%80% ED%84%B8%EB%AF%B8%EB%94%94%EC%96%B4%EC%8B%9C%ED%8B%B0).

디지털미디어시티(https://namu.wiki/w/%EB%94%94%EC%A7%80%ED%84%B8% EB%AF%B8%EB%94%94%EC%96%B4%EC%8B%9C%ED%8B%B0).

마곡도시개발사업(https://namu.wiki/w/%EB%A7%88%EA%B3%A1%EB%8F%84% EC%8B%9C%EA%B0%9C%EB%B0%9C%EC%82%AC%EC%97%85).

마곡산업단지(http://mgic.i-sh.co.kr/newubiz/user/main.do).

문정비즈밸리 일자리허브센터(http://songpa.bizvalley.or.kr/html/main/index.asp).

서울 상암디지털 미디어시티(DMC)의 조성(https://seoulsolution.kr/ko/content/% EC%84%9C%EC%9A%B8-%EC%83%81%EC%95%94%EB%94%94%EC%A7%80%ED%84% B8%EB%AF%B8%EB%94%94%EC%96%B4%EC%8B%9C%ED%8B%B0dmc%EC%9D%98- %EC%A1%B0%EC%84%B1).

송도 국제도시(https://ko.wikipedia.org/wiki/%EC%86%A1%EB%8F%84%EA%B5% AD%EC%A0%9C%EB%8F%84%EC%8B%9C).

송도지식정보산업단지(https://www.incheon.go.kr/eco/ECO010606).

용인테크노밸리(http://www.yitv.co.kr/main/main_new.php).

운정테크노밸리 산업단지 조성(http://www.paju.wiki/dokuwiki/doku.php?id=% ED%8C%8C%EC%A3%BC%EA%B0%9C%EB%B0%9C:%EC%9A%B4%EC%A0%95%ED%85%8C%ED%81%AC%EB%85%B8%EB%B0%B8%EB%A6%AC).

일산테크노밸리(https://namu.wiki/w/%EC%9D%BC%EC%82%B0%ED%85%8C% ED%81%AC%EB%85%B8%EB%B0%B8%EB%A6%AC).

정부과천청사(https://namu.wiki/w/%EC%A0%95%EB%B6%80%EA%B3%BC%EC%B2%9C%EC%B2%AD%EC%82%AC).

파주출판문화정보(https://www.paju.go.kr/www/www_02/city/city_indus/ city_indus_01/city_indus_01_0.jsp).

파주출판문화정보국가산업단지조성(https://www.mcst.go.kr/kor/s_open/ realnmPolicy/realnmPolicyView.jsp?pSeq=31).

파주출판문화정보국가산업단지(https://terms.naver.com/entry.naver? docId=1202176&cid=40942&categoryId=31768).

판교테크노밸리(https://www.pangyotechnovalley.org/html/main/index.asp).

CJ 라이브시티(https://namu.wiki/w/CJ%20%EB%9D%BC%EC%9D%B4%EB%B8%8C%EC%8B%9C%ED%8B%B0).

LG사이언스파크(http://www.lgsciencepark.com/KR/).

제11장

고성민, 2021, "강남 오피스 임대료 '쑥' 끌어올린 역삼동 센터필드," 조선비즈 2021년 6월 16일 자 기사.

곽태영, 2020, "부천시, 'K-로봇 스튜디오' 구축, 한국로봇산업협회와 협약, 기업 비대면 마케팅 지원," 내일신문 2020년 10월 20일 자 기사.

광주매일신문, 2021, "대장동과 다르다는 첨단 3지구 대행개발 논란," 광주매일신문 2021년 10월 26일 자 기사.

권명관, 2022, "한국기술벤처재단 이영호 사무총장 "창업지원 20년, 기술창업 기반을 마련하다"," 동아일보 2022년 4월 20일 자 기사.

권오석, 2020, "마포 공덕 밸리에 스타트업계 '어벤져스' 뜬다," 이데일리 2020년 6월 4일 자 기사.

권용국, 2020, "김포 한강시네폴리스 산단 조성 난항," 인천일보 2020년 11월 30일 자 기사.

김동우, 2022, "김포 한강시네폴리스에 메타버스 등 첨단복합시설 들어선다," 머니S 2022년 3월 30일 자 기사.

김무진, 2021, "대구연구개발특구 '연구소기업' 200호 탄생," 경북도민일보 2021년 4월 19일 자 기사.

김부미, 2022, "국내 9개 경제자유구역, 2031년까지 6600개 기업유치," 전기신문 2022년 2월 19일 자 기사.

김원정, 2022, "[카드뉴스] 인천·강원 강소 특구 추가···총 14곳 지정," 산업일보 2022년 5월 4일 자 기사.

마뉴엘 카스텔, 피터 홀, 2006, 『세계의 테크노폴 : 21세기 산업단지 만들기』, 한울.

박미소·김민관·김경록, 2016, "[커버스토리] 테헤란로의 새 주인은 누구인가," 중앙일보 2016년 3월 30일 자 기사.

박상도, 2020, "부천시, 글로벌 영상·문화콘텐츠 허브단지 조성 : 부천시의회 공유재산관리계획 변경(안) 의결," 브레이크뉴스 2020년 12월 15일 자 기사.

박준식·김영범·김원동·류민호·류영진·박준식·신우열·이종선·정동일·야코 시모넨·요한네스 헤랄라·라울리 스벤토, 2018, 『ICT 클러스터의 혁신과 진화: 판교에서 오울루까지』, 한울엠플러스.

박희제, 2016, "'부천시 랜드마크' 영상문화단지 개발 시동," 동아일보 2016년 3월 4일 자 기사.

신정훈, 2022, "부산연구개발특구 내 12·13호 첨단기술기업 지정," 연합뉴스 2022년 7월 12일 자 기사.

안현실, 2004, "[안현실의 '산업정책 읽기] 특구의 정치경제학," 한국경제 2004년 10월 11일 자 기사.

양지윤, 2022, "강남·판교 오피스 포화에···성수·을지로·G밸리 '포스트 판교'로 급부상," 서울경제 2022년 1월 26일 자 기사.

양형찬, 2021, "[본궤도 오른 '김포 한강시네폴리스'] 2조6천억 부가가치···'비즈니스 생활복합도시' 뜬다," 경기일보 2021년 5월 16일 자 기사.

오성수, 2015, "광주연구개발특구 '인기' 산업단지 기업 입주 '착착'," 광주매일신문 2015년 3월 19일 자 기사.

원세연, 2019, "노후 대덕연구개발특구 일대 '한국형 스마트도시' 조성한다," 대전일보 2019년 2월 8일 자 기사.

유정무, 2020, "'마포 프론트원' 개관···5년간 2700개 스타트업 지원," 대한금융신문 2020년 7월 30일 자 기사.

이상원, 2004, "국내 첫 로봇산업단지," 문화일보 2004년 4월 6일 자 기사.

이성은, 2022, "9개 경제자유구역 산업별 계획 수립···추가 투자 51조 목표," 신아일보 2022년 2월 14일 자 기사.

이성태, 2006, "[벤처타운을 찾아서] '홍릉 벤처밸리'···60여 업체 입주 강북 '벤처 메카'," 한국경제 2006년 4월 2일 자 기사.

이윤희, 2017, "테헤란로 이면로 공실 '신음' 깊어진다 : 공유오피스 유행으로 입주사 전면로 진출··· 임대료 하향세," 이코노믹 리뷰 2017년 2월 1일 자 기사.

이진호, 2022, "이강준 연구개발특구진흥재단 본부장 "14개 강소 특구, 지역이 가진 장점 묶어 시너지 낼 수 있어"," 매거진 한경 2022년 6월 20일 자 기사.

이형훈, 2021, "전북연구개발특구 기술사업화 생태계 조성에 100억 투입키로," 미디어SR 2021년 3월 16일 자 기사.

임호범, 2022, ""대전 그린벨트 풀어 산업용지 확보···제2 대덕연구단지 조성할 것"," 한국경제 2022년 7월 13일 자 기사.

정서영, 2022, "테크기업 선호 강남 오피스 품귀…전통기업〈제조-금융업〉, 사무실 못구해 이사," 동아일보 2022년 7월 14일 자 기사.

조유진, 2020, "성수동 패션 밸리 자리 굳히기," 아시아경제 2020년 11월 10일 자 기사.

중앙일보, 2002, "테헤란로 일대 '서울·벤처밸리'로 불린다," 중앙일보 2002년 2월 25일 자 기사.

지명훈, 2013, "대덕연구단지 40년… 새로운 꿈이 싹튼다," 동아일보 2013년 8월 12일 자 기사.

채원영, 2022, "[단독]"재산권 동결 수준"…부지 양도제한에 대구 혁신도시 기업들 '비상'," 매일신문 2022년 6월 9일 자 기사.

최동수·정순구·정서영, 2022, "사무실 부족한 '벤처 1번지' 테헤란로… 성수-서초-송파로 확장을," 동아일보 2022년 6월 28일 자 기사.

최윤서, 2021, "대덕 특구 '출연연·기업 연계 부족' 고민… 新 코워킹 공간이 해답," 충청투데이 2021년 7월 11일 자 기사.

쿠시먼앤드웨이크필드 코리아, 2021~2022, 『서울 오피스 마켓 리포트』, 분기별 리포트.

하용성, 2021, ""부산연구개발특구 조성 첫발" 기재부 공공기관 사업 예비타당성조사 통과," 일요신문 2021년 2월 28일 자 기사.

한국산업단지공단, 1997~2022, 『주요 국가산업단지 산업동향』, 월별 통계.

홍희경, 2016, "'테헤란로 오피스' 옛말… 대세는 수도권 지식산업센터," 서울신문 2016년 3월 6일 자 기사.

D.CAMP/FRONT 1, 『D.CAMP 은행권청년창업재단』.

d.camp(https://dcamp.kr/about/brand).

IT산업의 메카, 벤처밸리(http://gangnam.grandculture.net/gangnam/dir/ GC04800008).

FRONT 1(https://front1.kr/frontone/tenant).

G-밸리(https://www.geumcheon.go.kr/portal/contents.do?key=2268).

Korean Free Economic Zones(https://www.fez.go.kr/portal/introduction.do).

강남파이낸스센터(http://www.gfckorea.co.kr/main2018/main.asp).

강원테크노파크(http://gwtp.or.kr/).

광주테크노파크(https://www.gjtp.or.kr/home/main.cs).

경기테크노파크(https://gtp.or.kr).

경기대진테크노파크(https://gdtp.or.kr/).

경남테크노파크(https://www.gntp.or.kr/).

경북테크노파크(https://gbtp.or.kr/).

금천G밸리(https://www.geumcheon.go.kr/portal/contents.do?key=914).

김포도시관리공사(https://www.guc.or.kr/business/indusv_1.asp).

김포 한강시네폴리스 일반산업단지 조성사업(http://www.hangangcinepolis.com/).

대구테크노파크(http://ttp.org/).

대덕연구단지(http://encykorea.aks.ac.kr/Contents/Item/E0014194).

대덕연구개발특구(https://www.innopolis.or.kr/board?menuId=MENU00396).

대전테크노파크(https://www.djtp.or.kr/).

로봇산업연구단지(https://www.bipf.or.kr/design/contents.asp?code=101211 &lang=kor).

부산테크노파크(https://www.btp.or.kr/).

부천로봇산업연구단지(http://bucheon.grandculture.net/bucheon/dir/GC01600458).

서울테크노파크(https://seoultp.or.kr/home/homeIndex.do).

세종테크노파크(https://sjtp.or.kr/).

센터필드(https://www.centerfield.co.kr/).

연구개발특구(https://terms.naver.com/entry.naver?docId=1827248&cid=42154&categoryId=42154).

영상문화산업단지(https://www.bucheon.go.kr/site/homepage/menu/viewMenu?
menuid=148006005009003).

울산테크노파크(https://utp.or.kr/).

인천테크노파크(https://www.itp.or.kr/).

전북테크노파크(https://www.jbtp.or.kr/index.jbtp).

전남테크노파크(http://www.jntp.or.kr/home/main.do).

제주테크노파크(http://jejutp.or.kr/).

충북테크노파크(http://www.cbtp.or.kr/).

충남테크노파크(https://ctp.or.kr/).

테헤란밸리(https://terms.naver.com/entry.naver?docId=5832977&cid=40942&categoryId=31810).

포스코센터(https://www.posco.co.kr/homepage/docs/kor6/jsp/common/posco/ s91a1000020c.jsp).

포항테크노파크(http://pohangtp.org/main/index.do).

한국기술벤처재단(https://www.ktvf.or.kr/).

한국테크노파크진흥회(http://www.technopark.kr/).

제12장

강성명, 2022, ""센텀2지구 연내 착공 목표…판교테크노밸리 뛰어넘겠다"," 동아일보 2022년 1월 17일 자
기사.

강준현 · 장철민 · 송갑석 · 박성민 · 박영순 · 조오섭 · 서동용 · 정동만 · 황운하 · 서범수 · 이수진 · 양정숙 ·
김미애 의원, 2021, 「도심융합특구 조성 및 육성에 관한 특별법안」, 2021년 5월 31일 발의.

강충진, 2022, "[도청도설] 부산형 판교," 국제신문 2022년 6월 21일 자 기사.

강태아, 2020, "울산 이산화탄소 자원화 규제자유특구로 지정 : 중기부, 경남 등 3개 신규 특구 계획 심의 통
과" 울산 매일 UTV 2020년 10월 28일 자 기사.

고은지, 2018, "[9 · 13대책] 문재인 정부 역대 부동산 대책 일지," 연합뉴스 2018년 9월 13일 자 기사.

관계부처 합동, 2018, 『주택시장 안정대책』, 관계부처 합동.

관계부처 합동, 2020, 『주택시장 안정 보완대책』, 관계부처 합동.

경기도 · 안산시 · 한양대학교 ERICA, 2022, 『제55회(2022년 제1회) 경기도 산업입지심의회 한양대학교
ERICA 캠퍼스 혁신파크』, 경기도 · 안산시 · 한양대학교 ERICA.

교육부 · 국토교통부 · 중소벤처기업부, 2019, 『대학 캠퍼스에서 유니콘 기업 키우기 위해 교육부-국토부-중
기부 손잡는다 : - 캠퍼스 혁신파크(도시첨단산업단지) 조성을 위한 업무협약 체결 -』, 교육부 · 국
토교통부 · 중소벤처기업부 2019년 4월 24일 보도자료.

교육부 · 국토교통부 · 중소벤처기업부, 2019, 『혁신성장의 심장이 될 캠퍼스 혁신파크 선도사업지 3곳 발표
: 교육부-국토부-중기부, 강원대, 한남대, 한양대 ERICA 선정』, 교육부 · 국토교통부 · 중소벤처기
업부 2019년 8월 29일 보도자료.

교육부 · 국토교통부 · 중소벤처기업부, 2021, 『경북대, 전남대…산학연협력 지역거점으로 거듭난다 –일자
리 · 기업 성장 지역거점으로 육성… 3개 부처 손 잡고 속도감 있게 추진-』, 교육부 · 국토교통부 ·
중소벤처기업부 2021년 4월 1일 보도자료.

권정상, 2022, "충주시 "중부내륙권 청정 수소 생산 · 공급 거점 구축"," 연합뉴스 2022년 7월 6일 자 기사.

권하영, 2022, "[IT 클로즈업] KT는 왜 티빙을 택했을까?," 디지털데일리 2022년 7월 18일 자 기사.

국토교통부, 2018, 『주택시장 안정방안 - 국토교통부 소관 사항 -』, 국토교통부.

국토교통부, 2018, 『수도권 주택공급 확대방안』, 국토교통부.

국토교통부, 2018, 『2차 수도권 주택공급 계획 및 수도권 광역교통망 개선방안』, 국토교통부 2018년 12월 19일 보도자료.

국토교통부, 2018, 『국토부 2차 공공택지 발표지역 7곳 토지거래허가구역 지정』, 국토교통부 2018년 12월 19일 보도참고자료.

국토교통부, 2019, 『수도권 주택 30만 호 공급방안에 따른 제3차 신규택지 추진계획』, 국토교통부 2019년 5월 7일 보도자료.

국토교통부, 2019, 『국토부, 3차 공공택지 발표지역 등 6곳 토지거래허가구역 지정』, 국토교통부 2019년 5월 7일 보도참고자료.

국토교통부, 2019, 『수도권 주택 30만 호 공급방안 - 제3차 신규택지 추진계획』, 국토교통부.

국토교통부, 2019, 『산업입지법 개정안 국회 본회의 통과 - 대학 내 도시첨단산단, "캠퍼스 혁신파크" 추진에 탄력 -』, 국토교통부 2019년 11월 19일 보도설명자료.

국토교통부, 2020, 『캠퍼스 혁신파크, 지역 일터 · 삶터 · 배움터로 조성한다 : 3일 산업입지법 시행령 개정안 국무회의 의결…선도사업 추진에 박차』, 국토교통부 2020년 3월 2일 보도자료.

국토교통부, 2020, 『수도권 주택공급 기반 강화 방안』, 국토교통부 2020년 5월 6일 보도자료.

국토교통부, 2020, 『수도권 주택공급 기반 강화 방안』, 국토교통부.

국토교통부, 2020, 『「주택시장 안정 보완대책」 중 국토교통부 소관 정책 관련』, 국토교통부 2020년 7월 10일 보도참고자료.

국토교통부, 2020, 『수도권 37만 호 집중 공급 본격 시동!』, 국토교통부 2020년 9월 8일 보도자료.

국토교통부, 2020, 『판교2밸리 지방에도 만든다. - 지방 대도시에 산업 · 주거 · 문화 복합 인프라 갖춘 도심융합특구 조성 추진- 』, 국토교통부 2020년 9월 23일 보도자료.

국토교통부, 2020, 『고밀도 혁신 현장에서 지역균형 뉴딜의 길을 찾다 - 6일 판교 제2 테크노밸리서 도심융합특구 추진 위한 지역협의회 개최-』, 국토교통부 2020년 11월 5일 보도자료.

국토교통부, 2020, 『『2021년 국토교통부 예산 및 기금 운용 계획안』 57.1조 원 확정』, 국토교통부 2020년 12월 2일 보도자료.

국토교통부, 2020, 『대구 · 광주 도심융합특구 사업지구 선정 발표 - 일터-삶터-배움터-놀이터가 연계된 도심융합특구 본격 추진 -』, 국토교통부 2020년 12월 22일 보도자료.

국토교통부, 2021, 『대도시권 주택공급 확대를 위한 신규 공공택지 추진계획』, 국토교통부 2021년 2월 24일 보도자료.

국토교통부, 2021, 『대전 도심융합특구 사업지구 선정 - 생활과 교통이 편리한 대전 원도심 지역에 고밀도 혁신공간 조성 -』, 국토교통부 2021년 3월 10일 보도자료.

국토교통부, 2021, 『부산 센텀2지구, 도심융합특구 사업지구 선정 - 일 · 삶 · 여가가 공존하는 부산권 광역 거점으로 -』, 국토교통부 2021년 11월 24일 보도자료.

국토교통부, 2021, 『대도시권 주택공급 확대를 위한 신규 공공택지 추진계획』, 국토교통부.

국토교통부, 2022, 『전북대, 창원대, '혁신 스타트업의 산실'로 - 8일 캠퍼스 혁신파크 선정 발표… 대학별 국비 190억 원 지원 -』, 국토교통부 2022년 6월 9일 보도자료.

국토교통부, 2022, 『새 정부 국토교통부 업무보고』, 국토교통부 2022년 7월 18일 보도자료.

국토교통위원회, 2022, 『제21대 국회 후반기 국토교통위원회 정책자료집』, 국토교통위원회.

기획재정부, 2019, 『주택시장 안정화 방안』, 기획재정부 2019년 12월 16일 보도자료.

기획재정부, 2020, 『「서울권역 등 수도권 주택공급 확대방안」발표』, 기획재정부 2020년 8월 4일 보도자료.

길재섭, 2020, "40년 폐공장, 사상 스마트시티 핵심으로," KNN 2020년 7월 18일 자 기사.

김갑성, 2022, "부산대 양산캠퍼스 유휴부지 개발계획 적신호," 경상일보 2022년 6월 16일 자 기사.

김경만, 2022, "광주 도심융합특구 성공 위한 '3가지 조건'," 전남매일 2022년 6월 19일 자 기사.

김기현·천영호, 2021, 『2050 에너지 레볼루션』, 라온아시아.

김덕준, 2020, "부산에 첨단산업 특구 만든다지만, 판교 넘을 '수' 있을까," 부산일보 2020년 9월 23일 자 기사.

김보경, 2022, "도심융합특구로 '제2의 판교' 만든다면서…법안 처리 지지부진," 아시아경제 2022년 1월 17일 자 기사.

김성은·최민경·조규희, 2022, ""화석연료 시대 끝났다"…수소 경제, 규제 개혁으로 '퀀텀 점프'," 머니투데이 2022년 6월 22일 자 기사.

김연숙, 2022, "강원도, 액화 수소 통한 에너지 대전환 작업 착수," 에너지경제 2022년 6월 16일 자 기사.

김영한, 2021, "부산 사상공단, '드림 스마트시티'로 거듭난다," 부산일보 2021년 11월 30일 자 기사.

김예성, 2022, 「도심융합특구 추진 동향과 향후 과제」, 국회입법조사처 2022년 1월 14일 자 이슈와 논점 제1916호.

김예성·장경석, 2020, 「3기 신도시 정책의 특징과 향후 과제」, 국회입법조사처 2020년 5월 8일 자 이슈와 논점 제1713호.

김용환·김진영·방인철·서용원·윤의성·이명인·임한권, 2021, 『탄소 중립 : 지구와 화해하는 기술』, 씨아이알.

김지완, 2019, "라인+야후 재팬…경영 손정의, 개발 이해진 역할분담," 뉴스핌 2019년 11월 20일 자 기사.

김현주, 2022, "'부산의 판교' 센텀2지구 사업 올스톱 위기," 국제신문 2022년 6월 20일 자 기사.

김혜경, 2021, "노후된 사상공단, '4차산업 전진기지'로 탈바꿈한다," 노컷뉴스 2021년 11월 30일 자 기사.

(사)대한국토도시계획학회·(주)오씨에스도시건축·IMPACT G.C.F, 2021, 『3기 신도시 일자리 창출 및 자족 기능 강화방안 연구용역 – 남양주 왕숙신도시(왕숙·왕숙2)-』, (사)대한국토도시계획학회·(주)오씨에스도시건축·IMPACT G.C.F.

대한민국시도지사협의회, 2021, "[분권레터]도심융합특구 조성사업의 비판적 검토와 개선 방향," 교육 홍보부 2021년 9월 9일 자 정책 자료.

매일경제 국민보고대회팀, 2022, 『C테크 레이스』, 매경출판.

민상식, 2021, "'2기 두 배 넘는' 3기 신도시 자족 용지 비율…"특화산업 필요" [부동산360]," 헤럴드경제 2021년 9월 22일 자 기사.

민상식, 2021, ""3기 신도시 '일터+주거' 다 잡으려면 특화산업 필수"," 헤럴드경제 2021년 9월 28일 자 기사.

박정수, 2021, "대구시, 도심융합특구 기본계획 수립용역 착수보고회," 경북신문 2021년 8월 3일 자 기사.

박하늘, 2022, "캠퍼스 혁신파크 단국대 천안캠, 순천향대 도전장," 대전일보 2022년 4월 25일 자 기사.

배민욱, 2022, "'액화 수소 상용화' 국내 첫 실증…생산·저장·운송·활용," 뉴시스 2022년 7월 11일 자 기사.

배종인, 2021, "울산시, '이산화탄소 자원화 규제자유특구' 출범 – 울산시·14개 기관·업체, '탄소 중립 선도 업무협약' 체결," 신소재경제 2021년 2월 3일 자 기사.

백기영, 2022, "동양 칼럼/ 도심융합특구 추진과제," 동양일보 2022년 3월 31일 자 기사.

백문석·김진수·이경북·민배현·이준석·김기현·천영호, 2021, 『2050 수소 에너지』, 라온아시아.

백주원, 2021, "네이버 '스마트스토어' 日 진출…메신저 '라인'에 첫 스토어 구축한다," 서울경제 2021년 10월 1일 자 기사.

송민석, 2022, "대전 도심융합특구 밑그림 윤곽…"메가시티 핵으로"," KBS 2022년 7월 8일 자 기사.

송봉혁, 2019, 「3기 신도시의 자족 용지 개발구상 및 특화산업, 일자리 창출 계획」, 한국토지주택공사 내부 자료.

신무경, 2018, 『네이버는 어떻게 일하는가』, 미래의창.

심재석, 2019, "[IT TMI] 라인-소프트뱅크 합병을 어떻게 해석해야 할까?," 바이라인 네트워크(일간 바이라인) 2019년 11월 27일 자 기사.

안준영, 2021, ""50년 낙후 사상공단, 스마트시티·밸리로 개발해 주오"," 부산일보 2021년 7월 11일 자 기사.

안하늘, 2021, "네이버, 일본에 '스마트스토어' 진출…"국민 메신저 '라인' 손잡고 IT 커머스 시장 공략"," 한국일보 2021년 10월 21일 자 기사.

양대영, 2021, "[특집] 국토교통부, 지방 대도시에 도심융합특구 조성 등 추진," 케이에스피뉴스 2021년 11월 25일 자 기사.

오대석, 2022, "카카오, 콘텐츠 이어 커머스로 해외 진출," 매일경제 2022년 6월 21일 자 기사.

원동화, 2020, "사상 스마트시티 본격 추진…서부산의 '센텀시티로'," 부산제일경제 2020년 10월 15일 자 기사.

원동화, 2021, ""구로단지 탈바꿈에 25년…인재 유입되도록 밑그림 그려야," 부산제일경제 2021년 12월 29일 자 기사.

원동화, 2021, "판교테크노밸리 성공 벤치마킹…'부산형 밸리' 시행착오 줄여야," 부산제일경제 2021년 12월 30일 자 기사.

원동화, 2021, ""토종산업부터 고도화한 뒤 부산특화 클러스터로 키워야," 부산제일경제 2021년 12월 30일 자 기사.

원동화, 2021, "부산행 기업에 파격 혜택…영상·첨단의료 등 특화 땐 경쟁력 충분," 부산제일경제 2021년 12월 31일 자 기사.

원충희, 2020, "네이버·소프트뱅크, 라인 JV 절묘한 경영권 배분," 더벨 2020년 8월 27일 자 기사.

유충현, 2020, "입법조사처 "3기 신도시, 고용효과 큰 산업 유치해 자족성 확보해야"," 이투데이 2022년 5월 8일 자 기사.

유희정, 2022, "[연속기획] 입지도 못 정한 도심융합특구…지역 내 경쟁 풀어야," 울산MBC 2022년 6월 6일 자 기사.

유희정, 2022, "표류하는 도심융합특구 사업, 과연 언제쯤 지정될까?," 울산MBC 2022년 6월 13일 자 기사.

윤석진, 2021, ""제2 판교' 꿈꾸는 3기 신도시, 자족도시 가능할까," MTN뉴스 2021년 6월 8일 자 기사.

윤석진, 2022, "[MTN 인사이트]도심융합특구 표류 중…'원희룡 표' 균형발전전략 언제 나오나," MTN 뉴스 2022년 7월 7일 자 기사.

윤정중·김두환·최상희·윤은주·윤정란·권오준·송태호·박성용·김동근, 2020, 『3기 신도시 개발전략 및 계획기준 수립 연구』, 토지주택연구원.

윤종석, 2020, "지방 광역시 도심에 판교2밸리 같은 산업·주거 융합 특구 만든다," 연합뉴스 2020년 9월 23일 자 기사.

윤종석, 2021, "공공개발 사업으로 4년 내 서울 32만 호 등 전국 83만 6천 호 공급," 연합뉴스 2021년 2월 4일 자 기사.

윤혜림, 2022, "캠퍼스 혁신파크, 지역대학 희비 엇갈려," KNN 2022년 6월 17일 자 기사.

이기우, 2021, "규제로 난항 겪던 '수소연료전지 선박'… 울산 특구서 자유롭게 연구, 수소 전기 보트 결실," 조선일보 2021년 12월 22일 자 기사.

이동윤, 2021, "[뛰라노]센텀2지구가 '제2 판교' 되려면," 국제신문 2021년 11월 29일 자 기사.

이상길, 2022, "울산 수소 특구, 초광역권으로 확대," 울산제일일보 2022년 3월 15일 자 기사.

이세원, 2018, "종부세 올리고 돈줄 조인다…투트랙 대응이 투기 열풍 잠재울까," 연합뉴스 2018년 9월 13일 자 기사.

이순형, 2021, 『탄소 중립 수소 혁명』, 쇼팽의 서재.

이영아, 2022, "'검색→쇼핑→결제'…네이버의 쇼핑 생태계 가치는 벌써 15조?," TechM 2022년 7월 17일 자 기사.

이윤환·박동열, 2011, 『사상 공업지역 재생사업 타당성 검토 및 개발계획 기본구상』, 부산광역시.

이춘봉, 2021, "도심융합특구 법적 근거 마련도 전에 후보지 선정 추진, 정부 무리한 행정 지역갈등만 키워," 경상일보 2021년 9월 8일 자 기사.

이현주·송영일·박지은, 2017, 『패러다임 변화에 따른 LH 산업단지 사업 참여 다각화 방안 연구 - 판교 창조경제밸리의 관리·운영 참여를 중심으로』, 토지주택연구원.

임충식, 2022, "전북대, '캠퍼스 혁신파크' 조성…'지역발전 플랫폼으로 육성'," 뉴스1 2022년 7월 5일 자 기사.

임효정, 2022, "중진공-8개 기관 맞손??? 강원도 액화 수소 '쑥쑥' 키운다,"이넷뉴스 2022년 5월 25일 자 기사.

장윤희, 2016, 『Connect Everything : 새로운 연결, 더 나은 세상 카카오 이야기』, 넥서스.

정예준, 2022, "대전시, 대전 도심융합특구 기본계획 수립용역 주민설명회 개최," 데일리한국 2022년 6월 26일 자 기사.

정은지, 2022, "글로벌 진출 8주년 맞은 네이버 웹툰…K-웹툰 '미친 존재감' 뿜냈다," 뉴스1 2022년 7월 10일 자 기사.

정진욱, 2020, "지방 광역시 5곳에 판교2밸리 같은 도심융합특구 만든다," 스페셜타임즈 2020년 9월 24일 자 기사.

정혜연, 2018, "3기 신도시, 계획안은 좋은데…," 주간동아 1170호 2018년 12월 29일 자 기사.

조길현, 2021, "충북, 그린수소 산업 규제자유특구 지정 확정," 더퍼블릭 2021년 7월 2일 자 기사.

조 원경, 2021, 『넥스트 그린 레볼루션』, 페이지2북스.

조 원진, 2020, "부산 사상공단 재생사업지구계획 고시…사상 스마트시티 본격 시동," 서울경제 2020년 10월 15일 자 기사.

조채원, 2022, "플랫폼 해외 진출 본격화…네이버·카카오만 있는 이유는?," 아시아투데이 2022년 5월 9일 자 기사.

조혜정, 2022, "울산 도심융합특구 '대선 전 추가 지정' 물 건너갔다," 울산매일 UTV 2022년 3월 2일 자 기사.

존 엘킹턴, 2021, 『그린 스완』, 더난콘텐츠 그룹.

진승호, 2020, "[세상 보기] 지역경제 활력, 도심융합특구로 풀자," 대전일보 2020년 11월 23일 자 기사.

채새롬, 2019, "네이버 "소프트뱅크와 라인-야후 재팬 경영 통합 합의"(종합)," 연합뉴스 2019년 11월 18일 자 기사.

최민아·윤정란·임수현·최인석, 2022, 『수도권 사업지구의 자족 용지 토지임대방식 도입 여건 및 사업모델』, 토지주택연구원.

최민지, 2022, "네이버-카카오, 글로벌 첨병 '콘텐츠' 캐시카우로 만든다," 디지털데일리 2022년 5월 6일 자 기사.

최은수, 2022, "카카오 남궁훈 "전 세계 연결하는 '텍스트' 메타버스로 해외 진출 확대"," 데일리안 2022년 2월 24일 자 기사.

카카오, 2022, 『카카오, 메타버스 비전 '카카오 유니버스' 공개』, 카카오 2022년 6월 7일 보도자료.

하동길, 2022, "충남도, 수소에너지전환 규제자유특구 '첫발'," 뉴스프리존 2022년 3월 21일 자 기사.

한국토지주택공사, 2022, 『LH 3기 신도시 추진백서 : 모두가 기다리는 신도시 한 걸음 더 가까이』, 한국토지주택공사.

함수미, 2022, "울산 이산화탄소 자원화 규제자유특구, 이산화탄소전환 탄산화물을 건설·화학 제품 소재로 활용하는 실증 착수," 헬로티 2022년 4월 15일 자 기사.

허시언, 2021, "부산 센텀2지구 도심융합특구 사업지구 선정… 부산판 '판교 만들기'," 시빅뉴스 2021년 11월 26일 자 기사.

황덕현, 2022, "중기부-충남도, 수소에너지전환 특구 가동…연료전지 발전시스템 실증," 뉴스1 2022년 3월 21일 자 기사.

황선윤, 2018, "공업지역 1만7348㎡가 상업지역으로…부산 사상공단 재생사업 본격화," 중앙일보 2018년 12월 19일 자 기사.

홍성용, 2021, 『네이버 VS 카카오』, 매경출판.

3기 신도시(https://www.xn--3-3u6ey6lv7rsa.kr/kor/CMS/Contents/Contents.do? mCode=MN036).

강원 액화수소산업 규제자유특구(http://rfz.go.kr/?menuno=234).

네이버(https://www.navercorp.com/naver/company).

부산 암모니아 친환경 에너지 규제자유특구(http://rfz.go.kr/?menuno=258).

사상재생사업지구(일반산업단지) 활성화 구역 조성사업(https://www.bmc.busan. kr /bmc/contents. do?mId=0204010400).

센텀2 도시첨단산업단지 조성사업(https://www.bmc.busan.kr/bmc/contents.do? mId=0204010100).

울산 수소그린모빌리티 규제자유특구(http://rfz.go.kr/?menuno=225).

울산 이산화탄소 자원화 규제자유특구(http://rfz.go.kr/?menuno=242).

충북 그린수소산업 규제자유특구(http://rfz.go.kr/?menuno=254).'

충남 수소에너지 전환 규제자유특구(http://rfz.go.kr/?menuno=235).

카카오(https://www.kakaocorp.com/page/).

캠퍼스혁신파크 조성사업(http://www.molit.go.kr/USR/policyTarget/m_24066/ dtl.jsp?idx=977).

Z홀딩스(https://namu.wiki/w/Z%20%ED%99%80%EB%94%A9%EC%8A% A4?from=Z%ED%99%80%EB%9 4%A9%EC%8A%A4).

Hydrogen rainbow: the colors of decarbonization(https://spectra.mhi.com/ hydrogen-rainbow-the-colors-of-decarbonization).

나가며

김근영, 2020, "[이달의 서평] 도시의 승리 : 도시는 어떻게 인간을 더 풍요롭고 더 행복하게 만들었나?", 도시정보 2020년 11월호(통권 464호, Vol. 1 No. 1), pp. 53~55.

김상민, 2004, "한국경제 아직도 '넛크래커' 신세," 매일경제 2004년 4월 15자 기사.

부즈, 앨런&해밀턴, 1998, 『한국보고서 : 21세기를 향한 한국경제의 재도약』, 매일경제신문사.

스콧 로젤, 내털리 헬, 2022, 『보이지 않는 중국』, 롤러코스터.

염강수 · 이석호 · 박승혁 · 채민기 · 한경진, 2009, "[심층 리포트] [1] 조기유학 1세대 '절반의 성공'," 조선일보 2009년 6월 23자 기사.

에릭 와이너, 2018, 『천재의 발상지를 찾아서』, 문학동네.

오윤희, 2010, "조기 유학생들이 크게 줄고 있다," 조선일보 2010년 10월 25자 기사.

이다비, 2022, "'트렌드 · 글로벌 · 에너지 무장한 90년대생, 스타트업 생태계 흔드는 新주류 부상," 이코노미조선 2022년 7월 13자(통권 452호) 기사.

이미란, 2010, "[시사 금융 용어] 역(逆) 넛 크래커," 연합인포맥스 2010년 1월 19자 기사.

이선묵, 2022, "포브스가 주목한 동갑내기 창업자 "불도저 같은 실행력 강점"," 이코노미 조선 2022년 7월 13자(통권 452호) 기사.

콜린 랭커스터, 2022, 『트레이더 콜린 씨의 일일 : 월가 헤지펀드 트레이더의 글로벌 대폭락 생존기』, 해의시간.

Arnault Morisson, 2015, 『Innovation Districts : A Toolkit for Urban Leaders』, ISBN 978-1515340621.

Bruce Katz & Jennifer Bradley, 2013, 『The Metropolitan Revolution : How Cities and Metros Are Fixing Our Broken Politics and Fragile Economy』, Brookings.

Maria Teresa Cometto & Alessandro Piol, 2013, 『Tech and the City : The Making of New York's Startup Community』, Mirandola Press.

Nate Storring, 2019, 『Placemaking and the Evolution of Innovation Districts』, Project for Public Spaces.

김슬아(https://ko.wikipedia.org/wiki/%EA%B9%80%EC%8A%AC%EC%95%84).

넛크래커(https://terms.naver.com/entry.naver?docId=1222088&cid=40942&categoryId=31917).

미드 〈실리콘밸리〉 전시즌 1 ~ 6 총정리 리뷰 - 네이버 블로그(https:// m.blog.naver.com/oopsyaong/221455695177).

스타트업(http://program.tving.com/tvn/startup).

스타트업 (드라마)(https://ko.wikipedia.org/wiki/%EC%8A%A4%ED%83%80%ED% 8A%B8%EC%97%85_(%EB%93%9C%EB%9D%BC%EB%A7%88)).

실리콘밸리(미국 드라마)(https://namu.wiki/w/%EC%8B%A4%EB%A6%AC%EC% BD%98%EB%B0%B8%E B%A6%AC(%EB%AF%B8%EA%B5%AD%20%EB%93%9C%EB%9D%BC%EB%A7%88)).

이승건(기업인)(https://namu.wiki/w/%EC%9D%B4%EC%8A%B9%EA%B1% B4(%EA%B8%B0%EC%97%85%EC%9D%B8).

Jack Dorsey Quotes(quoteswise.com)(http://www.quoteswise.com/jack-dorsey- quotes-3.html).

Silicon Valley (TV series)(https://en.wikipedia.org/wiki/Silicon_Valley_(TV_series).

김근영

University of Southern California에서 도시계획/교통 분야로 석·박사학위를 취득했다. 서울연구원 부연구위원을 거쳐 1999년부터 강남대학교 부동산건설학부(스마트도시공학 전공) 교수로 재직하고 있다.

청와대, 국무총리실 등 중앙정부와 광역자치단체, 공공기관, 기초자치단체에서 전공 분야 위원회에 참여했다. 한국토지주택공사 비상임이사와 경기연구원 등 공공연구원의 자문위원을 역임했다. 대한국토·도시계획학회, 한국지역개발학회, 한국재난정보학회 등 여러 학회에 참여하고 있다. 현재 한국도시행정학회 명예회장이며 경실련 도시개혁센터 운영위원장이다.

저서인 「지방분권 국가로 가는 길」로 2020년 대한국토·도시계획학회 저술상을 받았다. 공저로 「서울시정의 바른길」, 「국토·지역계획론」, 「새로운 도시: 도시계획의 이해」, 「현대 도시학」 등이 있다. 학위논문으로 University of Southern California에서 Dyckman Award를 수상했고, 『Transportation Science』의 학위논문상 최종후보로 선정되었다. 한국방재학회와 한국재난정보학회에서 우수논문으로 학술상을, 정부 정책에 기여한 공로로 소방방재청장 표창과 대통령 표창을 받았다.

도시학자로서 6개 대륙 78개 국가에 있는 세계의 도시들을 여행했다. 한국국제협력단(KOICA)의 아프리카, 아시아, 남미지역 해외사업 평가와 협상에 참여했다. 1961년에 태어나 베이비붐 세대의 일원으로 에코 세대와 그 이후 대한민국의 발전을 항상 생각한다.

판교는 실리콘밸리가 아니다:
MZ경제를 주도하는 테크시티 3.0 판교

초판인쇄 2022년 11월 18일
초판발행 2022년 11월 18일

지은이 김근영
펴낸이 채종준
펴낸곳 한국학술정보(주)
주 소 경기도 파주시 회동길 230(문발동)
전 화 031-908-3181(대표)
팩 스 031-908-3189
홈페이지 http://ebook.kstudy.com
E-mail 출판사업부 publish@kstudy.com
등 록 제일산-115호(2000. 6. 19)

ISBN 979-11-6801-972-0 03300